**Niklaus Meienberg
Reportagen
1**

Niklaus Meienberg

Reportagen 1

Limmat Verlag
Zürich

Ausgewählt und zusammengestellt
von Marianne Fehr, Erwin Künzli und
Jürg Zimmerli

Auf Internet
Informationen zu Autorinnen und Autoren
Materialien zu Büchern
Hinweise auf Veranstaltungen
Schreiben Sie uns Ihre Meinung zu diesem Buch
www.limmatverlag.ch

Mathias Gnädinger liest *Niklaus Meienberg:*
Ausgewählte Reportagen und Essays
CD ISBN 3 906547 28 0
Kein & Aber, Zürich

Nachweis der Texte am Schluss von Band 2

© 2000 by Limmat Verlag, Zürich
ISBN Band 1: 3 85791 344 4
ISBN Band 2: 3 85791 345 2
ISBN Band 1 + 2: 3 85791 343 6

Inhalt

Schreiben

Wer will unter die Journalisten?	9
Leichenrede für den Journalisten Peter Frey oder Plädoyer für ein verschollenes métier	15
Von unserem Pariser Korrespondenten (statt eines Vorworts)	22
Auf einem fremden STERN, 1983	29
Schwirrigkeiten des Bluck mit der Wirklklichkeit	38
Eine Adventsansprache, gehalten vor den Mitgliedern des Art Directors Club Zürich, der Dachorganisation für Reklamiker, am 12. Dezember '88	44
Positiv denken! Utopien schenken!	53
Mut zur Feigheit	62
Zürich–Sarajevo	69
Gefühle beim Öffnen der täglichen Post und Hinweis auf das «Interstellar Gas Experiment»	74
St. Galler Diskurs bei der Preisübergabe	86

Lesen

Da taar me nöd	99
Ein Werkstattbesuch bei zwei hiesigen Subrealisten	104
Inglins Spiegelungen	113
Vom Heidi, seiner Reinheit und seinem Gebrauchswert	126
Sartre und sein kreativer Hass auf alle Apparate	140
Joy Joint Joyce Choice Rejoice	147
Auskünfte von Karola & Ernst Bloch betr. ihre Asylanten-Zeit in der Schweiz, nebst ein paar anderen Erwägungen	155
Überwachen & Bestrafen (I)	170
Des Philosophen Grabesstimme	181

Forschen

Quellen und wie man sie zum Sprudeln bringt 191
Die beste Zigarette seines Lebens 201
Hptm. Hackhofers mirakulöse Kartonschachtel 219
Zahl nünt, du bist nünt scholdig 234
Die Schonfrist 250
Bonsoir, Herr Bonjour 252
Bonjour Monsieur 271
Vorwärts zur gedächtnisfreien Gesellschaft! 279
Eidg. Judenhass (Fragmente) 290
1798 – Vorschläge für ein Jubiläum 299
Die Schweiz als Schnickschnack & Mummenschanz 306
Die Schweiz als Staats-Splitter 315

Das eigene Leben

Aufenthalt in St. Gallen (670 m ü. M.) 321
Wach auf du schönes Vögelein 334
O du weisse Arche am Rande des Gebirges! (1133 m ü. M.) ... 341
250 West 57th Street 355
Memoiren eines Chauffeurs 364
Die Enttäuschung des Fichierten über seine Fiche 389
Diese bestürzende, gewaltsame, abrupte Lust 397
Der souveräne Körper – ein veräusserliches Menschenrecht   406

Schreiben

Wer will unter die Journalisten?
Eine Berufsberatung 1972

Da ist einer jung, kann zuhören, kann das Gehörte umsetzen in Geschriebenes, kann auch formulieren, das heisst denken, und denkt also, er möchte unter die Journalisten. Er hat Mut, hängt nicht am Geld und möchte vor allem schreiben.

Er meldet sich auf einer Redaktion. Erste Frage: Haben Sie studiert? (Nicht: Können Sie schreiben?) Unter Studieren versteht man auf den Redaktionen den Besuch einer Universität, wenn möglich mit sogenanntem Abschluss, oder doch einige Semester, welche den akademischen Jargon garantieren. Hat der Kandidat nicht «studiert», aber doch schon geschrieben, so wird ihm der abgeschlossene Akademiker vorgezogen, der noch nicht geschrieben hat. Eine normale Redaktion zieht den unbeschriebenen Akademling schon deshalb vor, weil er sich durch eigenes und eigensinniges Schreiben noch keine besondere Persönlichkeit schaffen konnte. Er ist unbeschränkt formbar und verwurstbar. Er hat auf der Uni gelernt, wie man den Mund hält und die Wut hinunterschluckt, wenn man dem Abschluss zustrebt. Er ist besser dressiert als einer, der sofort nach der Matura oder Lehre schreibt. Er hat die herrschende Kultur inhaliert, der Stempel «lic. phil.» oder «Dr.» wird ihm aufgedruckt wie dem Schlachtvieh. Er ist brauchbar. (Damit soll nicht behauptet werden, dass die Autodidakten in jedem Fall weniger integriert oder integrierbar sind. Oft schielen sie gierig nach den bürgerlichen Kulturinstrumenten und haben nichts Dringenderes zu tun, als das Bestehende zu äffen.)

Nehmen wir an, der junge Mann hält jetzt Einzug auf einer Redaktion. In grossen Zeitungen wird er zuerst durch die einzelnen Abteilungen geschleust, damit er einen Begriff vom Betrieb hat. Bald darf er redigieren, das heisst nicht schreiben, sondern das Geschriebene verwalten. Er wird mit dem Hausgeist vertraut. Er lernt die Tabus kennen und das Alphabet der Zeitungssprache. Er sieht, dass die Bombardierung der nordvietnamischen Zivilbevölkerung nicht «verbrecherisch», sondern «bedenklich» genannt wird. Er merkt, dass der Stadtpräsident nicht eine «Hetzrede» gegen die

APO* hielt, obwohl es eine Hetzrede war, sondern, dass er «zur Besinnung» aufrief. Er lernt, dass Arbeiter nicht «auf die Strasse gestellt wurden», sondern «im Zuge der Rationalisierung eine Kompression des Personalbestandes» vorgenommen werden muss. Auch beobachtet er, wie aus den eingegangenen Meldungen einige gedruckt werden und andere nicht. Ein ganz natürlicher Vorgang, denn alles kann ja wirklich nicht gedruckt werden.

Der Neuling sagt sich: zuerst lernen, nicht aufmucken, jedes Handwerk hat seine Regeln usw. (Die Zensur wird ihm stets mit dem Hinweis auf's Handwerk und seine unabänderlichen Regeln erklärt.) Und er hofft auf die Zukunft, wie schon im Gymnasium und auf der Uni. Er gelobt sich auch, es später besser zu machen, wenn er zum Schreiben kommt, nicht mit den ganzen Politikern verhängt zu sein und nicht mit jedem Stadt-, National- und Bundesrat auf du zu stehen, die Dinge beim Namen zu nennen. Nach zwei, drei Jahren ist es soweit, er darf kommentieren, etwas Wichtiges.

Es trifft sich (nehmen wir an), dass er einen Kommentar zur Wahl des neuen Bundesrats X abgeben soll, der allgemein als verklemmter Streber bekannt ist und ausser seinem Machthunger nichts anzubieten hat. Unser Redaktor geht also hin, rekonstruiert den Aufstieg des X und schält die grossen Linien heraus. Manipulation der eigenen Partei durch X, Hervorkehrung des Biedersinns in den öffentlichen Ansprachen, hinterlistiges Abmeucheln von Konkurrenten, Abwesenheit von grossen Ideen, Bereicherung in Verwaltungsräten, Opportunismus in der Kommissionsarbeit, Verhinderung demokratischer Kontrolle in der eigenen Partei. Er geht hin und schreibt: «Bundesratskandidat X, der in seinem Heimatkanton allgemein als verklemmter Streber bekannt ist und ausser seinem Machthunger nichts anzubieten hat.» Er liest den Satz noch einmal, und da fällt ihm auf, dass der Ressort-Chef so etwas nicht durchgehen lässt. Also korrigiert er sich: «Bundesratskandidat X, dem allgemein eine etwas zu grosse Eilfertigkeit bei der Erklimmung der politischen Leitersprossen nachgesagt wird und ein

---

* So wurden in den sechziger Jahren die Leute genannt, welche offen demonstrierten, was andere inwendig fühlten. Die Abkürzung bedeutet: Ausserparlamentarische Opposition.

etwas prononcierter Machtappetit –.» Und in dem Stil schreibt er weiter, nicht ohne Erwähnung der durchaus auch vorhandenen positiven Eigenschaften des X. Das Manuskript passiert knapp die Zensur des stirnrunzelnden Ressort-Chefs. Der Artikel erscheint, X liest ihn, telefoniert sofort dem Chefredaktor, seinem alten Kegelbruder und Jassfreund, und sagt: «Das hätte ich von dir nicht gedacht.» Der Chefredaktor zitiert den Jungredaktor, putzt ihm die Kutteln, und bei der nächsten Redaktionssitzung spricht er von Berücksichtigung aller Standpunkte, von nuanciertem Schreiben und ausgewogenem Journalismus, schwärmt von Objektivität und publizistischer Grundhaltung.

Nachdem ihm derart auf den Schwanz getrampt wurde, geht der lädierte Jungmann in sich. Zwar durfte er anlässlich des Zusammenstosses viel Teilnahme erfahren, ein Teil der jüngeren Kollegen hat ihn unterstützt, auch einige von den älteren, er hat aufmunternde Telefonanrufe und Briefe erhalten (nebst einigen andern). Aber die Spontaneität ist angeschlagen, besser gesagt der Restbestand an Spontaneität, welcher nach seinen Lehrjahren übrigblieb. Er zieht sich ins Redigieren zurück, das wenige, was er schreibt, überprüft er auf seine Gefährlichkeit. Bald langweilt ihn seine Verwaltungsarbeit, er ist nicht zum Funktionär geboren und schliesslich Journalist geworden, weil er etwas zu sagen hat, und nicht, weil er etwas unterdrücken will. Er bittet um Versetzung in ein anderes Ressort. Man entschliesst sich, ihn als Reporter «einzusetzen», da kann er beobachten und muss nicht immer Stellung nehmen. Er beobachtet also sehr scharf die Gesichter der Polizisten, welche die Demonstration Y auflösen, und schreibt von diesen Gesichtern: «wutverzerrt». Nach genauer Befragung von 10 Demonstranten verschiedenen Alters stellt sich heraus, dass der Polizeivorstand die Keilerei geschickt provoziert hat. Der Reporter schreibt: «provoziert». Befriedigt lächelnd gibt der Polizeivorstand sogar zu, dass die Provokation gelungen ist. Der Reporter schreibt, er kann nicht anders: «Befriedigt lächelnd.» Da der Chef vom Dienst grad ein wenig schläfrig war, geht die Reportage durch. Anschliessend wird unser Reporter vom Lokalredaktor kräftig zusammengeschissen, da dieser ein Spezi des Polizeivorstands ist, und deshalb weiss der Lokalredaktor, dass der Polizeivorstand so etwas einfach nicht gemacht und gesagt haben kann, es liegt nicht in seiner Natur, er kennt ihn seit Studienzeiten. Fortan wird unser Reporter nur noch an Festakte und Einweihungen geschickt. Zwar hat er auch hier noch Lust, vom «langweiligen Gesumse einer stadtpräsidentlichen Rede» zu schreiben oder die Jahresversammlung des Rotary-Clubs ein «Symposium der regierenden Extremisten» zu nennen, aber er tut's nicht, seine Frau hat eben das zweite Kind bekommen, und seine Zeitung, die nette Firma, hat ihm einen Kredit gewährt, damit er ein Haus kaufen kann und damit er noch ein bisschen mehr von ihr abhängig ist.

Nach einigem Vegetieren bittet er um Versetzung ins Feuilleton. Er hat nämlich beobachtet, dass im Feuilleton mit Abstand die kräftigste Sprache geführt werden kann. Nun darf er über Ausstellungen, Filme, Happenings und Bücher schreiben, darf die jungen Künstler fördern oder behindern. Er blüht auf. Er wird gedruckt. Meeresstille und glückliche Fahrt. Es wird so still um ihn, er wird für seine zuverlässige, wenn auch zupackende Art so allgemein gerühmt, sogar vom Chefredaktor, dass ihm unheimlich wird. Es kann nicht an seiner Methode liegen, denn er schreibt so, wie er es immer erträumt hat, so kritisch und unbestechlich-unbarmherzig. Also muss es am Gegenstand liegen. Langsam dämmert ihm, dass die Kultur nicht ernst genommen wird, weil sie nur von wenigen esoterischen Wesen goutiert werden kann, und ausserdem sind die Künstler keine Pressuregroup, welche so auf die Zeitung einwirken könnte wie ein Stadt- oder Bankpräsident. Auch entdeckt er ihre Ventilfunktion: die oppositionellen Energien, welche im Wirtschafts- oder politischen Teil nicht ausgetobt werden können, dürfen gefahrlos im Feuilleton verpuffen. Man lässt ihn also machen, unsern begabten Hofnarr, welchem aber die Lust am Schreiben entweicht, nachdem er seine Funktion entdeckt hat. Eines Tages hat er dann die Idee, den Begriff Kultur auch auf die Stadtplanung auszudehnen. Nach einigem Zögern, und da er nicht Grossgrundbesitzer ist und nur seine Arbeitskraft zu verkaufen hat, schlägt er sich auf die Seite der Allgemeinheit und schreibt im Namen der vorausblickenden Vernunft gegen die Partikularinteressen, welche die Stadt verstümmeln und ihre Umgebung unwirtlich machen. Nun hat er plötzlich wieder Echo, die Kollegen vom Wirtschaftsteil warnen vor gefährlichen Utopien, die Notabilitäten und Spektabilitäten schneiden bedenkliche Gesichter. Da er genau weiss, was kommt, wenn er weitermacht, und da sich auf der Redaktion nie eine Mehrheit für intelligente Stadtplanung ergeben wird und da er jetzt neben Frau und Kind auch noch eine recht teure Freundin hat, zieht er den Schwanz wieder ein und schreibt in seiner kühnen Art wieder über Filme, welche die Verhunzung der Städte zum Thema haben, oder über Bücher, die von korrupten Politikern berichten. Bücher und Filme beschreiben Zustände im Ausland. Dort ist alles viel schlimmer.

Nun sitzt er still hinter seinem Pültchen und redigiert. Gestriegelt und geputzt. Heruntergeputzt. Brauchbar. Gereift. Ein angesehenes Mitglied der Redaktion, mit seinem launigen Stil. Er hat gemerkt, dass zwischen Denken und Schreiben ein Unterschied ist, und so abgestumpft ist er noch nicht, dass er glaubt, was er schreibt. Aber er sieht jetzt ein, dass Journalismus eine Möglichkeit ist, sein Leben zu verdienen, so wie Erdnüsschenverkaufen oder Marronirösten. An Veränderung innerhalb der angestammten Zeitung ist nicht mehr zu denken, in den Wirtschaftsteil kann er nicht, es ist ihm nicht gegeben, so unverständlich zu schreiben und so konstant an den Dingen vorbei. Für den Sport kommt er nicht in Frage, da ist er zu wenig rasant, es fehlt ihm der Dampf und die immerwährende Fröhlichkeit, auch die gewisse Trottelhaftigkeit, welche ihn an den Sport glauben liesse. Aber vielleicht ins Ausland, als Korrespondent, ein hübscher Posten in Paris oder London? Da hockt er an der Peripherie und hat noch weniger Einfluss. Vielleicht Mitarbeit bei «Roter Gallus», «Agitation», «Focus» oder «zürcher student»? Davon kann er nicht leben, und er will nicht nur für die Eingeweihten schreiben, will unter die Leute kommen mit seinen Artikeln. Bleibt noch ein Umsteigen in andere Zeitungen, Radio und/oder Fernsehen. Mit seinen Freunden, welche dort arbeiten, hat er das Problem am Stammtisch in der «Stadt Madrid» besprochen. Sie raten ihm ab: er würde genau dieselben oder noch viel ärgere Verhältnisse treffen als bei der angestammten Zeitung.

Also bleibt er, wie schon gesagt, hinter seinem Pültchen sitzen, mit fünfunddreissig resigniert, charakterlich gefestigt und bekannt für seinen geistreichen Stil. Seine Widerborstigkeit schwindet, immer weniger geht ihm gegen den Strich. Einige Zeit noch beobachtet er bitter den Zerfall seiner Berufskultur, später nennt er diesen Zerfall: Realismus. Er gilt jetzt nicht mehr als Querulant und Psychopath, er wird normal im Sinn der journalistischen Norm. Das Leben ist kurz, er möchte noch etwas davon haben, bevor seine Genussfähigkeit abnimmt. Und überhaupt, was soll der Einzelkampf, er kann sich mit keiner Gruppe solidarisieren. Kein Journalistenverein, auch keine Fraktion, kämpft für diesen Journalismus, der ihm vorschwebte.

An Sonn- und allgemeinen Feiertagen hat er manchmal noch eine Vision. Er träumt von einer brauchbaren Zeitung. Mit Redaktoren, die nicht immer von Lesern (die sie nicht kennen) schwatzen, denen man dies und das nicht zutrauen könne. Sondern welche gemerkt haben, dass sich auch der Leser ändern kann. Eine Zeitung, welche ihre Mitarbeiter nach den Kriterien der Intelligenz und Unbestechlichkeit und Schreibfähigkeit aussucht und nicht nach ihrer Willfährigkeit gegenüber der wirtschaftlichen und politischen Macht. Eine bewusste Zeitung, aus *einem* Guss und mit Konzept. Die sich von ein paar wütenden Anrufen und Abbestellungen nicht aus dem Konzept bringen lässt. Geleitet von einem demokratisch gewählten Chefredaktor oder Redaktionskollegium und im Besitz der Mitarbeiter. Eine Zeitung ungefähr wie «Le Monde», welche die Herrschenden einmal so sehr gestört hat, dass sie durch einen speziell gegründeten «Anti-Le Monde» liquidiert werden sollte. (Was dank der redaktionellen Solidarität von «Le Monde» misslang.) Oder eine Zeitung wenigstens, wo alle Mitarbeiter sofort streiken und den Betrieb besetzen, wenn der Verleger einen guten Mann entfernen will. Oder ein Organ, wo Leute wie Karl Kraus und Kurt Tucholsky ständig schreiben könnten. Oder ein Blatt, wo einer wenigstens nicht bestraft wird, wenn er gründlich recherchiert und brillant formuliert ...

Nachdem er einmal besonders schön geträumt hatte, nahm er einen Strick und, in einem letzten Aufwallen beruflichen Stolzes, hängte sich auf. Im Lokalteil kam ein Nachruf: «... und werden wir den allseits geschätzten, pflichtbewusst-treuen Mitarbeiter nicht so schnell vergessen, der, von einer Depression heimgesucht, FREIWILLIG aus dem Leben geschieden ist.» Pfarrer Vogelsanger hielt die Abdankung, der gemischte Chor Fraumünster sang: «So nimm denn meine Hände und führe mich.» Der Verschiedene wurde versenkt und verfaulte sofort.

Leichenrede für den Journalisten Peter Frey
oder Plädoyer für ein verschollenes métier

Der geht mir nicht klanglos zum Orkus hinab! Nicht der.

«Eines Morgens Ende April 1945 sahen die Anwohner des kleinen Halensees in Berlin unzählige weisse Flecken auf der Oberfläche des schwarzen Wassers. Bei genauerem Hinsehen erkannten sie Gipsmodelle, wie sie Bildhauer anfertigen, bevor sie eine Skulptur in Metall giessen. Diese Gipsmodelle hatten die Sonderbarkeit, dass sie die Gesichtszüge von Würdenträgern des Naziregimes trugen. Dass sie jetzt wie Schwäne auf dem See herumschwammen, hatte seine Ursache in der Panik ihres Schöpfers. Beim Herannahen der sowjetischen Truppen wollte der Bildhauer Schimmelpfennig, der am Seeufer ein Atelier hatte, jede Spur seiner nazifreundlichen Tätigkeit zum Verschwinden bringen, und da die Gipsköpfe eindeutige Beweise seiner Arbeit zur künstlerischen Verherrlichung von Leuten wie Hitler, Göring, Goebbels und anderen darstellten, versuchte er, sie zu versenken. In seiner Aufbruchstimmung vergass er aber, dass die Köpfe hohl waren und Gips zudem leichter ist als Wasser. Die Modelle schwammen.

Als die ukrainischen Grenadiere der 3. sowjetischen Gardepanzerarmee des Generaloberst P. S. Rybalko auf der nahen Chaussee vorbeimarschierten, wunderten sie sich über die sonderbaren Wasservögel. Sie veranstalteten ein improvisiertes Tontaubenschiessen, zielten auf die Gipsfiguren (sie hatten seit 24 Stunden keinen kämpfenden deutschen Soldaten gesehen), und die Hohlköpfe explodierten einer nach dem anderen in tausend Gipssplitter. Die Sowjets hatten keine Ahnung, welche Hinrichtung in effigie sie hier vollzogen.

Nur die Bewohner der Etage über dem Bildhaueratelier, ein antifaschistischer Architekt und seine Frau, eine Journalistin, konnten die sinnbildliche Tragweite der Exekution ermessen und sich daran erfreuen. Sie waren es, die mir das Ereignis erzählten, in einer verschneiten und von Feuerwerk erhellten Silvesternacht.»

Schreiben

Diese Passage stammt aus einem unveröffentlichten Text von Peter Frey, den er vor wenigen Wochen verfasst hat. Wenn ich ihn mir zu Gemüte führe, sehe ich den Redaktor, wie er so dasass in seinem relativ bescheidenen Büro der siebziger Jahre, die Arme meist verschränkt beim Zuhören, konzentriert zuhörend, gespannt, aber unverkrampft, und immer ein bisschen gierig, aber höflich gierig auf die neusten Nachrichten aus Frankreich, und wie er einem dann mit gescheiten Fragen auf die Sprünge helfen konnte, weil er halt sehr viel wusste über Frankreich, aber auch über die übrige Welt –

so wird er mir im Gedächtnis bleiben.

Wie er dann *lachte*, wenn man gemeinsam der Lächerlichkeit der Macht auf die Schliche gekommen war, *wie* es ihn manchmal richtig schüttelte von innen heraus und er dann jeweils sagte: *Isch scho verruckt!* Und wie er also immer wieder staunen konnte über die Verrückten, welche ihre Verrücktheit als Normalität deklarieren oder gar zur Norm erheben, weil ihre Machtfülle ihnen das gestattet, und wie er dann fragte, ob man nicht einmal etwas mit diesem Foucault machen könne, der etwas von der Macht verstand, und wie er dann das Interview auch wirklich druckte, ein langes, fast ungekürztes Gespräch zu einer Zeit, vor zwanzig Jahren, als das universitäre Milieu der Schweiz Foucault noch kaum registriert hatte, und wie es dann ins Blatt kam, ohne Schnickschnack in der Aufmachung, sondern mit einem Layout, welches dem Text angemessen war – nämlich so, dass die Leserinnen und Leser eine redaktionelle Seite ohne weiteres von einer Inserateseite unterscheiden konnten –

ja, das wird man nicht vergessen.

Immer wieder staunen konnte er. Staunen als Subversion, und nach dreissig Jahren Journalismus noch nicht ausgestaunt und abgebrüht. Arbeitete ohne Autotelefon, ohne Laptop und Modem, aber mit Bibliothek. Hat sich seine demokratische Seele nicht verbrühen lassen in der Lauge des Managertums und der organisationellen Gschaftlhuberei. Vom Text-Management hielt er nichts, er nannte sich Redaktor, war auch kein Bereichsleiter. Kein Freund von redaktionellen Organigrammen und anderen Machtinstrumenten, und hat seine Meinung geschrieben, bevor eine Marktforschung oder eine Meinungsumfrage geklärt hatte, was die Mehrheit lesen wollte. Er war mehr am Gedankenfluss als am *cash flow* interessiert. Nur waren seine Meinungen halt derart solid verwurzelt, dass die Motsch-Köpfe und Sirup-Fröschli, welche Journalismus und Beruhigungstherapie miteinander verwechseln oder Denken mit Design, ihm nicht am Zeug flicken konnten, denn sie wussten immer weniger als er, und das war genierlich, aber nicht für ihn. Und doch ist er auf seine nette Art immer ein bisschen verlegen geworden, wenn man ihn wieder dabei ertappte, dass er über die Ming-Dynastie oder Mao Tse-tung besser orientiert war als seine Gesprächspartner, oder über Ho Tschi Minh oder Merleau-Ponty oder de Gaulle oder Helder Camara oder Louis Althusser oder Pablo Neruda oder Gracchus Babeuf oder Furgler oder Robespierre oder Fouqier-Tinville oder Bartolomé de las Casas oder Juan Gines Sepúlveda oder Jacques Monod und die neuesten Erkenntnisse der Biochemie, denn ach, auch auf naturwissenschaftlichem Gebiet war er uns über, und vermutlich hat ihn sein Studium als *ingénieur agronome* gegen alle Ideologien geimpft und gegen die Versuchungen des Totalitarismus, dem die sogenannten Geisteswissenschaftler manchmal hurtig aufgesessen sind, bis sie wieder davon herunterkamen und aus Beschämung zu rabiaten Antikommunisten wurden, in Frankreich zum Beispiel. Er musste also nie gegen die Sünden seiner Jugend anschreiben. Sein Zweitstudium, die Soziologie, hat ihn aber auch nicht zum Positivisten und, obwohl er trefflich über das Wesen der Statistik schreiben konnte, nicht zum Fliegenbeinzähler gemacht. Übrigens war er natürlich viel zu höflich, um die weniger hellen Kollegen als «Sirup-Fröschli» oder «Motsch-Köpfe» zu bezeichnen, nicht einmal «Sängerknaben» hat er sie genannt, wie sein Magazin-Kollege Hugo Leber das zu tun pflegte, doch freute er sich immerhin, wenn ein anderer in seiner Anwesenheit diese Nomenklaturen benützte. Dann schüttelte ihn das Lachen so schön von innen heraus. Wie er es fertigbrachte, bei all seinem Wissen kein Museum zu werden, aber ebensowenig simplizistisch, alles Geschraubte zu vermeiden und mit seiner *clarté latine* die verschiedensten Stoffe durchsichtig zu machen auf den springenden Punkt hin – das war sein Geheimnis und seine jetzt mit ihm untergegangene Kunst. Vermutlich hatte er einfach die Leute gern, wenn ich es so simpel sagen darf, und wollte ihnen ein Licht aufstecken, als Aufklärer, damit sie über die eigene Nase hinaussehen konnten. Jedes Bildungsprivileg empfand er als Greuel, auch sein eigenes; was er hatte, wollte er weitergeben. *«Je ne veux pas mourir idiot»*, dieser Slogan aus dem Mai 68 hat ihm gefallen, und wenn die allgemeine Idiotie ein paar Millimeter zurückgedrängt werden konnte, wohlte es ihm jeweils.

Alles Militärische war ihm zuwider, und so konnte er denn die argentinischen, aber auch die schweizerischen Generäle mit der gebührenden Abneigung darstellen und hinstellen. So deutlich wie er hat's niemand in der grossen Presse gesagt. Das Befehl-und-Gehorsam-System habe, so glaubte er, im Journalismus nichts zu suchen, er betrieb *management by conviction* und hat immer wieder darüber gestaunt, der grosse Stauner, wie viele höhere Feldgraue an den Schaltstellen seiner Firma sassen, die dann auch feldgrau schrieben. (Während er eher das Cézanne-Blau bevorzugte.) Vor dem Militärdienst hatte ihn sein lädierter Fuss bewahrt und vor dem militärischen Denken sein intakter Intellekt. Er freute sich, wenn man ihn darauf hinwies, dass auch der Teufel ein hinkender Bote sei und auf ungleichen Füssen daherkomme wie er selbst, und sagte zu diesem Thema: *«Besser ein Bocksfuss als zwei Engelsfüsse»* und fügte noch bei, dass er leider kein Schwefelgerüchlein zu verströmen vermöge wie der oder jener und das Dämonische sei bei ihm auf diesen struppierten Fuss beschränkt, leider. Mit solcher Behinderung kommt man weniger gleitig durchs Leben als die Langstreckenläufer des Managertums, und auch beim Erklimmen der Karriereleiter ist so was abträglich, und wenn man dazu auch noch von den Ellenbogen keinen richtigen Gebrauch zu machen weiss und nach der Maxime lebt, dass ein Journalist so viel wert ist wie seine Produktion und nicht so viel wie seine Büroorganisation – ja, dann ist einer selber schuld, wenn er nicht Chef wird. Führen wollte er nur durch die Qualität seiner Ideen und Texte, *«der Laden läuft ja von selbst»*, pflegte er zu sagen, und die formale Hierarchie könnte das Denken nicht herstellen, sondern nur behindern. Da war er schon sehr platonisch eingestellt. In seinem unveröffentlichten Text hat er geschrieben: «Nein, ich habe keine gute Beziehung zur Macht, weder zur aktiven noch zur passiven. Ich übe nicht gern Macht aus, ich ertrage es auch nicht, wenn man auf mich Macht ausübt. In der Chefredaktion, in Vorständen und Exekutivräten nationaler und internationaler Organisationen fühlte ich mich nie wohl. Ich war zwar legitimiert, aber das half mir nichts, wenn ich an einer Redaktionskonferenz, die ich leitete, Kollegen anhalten musste, das oder jenes zu tun. Ich vergass die Legitimation und litt an der verqueren Situation: ein Mensch, der einen andern dazu bringt, etwas zu vollbringen. Grotesk.»

Das könnte von Orwell sein, den er bewunderte, der auch nie Chefredaktor geworden ist, und mit dieser Einstellung hätte man sich in Barcelona zu Durrutis Zeiten das Leben denken können oder zu Bakunins Zeiten im Jura; aber weniger gut im Zürich der kontrollierten Kontrolleure. Hier wird anders gefuhrwerkt. Ganz im stillen muss auch der bescheidene Peter Frey darunter gelitten haben, dass seine bürokratische Macht sich nie auf der Höhe seines ausgedehnten Wissens und Könnens befand, und manchmal wünschte er sich eine Zeitung, die im Besitz der Produzenten ist wie «Le Monde», wo die unumstrittene journalistische und politische Autorität des Gründers Hubert Beuve-Méry organisch in die administrative Autorität mündete. Peter Frey wurde demgegenüber nur stellvertretender Chefredaktor und dann Mitglied der Chefredaktion, die Weichen konnte er nicht stellen. Gegen den gesellschaftlichen Komfort und die verführerischen Privilegien, welche ihm dieser Posten trotz seiner Machtlosigkeit verschaffte, war er nicht immer gefeit. Wer wäre das? Man wird es sagen dürfen, ohne sein Andenken zu beschädigen.

*

Wie hätte Peter Frey diese Abdankungsrede gern gehabt? Ein bisschen sentimental? Oder religiös? Heulen musste ich bei seinem Anblick, einen Tag bevor er starb, der Krebs hatte ihn verwüstet, röchelnd lag er auf dem Sterbebett, schreien hätte ich mögen vor Wut, dass der bescheidene grosse Mann so elend aus der Welt gehen musste und wir jetzt nie mehr etwas von ihm lesen werden, das ist so unerträglich ungerecht. Sein Kopf hat bis vor kurzem gearbeitet wie immer, er hätte doch wohl noch gute zehn Schreib- und Lebensjahre vor sich gehabt. Warum verschwindet er, so kurz nach der Pensionierung? War da nicht vieles noch in seinem Kopf, das heraus wollte? Und das jetzt von seinem Körper sabotiert wurde? Oder war er ausgeschrieben? Seine Art von Schreiben muss mit einer ungeheuren, zehrenden Anstrengung verbunden gewesen sein, *wir* hatten sein Leben auf dem Papier vor uns, *er* hatte die Erschöpfung. Noch an der kleinsten Glosse hat er geschuftet wie ein Schriftsteller an einem ganzen Romankapitel. Seine stilistische Eleganz war ein Produkt von Schwerarbeit.

Also, wie hätte er die Abdankung gern gehabt? Vielleicht kommt er gern nochmal zu Wort? Es gibt da einen unveröffentlichten Text von ihm, der handelt von der Macht. Also z. B. von einem befreundeten Bundesrat, der ihn zum Botschafter in Madrid machen wollte und der dann aus seltsamen Gründen jeden Kontakt mit ihm abgebrochen hat. (Es ist nicht Bundesrat Ogi.) Auch der ehemalige Arbeitsplatz kommt vor, zutreffender hat wohl niemand über die Entwicklung des «Tages-Anzeigers» in den letzten zwanzig Jahren geschrieben. Und da ihm diese Zeitung am Herzen lag, er dieses Segment der Gesellschaft am besten kannte, darf man evtl. ein paar unsentimentale Passagen zitieren:

«In den 70er Jahren leitete die Redaktion des ‹Tages-Anzeigers›, in der ich zunächst stellvertretender Chefredaktor und dann Mitglied der Chefredaktion war, mit der Genehmigung der Geschäftsleitung einen Demokratisierungsprozess ein. Die Geschäftsleitung war damals in den Händen von Dr. Otto Coninx, dem Chef der Familie dieses Namens. Ich vergleiche ihn gern mit dem französischen König Ludwig XVI.: ein wenig liberal, ein wenig absolutistisch. Seine liberale Seite erlaubte es der Redaktion, ein fortschrittliches, wenn auch begrenztes Mitbestimmungsmodell zu erarbeiten und in einem Redaktionsstatut festzuschreiben. Um beim Vergleich mit der französischen Geschichte zu bleiben: Es war die revolutionäre Ära der Konstituante und der Legislative. Die absolutistische Seite des Dr. Coninx offenbarte sich aber im statutwidrigen Schreibverbot für den Journalisten N. M. Die Redaktion reagierte nicht gerade mit einer Revolution, es gab auch keine Diktatur der Kommune wie im revolutionären Frankreich. Dr. Coninx wurde nicht enthauptet, aber er nahm bald einmal seinen Rücktritt und überliess die Regierung einer zuerst fünf-, dann vierköpfigen Geschäftsleitung. Diesen Vorgang kann man mit dem Revolutionsstopp des 9. Thermidor in Frankreich vergleichen, der die Bildung eines fünfköpfigen Direktoriums und vier Jahre später eines Konsulats mit beinah diktatorialer Machtfülle zur Folge hatte.

Im ‹Tages-Anzeiger› schwang sich einer der ‹Konsuln›, Rico Hächler, dank seinen Führungsqualitäten geradezu napoleonischen Zuschnitts, zum Ersten Konsul und zum ungekrönten Kaiser des Unternehmens auf. Einer seiner Generale verstand sich nicht mit dem Kaiser: Wie Jean-Baptiste Bernadotte, der sich von Napoleon trennte und zum König von Schweden wurde, trat Peter Studer aus der Geschäftsleitung aus und wurde Chefredaktor beim Fernsehen DRS.»

Diesen letzten Artikel seines Lebens hat er als Vorwort für ein Buch konzipiert, das eine Kollektion seiner ausgewählten Arbeiten einleiten soll. Am Schluss des Vorworts nimmt er die Anekdote von den schwimmenden politischen Gipsköpfen im Halensee wieder auf, die ich anfangs zitiert habe. Nochmals P. F.:

«Gamma due: Im Zivilschutz signalisiert dieser griechisch-italienische Ausdruck das Ende eines Alarms. Für mich ist Ende Alarm, deshalb gab ich diesem Buch den Titel Gamma due. Ich bin aus dem Bannkreis der Macht getreten. Die Texte, die hier versammelt sind, verweisen auf eine Welt, die von Macht durchdrungen ist. Sie wurden geschrieben zu einer Zeit, da ich Macht erduldete und (widerwillig) ausübte. Diese Zeit ist vorüber. Ich bringe die hohlen Gipsköpfe meines Lebens zur Explosion.»

Von unserem Pariser Korrespondenten
(statt eines Vorworts)

Wer in Frankreich lebt und liest, was Frankreich-Korrespondenten der deutschsprachigen Zeitungen über Frankreich schreiben, der staunt. Der fragt sich, wie so viele Korrespondenten so regelmässig so gouvernemental über ein Land schreiben können, das so unablässig so subversive Themen anbietet. Und er fragt sich: Wie kommt das?

So kommt das:

Der Korrespondent erwacht knapp vor sieben Uhr. Mit täglich neuer Zielstrebigkeit treibt es ihn zum nächsten Kiosk, wo die Zeitungsfrau ihm schon alle Morgenzeitungen entgegenstreckt (oder fast alle, denn auf «Libération» und «Humanité» verzichten viele). Das macht also immerhin drei Morgenzeitungen, welche der Korrespondent nun in seiner Gewissenhaftigkeit studiert. Mit einem Ohr hört er dabei die Morgennachrichten. Nachdem er die frischen Zeitungen ausgeweidet hat, welche ideologisch alle ungefähr zwischen dem «Bayernkurier» und der «Frankfurter Allgemeinen» liegen, wenn nicht sogar rechts vom «Bayernkurier», konsultiert er noch die Abendzeitungen vom Vortag: «Le Monde», «La Croix» und «France-Soir». Nun hat er also sein beruhigend breites Meinungsspektrum vor sich: vom rassistisch geifernden «Parisien libéré» über den neokolonialistischen «Aurore», den stockkonservativen «Figaro», den gaullistischen «France-Soir», die katholische «La Croix» bis hin zum linksbürgerlichen «Le Monde» sind alle Schattierungen innerhalb des bürgerlichen Schattens vorhanden. Da unser Korrespondent der Objektivität verpflichtet ist, berücksichtigt er in seiner Bouillabaisse alle Ingredienzen, an manchen Tagen sogar die «Humanité». Unter kräftigem Umrühren mischt er die Zutaten zu einem völlig neuen Brei, so dass die ursprünglichen Brocken nicht mehr erkennbar sind und sein Eintopfgericht riecht, als ob es eine originale Schöpfung wäre.

Dieser Originaleffekt wird mit geheimnisvollen Andeutungen erzielt, im Stil von «Aus Regierungskreisen verlautet», oder «Aus Oppositionskreisen verlautet», oder «Im Elysée denkt man», oder

Von unserem Pariser Korrespondenten

«In Gewerkschaftskreisen ist man der Ansicht». So dass der Leser daheim sich über den direkten Draht freut, welcher den tüchtigen Korrespondenten mit Giscards *braintrust* oder mit Mitterrands Politdenkern verbindet.

Um zehn oder halb zehn Uhr hat unser Mixer dann seine Mixtur parat, die paar Schreibmaschinenseiten, welche ausschliesslich aus schon Geschriebenem zusammengestoppelt sind (wobei in den meisten Fällen die Quellen nicht zitiert werden), zusammengestoppelt aus Tageszeitungen, die in ihrer Mehrheit gouvernemental sind oder noch reaktionärer als die Gaullisten, zusammengebraut aus Nachrichten des reaktionären Radios und Fernsehens und des «freien» Kommerzradios («Luxembourg» und «Europe 1»). Etwa um halb elf also ist der Prozess des Wiederkäuens abgeschlossen, der Artikel kann nach Hause telefoniert oder telexiert werden. So geht das jeden zweiten oder dritten Tag, manchmal auch täglich, je nach «Aktualität». Nun kann der Korrespondent sich ausruhen, manche allerdings erst, nachdem sie denselben Artikel noch zwei oder drei anderen Zeitungen durchgegeben haben (es gibt einige, die bis zu sieben Zeitungen mit demselben Artikel beliefern: Im Gegensatz zu den Krämern kaufen die Korrespondenten «en détail» ein und verkaufen «en gros»). Bestenfalls ein Halbtags-Job, wenn einer mal ein bisschen Routine hat. Dazu sehr flott honoriert: unter viertausend Francs verdient keiner. Damit gehören sie in Frankreich zu den Privilegierten.

Die Korrespondenten der deutschsprachigen Tageszeitungen könnten sich zu einem «pool» zusammenschliessen, und zwar so, dass einer von ihnen periodisch alle Zeitungen mit den Routineberichten beliefert, damit die andern frei werden für Recherchen und Reportagen, Erlebnisberichte, Analysen, Glossen, Interviews. Oder die Redaktionen könnten Agenturberichte abdrucken und damit ihre Korrespondenten für kreativen Journalismus freimachen. Denn was die Haupt- und Staatsaktionen betrifft, die sogenannte grosse Politik, auf die sich unsere Korrespondenten fast immer beschränken, so orientieren die Agenturen ja doch umfassender, schneller und besser als so ein Korrespondent-Kopist, dem nicht ein Viertel der Quellen eines Agence-France-Presse-Mitarbeiters offensteht. Aber die meisten Tageszeitungen wollen auf «unseren Pariser Korrespondenten» nicht verzichten, jedes rechte

Blatt ist sich diesen Mythos schuldig, auch wenn es seinen Korrespondenten mit vier andern Blättern teilen muss. Der Mythos überlebt nur deshalb, weil der Durchschnittsleser in der Heimat keine französischen Zeitungen liest und also nicht weiss, welch abgeschmackter Aufguss oder Absud ihm serviert wird. Die Korrespondenten in ihrer unermüdlichen Faulheit (faul hinsichtlich des Denkens, unermüdlich in bezug auf ihre ständig ratternden Kopiermaschinen) sind einfach zu bequem oder zu schüchtern, um in die Fabriken, zu den Bauern, in die Provinz zu gehen, in die politischen Versammlungen, in die Gerichtssäle, wo ihnen jeden Tag Anschauungsunterricht geboten wird; zu bequem sogar, sich in den Ministerien selbst zu erkundigen. (Bei den Veranstaltungen der grotesken Ausländerkolonien in Paris hingegen, da sind sie, bei den teuren Banketten und Ministervisiten.) Manche sind schon jahrelang in Paris und haben noch nie mit einem Arbeiter gesprochen. Ihre Kontaktschwierigkeiten sind allerdings begreiflich, wenn man weiss, wie schlecht sie französisch sprechen: sie wollen sich nicht blamieren und lernen die Sprache also lieber überhaupt nicht. Wenigstens nicht so, dass sie ein Interview oder Gespräch ohne Hemmungen führen könnten. Ihr Wortschatz datiert noch aus der Schulzeit. Ihr Verhältnis zu Frankreich ist gespannt, falls überhaupt von einem Verhältnis gesprochen werden kann. Sie leben weder in Frankreich noch in der Heimat, sondern in einem geheimnisvollen Zwischenbereich, im Ausguck der neutralen Beobachter, weit oben, wo sie nichts mehr erschüttern kann ausser der Erhöhung des Hypothekenzinses ihres Häusleins. Ihre politischen Oberflächenkenntnisse stossen nicht zu einer kohärenten Analyse vor. Alles wird aufgefasert in Tagesneuigkeiten, ohne geschichtliche Tiefe. Zum Herz der Dinge, zur Ökonomie, zur Arbeitswelt, haben sie keinen Zugang. Darüber schreiben die Wirtschaftskorrespondenten, die spezialisierten Volkswirte, welche dafür von der Politik abstrahieren. Die kulturelle Dimension der Politik entgeht ihnen, ebenso die politische Dimension der Kultur. Denn für Kultur, oder was man sich so unter Pariser Kultur auf den Redaktionen vorstellt, sind die Kulturkorrespondenten zuständig, die kultivierten Theaterrezensenten und Besprecher von Ausstellungen ...

Und die konkreten Probleme der leibhaftigen Franzosen? Wer

Von unserem Pariser Korrespondenten

schreibt Berichte über das trostlose Leben in der Pariser Agglomeration? Nicht jene Korrespondenten, die bequem im Grünen wohnen und dort ihr Gärtchen pflegen. Wer produziert einen Artikel über Willkür und Allmacht der französischen Polizei, dazu einen politischen Erklärungsversuch der Polizeistaatlichkeit? Nicht jene gepflegten Herren, welche noch nie erlebten, wie man nach einer friedlichen Demonstration zusammengedroschen wurde und wie man auf den Kommissariaten behandelt wird. Polizeiwillkür gibt es für unsere Korrespondenten erst, wenn auch die grossen Zeitungen wie «Figaro» die Methoden etwas zu brutal finden. Wer hat, in Ermangelung eigener Erlebnisse, wenigstens das Buch von Denis Langlois über die Foltermethoden der Polizei besprochen? Wer von den wackeren Greisen liest überhaupt Bücher, einen Bruchteil wenigstens aus der historischen, politwissenschaftlichen und soziologischen Jahresproduktion? Dabei haben sie die Bücher gratis, mit ihrem Presseausweis. Wer liest die sogenannt linksextremen Zeitungen, Zeitschriften und Revuen, von «Politique Hebdo» bis zu «Partisans»? Oder doch hin und wieder «Esprit»? Wer ist auf die verlässliche, wenn auch linke «Libération» abonniert, die immer wieder vom Los der Fremdarbeiter, von der Misere auf dem Land, von unbekannten Streiks und aus den Bidonvilles berichtet? Sicher nicht jene selbstzufriedenen Idylliker, die noch nicht bemerkt haben, dass ihr Koordinatensystem die wichtigsten Fakten eliminiert, die auch nicht spüren, wie sehr das etablierte Informationssystem sich selbst reproduziert, wie schlecht es unmittelbar bevorstehende Erdbeben vorausspüren kann (ein berühmter Artikel von Viansson-Ponté in «Le Monde», unmittelbar vor dem Mai 1968, unter dem Titel: «La France s'ennuie»).

Es geht ihnen einfach zu gut, unsern dickhäutigen Schreibkräften, sie haben ein für allemal ihren objektiven und gepolsterten Standpunkt, oberhalb aller Standpunkte (meinen sie), und betrachten von hoher Warte die hohe Politik, freuen sich über den atlantisch gesinnten Giscard, welch ein Aufschnaufen nach de Gaulle, haben Mitleid mit Jean-Paul Sartre, der wie Sokrates die Jugend verführt, kennen ihn und seine Schriften aber nicht, finden die Sozialpolitik des Chirac eine fortschrittliche Sache, haben aber nicht darunter zu leiden, bei ihrem beinahe diplomatischen Status, bewundern die neuen Quartiere rund um Paris und die lebhafte

Bautätigkeit allenthalben und die Renovierung der alten Quartiere, Sanierung überall: entzückend die neuen Fassaden, Notre-Dame im neuen Kleid. Gewiss, von der dynamischen Modeschnüfflerin, die das Büro eines grossen Verlages am Quai Voltaire leitet, kann man eine kritische Berichterstattung nicht erwarten, die beschäftigt sich mit Mireille Mathieu und Johnny Halliday, zu diesem Zweck wurde das Mädchen nach Paris geschickt; aber von den seriösen Korrespondenten könnte man doch hoffen, dass sie nicht nur über die Johnny Hallidays der Politik berichten, dass sie ihre Augen öffnen, ihre Ohren, eventuell mal ihren Kopf zu einer persönlichen Reflexion benützen, bevor ihnen die bürgerliche Presse den Artikel vorgedacht hat. Oder man erwartet, dass sie mal in die unterentwickelte und kolonisierte Provinz reisen oder in die französischen Kolonien, die zum Schein selbständig geworden sind. Man hofft auf einen Bericht über das Leben in den Kohlebergwerken, über die Verhältnisse bei Citroën, einen Blick auf die Pariser Stadtplanung, auf die unerhörte diktatorische Machtkonzentration in den Händen Giscards, auf die Beschreibung eines Regionalpräfekten, der seine Provinz wie ein Vogt regiert.

Vielleicht, wenn die Korrespondenten wirklich mit dem Volk korrespondierten und ins Leben tauchten, würde ihnen der Zusammenhang zwischen Alltag und Agitation aufgehen. Sie würden bemerken, dass Millionen von Franzosen nur die Wahl haben zwischen Lethargie und Revolte, zwischen Spiessbürgerlichkeit und Barrikade und dass der radikale Zynismus der Besitzenden die radikale Wut der Unterdrückten ständig neu produziert.

Aber ach, von all dem werden die Korrespondenten unserer Tageszeitungen nichts schreiben. Es wird auch nicht von ihnen verlangt. Die Redaktionen wollen Artikel über den letzten Brandt-Besuch, über die Pressekonferenz des Präsidenten – welche der Korrespondent am Fernsehen verfolgt. Warum sollten Zeitungen, die einen Helmut Kohl im Inlandteil mit Samthandschuhen anfassen, im Ausland einen Bericht über die wahre Natur des Giscard d'Estaing abdrucken, das heisst über die Natur seines Herrschaftssystems? Oder etwa eine Aufklärung über die Machenschaften der «Compagnie Général Electrique (CGE)» oder der «Banque de Paris et des Pays-Bas», da sie ja auch über die Deutsche Bank oder Siemens nicht allgemeinverständlich orientieren, sondern nur im Latein ihrer undeutlich murmelnden Volkswirte? Ausserdem fühlen sich die Korrespondenten in Frankreich zu Gast, all-zudeutlich darf man sich gegenüber dem Gastgeber nicht räuspern (sind sie bei der Regierung oder beim Volk zu Gast?). Und schliesslich, so jammern unsere Korrespondenten, haben unsere Artikel ja doch keine Konsequenzen; in Frankreich werden sie nicht gelesen und in der Heimat fast nicht (kein Wunder, bei dem Stil).

Man sieht also, dass die Pariser Korrespondenten in ihrer jetzigen Form abgeschafft werden können. Am besten beruft man sie in die Heimat zurück, welche sie mental nie verlassen haben. Dort reserviert man ihnen auf den entsprechenden Redaktionen einen gemütlichen Raum, darin ein Fernsehgerät mit Spezialantenne, ein gutes Radio und ein Abonnement auf alle Pariser Zeitungen, mit Express-Luftpost-Zustellung. Also präzis dieselbe Umwelt wie in Paris. Ausserdem eine Sekretärin, deren Parfum ihnen Pariser Atmosphäre garantiert. Nun dürfen sie in Zürich, Frankfurt oder Hamburg ihre Kopistenarbeit verrichten anstatt in Paris, das sie bei dieser Arbeit nur stören kann. Auch können sie an ihren freien Nachmittagen noch für redaktionelle Arbeiten herangezogen werden, Umbruch und so. Das bedeutet eine gewisse Ersparnis für die meisten Zeitungen, weil ja die Spesen und Auslandsentschädigungen wegfallen.

Eine andere Möglichkeit: Die Korrespondenten verlassen, turnusgemäss, ihre feinen Wohnungen, lassen sich eine ganz andere Luft um die Nasen streichen.

Der Korrespondent der «Neuen Zürcher Zeitung» arbeitet einen Monat bei Renault als «O. S.» (ouvrier spécialisé), der Mann vom «Echo der Zeit» geht als Landarbeiter in die Bretagne, der FAZ-Berichterstatter geht auf den Bau und wohnt mit Portugiesen im Bidonville, der von der «Welt» verdingt sich auf der Werft von Dünkirchen.

Die Überlebenden schreiben einen Erlebnisbericht.

NB: Herr W. I., Korrespondent einer grossen Zürcher Zeitung, der diesen kleinen Aufsatz hatte, rief mich an; er beglückwünschte mich (zu meinem Erstaunen) und sagte, im wesentlichen sei die

Lage richtig analysiert, auch er leide unter den sterilen Bedingungen des Journalistendaseins in Paris. Was hatte ich falsch gemacht, dachte ich, dass mich ein Vertreter der konservativen Presse beglückwünschte.

Auf einem fremden STERN, 1983

> *« Ich persönlich gestehe, dass ich schwer über solche Zusammenstösse mit dem landläufig Menschlichen, dem naiven Missbrauch der Macht, der Ungerechtigkeit, der kriecherischen Korruption hinwegkomme. »*
> Thomas Mann, «Mario und der Zauberer»

Man kann die 206 Seiten von Erich Kuby – «Der Fall STERN und seine Folgen» –, der 15 Jahre lang beim STERN tätig gewesen ist, nicht ohne Emotion lesen, auch wenn man nur neun Monate bei der Illustrierten als Pariser Korrespondent angestellt war. Alle paar Seiten denkt man, mit einem Gefühl der Befreiung: «Genau so!» – zum Beispiel, wenn Kuby über den weiland Chefredakteur Peter Koch, der das Hitler-Tagebuch-Schlamassel mit angerichtet hat und dann mit drei Millionen Mark Abfindung (Schweigegeld?) gefeuert worden ist, schreibt: «Peter Koch, der mit dem Auftreten eines Kompaniefeldwebels aus Journalisten Befehlsempfänger machen wollte, was ihm zum Teil auch gelungen ist.» Kann man wohl sagen; kann wohl jeder sagen, der Koch und die Redaktionskonferenzen und die demütigenden Abbürstungen erlebt hat, die sich kein Primarschüler von seinem Lehrer, aber fast alle STERN-Leute von ihrem Koch haben bieten lassen, oder auch von Felix Schmidt, dem anderen Chefredakteur und Drei-Millionen-Empfänger. Man fragt sich nur: Warum hat es Kuby in diesem Betrieb so lange ausgehalten? Da war also eine Redaktion mit zahlreichen brillanten (aber auch einigen andern) Köpfen, die oft für Demokratie, gegen Militarismus, Folter, Rüstungswahnsinn kämpfte – nach aussen, das heisst im Blatt sichtbar; und die innerlich-unsichtbar organisiert war wie eine Kaserne, eine luxuriöse allerdings, mit prima Psycho-Folter.

Das Hitler-Tagebuch-Schlamassel ist von diesem Organisationsmodell des STERN nicht zu trennen. Eine halbwegs demokratisch funktionierende Journalistengruppe wäre trotz allen Abschottungsmechanismen von Chefredaktion und Verlag den kriminellen Tagebuch-Veröffentlichungsplänen beizeiten auf die Schliche gekommen und nicht erst nach der Enttarnung dieser doofsten aller Fälschungen. Aber Rebellion, das heisst demokratische Debatte, war der Redaktion von ihren Chefen mit dem eisernen Besen der Chefarroganz abgewöhnt worden, als einfacher Schweizer möchte ich beinahe sagen: mit deutscher Grosshans-Arroganz. Und erst im Mai 1983 wurde dann doch rebelliert, zum erstenmal seit dem Hinauswurf Bissingers (1978), und es durfte eine Woche lang gegen zwei ehemalige Chefen, Koch & Schmidt, die nicht mehr regierten, und gegen zwei zukünftige, Scholl-Latour & Gross, die noch nicht regierten, gemotzt werden.

Von Toten nur Gutes, und auf Ambulanzen soll man nicht schiessen; ich weiss.

*

Ist es hämisch, sich über die Methoden dieser Chefredaktion jetzt, nachdem Schmidt und Koch abgesetzt sind, zu äussern? Schwieriger war es damals während der sogenannten Heftkritik an einem Freitag im letzten November (immer am Freitag ist Heftkritik beim STERN, das neu erschienene Heft wird von einem Mitglied der Redaktion oder von einem speziell eingeflogenen Prominenten, Lothar Späth z. B. oder Intendant Stolte vom ZDF, kritisiert). An jenem Freitag war ich mit der Heftkritik betraut und gedachte, nicht aus heroischen Motiven, sondern, weil ich aus meinem Magen keine Geschwürgrube machen wollte, als einfacher Schweizer meine Eindrücke mitzuteilen (Heidi bei Fam. Sesemann). Im betreffenden Heft war u. a. ein Interview mit dem spanischen Ministerpräsidenten, an dem Koch, der Redakteur Bindernagel, Fotograf Lebeck, eine Dolmetscherin und ich mitgewirkt hatten. Ich erzählte der sehr zahlreich erschienenen Redaktion, etwa 100 Leute, Koch & Schmidt inklusive, dass wir mit einem Lear-Jet, Kosten 18 000 Mark, nach Madrid geflogen waren (Unruhe bei den weniger gut bezahlten, zum Sparen angehaltenen Kollegen). Das Interview war von Willy, wie Koch sagte, ANGELEIERT worden; ist natürlich Willy Brandt damit gemeint. Mit González hätte man spanisch oder französisch reden können, Koch konnte weder noch, darum eine teure Dolmetscherin. Der Lear-Jet war auch unabdingbar; Chefen haben bei solchen Reisen ein Anrecht darauf. Um 7 Uhr waren wir auf dem Flughafen verabredet, Koch am Vorabend: «Bitte pünktlich.» Koch war dann um 7.30 Uhr zur Stelle, die andern pünktlich. Wegen dieser Verspätung und weil wir viel Gegenwind hatten und weil das falsche Lear-Jet-Modell gechartert worden war, verpassten wir den Termin in Madrid um eine halbe Stunde. Die Sekretärin von González: «Zu spät, nichts mehr zu machen.» Koch zu Bindernagel: «Erklären Sie ihr, dass wir eigens einen Lear-Jet gechartert haben. Und rufen Sie doch Willy nochmals an, er soll intervenieren.» Ein bisschen bedeppert gingen wir in die nächste Taverne, Koch zu Bindernagel: «Reservieren Sie doch im Restaurant XY einen Tisch für später, dort gibt es die besten Spanferkel.» Nachdem González, evtl. unter Druck von Willy, ein Einsehen hatte, konnte doch noch interviewt werden. Koch hatte, selber unvorbereitet, im Lear-Jet die Fragen studiert, welche Bindernagel und ich präpariert hatten. Koch zu Bindernagel: «Haben Sie was dagegen, wenn ich Ihre ersten vier Fragen stelle?» Bindernagel: «Nein.» Koch stellte, die Dolmetscherin dolmetschte: Ohne Dolmetscherin hätten wir zweimal soviel Zeit für das Gespräch gehabt. Die Spanferkel waren dann besser als das Interview.

Ich fand es ganz natürlich, der Redaktionsversammlung, im Rahmen der Heftkritik, diesen Vorgang zu erläutern. Es wurde ziemlich still dabei, manche Kollegen sahen mich entsetzt an, Koch rutschte unruhig hin und her – und nach meinem Vortrag meldete sich ein einziger, der diese interessanten Interview- und Flugbräuche kritisieren wollte. Der Mann wurde von Koch barsch zum Schweigen gebracht. *Nach* der Heftkritik kamen zahlreiche Kolleginnen und Kollegen in mein Büro und gratulierten; droben in der Konferenz hatten sie geschwiegen.

*

Ach, es war eine schöne Aufstandswoche, damals im Mai 1983, und auch ich habe einige Tage lang gemeint, die Redaktion sei zu sich selbst gekommen: zu ihrem Bewusstsein. Waren nicht alle Ressortchefs, einer nach dem andern, aufgestanden, und hatten sie nicht beteuert, Gross und Scholl-Latour (im Hause Schmoll-Lamour genannt) kämen sozusagen nur über ihre Leiche ins Haus? Unterdessen sitzt Gross ganz oben im Konzern, in der Nähe von Gottvater Mohn, und Scholl-Latour ist Chefredakteur (unterdessen, 1985, auch schon wieder nicht mehr), und keiner von den Ressortchefs ist eine Leiche, ganz im Gegenteil. Es war eine Revolution der deutschen Art (Bitte Rasen nicht betreten). Einige von den ganz grossen Rebellen haben sich seither finanziell verbessert und prächtige Verträge mit der neuen Hierarchie ausgehandelt. Ich persönlich gestehe, dass ich darüber schwer hinwegkomme, unter den Aufgestiegenen sind solche, die man früher respektieren konnte. Die Saugkraft dieses Betriebs ist enorm, und wohin soll man, wenn man beim STERN gewesen ist, als wieder zum STERN? Wo garniert man so tüchtig, wo kann man sich so bedeutend vorkommen, wo hat man als Redakteur schon fast ein Ministergefühl und als Chefredakteur eine schimmernde Staatspräsidentenaura? Man ist nicht ungestraft bei der «grössten und besten Illustrierten der Welt» (wie Foto-Chefredakteur Gillhausen einmal sagte).

*

Wer zum STERN geht weiss, dass ihn keine Konfirmandenschule erwartet. Als Gillhausen mich anheuerte, war ich auf Einiges gefasst: Ellenbogenmanieren, rauhe Sitten, harte Konkurrenz im Haus. Aber totale Unterwürfigkeit? Kasernenhofton? Blinde Autoritätsgläubigkeit? Permanentes Austricksen der Kollegen? Kann sich die kühnste Phantasie nicht ausmalen. Hätte mir einer 1982 gesagt: Bald wird das Blatt gefälschte Hitler-Tagebücher publizieren, dann wäre er ausgelacht worden.

*

«Durch alle Stockwerke des Redaktionsgebäudes war immer das Murren und Schimpfen über die Selbstherrlichkeit der Chefs zu hören, aber es hatte nicht mehr Bedeutung als die Raunzereien der Soldaten im Krieg – sie kämpfen doch –, und die STERN-Leute haben niemals eine Nummer ausfallen lassen – auch im Mai 1983 sind sie vor dieser Möglichkeit entsetzt zurückgeschreckt.» Da hat Kuby schon wieder recht; leider. Im November 1982, ich war zur Vorbereitung auf den Pariser Korrespondentenposten im Mutterhaus an der Alster eingeliefert worden, habe ich den STERN täglich so erlebt. Diese geballten Fäuste! (im Sack). Diese unbändigen Wütchen! (als Geschwür in der Magengrube). In jedem Betrieb wird gegen die Hierarchie gemotzt, aber soviel Hohn für die Chefen (in ihrer Abwesenheit) und soviel Strammstehen (in ihrer Anwesenheit) habe ich nirgendwo sonst erlebt. Respekt empfand man nur für Gillhausen. Und zugleich soviel Desinteresse für das Gesamtprodukt, für den STERN als Ganzes – «weil es jedem von ihnen letzten Endes Wurst ist, woraus die ‹Mischung› besteht, solange sein eigenes Produkt angemessen präsentiert wird» (Kuby). Niemand, auch keine von den engagierten Frauen, fühlt sich betupft oder gar mitverantwortlich, wenn wieder eine nackte Zwetschge aufs Titelblatt kommt (welche immer kommen, wenn die Auflage ein bisschen sinkt). «Da kann man nichts machen, wir haben da gar nichts zu bestimmen», hiess es jeweils, «das Titelbild wird allein von der Chefredaktion ausgewählt.» Niemand fühlte sich betroffen, wenn wieder einmal der Kollege X oder Y in der Redaktionskonferenz perfid zusammengestaucht wurde, von oben. Der STERN kam mir vor wie ein Haifischaquarium, wo jeder nach dem fettesten Brocken und jeder nach jedem schnappt und wo die Haifische sich in Sardinen verwandeln, sobald die obersten Chef-Haifische erscheinen. Über die unsägliche Bachmeier-Serie (eine Mörderin wurde glorifiziert, der STERN spielte Justiz, griff in ein schwebendes Verfahren ein) haben alle intelligenten Kollegen gestöhnt, aber auch da «konnte man nichts machen», man hatte eben der Bachmeier, so hiess es, 100 000 Mark hingeblättert für die Exklusivität ihrer Lebensbeichte, die sie dem Journalisten G. flüsterte (der sich selbst als «Edelfeder» bezeichnet). Überhaupt der Checkbuch-Journalismus: Man ist nicht einseitig, alle politischen Strömungen werden berücksichtigt, Carter, Hitler, Caroline von Monaco, russische Dissidenten. Carter hat für ein (sehr mittelmässiges) Interview, das der STERN mit dem pensionierten Präsidenten machte, 125 000 Mark gekriegt, das heisst, damit sicherte sich der STERN das Alleinabdrucksrecht von Carters Memoiren im deutschen Sprachraum: Auf welchen Abdruck der STERN sodann verzichtete, weil man ja schon ein Exklusivinterview hatte ... Für alle andern deutschsprachigen Zeitungen waren die Memoiren damit blockiert. Man nennt das beim STERN: Den Markt leerkaufen. Ein anderer interner Fachausdruck heisst: WITWEN SCHÜTTELN. Damit ist jene Taktik gemeint, welche den Angehörigen von Katastrophen-Opfern, z.B. nach dem Massaker auf dem Oktoberfest in München, Fotos und Personalien der Opfer entlockt, wenn nötig mit Geld. Siehe auch den internen Fachausdruck: SÄRGE ÖFFNEN.

Als Breschnjew starb, wurde beim Dissidenten Sinjawski in Paris ein kurzer Nachruf bestellt (für 10000 Francs), in dringender Nachtarbeit von einer Kollegin aus dem Russischen ins Deutsche übersetzt: und anschliessend nicht gedruckt, weil man gleichzeitig bei Kopelew einen Nachruf bestellt hatte, der gedruckt wurde.

Zwei hatten nicht Platz ... Einer netten Madame, die während der Dioxin-Geschichte im Pariser Büro des STERN erschien (zur Zeit der aufgeflogenen Hitler-Tagebuch-Geschichte), welche vorgab, den Standort der Giftfässer zu kennen (wie schön, wenn der STERN, nach den falschen Hitler-Tagebüchern, die echten Dioxin-Fässer gefunden hätte), wurden, auf Weisung eines unterdessen versunkenen Chefredakteurs, 90000 Franc versprochen, worauf sie den STERN-Fotografen samt STERN-Redakteurin an einen Ort führte, wo sich keine Fässer, wohl aber ein bösartiger Hund befand, der den STERN gebissen hat. Endlich eine Reportage mit Biss.

Die Verfügbarkeit der Welt, die Beliebigkeit der Themen. Für Geld ist alles zu haben, nur manchmal ist nicht alles echt, auch wenn die Chefredaktion denkt: je teurer; desto echter. Aber immerhin schreibt auch Moravia für den STERN, Böll, Jens, Enzensberger – ein Supermarkt. Vor einiger Zeit hat Marlene Dietrich mit dem STERN-Büro Paris telefoniert – vielleicht wird sie nächstens ihre Tagebücher anbieten. Manchmal ist es auch billig *und* echt: Ein Artikel der Caroline von Monaco, kurzer dummer Schmus über einen italienischen Sänger, aus einer französischen Zeitung nachgedruckt, hat nur 15000 Franc gekostet. Im STERN wurde er eingeleitet mit der Zeile «Von unserer Mitarbeiterin Caroline von Monaco». Wer gegen solchen Schabernack protestierte, stiess auf taube Ohren. «Bei einer Produktion, die gewöhnlich um das Doppelte grösser ist als das Aufnahmevolumen der einzelnen Ausgabe, haben die Redaktionskonferenzen eher den Charakter von Ausscheidungskämpfen, der einzelne Autor oder Fotograf und insbesondere die verschiedenen Ressortchefs kämpfen einer gegen den andern um den Platz im Heft, und das um so rabiater, als es keinerlei objektive Kriterien für die Auswahl dessen gibt, was schliesslich in Druck geht» (Kuby). Wenn Caroline von Monaco von einem besonders rabiaten oder schlauen Ressortchef gesponsert wird, geht sie in Druck. Es kann aber auch Böll sein, wenn der von einem noch rabiateren Ressortchef gepusht wird. Gedruckt wird, wer prominent ist, gleichgültig, in welchem Sektor er prominent ist.

Star-System, Nannen-System. Kuby sieht auch noch den STERN von 1983 als totales Nannen-Produkt und Nannen als totalen Opportunisten – man könnte auch sagen: als journalistischen Triebtäter; der sich um die politische Linie des Blattes foutiert: «Sein Bauch, oder sagen wir jetzt, sein Instinkt, war durch keine Erkenntnis von gestern oder gar von einem Leitgedanken, einem Konzept, irgendeiner durch Nachdenken vor sich selbst eingegangenen Verpflichtung zum Handeln in einer bestimmten Richtung eingeengt. Er war bedingungslos offen, um herauszufinden, wohin der Hase mutmasslich gerade laufen würde.» Mutmasslich lief er in Richtung Hitler-Tagebücher; d. h. in Richtung Publikumsinteresse für Hitler-Intimitäten, also zahlte man «dem besten Spürhund unter den deutschen Journalisten», den man zuerst in schwindelnde Höhen hinaufgejubelt und dann gerichtlich belangt hat, eine Million nach der andern, und mit jeder Million, die der Journalist Heidemann einsteckte, wurden die Tagebücher authentischer; bis am Schluss «auf keinen Fall an ihrer Echtheit gezweifelt werden soll» (Chefredakteur Felix Schmidt in einer Redaktionskonferenz).

*

Wenn man den STERN an dem misst, was er sein könnte, mit seinem grossen Potential an liberal-kämpferischen Köpfen (Jaenecke, Kromschröder, Fabian, Petschull, Liedtke, Almquist, Joedecke etc.), dann ist er eine schlechte Zeitschrift. Das Gesamtprodukt wird von den grossen Schreibtalenten nur wenig geprägt. Zu oft erdrückt das Bild den Text: Artikel als Anhängsel der Bilder («Lesen Sie weiter auf Seite 127»). Niemandem würde es einfallen, eine Bildreportage vorn im Heft anzufangen und irgendwo hinten weiterlaufen zu lassen – aber mit dem Text wird das immer wieder gemacht.

Wenn man den STERN aber an den andern deutschen Illustrierten misst, ist er natürlich eine hervorragende Erscheinung. (Die andern sind allerdings so fürchterlich, dass man nichts an ihnen messen sollte.) Kuby verschweigt das nicht, er hebt die Leistungen des Blattes immer wieder hervor: die Serie von Koch über den Rüstungswahnsinn (derselbe, jawohl, welcher «Rasierklingen an den Ellbogen hatte», wie DIE ZEIT geschrieben hat), die sehr anständige Berichterstattung über Baader-Meinhof, Rudi Dutschke, die Studentenbewegung – aber «der Riss geht durch die Person», schreibt Kuby, «derselbe Bissinger, der ein persönlicher und selbstverständlich auch ein politischer Freund Rudi Dutschkes wird – was der Millionenleserschaft des STERN durchaus nicht verborgen bleibt –, ist imstande, zu dem Börsen- und Wertpapierabenteurer Bernard Cornfeld zu fliegen» und diesen im Ton des «billigen, unkritischen Illustriertenjournalismus» zu beschreiben. Solche zerrissene Personen habe ich beim STERN nicht wenige getroffen, den grossen Gillhausen zum Beispiel, Foto-Chef und einziger Überlebender (unterdessen, 1985, auch schon nicht mehr) der ehemaligen Führungs-Troika (Schmidt-Koch-Gilhausen), der letztes Jahr kreative Vorstellungen für den Pariser Korrespondentenjob entwickelte und mich damit angeheuert hat (über das sozialistische Frankreich müsse ausführlich und seriös im STERN berichtet werden, hiess es damals) – und der dann vor kurzem jene Schicki-Micki-Fotoreportage ins Blatt hievte, die mit den billigsten Mitteln der bildlichen Persiflage eine Pseudo-Bilanz des neuen Mitterrand-Regimes präsentierte; als Wurmfortsatz dazu ein kleiner Text von Katharina H., der auch im «Figaro» hätte erscheinen können: insgesamt eine unseriöse Angelegenheit, wie Alfred Grosser dem STERN-Büro Paris telefonisch mitteilte.

Überhaupt dieses Büro ... (17, avenue Matignon, Paris 8ᵉ, teure Adresse). Eine kontinuierliche Berichterstattung über Frankreich ist dort nicht möglich, trotz, oder wegen, des grossen Apparates: sieben Personen, dazu die schönsten technischen Errungenschaften wie Bildkopierer, Textübermittlungsgerät etc. – an der Technik hat es beim STERN noch nie gefehlt. Die Reportage über einen der grossen verstaatlichten Betriebe – was hat sich in einer solchen Fabrik geändert für Arbeiter; Direktoren, Gewerkschaften? –, die ich schon im letzten November vorgeschlagen hatte, konnte nicht realisiert werden, die Idee provozierte im Auslandressort nur Gähnen. Hingegen musste ich über Neujahr zisch und knack, ruck und zuck nach Marbella jetten, um den grössten Bankraub der Weltgeschichte d.h. die leeren Tresore in einer Bank, zu schildern (STERN-Redakteur Meienberg sprach mit den geraubten Edelsteinen).

Nichts gegen ausgeraubte Banken, wirklich nichts – aber die grossen französischen Themen sollten deshalb nicht vernachlässigt werden. Eine Reportage über Rassismus in Marseille musste ich «auf Befehl der Chefredaktion» (wie oft habe ich den Ausdruck gehört?) abbrechen – sofort nach Hamburg fliegen, Barbie war ausgeliefert worden, Koch möchte sofort, am liebsten gestern, eine Serie über «Kollaboration und Widerstand» – Wann können Sie liefern, Herr Meienberg? –, welche Arbeit ich in Angriff nahm und leider nach dem Hitler-Tagebuch-Schlamassel unterbrechen musste, weil man als STERN-Vertreter in Frankreich heute nicht über die Hitler-Zeit recherchieren kann, ohne ausgelacht zu werden. Unterdessen kam zum Vorschein, dass bis vor einigen Jahren der Leiter des Gruner & Jahr-Büros in Paris (welchem Verlag der STERN gehört) ein gewisser Benno Schaeppi gewesen war, Landsmann, jetzt in Ehren pensioniert. Schaeppi ... Schaeppi ... Der Name tönt so vertraut. Und richtig, es handelte sich um jenen historischen Schaeppi, der zahlreiche Schweizer für die Waffen-SS angeworben hatte, Standartenoberjunker, Lieferant der Gestapo etc. Ein paar Meter von jenem Büro entfernt, wo der Oberkollaborateur Schaeppi jahrelang für den Verlag, welchem der STERN gehört, gewirkt hatte, sollte jetzt die Serie «Kollaboration und Widerstand» für den STERN geschrieben werden ... Als ich meine Bestürzung darüber einem Kollegen vom STERN mitteilte, wurde mir erwidert: Schaeppi sei von seinen politischen Gesinnungsfreunden, hoch oben im Verlag, engagiert worden, und ich solle nicht den Puristen spielen.

So reden die dort.

PS I: Anruf von Gillhausen: Er habe sich sehr geärgert nach der Lektüre des Artikels, und zwar über sich selbst und den STERN, weil die Zustände richtig geschildert seien. Und ob ich nicht als freier Mitarbeiter wieder etwas für den STERN produzieren möchte? Etwas mit dem Fotografen René Burri?

PS II: Ex-Chefredakteur Felix Schmidt, der das Tagebuch-Schlamassel mitverschuldet hat, ist wieder Chefredakteur: Bei HÖR ZU (Die Zeitschrift mit der grössten Auflage Deutschlands).

Schwirrigkeiten des Bluck mit der Wirklklichkeit*

Übersack, der soignierte Nachtportier und Chefredaktor mit dem Seidenblick und der quicken Dompteurpeitsche, mustert abends immer die Worternte des verstrichnen Tages, den Wortzoo seines Blattes. Wörter trietzen, bis das Grosi quietscht. Wörter melken schlitzen litzen. Wie das muht und blökt, stampft und dampft, blüht und glüht, rockt und sockt, wie rhythmisch heute wieder alles galoppiert. Es war wieder ein guter Tag. Zwei Schwárze stáhlen ín der Schweiz/über 1000 wéisse Büstenhálter. Zwei Weísse stáhlen in der Schwárz/über 1000 gélbe Féderhálter. Frau biss im Liebesrausch zu – Übersack im Spital. Kurze Sätze. Ein Gedanke pro Satz. Zwei Gedanken pro BLICK. Keine warme Luft. EMD befiehlt: Hosen runter. Übersack befiehlt: Schnäbi an die Luft. Wolfisberg warnt die Wölfe: Offensive kann tödlich sein. Wölfe warnen Wolfisberg. Defensive kann möglich sein. D's Hürate u ds Boue het no mänge groue. BLICK-Leser finden die schönsten Hausinschriften, wie spürt eigentlich der Mann, dass die Frou zum Orgasmus kommt. Die Anti-Schmerz-Kapsel Melabon. Beide wollten ausweichen – Frontalkollision mitten auf der Wiese. Lügt Frau Kopp? Liebe Marta. Orgasmus u ds Boue het no kene groue. 5jähriger Übersack geriet in Kreissäge – tot. Eis im Pool – so kühlt Julio Übersack für besondere Gäste das Wasser. Witwe Sally: Schweres Leben ohne Peter Übersack. Knecht Sämi – ein Schicksal, wie man es von Gotthelf kennt, Gotthelf kennt, Gotthelf kennt. Auch ich nickte auf der Todesstrecke ein, Gottvater soll mein Zeuge sein. Liebe Marta, lieber Peter, Turi Honegger schlackert mit den Eselsohren. Karibik zum Superpreis, ab 1090.– und voller Kuoni-Vorteile. Lausanne holt Milani aus der Wüste zurück. Mikrogenitalis? Sofort starke und bleibende Vergrösse-

* Werbeplakat des BLICKS, zum eigenen Geburtstag mit berühmtem Lapsus: «BLICK hat solchen Erfolg, weil Hunderttausende von Schweizerinnen und Schweizern wissen: Über das, was WIRKLKLICH interessiert, wird man im BLICK am schnellsten und besten informiert.»

rung ihres Penis durch Vakuum-Wundergerät, morgen ist es zu spät. Spiritus-Anlage im Gotteshaus.

*

So schwirrt die Lyrik der Schwirr-und-Schlag-Zeilen jeden Tag dem Leser an den Kopf, so stampft ihn die After-Poesie in Grund und Boden, so knockt sie ihn out. Der Leser dankt: er kauft, frisst und vergisst. Dann kauft er wieder. Uebersax und seine Crew sind die einzigen erfolgreichen Lyriker der deutschen Schweiz (Lyrik-Grafiker oder Grafik-Lyriker). Und kann man sich vorstellen, dass Alfred Döblin, wäre der BLICK damals schon greifbar gewesen, in seinem «Berlin Alexanderplatz» BLICK-Schlagzeilen montiert hätte, um den Eindruck des Überprallen, der Sättigung und der zischenden Modernität zu fabrizieren. Der BLICK ist das konsequenteste Gesamtkunstwerk an unsern Kiosken. Alles ist in eins gekehrt. Die Schranken zwischen Sex und Politik, Panzerbeschaffung und Unterhöschen, Kleinkram und Weltereignis, Wirtschaft und Hormonen werden niedergerissen, geografisch und zeitlich weit entfernte und logisch nicht verknüpfte Ereignisse oder Nicht-Ereignisse mit der schnellen Klaue des BLICK-Redaktors von den Philippinen, aber auch von Affoltern am Albis herbeigefetzt, in die gleiche Spalte geknallt, als Continuum aufbereitet und serviert. Alles ist austauschbar wiederholbar umkehrbar. Alles ist mixbar. Die ästhetische Form ist die des anonymen Gesamtkunstwerks, wie bei der BILD-Zeitung:

«Das formale Modell der BILD-Zeitung ist radikal modern. Dieses Modell ist das Kunstwerk der Avant-Garde. Nicht nur die emanzipatorischen Wissenschaften, von der Psychoanalyse bis zur Kritischen Theorie, hat BILD enteignet, sondern auch die Künste des zwanzigsten Jahrhunderts. BILD ist der alltäglich gewordene Bruch mit jeder tradierten Sprache und mit jeder tradierten Form, es ist Collage, Montage, Assemblage, es ist das *objet trouvé* und die *écriture automatique*, Bewusstseins- und Bewusstlosigkeitsstrom, Poesie ohne Poesie, es ist die ästhetische Zertrümmerung des Ästhetischen, die Aufhebung der Kunst, die ästhetische Summa unserer Zivilisation» (Hans Magnus Enzensberger).

BLICK ist Avantgarde; allerdings. Die seriösen Zeitungsmacher schnöden über ihn – um ihn dann verstohlen zu imitieren. Die

«Zwölfte Seite» des «Tages-Anzeigers» ist ein blasses Plagiat des strotzenden BLICK, mit dümmlich-verschämten Prominentenstorys: «(j)et cetera», *human touch* und Klatsch. Nur ein bisschen braver. Die Freitags-Beilage namens ZÜRI-TIP ist auf dem besten Weg, ein Luxus-Blick zu werden. Sie kommt nur etwas gespreizter daher; und der Rest der Zeitung wird auch bald Farbe kriegen. Dank der wunderbaren neuen Druckerei. Keine Zeitung, vom «Walliser Boten» bis zum «St. Galler Tagblatt», die nicht von der BLICK-Grafik beeinflusst wäre, kaum ein Redaktor, der nicht Elemente der BLICK-Sprache bewusst oder unbewusst in sein Vokabular aufnimmt (und manchmal verschreckt registriert, wie weit es mit ihm gekommen ist). Eine Ausnahme: die NZZ, welche vorläufig noch dem Mahlstrom widersteht. (Sie haben richtig gelesen, Bü., dieses ist ein Compliment, aber une fois n'est pas coutume.)

*

Uebersax. Wie er leibt und lebt und Faxen macht. Der harte Knaller, der permanent «Miezen» sagt statt «Frauen» (jedenfalls wenn er mit Männern redet). Er macht eine Zeitung für das Volk, gehört aber zu den Reichen. Er zitiert die Volkstümlichkeit herbei – synthetisch. Er lebt gediegen, mit Porsche-Villa-Ferienhaus-in-Spanien, Jahresgehalt rund 240000, er vermittelt die Welt von oben nach unten; gibt aber auch nach oben die Volksstimmung weiter. Eigentlich wäre er ein Intellektueller, ein Akademiker ist er nicht, Studium abgebrochen. Er ist gescheit genug, um den BLICK nicht ernst zu nehmen. Zirkus Uebersax. Ein Schnelldenker, Sofortverwurster, Stachanow des Zynismus. Persönlich von kultivierter Wurstigkeit, Wendigkeit, er glitscht dem Interviewer leicht durch die Finger, der quicke Ringier-Aal. Der Mann lebt in Harmonie mit seinem Ideal: dem Zynismus. Er behauptet nicht, der BLICK habe einen «Informationsauftrag» oder die Presse müsse «die vierte Gewalt im Staat» sein, sondern nur: Der BLICK wolle gefallen und solle gekauft werden und müsse unterhalten. Er heuchelt ein bisschen weniger als andere. Ihm ist wohl in seiner Haut, ausser wenn man ihn etwas allzu stark drauf haut, dann sagt er: «Wollen Sie mir Lektionen in Boulevard-Journalismus geben?» (Nicht: in Journalismus»; – Journalismus schlechthin und B-Journalismus haben in seiner Optik soviel miteinander zu tun wie ein Trottinett mit einem Porsche). Damit schmettert er jede Kritik ab. Er liest andere Zeitungen oft lieber als den BLICK, könnte aber jetzt keine andere Zeitung mehr machen. Er zieht mir den Speck durch den Mund, indem er seine Begeisterung für die Papst-Reportage, die in der WOZ erschienen ist, Juni 1984 (vgl. Band 2), offenbart – «ein Meisterstück». Ich kann das Compliment aber wirklich nicht erwidern, die BLICK-Papst-Reportagen, bzw. der Hofklatsch, Polizeiklatsch, pseudoreligiöse Blähungen, war langweilig, nicht informativ, dümmer und päpstlicher als erlaubt, nicht mal nach BLICK-Kriterien akzeptabel, aber, «wir müssen auf die religiösen Gefühle der Leser Rücksicht nehmen», sagt der Atheist Uebersax, der gebenedeite Zyniker, «es gibt nie so viele Lämpen wie beim Verletzen der religiösen Gefühle», und Lämpen will er nicht, und meine Papst-Reportage hätte er nicht gedruckt. Er will majoritär schreiben und schreiben lassen, obwohl er zur Minorität der Aufgeklärten und Privilegierten gehört. Gleichwohl ist «Minorität» für ihn ein Schimpfwort ...

Das tönt fast ein bisschen voltairianisch.

Er saugt die aggressive Kritik mit gierigen Ohren auf. Er wird an diesem Abend gern ein bisschen gepfitzt, das ist eine nette Abwechslung in seinem Herrendasein. Heute nacht oder nie. Der 3. absolute Herrscher über das BLICK-Grossraumbüro regiert ohne Zimmerlinde und Stöcklein, aber mit eiserner Hand. Er kann sich als einziger in seine persönliche Bürohöhle zurückziehen, sein Redaktorenvolk ist überblickbar und hat keine Schlupfwinkel. Dort hinten links sitzt Marta. Grüss Gott Marta. Weiter hinten sitzt der Sport. Herr Englund, der Vize, hat keine Kompetenzen, ausser diejenigen, den BLICK in Uebersaxens Abwesenheit genau so zu machen wie der Chef. Er wagt es nicht, mir das Grossraumbüro in Uebersaxens Abwesenheit zu zeigen. Englund ist ein Unterdrückter, aber ein Fleissiger. Sehr modisch seine Hosen. Er ist immer fröhlich.

*

Enzensberger:
«BILD wird gelesen nicht obwohl, sondern weil es von nichts handelt, jeden Inhalt liquidiert, weder Vergangenheit noch Zukunft kennt, alle historischen, moralischen Kategorien zertrümmert,

nicht obwohl, sondern weil es droht, quatscht, ängstigt, schweinigelt, hetzt, leeres Stroh drischt, geifert, tröstet, manipuliert, verklärt, lügt, blödelt, vernichtet. Gerade dieser unveränderliche, alltägliche Terror verschafft dem Leser den paradoxen Genuss, den er mit jedem Süchtigen teilt und der sich von der bewusst erlebten Erniedrigung, die mit ihm verbunden ist, gar nicht trennen lässt. Die Tatsache, dass BILD prinzipiell nicht datierbar ist, dass es sich selbst permanent wiederholt, führt nicht zur Langeweile, sondern zur Beruhigung. Bei seinem jahrzehntelangen Frühstück mit BILD wiegt sich der Leser in der Gewissheit, dass alles so weitergeht, dass *nichts etwas macht* oder, was auf dasselbe hinausläuft, dass das Nichts nichts macht.»

So dick wie BILD treibt es BLICK noch nicht, das Land ist ja auch kleiner, man muss vorläufig noch ein bisschen dünner auftragen. Immer die richtige Dosis! Aber die Tendenz läuft manchmal Richtung BILD. Wenn die Tamilen noch mehr Rabatz machen, wenn die Minoritäten sich ungebärdig aufführen wie damals im brennenden Züri – «*Wir* hätten die Tamilen schon morgen ausgeschafft, wenn wir das wollten», sagt Uebersax.

Ist aber gnädig, will vorläufig nicht. *Le bon vouloir du prince.* BLICK als zweite Gewalt, als Exekutive des Volkswillens, die Zeitung als Staat und Hirnpolizei.

*

Jürg Bürgi, SPIEGEL-Korrespondent für die Schweiz, hat jetzt ein Buch herausgebracht über den BLICK. Fünfzehn Autoren haben Beiträge dafür geschrieben, einige wurden nachgedruckt, u. a. das bekannte WOZ-Interview von Res Strehle mit BLICK-Vize und Bundeshauskorrespondent Jürg Zbinden (Lenos-Verlag, Basel, 279 Seiten, Fr. 25.–). Verschiedene Prominente wurden um *statements* angegangen. Erstaunlich, oder vielleicht doch nicht, wie vor allem die (auf BLICK angewiesenen) Politikerinnen von Gerwig bis Uchtenhagen das Blatt schonen bzw. loben. Wer zuhanden des SPIEGEL-Mannes Bürgi kein *statement* abgeben wollte und ihm das mitteilte, figuriert im Buch jetzt namentlich unter der Rubrik «Keine Zeit, kein Interesse oder keinen Mumm, an diesem Buch mitzuschreiben, hatten diese 35 Damen und Herren: …» Weitere «26 Damen und Herren» haben gar die Frechheit gehabt, die Einladung Bürgis «ohne Reaktion» vorbeigehen zu lassen, auch diese sind namentlich aufgeführt. (Man wird so an den Pranger gestellt wie im BLICK ein Politiker, welcher der Zeitung kein Interview geben will.)

Ich bin aufgefordert worden, über «Die Sprache des Blick» ein Kapitel zu schreiben, und wollte nicht. Ich fand es komisch, für den SJU- und SPIEGEL-Mann Bürgi, der das kaputteste Binnendeutsch, nämlich die garstige SPIEGEL-Sprache, propagiert (in dem von ihm redigierten «Klartext»), über die BLICK-Sprache herzufallen. Bürgi, ein Spezialist der Sprachzerstörung und Puscher des öden Magazinstils, hätte besser eine Studie über den toten Stil der linken SJU-Journalisten bestellt, z.B. seinen eigenen.

Im Buch sind lesenswerte Beiträge, jener von Bürgi (trotz seiner Sprache!) über die Geschichte des BLICK, das Uebersax-Portrait von Margrit Sprecher, die Durchleuchtung der BLICK-Finanzen von Fredy Haemmerli; und der Beitrag von Werner Jehle über die «Ästhetik der Strasse» bzw. «Die Versprechen der Boulevard-Typographie» ist brillant. Jehle zitiert Dziga Vertov, den sowjetischen Pionier des Film-Dokumentarismus, und zeigt, dass das BLICK-Layout eine revolutionäre Tradition hat, die pervertiert worden ist.

PS: Uebersax telefoniert, kaum ist der Artikel erschienen. Was will der harte Knaller? Einen Kafi mit mir trinken. Und bietet mir eine Kolumne im BLICK an. Er gäbe mir zwei Themen, über die man dort nicht schreiben könne: Religion und Militär (schöne Offerte). Und ich hatte ihn übrigens zutreffend charakterisiert, sagt er. Wie gesagt, der Mann lebt in Harmonie mit seinem Ideal: dem Zynismus. Es glitscht ihm alles mühelos hinunter, sogar das Epitheton «Glitschiger Ringier-Aal».

Eine Adventsansprache, gehalten vor den Mitgliedern des Art Directors Club Zürich, der Dachorganisation für Reklamiker, am 12. Dezember '88

(anlässl. der Vernissage des neuen ADC-Jahrbuchs)

Liebe Gemütsingenieure und Seelenmasseure, Soul-Brothers und Eisschrankverkäufer,
liebe Weltgeistverwalter,
geschätzte Zeitgeistsurfer und Whiskyschlörfer;
verehrte Agenten aller Agenturen,
liebe Seelengerber und Schönfärber, Flüstermaschinen und Produktesouffleure,
verehrte Marketingmakler, Art Directors, Printproducers, Creative Directors, Illustrators, Texters, Gesamtverantworters, Cutters, Grafikers, Kamerapeople, Psycho-Directors,

ihr fleissigen Versprüher der creativsten und creatifigsten Kreativität,
ihr Einpeitscher und Vorsteher des gesunden Geschmacks,
ihr schmatzenden Köche der allgemeinen Bouillabaisse,
ihr subtilen Spezialisten der Sinngebung,
ihr Semantiker des rasenden Konsumismus,

verehrte Agenten der Agenturen Jux und Rubikon, Ogilvy & Nahtlos, Farmer Pubertis, Busch, Putz und Bums, Stulder und Sater,
Marti und Zarti, Eberhupf und Schwartenstein, CASH Mash & Trash, Saatchi und Pflaatschi, Aeby u. Schnaeby: kurzum,
liebe Reklamiker –

im ersten Jahre Belsazars, des Königs von Babylon, hatte Daniel einen Traum, und was er auf seinem Lager vor Augen schaute, ängstigte ihn. Da schrieb er den Traum nieder: Ich, Daniel, schaute bei

Eine Adventsansprache

Nacht ein Gesicht, und siehe, die vier Winde des Himmels erregten das grosse Meer, und es stiegen vier grosse Tiere aus dem Meere herauf, ein jedes verschieden vom anderen. Das erste sah aus wie ein Löwe und hatte Adlerflügel. Ich schaute hin, und auf einmal wurden ihm die Flügel ausgerissen, und es wurde von der Erde aufgehoben und wie ein Mensch auf zwei Füsse gestellt, und Menschenverstand ward ihm gegeben. Und siehe, ein anderes Tier erschien, ein zweites, das glich einem Bären, es war nur auf einer Seite aufgerichtet und hatte drei Rippen im Maul zwischen den Zähnen, und es ward ihm geboten: Auf, friss viel Fleisch! Darnach schaute ich, und siehe, ein weiteres Tier erschien, das glich einem Panther und hatte vier Vogelflügel an seinen Seiten, auch vier Köpfe hatte das Tier, und Macht ward ihm gegeben. Darnach schaute ich in den Nachtgesichten, und siehe, ein viertes Tier erschien, furchtbar und schrecklich und überaus stark. Es hatte grosse eiserne Zähne, es frass und zermalmte, und was übrigblieb, zerstampfte es mit den Füssen; es war anders als alle die Tiere vor ihm und hatte zehn Hörner. Und ich gab acht auf die Hörner: siehe, da wuchs zwischen ihnen noch ein kleineres Horn empor, und drei von den ersten Hörnern wurden ihm ausgerissen; und siehe, an diesem Horn waren Augen wie Menschenaugen und ein Maul, das redete grosse Dinge (Weissagungen Daniels, Kap. 7, Vers 1–8).

Fürwahr und parbleu, diese Tiere haben ein grosses Maul und fressen viel Wortfleisch und zermantschten unser Sprachgemüt zwischen ihren eisernen Zähnen, und was übrigbleibt, schmeissen sie uns an den Kopf und nehmen uns auf die Hörner, und der Panoramablick ihrer Augen hat uns überall unter Kontrolle, ob wir nun lesenderweise in Zeitungen und Magazinen schneuggen wollen und mühsam die Artikel aus der happy Reklamewelt herausklauben müssen oder uns in der Landschaft ergehen und dabei von der Freilandreklame heimgesucht werden und die Landschaft nur noch so sehen können, wie die Landschaftsreklamiker sie uns serviert haben. *Unsere Zukunft ist rosa*, unser Stuhlgang ist gelb, es gibt kein Entrinnen weder auf dem Abtritt *Haklelujah* noch im Kino; den Filmen, die wir gern sehen möchten, ist das obligatorische Reklameklistier vorgeschaltet. FIGUGEGL, ob wir wollen oder nicht. *Hands up Jogup.* Wir möchten gern *leer* schlucken, aber unsere Mäuler werden gestopft wie Mastgänseschnäbel.

Gibt es noch Örtchen, wo wir Ruhe finden? Aber nicht doch. Aus dem Radio schallt's und knallt's und prallt's –

(*Vater erzählt, Kind möchte etwas fragen*)

«Ja also dann würd ich sägä gömmär hindärä is Jakobstäli vielleicht det am Furzbächli verbii det chöntemer ä chlini Rascht machä uf dä Grill chöntat mär an Cervelat, Suppä, Wurscht und» –

«Papi!»

«Brot brätä, ja, dann gömmar da Wanderwäg hindärä, lueg da hindärä» –

«Aber Papi iiii –»

«Da hämmär äs wunderbars wart jetzt» –

«Aber Papiiiii»

«Alpäpanoramaaaaa»

«Aber Papi, wo schlafäd mir?»

«Ja uf äm Hirschörli am Waldrand bim Majelisgrättli im Zelt vom VILAN» (*darauf Musik* VILAN).

Jawohl, so schallt's und prallt's, und erfunden ist es nicht von mir, sondern von Frank Baumann und von der Firma ASGS/BBDO kreativ verwirklicht, und dieses am Furzbächli ersonnene Reklamefürzchen wurde vom ART DIRECTORS CLUB auf den Schild erhoben und mit Gold prämiert, wie Sie im ART-DIRECTORS-CLUB-JAHRBUCH, Jahrgang 1988, auf Seite 279 unschwer feststellen können. Tatsächlich, *le beaujolais nouveau est arrivé.* Und ich bin in der glücklichen Lage, Ihnen dieses ART-DIRECTORS-BUCH druckfrisch vorzustellen, worin sich Dutzende von Produkten befinden, die etwa auf demselben Niveau liegen wie das eben zitierte *sample.*

Also wie gesagt, im Kino hat man keine Ruhe vor euch. In der Aussenwelt auch nicht. Ihr beschallt uns ausserdem auch zu Hause unablässig und bespringt uns mit aggressiven Bildern, die der ART DIRECTORS CLUB ebenfalls prämieren zu müssen glaubt. Wir sehen einen Reporter vor Wolkenkratzern ins Mikrofon sprechen –

Es stinkt zum Himmel. Unheimliche Invasoren – die Killerzwiebel, der Würgeknoblauch und das Kariesmonster – bedrohen die City.

Dann sieht man Superman mit flatterndem Umhang über die

Eine Adventsansprache

Wolkenkratzer fliegen, welch originelle, bisher noch nie verwurstete Idee, Superman siegt sehr schnell und streckt ein Rezeptakel in die Höhe mit dem Schriftzug SIGNAL, und im Off hört man eine Stimme –

Fluidman fliegt zum Kampf an. Mit seiner umwerfend frischen Puste macht er den Eindringlingen den Garaus. Dank Signal Fluid – der superfrischen Lösung, die vor Karies schützt.

«Puste» ist übrigens gut, das hört man besonders gern.

So werden zwar unsere Zähne, aber nicht unsere Hirne vor Karies geschützt, und ich habe mir sagen lassen, dass dieser Spot nicht etwa von munteren Sekundarschülern, die sich in ihrem Videolabor einen Jux machen wollten, fabriziert worden sei, sondern von der als seriös geltenden Agentur FARMER PUBERTIS, und dass dieses bescheidene Witzchen, wie andere TV-Witzchen auch, mit allem Drum und Dran seine 60 000 Franken gekostet haben dürfte, also etwa so viel, wie ich in einem guten Jahr verdiene. Wäre das Geld nicht in diesen Werbespot, sondern in einen guten Journalisten investiert worden, so hätte dieser z. B. genügend Musse gehabt, den Fall Kopp / Kopp, d. h. sowohl die Affäre Trans W. Kopp als auch die Geschehnisse im Flagellantenbüro Kopp und andere Connections beizeiten zu untersuchen; der Journalist oder die Journalistin hätte sich in aller Gründlichkeit mit dieser gesellschaftlichen Karies beschäftigen können, und so wären uns sowohl der Signal-Fluid-Werbespot erspart geblieben als auch Bundesrätin Kopp; und zwar schon vor vier Jahren.

Abonnenten haben mehr im Kasten. Tun Sie etwas gegen Zahnstein, bevor Sie Berge davon haben. Katzen würden Whyski kaufen. Den Computer NCR 9800 kann so gut wie nichts ausser Betrieb setzen, höchstens vielleicht eine PERSHING-Rakete. Es ist Käse, dass der Fendant Les Rocailles nur zu Fondue passt. Konsumentinnen, Konsumenten, wie wollt ihr euren Emmentaler geschnitten sehen? Wir haben ihn am liebsten schnittig. Wollt ihr den totalen Emmentaler? Vor Aids schützen, Feldschlösschen Bier benützen. Aebi und Partner, habt ihr euch entschieden? Um Antwort wird gebeten, u. a. w. g.

Fitness ohne Stress / macht die Betten näss. Lieber zwäg als träg. Klosterfrau Melissengeist macht die dümmsten Mönche feist.

Jawohl, meine sehr verehrte Zuhörerschaft, wir haben es geschnallt: Glatt für alli, Sauglattismus, bis die Schwarten krachen und die Grosis schunkeln. Integration, Partizipation, Kremation im Feuer der Werbekohlen, allgemeine Kommunion. Das Mittelstandsglück der generellen Enthirnung und der wütenden Munterkeit. Wie sagt meine Kollegin Isolde Schaad in ihrem Artikel über «Schweizer Werbung in den Achtzigern», erschienen in der «Wochen-Zeitung» vom 5.8.1988?

«... *Partizipieren wir alle persönlich, und nirgends ist das Leben so persönlich geworden wie in der Reklame. Wir partizipieren am Chästeilet, am Candlelight, am Parcours und an der Direttissima. Die Reklame ist die Inkarnation der Klassenlosigkeit, in der alle als Charakterköpfe ganz ausgeprägt individuell geniessen. Es gibt keine Elite, keine Minderheit und keine Aussenseiter in der Totalen des Mittelstandsglücks, weil da alle mit allen identisch sind. Pardon, auch Sie, Madame, sind die Omi des sprudelnden Seniorenwesens und das Happy Baby, und Sie, Esquire, sind der Ferdi Kübler der Versicherungen und der Daddy der reparierenden Munterkeit. Alle passen fugenlos in den Selbsterfüllungsapparat und sind Alle für Alli. Auf dem gesunden Zahnschmelz von Eiger, Mönch und Chästeller erfüllt sich das Schwüzer Qualitätsglück, die eidgenössische Fassung des Kommunismus.*»

Und wirklich, liebe Reklamiker, ihr produziert das Gemüt einer herzlosen Welt, die Labsal der verdürstenden Gesellschaft, die Ambulanz der Verzweifelten, die Tünche auf dem Saustall, und ihr verhelft den Massen nicht zu ihrem Recht, aber doch zu ihrem Ausdruck. Die von euch produzierte Scheinhaftigkeit wird künftigen Historikern Rückschlüsse auf die Wirklichkeit zu ziehen erlauben, und insofern erfüllt ihr wenigstens für die Nachwelt eine wichtige Funktion. Die unberührten Landschaften und wilden Naturwüchsigkeiten der Reklame deuten auf Landschaftszerstörung in der realen Welt, die ewig strahlenden Visagen der Select- und Strumpfhosengirls geben einen Fingerzeig auf die triste Welt der Grossraumbüros, und das Negativ des gsünsen Rhäzünsers ist der von den Fischen befreite – wenigstens temporär befreite – Rhein bei Basel. Je verreckter die Verhältnisse auf dem Wohnungsmarkt, desto glücklicher strahlt die Kleinfamilie aus den Inseraten von «*Haus und Herd*».

Eine Adventsansprache

Man muss es umgekehrt proportional sehen, dann kommt man den Verhältnissen auf den Sprung, vermutlich. Als Anästhesisten und Narkotiseure habt ihr eure Verdienste. Darin, liebe Reklamiker, seid ihr ganz tüchtig, und das ist eure ideologische Funktion: von den Tatsachen abzulenken und uns zu führen aus diesem Jammertal ins Alpamare der diversen Happylands. Eine volkswirtschaftliche Funktion habt ihr demgegenüber kaum mehr, oder sie ist an einem kleinen Ort, d. h. besteht in der Erfüllung eurer ganz persönlichen finanziellen Wünsche und Lüste. Ihr verdient ja wirklich nicht schlecht, hueregopfertamisiech. In den Sechzigern und Siebzigern war das ein bisschen anders, da konnte man noch glauben, dass die Werbung, bitte sehr, Bedürfnisse wecken musste, die man eigentlich nicht hatte, weil bestimmte Produkte sonst nicht zu verkaufen gewesen wären, was wiederum Arbeitsplätze in der realen Produktion gefährdet hätte. Aber heute ist das nicht mehr so. Isolde Schaad bringt es auf den Punkt: «*In den achtziger Jahren trifft nicht mehr zu, was für die Siebziger galt: dass die Werbung Bedürfnisse weckt, die man gar nicht hat. Man hat sie längst, und die Werbung bestätigt sie bloss, nachdem sie gestillt sind. Die Reklamelandschaft ist jetzt das Projektionsfeld des Erworbenen, Vorhandenen. Das Umfeld ist ausgeklügelt, weil entscheidend, der Gegenstand beliebig. Die Bedeutung löst sich allmählich vom Symbol und verdunstet in der Diffusion.*»

Und woraus besteht diese Diffusion? Und wie verkauft man Produkte, die sich alle gleichen? Es ist unterdessen völlig wurscht, ob wir einen VW kaufen oder einen Mitsubishi oder Hatschamutschli oder Citroën oder Kurasawa oder Kamasutra 6-Zylinder oder was auch immer: Auto ist Auto, und nur bei den Luxusschlitten gibts noch entscheidende Nuancen. Hermann Burger wird Ihnen bestätigen, dass ein Ferrari Testarossa nicht dasselbe ist wie ein Ferrari Rossatesta. Aber item, bei den Waschmitteln kommts doch auch schon lange nicht mehr auf die Marke an. Herr Marti von der Werbeagentur Marti & Marti & Marti hat das Problem richtig erkannt und schreibt deshalb seinen Kunden folgendes:

«*Wir sehen unsere Aufgabe vor allem darin, in enger Zusammenarbeit mit den Marketingspezialisten einer Unternehmung einen vorhandenen Ansatz emotional aufzubauschen, dass die Werbung richtig unter die Haut –*» wobei er wohl die Füdlihaut meint – «*geht, und zwar so, dass unsere Zielsetzungen voll erreicht werden.*» Es heisst jetzt nicht mehr wie im Vietnamkrieg: SEARCH AND DESTROY, sondern SEARCH AND BUILD UP, nämlich die Emotionen der potentiellen Käufer. Aber Krieg ist auch jetzt, erbarmungsloser Kampf zwischen Closettpapierherstellern und Jeansfabrikanten z. B. Bemerkenswert, dass hier das negativ besetzte Wort «*aufbauschen*» zum erstenmal in seiner Geschichte positiv umgepolt wird. «Aufbauschen» hiess früher «auf degoutante Art übertreiben». So wird den Wörtern der Hals umgedreht, wenn sie auf den Strich gehen. Aber man muss auch sagen: Herr Marti ist eine ehrliche Haut. Er sagt stracks, was er macht, und bringt die Perversität der Branche unverhüllt ans Licht. Hallelutschah!

Uns bleibt nur noch, wenn wir an Martis Plakaten vorbeischleichen, an Hakle- und Rifle-Ärschen vorbeipromenieren, die Frage: Ist es dasselbe Tschick, das hier seinen Hintern so verkauft wie Marti sein Hirn, oder sind es deren zwei? Und mit aller Macht versuchen wir dann jeweils, unsere Emotionen abzubauschen, und führen zu diesem Zweck immer einen Wattebausch mit uns, damit wir nicht in Bausch und Bogen überfahren werden von unseren Gefühlen.

Ihr lieben Durchlauferhitzer der Kauflust und Kaufwut, ich möchte hier nicht ein bestimmtes *specimen* eurer Gattung vertrampen und darüber die Gattung vergessen, Marti ist nicht schlimmer als die andern, nur quicker. Reklame ist hierzulande allgemein doof, das neue ADC-Jahrbuch beweist das, da hilft euch keine Geistreichelei. Vielleicht war sie einmal besser. Ich glaube mich zu erinnern, dass Herbert Leupin in den fünfziger Jahren eine gewisse Eleganz zustande brachte, und wenn es auch nur im Dienst von Coca-Cola war. Vielleicht war der Konkurrenzkampf damals noch nicht so hart, und es war noch eine Art von Gelassenheit möglich und weniger Gschaftlhuberei. Aber heute in diesen euren Kreisen: Da liegt die Ästhetik im Clinch mit der Warenästhetik. Erquickender Scherz, Witz, Satire, Ironie und tiefere Bedeutung sind nicht möglich im Dienste von Möbel Pfister oder Wohnland oder Tivolino, euer *genre* und eure Arbeitgeber gestatten nur Gags, Flips, Flops. Denn der wirkliche Humor ist bekanntlich unberechenbar und befreiend, könnte den Konsumismus gefährden. Vergesst eure literarischen Ambitionen, solange ihr dieses Gewerbe betreibt, und verputzt ruhig euren Lohn chez Max oder chez Agnes oder chez Mireille, in der BLAUEN ENTE oder im GRÜNEN ARSCH und in der toskanischen Zweitresidenz, solange der Stutz in derart rauhen Mengen auf eure Konten niederprasselt. Es ist ja wirklich interessant, wie schnell auch die unbegabtesten Pörschtlis und Maitlis in eurer Branche zu Geld kommen und wie rasant sie, quer durch die Werbelandschaft, via Radio-24-TV-Spots und Rincovision, in die Höhe katapultiert werden. Es gibt zwar ein paar Talente in euren Kreisen, aber wie schnell sind sie verhurt! Einen kenne ich, der macht Käsereklame, und siehe da, wirklich, an seinen Wörtern konnte man sich delektieren, man bekam nicht nur Lust auf Emmentaler, sondern auch auf weitere Kostproben seiner Sprache. Wie könnte sich dieses Talent entwickeln, wenn es sich, ausser vom Käse, noch von andern Objekten inspirieren liesse. Wenn der schnelle Mann einmal nicht mehr den Stutz, sondern nur noch eine Sache im Auge hätte, für die sich sein Herz erwärmt. Aber es soll halt Leute geben, ihr lieben Einpeitscher und Vorsteher des guten Geschmacks, welche von Existenzängsten befallen werden, wenn sie im Monat weniger als 20 000 Franken verdienen.

Aber das geht mich ja alles nichts an, ich habe andere Sorgen. Es genügt anscheinend nicht, dass ich beim Schneuggen in Zeitungen und Magazinen mir mühsam die Artikel aus der happy Reklamewelt herausklauben muss, sondern die Artikel selbst und auch das Layout werden zusehends von der Reklameindustrie kontaminiert bzw. vergällt. Die verhurte Pseudo-Ästhetik der Werbung färbt ab auf alle übrigen Inhalte. Sie ist ja technisch, oder in Sachen Gags, immer auf dem neuesten Trip, und der wird dann prompt im redaktionellen Teil ein paar Monate später imitiert. Das führt den Journalismus in die Scheissgasse. Ich lese oder las regelmässig die Wochenendbeilage einer Zeitung, deren Textseiten heute reklamiger daherkommen als der eigentliche Reklameteil, und darob könnte man wütig werden, auch über die talentierten Jungfilmer, welche ihr Métier beim Werbefilm gelernt haben und dann ihre ernsthaft gemeinten Filme so schmissig/rassig schneiden, als ob sie immer noch Zahnpasta verkaufen müssten. Ein bisschen Wut werdet ihr, ihr unentwegten schnellen Brüter, mir in diesem Zusammenhang ganz allgemein gestatten müssen und vielleicht ein

Quentchen Trauer über all das verschleuderte Talent eurer zum Teil begabten Köpfe, die evtl. etwas anderes produzieren könnten als Schubidu und Judihui, nämlich Aufklärung statt Verklärung betreiben könnten.

Wenn ihr einmal den Finger herausnähmet!

Aber wie gesagt, ich sah ein Tier auftauchen, es hatte grosse eiserne Zähne, es frass und zermalmte, und was übrigblieb, zerstampfte es mit den Füssen, und dann biss es sich in den eigenen Schwanz und, wie es bei gefangenen Tieren im Zoo manchmal vorkommt, zerfleischte es seine eigenen Pfoten und verzehrte seinen Penis – und übrigens: Werdet ihr gern gepfitzt? Ich bin aber nicht eure Mireille, bin keine Domina noch Dominus – soviel habe ich jetzt mit dieser Rede auch wieder nicht verdient. Aber vielleicht könnt ihr eure Triebökonomie wirklich nur noch masochistisch regulieren?

Item. Wenn dann, beim Tubaton des Weltgerichts, eure Gerippe sich erheben aus den Gräbern oder auch nicht und dann an eurem rechten skelettierten Fuss noch ein halbvermoderter Timerlandschuh hängt und das Schlüsselbein von einer gut erhaltenen Dior-Krawatte garniert wird und ihr mühsam euch aufrappelt aus euren Design-Särgen Marke Vitra und euer Steiss von den letzten Resten eines Slip Eminence bedeckt ist: Dann, spätestens dann, werden sich die Joghurtköpfe fragen müssen oder gefragt werden, wie sie ihre Erdentage hingebracht haben.

Jedoch halt, was sage ich, so kann man euch natürlich nicht kommen, denn für euch, ihr Plünderer aller Wortschätze und Umwurster der Bedeutungen, ist das Jüngste Gericht ja höchstens ein Fondue.

Positiv denken! Utopien schenken!
(Anlässl. des 20. Geburtstags der Schweizerischen Journalisten-Union SJU)

Liebe Festgemeinde, chers collègues d'outre Sarine, cari amici del Sud, Dear Pulitzer Prize Winners,

das Zwanzig-Jahr-Jubiläum der Schweizerischen Journalisten-Union SJU veranlasst uns, und also auch mich, wer möchte das bezweifeln, zum integralen Jubilieren. Keiner könnte mein diesbezügliches Gefühl besser ausdrücken als Georges Marchais, Generalsekretär der Kommunistischen Partei Frankreichs, welcher bis vor kurzem, wenn er den Zustand des real-sozialistischen Staatensystems beschreiben wollte, jeweils sagte: Le bilan est globalement positif, oder auf deutsch: Wir glauben an die Kraft des positiven Denkens.

Da ist einmal die demokratische Struktur, welche sich über alle Massen bewährt hat, will sagen über alle Massen erhaben ist. Das gegenwärtige Präsidium wurde von 35 Personen gewählt, nur die besten, wägsten, ernstesten von den 1400 Mitgliedern haben sich zu dieser Wahl eingefunden, und diese Stimmbetei-ligung von etwas über zwei Prozent unterscheidet die Schweizerische Journalisten-Union gewaltig von der Schweizerischen Käse-Union, welche jeweils für ihre Generalversammlung 25% der Mitglieder mobilisieren zu müssen meint und deshalb unverhältnismässig grosse und teure Säle zu mieten gezwungen ist, während die Journalisten-Union bereits in die Zukunft hinaus plant und den Vorstand von Delegierten wählen zu lassen sich überlegt, um die Saalkosten noch weiter senken zu können. Hier dürfte durchaus noch weiter demokratisch rationalisiert werden im Sinne einer Ko-Optation des Vorstands oder der Wahl eines Präsidenten, oder, warum nicht, einer Präsidentin, auf Lebenszeit; Houphouët-Boigny von der Elfenbeinküste hat gute Erfahrungen damit gemacht, aber auch Erich Honecker. Hingegen wird man sich überlegen müssen, ob die Einführung des Zensus-Wahlrechts, wodurch die festangestellten Grossverdiener unter uns gegenüber

Schreiben

den nicht-festangestellten Kirchenmäusen allzu deutlich bevorzugt werden, die richtige Lösung ist.

Aber ganz abgesehen von diesen demokratischen Formalien können wir uns auch bez. unserer Personal-Politik oder Personen-Plazierung von berechtigter Dankbarkeit erfüllen lassen. Dank der Präsenzliste der Gründerversammlung der SJU wissen wir, dass allerlei Gattig am 10.10.1970 präsent war, nämlich ein ganzer Stall von trojanischen Pferdchen, welche damals schon ungeduldig scharrten, aber noch nicht wissen konnten, in welche Führungspositionen sie aufsteigen würden, so etwa Hugo Bü. Bütler, Frank Adalgott Meyer, Woldemar mui. Muischnek und Viktor mpf. Schlumpf, welche unterdessen die «Neue Zürcher Zeitung», die gesamte Ringier-Presse, das «Badener Tagblatt» und den «Tages-Anzeiger» auf SJU-Kurs gebracht haben. Das ist nicht bei jedem von diesen auf den ersten Blick ersichtlich, aber wer genauer liest, merkt die Raffinesse, zugleich aber auch die eminente Selbstverleugnung dieser alten militanten Garde der SJU. Hugo Bü. Bütler etwa, von Hause aus ein glänzender Stilist, legt seiner schriftstellerischen Kapazität ständig Zügel an und schreibt extra so garstig, dass man bei seinen Editorials nicht über die ersten Linien hinauskommt und verwirrt innehält und dadurch bei den NZZ-Lesern eine ernste Sinnkrise und Abbestellungen hervorgerufen werden, wodurch der Freisinn deutlich geschädigt wird, worüber sich die SJU nur freuen kann. Frank Arthur Alkuin Andy Anton Adalgott Ansgar Archibald Meyer seinerseits schädigt den aufgeblähten *Ringier*-Konzern, indem er diabolisch, wie er ist und war, ein falsches Konzept für die «Schweizer Illustrierte» ausheckt, welches Inserate- und Auflagenschwund zur Folge hat, wodurch die interessanten SI-Journalisten zum Auszug gezwungen werden und sich als Freie erst recht entfalten können, während Woldemar mutsch. Muischnek im «Badener Tagblatt» den Rechtsestremuismus derart übertreibt, dass dieser sich selbst lächerlich macht und ad absurdum führt und sogar seinem Ver-leger Otto Wanner nach der Lektüre der Muischnekschen Atikel der Schädel in der unverschämtesten Weise brummt. Diese Kollegen, obwohl Teilnehmer der Gründungsversammlung von 1970,sind formell nie Mitglied der SJU geworden, um als Partisa-nen desto hinterlistiger eingreifen zu können, und es gebührt ihnen jetzt endlich einmal ein öffentlicher Dank. (Applaus, Applaus)

Denn um wieviel einfacher ist es, sich wie ein Frischknecht, ein Wespe, ein Ramseyer oder ein Meienburg von der organischen, d. h. linken Umgebung applaudieren zu lassen, als eben wie ein Bü., FAM oder mui. von den bürgerlichen Kollegen mit Befremden betrachtet und von den eigentlichen Gesinnungsgenossen öffentlich befehdet zu werden! Also überall fremd zu sein, schliesslich auch in der eigenen Haut! Und trotzdem durchzuhalten, zwei geschlagene Jahrzehnte lang!

Nun zu Viktor mpf. Schlumpf. Sein Fall ist komplizierter, kann er doch im allgemeinen ziemlich offen agieren, weil er dabei von einer bedeutenden SJU-Betriebsgruppe des «Tages-Anzeigers» unterstützt wird, bekanntlich sind über fünfzig Prozent der dortigen Belegschaft im SJU organisiert. Und gerade dieses macht Schlumpfens Situation prekär, denn die Geschäftsleitung soll nicht merken, dass er die Speerspitze der betrieblichen SJU ist, und so schreibt er also z. B. *contrecœur* und *la mort à l'âme* vor der Armeeabschaffungsabstimmung einen Leitartikel *für* die Armee und unterdrückt jede andere Meinungsäusserung, aber natürlich mit dem Hintergedanken, auf diese Weise einen rabiaten Protest der SJU-Betriebsgruppe zu provozieren, welcher dann bekanntlich zur Folge hatte, dass im «Tages-Anzeiger» doch noch ein geharnischtes Editorial zugunsten der Armeeabschaffung erscheinen konnte, am 31. November 1989. Auf diese Weise fanden die mentalen Mehrheitsverhältnisse in der Redaktion endlich ihren gebührenden Ausdruck in der Öffentlichkeit. Die SJU-Betriebsgruppe hatte, um dieses zu bewerkstelligen, im Bewusstsein ihrer Stärke kurzentschlossen eine Streikdrohung formuliert für den Fall, dass dieses ihr Editorial nicht hätte erscheinen können, und die Lahmlegung aller Textverarbeitungsmaschinen angedroht durch Herbeiführung von Kurzschlüssen via Überbeanspruchung, und tatsächlich war es für die Geschäftsleitung ein Ding der Unmöglichkeit, in so kurzbemessener Frist mehr als fünfzig Prozent der Belegschaft auszusperren und Ersatzleute zu engagieren. Es war denn auch ein seltenes Gefühl für den Aussen-, aber auch für den Innenstehenden, als die Tagi-Belegschaft prophylaktisch sich mit Thermosflaschen, Wolldecken und Feldbetten in ihren Büros niederliess, um, falls der

Streik nicht nur hätte angedroht, sondern auch verwirklicht werden müssen, jeden potentiellen Streikbrecher abzuschrecken. Da kam der Belegschaft einmal richtig zum Bewusstsein, dass dieses Zeitungs-Produkt nicht ohne sie, aber sehr wohl ohne die Herren Futschknecht, Florian Heu und Heinrich Napoleon Hächler hergestellt werden kann. Als kleinlicher Racheakt von seiten des Vorsitzenden Hächler wurde es dann allerdings empfunden, dass dieser letztere darauf die ganze Kantine des «Tages-Anzeigers» für sich beanspruchte und eine Mehrzweckhalle für den eigenen Gebrauch daraus herrichten liess mit marmorverkleideter Sauna, teuersten Design-Möbeln und schickester Einrichtung, und konnte diese Selbstherrlichkeit nur insofern gemildert werden, als nach energischen Demarchen des SJU-Politbüros eine sonntagnachmittägliche Benutzung der Sauna durch den SJU-Vorstand in allen Monaten ohne r (Mai, Juni, Juli, August) zugestanden wurde; allerdings nur an jenen Sonntagen, da Heinrich Hächlers Sohn, der bekannte Sozialarbeiter, welcher von seinem Vater zweckentfremdet und in den Betrieb gehievt wurde, die Sauna nicht seinerseits beansprucht, nachdem er bereits über den Plänen für das neue Druckzentrum erfolglos geschwitzt hat.

In aller Erinnerung ist auch noch, schon wieder Anlass zum Jubilieren, der erfolgreiche Einsatz der SJU-Betriebsgruppe für den Drucker-Kollegen Roland Kreuzer, welcher ohne jeden triftigen Grund von Herrn Feitknecht aus dem Betrieb entfernt worden war, in Missachtung aller traditionellen Gewerkschaftsrechte. Hier zeigte sich Solidarität über die professionellen Schranken hinweg, man überschritt die Grenzen eines engen Korporatismus, getreu der Plattform von 1975, ich zitiere aus der französischen Version: «L'Union Suisse des journalistes se sent solidaire de tous les salariés et s'engage avant tout à instaurer une collaboration entre tous les travailleurs au niveau de l'entreprise.» Eine blitzschnelle Unterschriftensammlung samt Streikdrohung hatte zur Folge, dass Henry Napoleon Hächler I., der nicht dumm ist, seinen Untergebenen Feitknecht, der es ist, zurückpfiff und Roland Kreuzer in allen Ehren wieder eingestellt wurde. Der Verweis, welchen der damalige Chefredaktor Peter Studer einem Unterschriftensammler hatte gemeint erteilen zu müssen, fiel auf diesen ersteren zurück und bewirkte schliesslich, dass Studer, nach erzwungener Annullierung eben dieses Verweises, den Finkenstrich nahm und Richtung Fernsehen verzichte.

Von ähnlichen Erfolgen war der Kampf für den Einsitz mindestens einer Frau in der Chefredaktion gekrönt, ein Anliegen, das sich von selbst versteht und längst hätte realisiert werden müssen. Nachdem man sich in langen Palavern zwischen oben und unten auf die Person von Rosemarie Waldner, als Nachfolgerin von Mäni LaRoche, geeinigt hatte, wollte die Geschäftsführung in letzter Minute, Sparmassnahmen vorschützend, die Erneuerung abblocken und die Stelle von LaRoche vakant bleiben lassen. Die Wut und der Aufruhr, welchem sich sogar der grössere Teil der vsj-Mitglieder (Verein der Schweizer Journalisten, konservativ) anschlossen, und die Kündigungsdrohungen von ca. drei Dutzend der tüchtigsten Journalisten und Journalistinnen sowie die Drohung, geschlossen mit diesem Skandal an die Öffentlichkeit zu gelangen, bewirkten dann eine Sinnesänderung der Geschäftsleitung, so dass Rosemarie Waldner nun wie geplant auf den ersten Januar 1991 in die Chefredaktion aufgenommen werden wird.

Das richtig verstandene Unternehmer-Interesse (denn ohne Frau in der Chefredaktion hätte sich der Betrieb als Ganzes blamiert) kann also durchaus koinzidieren mit dem Angestellten-Interesse, besonders wenn man, wie es die sju 1989 getan hat, in einer sogenannten Protokollerklärung ein überschwengliches Bekenntnis zur freien Marktwirtschaft abgelegt hat (von der wir ja alle profitieren, mit oder ohne Sauna), damit man vom Schweizerischen Zeitungsverlegerverband als Partner anerkannt wird. Zugleich hat die sju auch versprochen, keine Sympathiestreiks durchzuführen – was aber gar nie nötig war, weil die *Streikdrohungen*, wie die oben geschilderten Ereignisse zeigen, immer schon genügt haben. Der Ringier-Verlag hat übrigens als erster gemerkt, wie ihm die Arbeit der gewissenhaften sju-Mitglieder zustatten kommt, welche ja auch immer einsatzbereite, ernsthafte Journalisten sind, und so zahlt denn Ringier den sju-Beitrag für seine sju-Mitglieder aus dem eigenen Sack. Das ist ein Novum in der schweizerischen Unternehmensgeschichte, welches man, im Sinn und Geist des Arbeitsfriedens, ruhig auch auf die anderen Betriebe ausdehnen könnte. Das nannte man, zu Zeiten von Mao Tse-tung, die Aufhebung der Gegensätze im Schosse des Volkes oder die Versorgung aller Tassen im gleichen Schrank.

Der gewerkschaftlichen und spirituellen Erfolge sind so viele, dass eine Aufzählung notgedrungen lückenhaft bleiben muss. Fast vergessen ist schon der Kampf auf dem ideologischen Terrain gegen die Beilegung einer Zeitschrift namens «Bonus 24», welches Schawinski-Produkt nicht wie geplant einmal pro Monat im TA eingewickelt geliefert wird, sondern, welche Notlösung, nun als Beilage der NZZ. Wie Altpräsident Karl «Biff» Biffiger es ausdrückte, wäre es pervers gewesen, dieses Blättchen, welches er als *«Ozonloch des schweizerischen Journalismus»* titulierte, einer seriösen, von der SJU beherrschten Zeitung periodisch beizulegen. Auch konnte eine Schawinski-Kolumne in der Tagi-Beilage «TV plus», welche die Geschäftsleitung, die sich an «Opus Radio» beteiligt, hatte ins Blatt knallen wollen, erfolgreich abgeschmettert werden. Wer die Kolumnen schreibe, bestimme nach wie vor die Redaktion, wurde von seiten der Red. geltend gemacht.

Und schliesslich konnte die SJU-BG verhindern, dass der ebenso unfähige wie zackige Florian Heu der Zeitung als Unter-Boss vor die Nase gesetzt wurde. Man konnte dem Ober-Boss-Hächler dank wiederholtem gutem Zureden klarmachen, dass Florian Heu rein managementmässig, wegen seiner militärischen Troglodyten-Manieren, eine für die Firma unbekömmliche Fehlbesetzung sei. Hatte dieser Heu doch noch vorgestern gemeint, er könne die Redaktion wie eine Kompanie WK-Soldaten antreten lassen und ihnen eine sogenannte Sparübung verordnen, weil nämlich dieses im Geld buchstäblich schwimmende Profitblatt in den letzten zwei Monaten unbedeutende Einbussen im Stellen-Anzeiger hatte erleiden müssen. Und deshalb sollten nun augenblicklich, trotz gewaltigster Reserven auf der hohen Kante, 1,4 Millionen eingespart, 5 Stellen abgebaut werden (u.a. die Zentralamerika-Berichterstattung). Mit Hohngelächter wurde dieses Ansinnen von der SJU-durchwirkten Belegschaft quittiert, Gewerkschafts-Repressalien wurden *stante pede* in Aussicht gestellt; und schliesslich erzwang diese Einmischung in die eigenen Angelegenheiten den Respekt der obersten Leitung und eine Rückgängigmachung der unerspriesslichen Massnahmen, die ohne jede Anhörung der Gesamtredaktion verhängt worden waren.

Positiv denken! Utopien schenken!

Abschliessend sei mir noch ein Wort zur Sprachkultur der SJU gestattet. Auch hier darf sich die Bilanz sehen lassen. Das mit der SJU aufs engste verknüpfte «klartext»-Magazin bemüht sich seit Jahren um das Vorexerzieren einer kreativen Beton-Sprache, etwa nach dem weiland Muster des hamburgischen «Spiegel», wie er vor 20 Jahren funktionierte, und hat damit schon recht viel Erfolg gehabt, indem nämlich dieses Sprachmuster gerade von der jungen Generation tapfer kopiert worden ist. Der «Spiegel» selbst schreibt heute nicht so spiegelhaft, hat andere Formen zugelassen, und darum ist das sprachliche Petrefakt des «klartext» erst recht reizvoll, es erinnert uns immer wieder neu an die Frühgeschichte des Magazinjournalismus.

Ad multos annos, darf man also insgesamt und global wohl sagen. Die anarchistisch-ungebärdigen, basisdemokratischen, der Macht überall unerbittlich auf den Pelz rückenden, die Expronation der ExproprIateure lustvoll betreibenden, lustig-umstürzlerischen und doch in disziplinierter Phalanx vorrückenden und statutenkonform wirkenden SJU-Belegschaften leben

hoch – hoch – hoch.

PS: Nach dieser am 6. Oktober abends im Empire-Festsaal des sog. Äusseren Standes in Bern gehaltenen Rede soll von seiten des SJU-Publikums allerhand Unmut laut geworden und darauf hingewiesen worden sein, dass die Betriebsgruppe des «Tages-Anzeigers» noch nie eine Streikdrohung formuliert habe und deshalb auch nie ein Editorial zugunsten der Armeeabschaffung erschienen sei, in Wirklichkeit. Und obwohl es zutreffe, dass Henry Hächler die ehemalige Kantine zu seinem Naherholungsgebiet umgebaut habe, sei dagegen nicht protestiert worden. (Keine Sauna-Benützung durch SJU-Mitglieder.) Auch sei nach der Entlassung des Kollegen Roland Kreuzer kein effizienter Druck auf die Geschäftsleitung ausgeübt und Kreuzer nicht wieder angestellt worden, in Wirklichkeit, und Rosemarie Waldner keineswegs in die Chefredaktion aufgenommen worden (statt dessen beschloss die Generalversammlung der SJU am Nachmittag des 6. Okt. die Schaffung einer Stelle für Frauenfragen; wenn der Arbeitgeber nicht zahlt, muss die Gewerkschaft zahlen). Das dümmlich-reisserische Schawinski-Heftchen «Bonus 24» werde, in Wirklichkeit, dem «Tages-

Anzeiger» einmal pro Monat beigelegt, bei der NZZ wäre man nie auf dieses Niveau heruntergegangen, und die vom Verleger eingebrockte Kolumne des Schawinski habe auch nicht verhindert werden können, ebensowenig die Einsetzung des Herrn Heu samt Sparmassnahmen. Angesichts dieser Gravamina müsse jedoch in Anschlag gebracht werden, dass der «Verband des Personals der öffentlichen Dienste», also jene Dach-Gewerkschaft, der die SJU angeschlossen sei, eine etwaige kämpferische oder gar aufmüpfische Haltung der SJU keineswegs zu decken, geschweige denn zu ermuntern gesonnen sei und also die SJU, falls sie denn heftig aufzutreten gewillt wäre, auf keinerlei Unterstützung des grossen Bruders würde zählen können. Auf die Frage, warum man diesenfalls, als Linker, die beträchtlichen Mitgliederbeiträge der SJU nichtsdestotrotz zu entrichten bereit sei, wenn doch, in allen kapitalen Machtfragen, die Gewerkschaft den Schwanz einzuziehen sich bemüssigt fühle und nicht einmal der Inhalt der Zeitung, geschweige denn der Gang der Geschäfte auch nur im entferntesten beeinflusst werden könne, soll keine zufriedenstellende Antwort erteilt worden sein, obwohl doch immerhin, so wurde gesagt, ein psychologischer Gewinst insofern erzielt werden könne, als die vielen Sitzungen, ausserhalb der Geschäftszeit, ein Gefühl der Nähe zwischen den SJU-Mitgliedern durchaus begünstigen. Übrigens müsse auch berücksichtigt werden, dass man, als «Tages-Anzeiger»-Angestellter, so viele materielle Vorteile geniesse und soviel intellektuellen Komfort wie sonst selten irgendwo und selbstredend niemand seine handfesten Privilegien zugunsten etwa einer vermutlich doch nicht erfolgreich verlaufen könnenden Machtprobe mit der seltsamen, in völlig unjournalistischen Kategorien denkenden Geschäftsleitung aufs Spiel zu setzen gewillt sei.

Der Unmut des Publikums richtete sich des weiteren gegen die, wie man behauptete, «Tages-Anzeiger»-Fixation des Festredners, der, wie verlautete, sich immer wieder zwanghaft-psychotisch an dieser Firma vergreifen müsse, worauf der Redner erwidert haben soll: Der «Tages-Anzeiger» bedeutet *für ihn* schon seit geraumer Zeit kein psychisches oder gar materielles Problem mehr, seelisch sei er jetzt in andern Nöten, sintemalen er von allen Seiten, auch aus dem deutschsprachigen Ausland, mit zahlreichen, kaum mehr zu bewältigenden Aufträgen von intellektuellster Seite eingedeckt oder zugedeckt sei, wohingegen das sozusagen objektive Machtproblem der sju, die nur in einem einzigen grossen Betrieb, nämlich eben im «Tages-Anzeiger», über eine gewissermassen beherrschende Stellung verfüge, nach wie vor zu bestehen scheine; und ob er denn vielleicht die Problematik des gewerkschaftlichen Einflusses am Beispiel der nzz, oder des «Wiler Tagblatts», oder des «Wynentaler Boten», hätte aufscheinen lassen sollen!

Schreiben

Mut zur Feigheit
Ein offener Brief an Salman Rushdie

Sehr geehrter, sehr begehrter, lieber Salman Rushdie,

fünf Jahre lang haben Sie an den «Satanischen Versen» geschrieben, etwa so lang wie Flaubert an seiner «Madame Bovary», sind also fünf Jahre lang in Klausur gegangen, weil Literatur nur in der Abgeschiedenheit entstehen kann (hin und wieder von ein paar Exzessen, Reisen, Freundschafts- und Liebesbezeugungen unterbrochen). Eine Tortur und eine Lust, Aufschwünge und Stockungen, diszipliniertes Phantasieren, phantastische Disziplin, die Verdichtung Ihrer Erfahrungen: Geschichte des indischen Films, Emigrationsgeschichte eines muslimischen Inders, von Bombay nach London und zurück, Traumsequenzen, die Chemiekatastrophe von Bhopal, Flugzeugentführung, der neu und frei interpretierte Koran als Fremdenführer im Labyrinth Ihrer kontrolliert wuchernden Erzählkunst (etwas allzu frei und neu, protestierten die Fundamentalisten), Humor und böser Realismus – ein von orientalischer Vitalität und Gescheitheit strotzender Schmöker.

Wie schmeckt zum Beispiel England dem aus Bombay eingetroffenen, frisch ins Internat gesteckten Salahuddin Chamchawala?
So: «Eines Tages kurz nach seinem Schuleintritt kam er zum Frühstück herunter und fand einen Hering auf seinem Teller. Er sass da, starrte ihn an und wusste nicht, wo anfangen. Dann schnitt er hinein und hatte den Mund voller winziger Gräten. Und nachdem er sie alle herausgezogen hatte, den nächsten Bissen, mehr Gräten. Seine Mitschüler sahen schweigend zu, wie er litt; nicht einer von ihnen sagte, schau, ich zeige es dir, du musst ihn so essen. Er brauchte neunzig Minuten für den Fisch, und er durfte nicht vom Tisch aufstehen, bevor er fertig war. Mittlerweile zitterte er und hätte weinen können, hätte er es jetzt getan. Dann kam ihm der Gedanke, er habe eine wichtige Lektion gelernt, England war ein seltsam schmeckender, geräucherter Fisch voller Dornen und Gräten, und niemand würde ihm je sagen, wie man ihn ass. Er

merkte, dass er ein sturer Mensch war. ‹Ich werd's ihnen zeigen›, schwor er sich. ‹Wir werden ja sehen.› Der aufgegessene Hering war sein erster Sieg, der erste Schritt bei seiner Eroberung Englands.

Wilhelm der Eroberer, so sagt man, ass als erstes einen Mundvoll englischen Sand.»

Nun ist bekanntlich dieses Buch mit all seinen Leckerbissen und Gräten einigen Religionsvorstehern in den falschen Hals geraten, und seit drei Jahren leben Sie deshalb in unfreiwilliger Klausur. Ist sie dem Schreiben förderlich? Fünf Millionen Dollar kann jeder gläubige Muslim verdienen, der Sie umbringt: tut's ein ungläubiger Profi-Killer, bekommt er immerhin noch eine Million. Stirbt der gläubige Attentäter beim Mord, weil Ihre Leibwachen zurückschiessen, so ist ihm das Paradies sicher, während die Zukunft des ungläubigen Mörders von den Imams nicht detailliert vorausgesagt werden kann. Dem Todesurteil, 1989 von Ayatollah Khomeini verhängt und neuerdings von schiitischen Religionsvorstehern wieder bestätigt, hätten Sie nur durch Abschwören (im Stil von Galilei) und das Versprechen, die «Satanischen Verse» aus dem Markt zurückzuziehen, entgehen können. Dazu konnten Sie sich nicht entschliessen und leben nun also schon drei Jahre lang in einem Hochsicherheitstrakt, unter Aufsicht von Leibwächtern, die Ihnen Maggie Thatcher zur Verfügung stellen musste, vermutlich zähneknirschend, weil sie in Ihrem Roman als Schmelzende-Wachspuppe-auf-dem-elektrischen-Stuhl verspottet wurde; und bedroht von pakistanischen Muslims, die Ihnen sympathisch sind, wie alle *underdogs*. (Sie haben oft gegen den englischen Rassismus angeschrieben.)

Wie lebt so einer wie Sie? Ab und zu ein unangekündigter Blitzbesuch in der Öffentlichkeit, dann sofort wieder ins Versteck. Die Aussicht, eingesperrt zu bleiben auf Lebenszeit oder Ihr Buch zu verleugnen oder als Zielscheibe herumzulaufen. Als Held des freien Wortes und Inkarnation der Aufklärung verehrt von fast allen westlichen Schriftstellerkollegen, die vor einem andern kulturellen Hintergrund schreiben, und verabscheut von Millionen, die in Ihrer angestammten Welt verwurzelt sind. Und vor allem: Wie lebt man als Schriftsteller, wenn für die Kritik nicht mehr der literarische Gehalt eines Buches zählt, sondern nur noch der Skandaleffekt? Das ist tödlich, da kann man sich nicht entwickeln, auch wenn die Auflage steigt und Sie unterdessen reich geworden sind; schätzungsweise 6 Millionen wurden von der englischen Ausgabe verkauft, die Übersetzungen laufen auch nicht schlecht.

Was macht man in Ihrer Situation mit dem Reichtum? Die einen begehren Ihre Bücher, die andern Ihren Tod.

Sie fragen sich vermutlich wie Ihre Romanfigur Gibril, ob Sie jetzt träumen oder wachen, ob Ihre Realität eine Vision ist oder handgreiflich, und vermutlich würden Sie vorübergehend gern mutieren wie Saladin, auch eine Romanfigur, der sich in einen Ziegenbock verwandelt, bevor er wieder Menschengestalt annimmt. Jede Form wäre Ihnen vielleicht jetzt lieber als Ihre eigene, jede neue Identität besser als die gegenwärtige. Eine kosmetische Operation würde auch nichts helfen, Sie müssten nebst Ihren Gesichtszügen auch Ihren Freundeskreis aufgeben, Ihre Stimme verändern lassen. Sie können nicht aus Ihrem Gefängnis entkommen wie Ihr satanischer Ziegenbock aus der Klinik. Eine Geschlechtsumwandlung ist wohl auch nicht das Richtige (als Schauspieler sind Sie einmal, vor langer Zeit, in die Rolle der Irrenärztin in Dürrenmatts «Physiker» geschlüpft).

Niemand kann etwas für Sie tun. Alle möchten Ihnen helfen, das ist nett, oder Ihnen aus der Welt helfen. Die Aufklärung hat ihren Märtyrer gefunden, der Obskurantismus seinen Sündenbock. Nur weiter so. Du tapferer Vertreter meiner Wünsche, ermunterte Sie der ehemalige Oxford-Professor Francis Bennion, nur immer schön standhalten – und als Sie sich dann vorübergehend dem Islam wieder annäherten, im Januar 1991, und die Versöhnung mit den Eiferern suchten, haben dieser gute Freund und andere Enthusiasten der literarischen Freiheit Sie als Abtrünnigen und Verräter bezeichnet: Sie seien es «*nicht wert, dass man Sie verteidigt*». Diesen Professor hat auch die Tatsache nicht beschäftigt, dass es in Indien und Pakistan, wo Ihr Buch nur vom Hörensagen bekannt ist, zu Unruhen mit zahlreichen Verletzten und Todesopfern gekommen war, weil sich strenggläubige Muslims in ihren religiösen Gefühlen verletzt glaubten.

Der japanische Übersetzer der «Satanischen Verse» wurde ermordet, auf den italienischen Übersetzer ist ein Attentat verübt worden. Wie erträgt man als Schriftsteller, lieber Salman Rushdie, den Gedanken an solche Risiken der Literatur? Das ist eine unanständige Frage, und einem ohnehin geplagten Grübler wie Ihnen wagt man sie kaum zu stellen, und man kommt dabei in den Verdacht, den Fanatismus der Fanatiker zu akzeptieren. Herrn Professor Bennion würde ich nicht fragen.

Der Marquis de Sade, Bewohner der Bastille, hatte es auch nicht immer gemütlich in seinem Gefängnis, aber verglichen mit Ihnen, lieber Salman Rushdie, doch einfacher. Sein Ruf war eindeutig, nämlich schlecht, er war als Sittenstrolch und Strolchenliterat abgestempelt und musste nicht durch diese Wechselbäder gehen wie Sie, wurde nicht auseinandergerissen von den zentrifugalen Kräften zweier Kulturen, und im Irrenhaus von Charenton konnte er Theateraufführungen leiten, halböffentliche, und umbringen wollte man ihn dort nicht.

Voltaire, wenn wir schon von der Aufklärung reden, hat taktiert, geschummelt, gelogen und notfalls auch widerrufen, wenn die totalitäre katholische Kirche ihn am Schlafittchen hatte, und als die Diener des Herzogs von Rohan ihn verprügelten, ist er vorübergehend sogar brav geworden. Sein Theaterstück «Mahomet» (Mohammed), worin der Prophet als blutrünstiger Massenverführer geschildert wird, ist 1742 nach nur drei Aufführungen auf Betreiben eines Kardinals abgesetzt worden; erst 1751 kam es wieder auf die Bühne. Allerdings wurde das Stück nicht abgesetzt, weil die katholische Kirche das Andenken Mohammeds schützen wollte, sondern weil der Kardinal Fleury gemerkt hatte, dass der Dichter einen andern Religionsstifter verhöhnte. Und weil Voltaire gern ein bisschen leben wollte und weil er auf die ungebrochene Kraft seines Stücks vertraute, hat er es 9 Jahre lang auf Eis legen können. Brecht hat einmal gesagt, er habe zwar ein Rückgrat, aber nicht zum Zerbrechen.

Der deutsche Aufklärer Schubart, welcher so schrieb, dass es dem Herzog von Württemberg nicht gefiel, wurde 1777 auf dem Hohenasperg eingesperrt, zuerst 377 Tage in strenger Isolationshaft gehalten und kam dann immerhin, nach geistlichen Übungen, also nach ein paar Lippenbekenntnissen, in eine mildere Haft; 1785 durfte er sogar Frau und Kinder empfangen, und zwei Jahre später wurde er gar entlassen. Auch er hat ein bisschen lügen müssen. Büchner konnte wenigstens aus Hessen ins damals ziemlich aufgeschlossene Zürich fliehen und blieb dort vor Nachstellungen verschont.

Ihr Fall, lieber Salman Rushdie, der Sie sich nach Ansicht der Fundamentalisten an Mohammed und an der Heiligen Schrift des Islam vergriffen haben, ist viel schlimmer, nur noch vergleichbar mit den «Verbrannten Dichtern» der Nazi-Zeit, die ins europäische Ausland flohen und dort von den deutschen Armeen eingeholt wurden, oder vergleichbar mit den unter Stalin verfolgten Dichtern.

Auf den Filmemacher Scorsese, der vor einigen Jahren («The Last Temptation of Christ») diesen Jesus vorgeführt hat, der sich gern von einer Frau streicheln lässt, haben weder Papst noch Kardinäle ein Kopfgeld ausgesetzt; auch wurde Scorsese nicht in die Verliese des Vatikans abgeschleppt, es gab nur beim Brand eines Kinos am Boulevard Saint-Michel, welches von katholischen Fundamentalisten angesteckt worden war, zwei Tote zu beklagen. Das sind Ausnahmeerscheinungen, und sie unterstehen dem Strafgesetzbuch. Über den Papst kann man hierzulande Reportagen schreiben, welche seinen Besuch in der Schweiz wahrheitsgetreu, also in seiner ganzen Lächerlichkeit, schildern, allerdings nur in einer kleinen Zeitung – ohne dass man sich auf der apostolischen Nuntiatur entschuldigen müsste oder sonstwie bestraft würde. Über die Bibel werden Witze gemacht, meist von Theologen, die sie als einzige noch lesen, und im übrigen wird sie als literarisches-kulturhistorisches Monument behandelt. Kirchen werden profaniert, zum Beispiel für die Abdankung eines Werbemoguls benützt, wobei der immerhin protestantisch sich nennende Pastor auf die Kanzel steigt und die rücksichtslose Geldscheffelei des Verblichenen in allen Tonarten preist. Sakral ist hier und überhaupt im Westen/Norden nichts mehr ausser dem Trieb zum Geld, Sankt Markt und das Wachstum. Darum wagt auch niemand die Beziehungen mit dem Iran aufs Spiel zu setzen, um einen Widerruf des gegen Sie ergangenen Todesurteils zu erzwingen.

Im Islam – aber das muss ich Ihnen nicht erklären – gilt ANYTHING GOES noch nicht, und mich wundert, dass der Aufruhr, den Ihre «Satanischen Verse» bei den Gläubigen angerichtet haben, Sie verwundert hat. Das ist kein Werturteil über den Islam, sondern nur eine Feststellung. Ich finde im Koran fürchterliche Passagen, die mir einen Schauer über den Rücken jagen, z.B. den 35. Vers aus der 4. Sure: «Männer sollen vor den Frauen bevorzugt werden (weil sie für diese verantwortlich sind), weil Allah auch die einen vor den anderen mit Vorzügen begabte und weil jene diese erhalten. Rechtschaffene Frauen sollen gehorsam, treu und verschwiegen sein.» Aber Millionen von überzeugten Muslims, u.a. auch die Religionsvorsteher im Iran, nehmen das wörtlich als Offenbarung und verstehen auch keinen Spass, wenn man den Propheten Mohammed in «Mahound» umbenennt, was ein anderer Name für den Teufel ist – auch wenn das, wie in Ihrem Roman, ironisch oder trotzig gemeint ist. (Sie verweisen auf die Analogie zu «Neger», welcher Ausdruck abwertend gemeint war und dann von den Betroffenen umfunktioniert wurde.)

Dass Ihr literarisch so hübsches Spiel mit den drei Göttinnen Allat, Al-Uzza und Manat, 53. Sure, Vers 20 & 21, welche, laut Koran, die Einflüsterungen des Satans dem Propheten Mohammed ans Herz legten, den Gläubigen besonders auf die Nerven ging, kann auch nicht erstaunen. Er hätte nämlich diese Göttinnen neben Allah akzeptieren sollen, was für den monotheistischen und erst recht für den frauenfeindlichen Mohammed der schlimmstmögliche Frevel gewesen wäre. («Die Ungläubigen möchten, dass Allah Töchter hat – aber das sei fern von ihm –, und sie selbst wünschten sich nur solche Kinder, wie sie ihr Herz wünscht. Wird einem von ihnen die Geburt einer Tochter verkündet, dann färbt sich sein Gesicht vor Kummer schwarz – und wird düster, und er ist tief betrübt. Wegen der üblen Kunde, die ihm zugekommen ist, verbirgt er sich vor den Menschen, und er ist im Zweifel, ob er sie zu seiner Schande behalten oder ob er sie nicht im Sande vergraben soll.» 16. Sure, Vers 58 bis 60.)

Ich finde Ihr Buch wunderbar, voll von Wundern, auch literarischen, ich lese es als Literatur, und ich empfinde den iranischen Bannstrahl gegen Sie als hundsföttisch, versteht sich. Ich verstehe aber, dass die *underdogs* des Islam Ihr Buch ganz anders verstehen als wir westlich-nördlichen Literaten, nämlich wörtlich, wie sie den Koran lesen, und ich glaube, dass für viele Unterprivilegierte der Glauben an eine absolute Offenbarung der einzige feste Punkt in einer Welt ist, die ihre Kultur verhöhnt; das Gemüt einer herzlosen Welt. Und ich habe den Eindruck, dass mit den Gläubigen aller Religionen nicht zu spassen ist.

Wie hätte sich diese fürchterliche Geschichte entwickelt, lieber Salman Rushdie, wenn Sie sich, wie seinerzeit viele europäische Aufklärer, gleich nach Erscheinen des Buches der Mühsal des Lügens unterzogen und glaubwürdig den Reuigen gespielt hätten: Mut zur Feigheit (mit *reservatio mentalis,* wie das die Jesuiten nennen)?

Wir möchten gerne wieder ein Buch von Ihnen lesen. Tote schreiben nicht, und in Ihrem Hochsicherheitstrakt müssen Sie auf die Dauer versauern.

Zürich–Sarajevo
Offener Brief an den Chefredakteur von «Oslobodjenje» und sein Redaktionsteam

Lieber Zlatko Dizdarevic,

aus Zürich kann ich Ihnen melden: keine kriegerischen Vorkommnisse im März. Die Zeitungen plumpsen frühmorgens pünktlich in die Briefkästen, die Redakteure streben unbehelligt in die Zeitungsgebäude, die Waffen schweigen. Wenn eine Rauchwolke in den Himmel steigt, dann beruhigt uns das hier am nördlichen Stadtrand: die Abfallverbrennungsanlage arbeitet. Wir arbeiten (fast immer). Die Armee ist ruhig, der Flughafen funktioniert, die Schulen beschulen, die Mägen verdauen, die Verwaltungen verwalten, es gibt nicht nur keine Warteschlangen vor den Läden, sondern auch keine Scharfschützen, welche uns am Einkaufen hindern.

Hingegen: fünf Kilometer Stau auf der Autobahn N 1.

Die Hunde machen einen gepflegten Eindruck, auch unsere Katzen sind ausreichend gefüttert. Wir haben die Wahl zwischen mittelmässigem, gutem und exzellentem Katzenfutter. Manchmal hört man es schiessen, dann weiss man: Es ist Sonntag, und es wird mit Gewehren auf Zielscheiben geschossen in den Schiessständen. Die letzte richtige Schlacht liegt ca. zwei Jahrhunderte zurück. Franzosen gegen Russen, auch unsere *Grossmütter* können sich nicht daran erinnern. Ein Druck auf den Lichtschalter: Es wird hell, ein Drehen am Wasserhahn: es fliesst. Bald kommen die Ferien, vielen steht ein schmerzhafter Verzicht bevor, ins einstmals so preiswerte Jugoslawien wird man nicht reisen können, jedenfalls nicht nach Sarajevo.

Unbeschädigt steht das putzige Gebäude des «Tages-Anzeigers» (eine lokale Zeitung), es wurde schon wieder *kein* Beschuss gemeldet. Keine Panzergranate hat eingeschlagen, kein Redakteur musste sich bücken oder auf den Boden werfen, weil die Front nur fünfzig Meter entfernt ist, es rauchen nur die Köpfe, nicht das Haus. Und gekämpft wird um Marktanteile, geschossen nur im übertragenen Sinn: auf die Konkurrenz. Der Tod erfolgt meist auf zivilisierte Art, im Bett zu Hause oder in freundlichen Spitälern, Krebs kommt vor und Herzinfarkt, und manchmal krepieren ein paar Junge an einem *Schuss,* den sie sich selbst gesetzt haben. Das Bestattungswesen ist intakt.

Von einer Belagerung der Stadt Zürich ist nichts zu spüren. Belagert und umzingelt sind wir nur vom Wunsch, das Schlachten im ehemaligen Jugoslawien aus unseren Köpfen zu verdrängen.

Dabei haben wir noch kürzlich in einem anderen Krieg mitgefiebert. Der militärische Spaziergang am Golf hat den meisten, als unblutiges Computergame, gefallen, so viel schweizerische Präzision bei der Vertreibung dieser irakischen Banditen aus Kuwait, so sauber und fast ohne Leichen.

Und weil es in Bosnien kein Erdöl gibt, das man dringend befreien muss, begreifen wir natürlich, wie schwierig oder unmöglich eine militärische Aktion der *Alliierten* dort wäre. Jeder Schweizer ein Stratege! Oder ein Taktiker. Und übrigens sind wir neutral, und die ethnische Zusammensetzung Bosniens soll so kompliziert sein, dass man beim besten Willen nicht weiss, wie dort erfolgversprechend eingegriffen werden könnte.

Doch, wir verfolgen das Gemetzel am Fernsehen, aber es verfolgt uns nicht. Reality show. Wird so real serviert, dass es uns phantastisch vorkommt, als Ausgeburt einer rasanten Phantasie. Wir empfinden natürlich Mitleid, vor allem für uns, weil wir nicht helfen können. Und wir würden doch so gern. Und dann gibt es ja auch noch Somalia, Angola etc., überall zugleich können wir nicht hinblicken. Auch waren uns die Kuwaiter (die wir nicht kennen) sympathischer als die Kroaten und Bosnier und Kosovo-Albaner (die wir kennen, weil viele in der Schweiz arbeiten). Es heisst von ihnen, sie seien rauhe Gesellen, die sich nicht so recht bei uns einordnen wollen.

Lieber Zlatko Dizdarevic, Sie sehen doch auch, wie kompliziert unsere Lage ist, wie hoffnungslos. Als Journalist und Chefredakteur, als ehemaliger Korrespondent in Kairo und Verfasser eines Buches über die israelisch-arabischen Beziehungen haben Sie sicher Verständnis für unsere Komplexe und komplizierten Komplexitäten. Der Zufall der Geburt hat Sie nach Sarajevo verschlagen, wo Sie gegenwärtig die Zeitung «Oslobodjenje» leiten, und zwar im Keller, denn das Zeitungsgebäude wurde Stock für Stock von serbischen Granaten abgeräumt. Vor dem Krieg betrug die Auflage 80000, jetzt ist sie auf 1000 (in Worten: tausend) gesunken, die Belegschaft schrumpfte von 100 Journalistinnen und Journalisten auf 40. Manchmal werden auch nur 300 Exemplare der Zeitung, die jetzt noch aus vier Seiten besteht, verteilt, unter Lebensgefahr.

Es steht Ihnen *eine* Telefonverbindung zur Verfügung, nur vier Schreibmaschinen. Ein paar Schreib-Computer gibt es auch noch. Der Strom für das Radio, aus dem Sie Informationen beziehen, wird von einer Autobatterie geliefert, und die Kollegen durchstreifen die Stadt auf der Suche nach Dieselöl, mit welchem der elektrische Generator betrieben werden kann. Die Journalisten sind polyvalent, sammeln Informationen, redigieren, drucken, verteilen die Zeitung. Geschlafen wird am Arbeitsplatz.

Technisch nicht auf dem neuesten Stand, wird man wohl sagen dürfen. Und doch erlauben Sie sich den Luxus der Unabhängigkeit. Von den Inserenten haben Sie keinen Druck zu befürchten, es gibt nichts mehr zu inserieren ausser Todesanzeigen. Aber die Politiker hofften, Euch zu gängeln, dem bosnischen Präsidenten Alija Izetbegovic gefiel die Unabhängigkeit der einzigen Zeitung Sarajevos nicht, er wollte «Oslobodjenje» subventionieren und somit kontrollieren. Die Redaktion hat das, obwohl die materielle Lage verzweifelt ist, abgelehnt und die Zeitung «vergesellschaftet», wenn man so sagen darf, also verkauft und einen Teil der Aktien den Lesern angeboten.

Ein urdemokratisches Zeitungsmodell, mitten in der Katastrophe realisiert. Und ich bezweifle, ob unsere grossen Zeitungen in Zürich, falls wir auch einmal Krieg haben, sich derart radikal gegen die Zensur auflehnen würden. Wer weiss.

Aber wir werden hier nie Krieg haben (glaubt man in Zürich). Der letzte Weltkrieg hat an unseren Grenzen haltgemacht. Trotzdem wurde damals die staatliche Zensur in den Redaktionen akzeptiert.

Euren Politikern behagt es nicht, dass «Oslobodjenje» von Serben, Kroaten, Muslims gemacht wird und Informationen, nicht Propaganda liefert. Sie hätten wohl gern eine ethnisch gesäuberte Zeitung in Sarajevo, während Ihr mit Eurer gemischten Belegschaft beweist, dass die unterschiedlichsten Völkerschaften sehr wohl miteinander leben können; sogar in einer Redaktion, wo auch im Frieden bekanntlich die Meinungen hart aufeinanderprallen.

Lieber Zlatko Dizdarevic, warum gelingt *Euch* der Frieden mitten im Gemetzel und warum den andern nicht? Wie haltet Ihr das aus, die Granaten aus den serbischen Kanonen und den Druck der «eigenen» Regierung? Euer Reporter Alco Hondo wurde getötet, als er die Warteschlange vor einem Brunnen fotografierte. Kjasi Smajlovic, Korrespondent in Zvornik, wurde von den Tschetniks hingerichtet, nachdem sie die Stadt erobert hatten, und es gibt keine Chauffeure mehr, welche Eure Zeitung zu den Lesern bringen. Wo treibt Ihr immer wieder Papier auf? Eine Ladung, von der französischen Regierung gespendet, liegt in Split fest: *«Manchmal ist die Zeitung wichtiger als Brot»*, hat einer von Euch kürzlich gesagt. Aber ich nehme an: Ihr hängt am Leben, Todesmystik ist Euch fremd. Eure Berichte und Reportagen machen einen kontrollierten, nüchternen Eindruck, keine Spur von Abenteurertum, kein Hemingway-Gefühl. Ihr wollt nur den Krieg stören, deshalb wurde Eure Redaktion seit einem Jahr zerstört, systematisch, und das Gebäude eingeebnet.

Wie lange könnt Ihr durchhalten? Was passiert mit Euch, wenn die Frontlinie, die jetzt schon fünfzig Meter hinter Eurem Maulwurfsbau verläuft, näher rückt, ganz Sarajevo den Kriegsgurgeln in die Hände fällt? Wer fliehen kann, der ist geflohen. Und Ihr macht jeden Tag, so pünktlich wie irgendeine Redaktion in Zürich, Eure Zeitung für die übriggebliebenen Bewohner der Ruinenstadt. Die serbischen Ruinenbaumeister werden sich rächen.

In Ihrem «Kriegstagebuch» haben Sie geschrieben: «Das schlimmste ist, dass wir hassen lernen. Wir verdächtigen jeden und vertrauen niemandem. Hoffen können wir nicht mehr: wir verachten, sind zynisch geworden. Jemand hat kürzlich gesagt, in Bosnien sei ein Zustand jenseits des Hasses erreicht ... Manchmal hat man die Nase voll, man würde gern aufgeben und abhauen, wenn man nur könnte – aber es bleibt uns die Hartnäckigkeit, der Trotz oder, um uns besser zu charakterisieren, die Dummheit. Die befiehlt uns, hier auszuharren, und wird uns vermutlich das Leben kosten. Aber was soll das Leben, wenn seine Grenzen von jenen Idioten gezogen werden, die von den Hügeln herab schiessen.»

Zürich–Sarajevo

Lieber Zlatko Dizdarevic, auf Ratschläge aus Zürich werden Sie verzichten können. Zürich kann vielleicht mitreden, wenn seine Bevölkerung von 400 000 auf 50 000 geschmolzen ist, wie die von Sarajevo. Das Leben hier ist völlig unberührt vom Tod in Ihrer Stadt, obwohl sie näher bei Zürich liegt als Kuwait City. Schicken können wir Ihnen vorläufig nichts, ausser unserer Bewunderung. Dadurch wird Ihre Lage nicht anders, und etwas Ähnliches wie der Preis der Journalistenorganisation «Reporters sans Frontières», den Sie kürzlich erhalten haben, ist in Zürich nicht zu holen. Der «Zürcher Journalistenpreis» wurde bisher nicht für todesmutige Reportagen verliehen. Hier kann man mit Schreiben höchstens eine Stelle, nicht das Leben riskieren. Aber etwas wäre doch denkbar: Falls und wenn der Krieg zu Ende geht, wollt Ihr Euer zerstörtes Zeitungsgebäude wieder aufbauen, und dafür wird jetzt schon, optimistisch, Geld gesammelt.

Gefühle beim Öffnen der täglichen Post und Hinweis auf das «Interstellar Gas Experiment»
(Ein Tagebuch)

Da ist wieder viel Post in den Briefkasten geknarrt, geknallt, geknattert, und oft von Leuten, denen ich nie geschrieben habe und die sich doch angesprochen fühlen. Lebhaftestens! Andere Sendungen kommen leise angeflattert, sanft herbeigerauscht. Das ist eine ewige Sauna, kalt/heiss, heiss/kalt, und man wird dann mit der Zeit doch abgehärtet. (Liäbs Büsi/Bösi Chatz). Zwei, drei Briefe pro Tag, bei feierlichen Gelegenheiten, Dreizack-Manöver oder Bundesratwechsel, sind es auch mehr. Die feierlichen Gelegenheiten häufen sich in letzter Zeit.

Herr Niklaus Meienberg.
Sie, nur Sie sind die grauenhafte Maus. Sie wollen geschult, ein Schurnalischt sein, und beweisen, dass Sie auf den Rollschuhen durch die Kinderstube sausten, d. h. keine Erziehung genossen und keinen Funken Anstand haben.
Warum bleiben Sie denn in der Schweiz, wo eine so miese Regierung regiert? Warum melden Sie sich nicht selber als Bundesrat, da Sie es doch viel, viel besser machen könnten? Geben Sie doch das Schweizerbillet ab und verschwinden Sie irgendwohin ins Ausland, Sie Hetzbruder.

Das war ein guter Tip, und ist der Adressat dann nach Weihnachten auch wirklich ins Ausland verschwunden; konnte aber genau deshalb sein Schweizerbillet nicht abgeben, weil ohne: kein Grenzübertritt. Daran hat Frau P. nun wieder nicht gedacht. Und wie stellt sie sich die Zustände in der Meienbergschen Kinderstube vor? Ich war ein verträumter Bub, viel zu ruhig, die Mutter machte sich Sorgen, wär' ich doch nur auf Rollschuhen in der Stube herumgesaust, aber Rollschuhfahren wollte der Zweitjüngste nicht mal auf der Strasse. Frau P., Sie haben abenteuerliche Fantasmagorien, und Ihr Name ist etwas kurz geraten. Wie lautet Ihr voller

Gefühle beim Öffnen der täglichen Post

Name? Purtschikofer? Postillon? Pizza? Piazza? Pestalozzi? Frau Punktum?

Nach dem P. haben Sie einen Punkt gemacht, Unterschrift: Frau P. (Poststempel Lenzburg). Vielleicht sind Sie aber auch ein Herr, der letzte Satz deutet auf physische Kraft und Männlichkeit: «*Euch gehörte der Kopf umgedreht.*» Aber vielleicht bedeutet er Ohnmacht? Ich stelle mir vor, wie das knirscht im Genick, wenn der Kopf gehörig umgedreht wird.

Am nächsten Tag ist ein Paketchen im Milchkasten, das hätte dem Empfänger beinahe den Kopf verdreht. Zuoberst ein Brief auf rosarotem Papier:

Lieber Niklaus Meienberg! Ich bin 13jährig und habe ein etwas seltsames Hobby. Mein Götti hat mir vor mehr als einem Jahr ein Fotoapparat geschenkt, mit dem ich nicht nur Familienbildchen knipsen möchte.

Ich sammle nämlich Fotos von schweizerischen Persönlichkeiten, die ich verehre. Zuerst schrieb ich Herrn Nationalrat Jaeger und prompt schrieb er zurück und die Filme ergaben tollste Fotos von ihm, und das mit meinem Föteler geknipst! Ich bin «an Sie geraten», weil mein Papa ein Buch von Ihnen las. Ich schnupperte ein wenig darin und geriet an «Herr Engel in Seengen ...». Diese Geschichte gefällt mir sehr, nicht zuletzt darum, weil ich in der Nähe wohne. Ich bin viel mit Ihnen gleicher Meinung nur nicht bei der Abschaffung des Militärs. Mit einem ein klein wenig schlechten Gewissen schicke ich Ihnen nun meinen Föteler und hoffe, dass Sie ein wenig Zeit finden, um ein paarmal abzudrücken (damit Sie gut drauf sind, roter Punkt vorne = Selbstauslöser, den Rest müssen Sie in der Beschreibung nachlesen). Alles ist eingestellt, Film und Batterien drin, Sie können nun drauflos knipsen soviel Sie wollen. Vielen Dank zum Voraus und entschuldigen Sie bitte die Störung, Ihre Sabrina G. – Beilage: Apparat, Foto von mir, Rückantwortadresse und Porto.

Nun hätte also der umgedrehte bzw. verdrehte Kopf gefötelt werden müssen, aber eine unüberwindbare Scheu vor der Technik hinderte den etwas in Verlegenheit geratenen Exploranden daran, und so stand der Föteler lange in einer Ecke des Vestibüls, halb lockend, halb drohend, und das dritte Auge von Sabrina G., welches so weit gereist war, ist blind geblieben. Es ging einfach nicht, obwohl es bei Franz Jaeger auch gegangen war. Aber vielleicht hätte man doch drauflos knipsen und u. a. ein Foto an Frau P. in Lenzburg schicken sollen mit der Unterschrift: «*Schweizerische Persönlichkeit*».

Damit man nicht übermütig wird, kommt am nächsten Tag ein Geschenk von Philipp Engelmann ins Haus geplumpst, nämlich sein nun in Buchform erschienenes Theaterstück «*Die Hochzeitsfahrt*» (Ammann Verlag). Darüber hatte Andreas Simmen in der WOZ eine Glosse geschrieben – ziemlich scharf. (Und intelligent.) Und Philipp Engelmann schenkt mir nun also sein Buch mit der Widmung: NIKLAUS DEM SCHAFSECKEL I. KLASSE. (Er hat halt gern Dialekt.) Und Dieter Bachmann schreibt im Vorwort: «*Es ist bei Engelmann so, als schreite einer auf einer hauchdünnen Schicht Hochdeutsch, einer sprachlichen Trag- oder Oberfläche, unter der der See oder das Reservoir des unermesslichen reicheren Mundartlichen sich abteuft.*» (Aha!) Der junge aufstrebende Geschäftsmann Engelmann hatte mich seinerzeit dringend ersucht, eine Besprechung seines Schwankes zu liefern, auch ein Verriss sei ihm recht, nur einfach etwas *von mir* müsse es sein, so eine tüchtige Kontroverse würde der Sache Beine machen. Und, so sagte er noch vor der Uraufführung seines Stückleins, er habe Angst, dass sein opus II, welches er jetzt gleich zu schreiben beginnen wolle, nicht mehr so toll gerate wie «Die Hochzeitsfahrt».

Ja, so sind die Zustände am Schauspielhaus.

Nun muss man ihm wohl etwas antworten und die nette Widmung verdanken –

Sehr geehrter Zappel-Philipp, handelt es sich um einen Knall i de Bire? *Ich habe Ihr Stück aufmerksam* gelesen, *noch im ungebundenen Zustand, und habe Ihnen detailliert meine Kritik daran telefoniert. Ich fand es missglückt (das ist wohl meine Freiheit?). Dann habe ich es gesehen und fand es noch missglückter. Darauf habe ich mir die Freiheit herausgenommen,* nichts *darüber zu schreiben. Ihre Vermutung, «Andreas Simmen» sei ein Pseudonym für «Meienberg», ist nicht die intelligenteste. Wenn ich ein Pseudonym benutze, dann sicher nicht die echten Namen von* WOZ-*Redakteuren. Simmen ist, wie Sie vielleicht notieren mögen, ein exzellenter Kultur-Kritiker (vgl. seine Artikel zur südamerikanischen Literatur) und ein selbständig urteilender Mensch. Sie sind also auf dem falschen Dampfer und sollten den Gedanken, dass dieser N. M. alles manipuliert und fernlenkt, aus Ihrem Köpfchen verbannen. Es ist ein typischer NZZ-Gedanke. Mit zahlreichen Grüssen und Wünschen für einen frohen Lebensabend, Ihr N. M.*

Auch Herrn Pest A. Lozzi in Herrliberg habe ich veranlasst, einen Brief zu schreiben. Den schickte er allerdings nicht mir, sondern der «Zürichsee-Zeitung», und dort las ihn mein Cousin, der Kantonsrat G., und hat ihn mir geschickt. Dergestalt hat man wieder einmal Kontakt mit der Verwandtschaft! Lozzi, auch so ein Energiebündel wie Engelmann, soll identisch sein mit dem Hersteller des Kraftfutters BIOSTRATH, wovon er offensichtlich ein Kilo verschlungen hat, bevor er schrieb:

Ärgerliche Tagesschau. – In den Abendnachrichten vom Mittwoch, 19.30 Uhr, brachte das Schweizer Fernsehen zum Abschluss des kurzen Manöverberichts eine einmalig schlechte Einlage, die vom Kamerateam wahrscheinlich als Gag gedacht war. Auf die gezielte Frage des Journalisten an den im Feld anwesenden Schriftsteller Niklaus Meienberg, weshalb er hier sei, meinte dieser, «er wolle noch einmal die Schweizer Armee sehen, bevor sie abgeschafft würde ...». Eine Ohrfeige ins Gesicht all jener, die zur Zeit gern oder ungern und unter meist widrigen Umständen für unser Land ihre Bürgerpflicht erfüllen. Allen Wehrmännern sei hierfür gedankt. F. Pestalozzi, Herrliberg.

Da ist er aber falsch orientiert, ganz falsch. Die Wehrmänner, welche damals in der Kaserne Kloten ihr Abendessen verzehrten, während die Tagesschau lief, haben sehr laut applaudiert und Freude gehabt, als sie jene Äusserung hörten. Das war eine richtige Freuden-Explosion, die konnten fast nicht mehr essen vor Freude. Allen Wehrmännern sei hierfür gedankt! Ich hab' ja auch nur meine Bürgerpflicht erfüllt und gern darauf hingewiesen, dass nun bald die Initiative zur Abschaffung der Armee vor das Volk komme und eben *deshalb* diese Maschine noch einmal besichtigt werden müsse. Diesen Zusammenhang hat der Kraftfutter-Fabrikant P. offensichtlich nicht ganz begriffen.

Bisschen aufpassen das nächste Mal, Herr Biostrath!

Lieber Niklaus. Du kennst mich bestimmt nicht, aber das ist das Schicksal aller Schriftsteller. Ich schreibe Dir eigentlich aus zwei Gründen:

Als Leser hast Du mich schon so oft unterhalten und vergnügt oder auch nachdenklich gemacht, dass es an der Zeit ist, Dir das einmal dankend mitzuteilen, (...), und habe ich beschlossen, Dir dafür ein Exemplar meiner Diss zu widmen. Sie ist zwar im Gegensatz zu Deinen Produkten fast unlesbar und sie macht mit ihrem nackten Rücken auf jedem Büchergestell den denkbar schlechtesten Eindruck. Notfalls kann man sie aber immer noch als Notizbuch benutzen, halt von hinten nach vorne, umgekehrt in den Händen haltend. Ich hoffe, Du entschuldigst mein ungebetenes Eindringen in Deinen Briefkasten und bleibst weiterhin so tätig wie bisher! Alles Gute und freundliche Grüsse, Martin J.

Nun, das ist keine einfache Lektüre, aber lohnend; man kann Chinesisch lernen: «*Trapping der Cu-Be-Folien. Die Qualität der BeO-Oberflächen wurde durch Testbeschüsse mit 'He von 75 eV Energie und anschliessender massenspektrometrischer Mengenbestimmung überprüft. Die Beschussdaten und die Betriebsdaten des Massenspektrometers sind in Tabelle 2 angegeben. Als Extraktionsprogramm wurde das normale Einstufen-Extraktionsprogramm* IGE EX 1 *bzw.* IGE EX 2 *mit einer Extraktionstemperatur von ca. 1650° C verwendet.*» (Seite 9, 1.1.2). Da habe ich aber nun doch meine Bedenken wegen der Beschussdaten und möchte bezweifeln, dass hier das normale Einstufen-Extraktionsprogramm zu befriedigenden Resultaten führt, ich jedenfalls hätte da andersherum getrappt und auch die Temperatur um fünf Grad auf 1655° C erhöht, auch hätte ich das Schmelzing und Glühing der Cu-Be-Folien ganz ohne Testbeschüsse durchgeführt.

Aber trotzdem ist diese INAUGURALDISSERTATION der philosophisch-naturwissenschaftlichen Fakultät der Universität Bern zur Erlangung der Doktorwürde, vorgelegt von Martin J. von Dürrenroth/BE, ENTWICKLUNG VON METHODEN ZUR ANALYSE DER FOLIEN DES «INTERSTELLAR GAS EXPERIMENT», ist sie von der philosophischen-naturwissenschaftlichen Fakultät auf Antrag von Herrn Prof. Dr. J. Geiss angenommen worden, Bern, den 20. November 1986. Der Dekan: Prof. Dr. A. Ludi.

Gefühle beim Öffnen der täglichen Post

Ob Ludi & Geiss da nicht ein bisschen voreilig, beinahe fahrlässig gehandelt haben? Aber in Bern ist ja nichts mehr wie früher, da wird sogar ein linker Hetzbruder wie Linder, der Politologe, welcher eigentlich auch schon lange hätte sein Schweizerbillet abgeben müssen, zum Professor ernannt.

Als Briefkopf figuriert auf dem Schreiben von Martin J. ein bläulicher *Pierrot lunaire*, also ein Clown, der auf dem Halbmond sitzt, um dort vermutlich das INTERSTELLAR GAS EXPERIMENT zu beobachten.

Aus Bern kommt gleich darauf noch andere Post, direkt aus dem *Ancien régime*. Das ist hektographiert und also nicht persönlich gemeint, aber es ist trotzdem gut gemeint. Da steht ja auch ein Mensch dahinter, nämlich J. L. Steinacher von der «Schweizerischen Fernseh- und Radio-Vereinigung» (sog. Hofer-Club). Im Bulletin Nr. 23/86 steht u. a. geschrieben:

Faschistoides bei Radio DRS. – *Niederreissen und Verächtlichmachen des Parlamentarismus und seiner Formen – das war eine konstante, wesentliche Komponente faschistischer und national-sozialistischer Massenagitation. Mit dem Parlamentarismus habe die Demokratie eine «Spottgeburt aus Dreck und Feuer» geschaffen, schrieb Hitler schon 1924 in «Mein Kampf». (...) Den Parlamenten und ihren Handlungen gilt aber der grenzenlose Hass aller Demagogen, weil sie die direkte Umsetzung hoch geschürter Emotionen hindern. Daran (...) musste man am 10. Dezember ausgerechnet vom Jugendprogramm* DRS 3 *erinnert werden. Es war der Tag der Bundesratswahl, und* DRS 3 *hatte den linken Schriftsteller Niklaus Meienberg beauftragt, im Parlamentsgebäude Eindrücke zu sammeln und sie nachmittags im «Graffiti» wiederzugeben. Das Hämischste und Gehässigste war zu erwarten, und so kam es dann auch. «Eine graue und eine grauenhafte Maus» seien gewählt worden, zitierte Meienberg einen angeblichen Gesprächspartner, und das muss jedenfalls auch seine Meinung gewesen sein. (...) Es geht in Richtung des linken Faschismus.*

Faschistoid, Faschismus – die Linken verwenden die Etiketten heute nicht mehr so pauschal, wenn sie die Rechten beschimpfen wollen. Mit solchen Zaunpfählen schlagen heute die Rechten um sich, wenn ihnen etwas nicht passt. Sehr intelligent: linker Faschismus (= trockenes Wasser). Herr Steinacher würde zwar *auch* gerne schreiben, man solle uns den Kopf umdrehen, aber er ringt mit dem Ausdruck und sagt's verschlüsselt.

Vielleicht ist Frau P. in Lenzburg eine Abonnentin des Bulletins des Hofer-Clubs? Muss aber nicht sein.

Ab ins Ausland, wie gewünscht. Nach Weihnachten ein Anruf von Rose-Marie und Pat-Trick, den beiden Schlemmern, die nach Venedig gereist sind: *«Hier ist die Stadt ganz von Wasseradern durchzogen und von guten Restaurants, wollt Ihr nicht auch ko...»* Dann bricht die Verbindung ab, und wir kommen. Aber können wir Thomas Wagner so allein und ohne Aufsicht in Zürich zurücklassen? Der macht in der Zwischenzeit sicher wieder einen Patzer. Bei der Verleihung des Grossen Literaturpreises an Federspiel hat er zum Beispiel gesagt, in Federspiels Schaffen sei *«kaum Zürcherisches zu finden, Zürich sei vielleicht zu klein oder zu schwach ausgebildet, um als Sujet Federspiel zu genügen»*, und er kennt also offensichtlich Jürgs ausgedehnte, starke Reportage, in welcher die Biographien von Fritz Zorn, dem Sprayer und dem Telefonzentralen-Sprengfachmann Hürlimann miteinander verschränkt sind, nicht; und trotzdem hat er die Frechheit, Federspiel zu gratulieren. Er kennt übrigens auch die typhoide Mary nicht und hat überhaupt, wie sich im Gespräch mit ihm herausstellt, noch nie etwas von Federspiel gelesen. Macht aber nichts, er gratuliert trotzdem. Er muss ja pro Woche mindestens sechsmal gratulieren: dem Gärtnermeister-Verband, den kantonalen Fischzüchtern, dem Dachverband einheimischer Organisten, der Libellen-Gewerkschaft und den Hündelern (kynologischer Verein). Warum also nicht auch Federspiel? Die Zeremonie der Preisverleihung war denn auch entsprechend festlich und ungemein läbtig. Zuerst spricht der Sargschreiner (Wagner), dann der Friedhofsgärtner (Egon Wilhelmini), dann der Krematoriumsbeamte (Anton Krätzli).

Ja, das passt ins Schauspielhaus, so gut wie ein Stück von Engelmann. Es passt aber nicht zu Federspiel. Und soll man also wirklich dieser Plüsch- und Schnapsbourgeoisie unsern Schriftsteller ganz überlassen? Er hat das nicht verdient. Also muss der Auferstehungsbeamte noch eine improvisierte, auf dem Programm nicht vorgesehene Rede halten. Auch dem Unseld kann man ihn nicht ausliefern. Unseld hat die Stirn, aus Anlass der Preisverleihung ein Suhrkamp-Federspiel-Inserat erscheinen zu lassen, in welchem eine zwanzig Jahre alte Rezension zitiert wird: «... *man mag sich getrost dem neuen Buch des begabten Schweizer Schriftstellers Jürg Federspiel anvertrauen.*» Begabt! Das hat ihn gefreut, dass er jetzt endlich als begabt gehandelt wird. Hätte man nicht etwas Neueres bringen können, z. B. Robert Wilson aus «USA Today», welcher geschrieben hat: «*An existential Dickens: Thats J. F. Federspiel*», oder «*Our disquiet mounts imperceptibly; something is winching us higher and higher. This is a chilly work, but it is a chill we catch.*» War wohl zu teuer, neue Rezensionen zu sammeln.

Der alte Unseld ist nicht da, der Anlass war ihm vielleicht zu wenig wichtig, also ist der junge gekommen, welcher die Firma aber auch ganz vorteilhaft vertritt. Der ist hübsch und tipptopp gedresst und wird den Laden bald einmal erben, so wie der Sohn von Kim il Sung dereinst Nordkorea erben wird. Zu Federspiel hat er eine Beziehung wie die Katzen zum Schwimmen. Frau Denise, Wagners Gemahlin, ist auch gekommen und geht furibund auf mich los, auch sie hat noch kein Wort von Federspiel gelesen, scheint mit meiner Stegreif-Rede nicht zufrieden gewesen zu sein und sagt, sie hoffe, dass ich jetzt nicht auch noch ins Muraltengut zum Essen komme, nachdem ich mich im Schauspielhaus so schlecht aufgeführt habe, aber ich komme doch, Denise, Jürg hat mich nämlich eingeladen. Und Wagner sagt, mit einem Cocktailglas in der Hand: «*Sie, was Sie im Schauspielhaus gemacht haben, ist eine Frage des Karakters, für mich sind Sie eine non-valeur*», worauf man wohl auch auf französisch etwas erwidern darf: der Ausdruck «nullité» ist angebracht, und damit wird Thomas Wagner bezeichnet.

Worauf sich das Cocktailglas entfernt. Das Muraltengut ist übrigens ein schöner Rahmen für solche Feiern, und nachdem Wagners dann um Mitternacht verschwunden waren, *uf widerseh, ich mues zu mine Chinde,* sagte Denise, schien es uns zu gehören. Am Boden im ersten Stock liegt ein Teppich, den der Monarch Haile Selassie der Stadt Zürich geschenkt hat. Man kann dort die Monarchie mit Füssen treten, und Zigarren gab es auch und viele Schnäpse. Fedi blühte auf.

Schreiben

Lieber Nikl. Meienberg. Oft schreibe ich Briefe an Menschen, die es gar nicht gibt, oder die es nicht mehr gibt, die es vielleicht eines Tages gibt, die es gerade jetzt gibt. Es ist gleich, ob die Briefe gelesen werden. Meistens habe ich keinen Grund zum Schreiben. Denn schliesslich bin ich fast bildungsunfähig. Ich schreibe, weil mich Namen berühren. Rosa Luxemburg, Onkel Tom, Naomi Uemura, Frau Holle, Johann Sebastian Bach, Niklaus Meienberg. Manchmal denke ich, dass diese Silbengruppe, die einen Vor- und Nachnamen ergeben, einem ein viel präziseres Gefühl über einen Menschen geben als all die Daten, die man unter demselben Namen auflisten kann. Ich frage mich, ob dem Niklaus Meienberg seine Freundin wohl Marie Juniwald* heisst. In Rom habe ich einen gefährlichen, ganz jungen Menschen kennengelernt, durchgefüttert – und so, der hiess Sirius Freud. Er war von der deutschen Polizei gesucht. Er war voll von Rachegelüsten und von bösen Plänen. Aber tief innen, da war er eine Feldlerche und ein Kaninchen und ein Glühwürmchen.

Das kam aus dem Freiamt, war aber nicht von Silvio Blatter, Erika Burkhart oder Toni Halter, und C., die Verfasserin, arbeitet im ehemaligen Kloster Muri als Psychiatriepflegerin und erzählt, wie es den internierten alten Bauernknechtlein dort ergeht.

Habe Holz geholt fürs Feuer. Es ist Mittag. Die Fliegen sterben jetzt. Da ist eine. Ich weiss nicht, wie es kommt, dass sie wie viele andere jetzt auf den Rücken zu liegen kommt. Verzweifelte fliegenleichte Fliegenenergie. Das tut und macht. Eins, zwei Minuten. Fliegenende.

Sehr geehrter Herr Faschist. Herr non-valeur. Lieber Johann Sebastian Bach. Tschau Niklaus. Was ich von Ihnen zu Augen bekomme, lese ich. Liebe Frau Holle. Sehr geehrter Herr Hetzbruder. Endlich erlaube ich mir den Versuch zu wagen, Sie mit einem aufrichtigen Verehrerbrief zu erreichen. Sehr geehrter Herr Kaputtmacher und Herunterreisser. Niklaus, wenn Du einmal in der Gegend bist, kannst gern hereinschauen und da sein. Ich wünsche Dir festliche Tage, Deine C. Es geht in Richtung des linken Faschismus. An Gehirnwäsche für junge Hörer wurde ganze Arbeit

---

* Nein, sondern Kreszenz Lautenschlager.

geleistet. Lieber Onkel Tom von der Eisfeldstrasse. Si sind dä truurigschti Lumpesiäch (Telefon) – und damit ist wohl immer derselbe gemeint, und das bin anscheinend ich.

Aber nicht sicher.

Einmal war auch wieder ein Paket in der Post, aber kein Föteler, sondern eine Honigbüchse, sauber verpackt, Poststempel Länggasse, Bern. Zackige Schrift, offensichtlich angestrengt-verstellt. Obenauf lag ein Zettel, dieselbe Schrift: *«Hier weiterer Rohstoff zum Nestverschmutzen.»* Der Inhalt, wie sich sofort zeigte, stank dann stark. Da war einer nicht über die anale Phase herausgekommen und liebte mich auf seine Weise. Wenn man sich die Verumständungen vorstellt, bitte sehr, Büchse suchen, sauber in dieses doch recht kleine Rezeptakel hineinkacken, Büchslein geruchsfrei verschliessen, verpacken, auf die Post tragen – vermutlich ein Lehrer, sagt Bichsel, der auch schon solches empfangen hatte, das sei eine typische Lehrer-Schrift.

Aber nicht sicher.

Kürzlich kam ein Brief aus dem 18. Jahrhundert, Poststempel Muri, und stammte von einem Verwandten, der dort im Kloster gewohnt hat, als es noch nicht Irrenanstalt war. *Monachus Muriensis.* Ein Freund, von Beruf Historiker und Aktengrübler, hatte in Sarnen, wo sich ein Teil der ehemaligen Murienser Klosterbibliothek befindet, ein Büchlein aufgestöbert, einen sogenannten «Geistlichen Blumengarten», lat. Areola sacra, und mir eine Fotokopie der Titelseite geschickt. Verfasser oder «Collector», also Sammler, dieser geistlichen Blumen, ist ein gewisser P. F. (Pater Frater) Bonifacius Meienberg, Ord. S. Bendicti, also ein Benediktiner. Alle Achtung! Und wer hätte nicht gern, als Schriftsteller, einen Schriftsteller im Stammbaum. Man fühlt sich dann sicherer in diesem Land, man kann auf einen Präzedenzfall verweisen.

Das Büchlein wird man aufstöbern und genauestens lesen müssen. Vielleicht sind die Gedichte, unter einem scheinheiligen Titelblatt, das die wahre Absicht kaschiert, erotischer oder sadomasochistischer oder gar politisch-aufklärerischer Natur, sodass sich die Pupillen des naiven Lesers bei der Lektüre jählings erweitern müssten.

Wer macht eine Diss über Meienberg (Bonifaz)? Da liegt ein

Thema, ein interstellarisches, begraben, und nach der «Analyse der Folien des Interstellar Gas Experiment» klemmt sich mein Freund Martin J. von Dürrenroth/BE vielleicht hinter das Geistliche Blumengärtchen und wird eine zweite Inauguraldissertation präsentieren, von der philosophisch-geisteswissenschaftlichen Fakultät der Univ. Zürich auf Antrag von Prof. Dr. Urs Herzog ermuntert.

Zakes Mofokeng bekommt auch Briefe, und einer davon wurde an mich weitergeleitet. Mofokeng, der politische Asylant, stammt aus Soweto und lebt gegenwärtig in der wüstenartigen Gegend hinter der Verbrennungsanlage Zürich, Nähe Leutschenbach. Fast schon eine *township*. Er ist Schriftsteller, vor allem Theaterautor, und Musiker, hat in der Basler Theaterwerkstatt mitgewirkt (Südafrika-Veranstaltungen), und kürzlich hat Radio DRS ein Hörspiel von ihm ausgestrahlt. Jetzt sucht er einen Job als Küchenbursche. Die letzte Telefonrechnung hat er nicht mehr zahlen können, also wurde sein Anschluss gesperrt. Das ist ungünstig, weil's dort draussen keine Telefonkabinen gibt. Die Februarmiete kann er gegenwärtig nicht aufbringen. In südafrikanisch-literarischen Kreisen ist er recht bekannt, hat dort, wie man so sagt, einen Namen. Nachdem er gefoltert worden ist und mit einer langjährigen Gefängnisstrafe rechnen musste, floh er (zuerst nach Deutschland), Frau und Kinder blieben in Südafrika zurück. Nach der Ausstrahlung seines Hörspiels durch Radio DRS bekam er einen Brief:

Mister, I did not understand your name yesterday evening at the radio, never mind, its not important. But I will try to help you a bit to understand Swiss people and help you to find your own way. I have heard your commentary and critics about Switzerland and your stay here. Then first I will ask you why did you quit Germany? And why did you quit your country, letting your children and wife ... Your are not a good fighter nor father. You run only for your own life, never a good European father would do that (...).

Wer, als Schweizer, schon anonyme Briefe bekommen hat, der weiss, wie belämmernd das wirken kann. Wie fühlt sich einer, der hier im Exil lebt und solche Post von den Eingeborenen bekommt?

What we white people do not like is your noise, your music, its all sexy and loud, only tam-tam and noise. We do not like your smell of sweat and skin, its otherwise. With kind regards, a hard-working Swiss man.

Da hat er schon recht, der hart schaffende, aber nicht schwitzende Swiss man. Die Neger sind «otherwise», ein bisschen anders sind sie schon. Bisher wurde Zakes Mofokeng aber noch nicht der Sprung in die Verbrennungsanlage empfohlen.

Wer übrigens Zakes Mofokeng helfen möchte, seine Telefonrechnung und Miete zu begleichen, kann ihm, via WOZ, ein bisschen Geld schicken, d. h. soviel wie möglich.

Wieviel spenden Sie, Herr Stadtpräsident?

St. Galler Diskurs
bei der Preisübergabe

Geschätztes Publikum,
Sehr verehrter Stadtrat,
Sehr abwesender Regierungsrat von Kanton und Republik St. Gallen,*
Dear Representatives of the business school of Saint Gall,
Estimable Kollegen aus dem Mediensektor & der Schriftstellerei, als da sind: Hugo Loetscher, Laure Wyss, Notker Balbulus, Kurt Marti, Notker Labeo, Jürg Laederach, Notker Teutonicus, Eveline Hasler, Ekkehard I., Gerold Späth, Ekkehard IV., Jürg Federspiel, und nicht zu vergessen Ihro Exzellenz Fürstabt Beda Angehrn, welcher den heute unabkömmlichen Bischof Mäder vorteilhaft vertritt,
und natürlich lieber Herr Rabbiner Schmelzer, welcher als einziger Vertreter der monotheistischen Religionen die Einladung des Stadtrates zu diesem Anlass angenommen hat und, wie er schrieb, mit Freuden akzeptiert hat,
erlauchte Spitzen-Politiker, von denen einer sogar aus dem Irak extra nach St. Gallen zurückgedüst ist,
edle Verwalter und Seelenapotheker der Stiftsbibliothek, Ochsenbein und Vogler, über der Stiftsbibliothek steht bekanntlich, wie früher über dem Eingang der ungeheuren Bibliothek von Alexandria, PSYCHAES IATREION, Seelenapotheke,
werte Vertreter der Wirtschaft, z.B. der Firmen von Roll, Stoffel und Mettler, aber auch der Wissenschaft, insbesondere die Abgesandten der Universität Zürich in Gestalt ihrer hervorragendsten Germanisten, Herzog u. von Matt,
liebe Familie Scola aus den Dolomiten, aber auch aus Paris,
und last but not least, ehrwürdige Madame Meienberg geborene Geiges, genannt MAGNA MATER SANGALLENSIS, Stamm-Mutter eines nachgerade über den ganzen Erdball verzweigten Clans –

---

* Der sanktgallische Regierungsrat (Kantonsregierung) hatte aus politischen Gründen der Kulturpreisübergabe der Stadt St. Gallen am 25. November 1990 nicht beigewohnt.

St. Galler Diskurs bei der Preisübergabe

Es ist mir ein Bedürfnis, Ihnen allen heute die Grüsse und den ehrerbietigsten Dank des prämierten Meienberg zu überbringen. Er selbst, Niklaus Meienberg I., hat es vorgezogen, in dieser zeremoniösen Stunde in den Untergrund abzutauchen, weil seine sensible Natur die Feierlichkeiten nur ächzend bzw. grochsend überstehen könnte und natürlich auch deshalb, weil die Wogen der bü-bü-bürgerlichen Empörung, welche nach dieser Preisverleihung aufgebrandet sind, oder aufgequirlt oder aufgeschäumt oder abgeschäumt sind, sein Wohlbefinden doch recht sehr beeinträchtigen könnten. Einem Herrn im mittleren Alter kann es ja gesundheitliche Störungen verursachen, wenn er, wie das in der hiesigen Presse geschehen ist, in einer Zeichnung als Männeken Piss dargestellt wird, der auf seine Mitbürger herunterbrunzt, oder wenn er als abverstrupfter Klosterschüler und Nestbeschmutzer tituliert wird – nachdem er sich so lange als Nest-Entschmutzer betätigt hat. Er hat mich deshalb gebeten, an seiner Stelle ein paar Dankesworte, die er allerdings teilweise selbst redigiert hat, an die Festgemeinde zu richten. Es spricht also jetzt nicht das Original zu Ihnen, sondern ein Duplikat oder *double* des prämierten Meienberg, auch *stuntman* genannt. Lassen Sie sich von physischen Ähnlichkeiten nicht irreführen. Diese Einrichtung hat sich bewährt, seit Papst Johannes Paul II. seinen *stuntman* auf Schweizerreise schickte und sich zu Hause in Castel Gandolfo einen Schranz lachte, als er am Fernsehen verfolgen konnte, wie die ganze Schweiz vor seinem Duplikat katzbuckelte.

Ich darf sogleich beifügen, dass ich diesen Part des Meienberg-stuntman nicht zum ersten Mal spiele, sondern ihn schon öfters am Fernsehen, Radio und bei Streitgesprächen übernommen habe; immer dann, wenn es gilt, den angeblich wilden, bösen, sarkastischen, aggressiven M. zu spielen, nennen wir ihn Meienberg II. Um meine Vertreterrolle, die hiermit enthüllt ist, zu erklären, muss ich in der Geschichte etwas zurückgreifen und Ihnen erläutern, wie das real existierende Medienwesen diese Abspaltung erzwungen hat. Meienberg I., so darf ich in Erinnerung rufen, hatte während seiner Pariser Korrespondentenzeit recht viel in seine Arbeiten investiert und auch immer versucht, den philosophischen Strömungen der damaligen Zeit auf den Grund zu gehen, etwa in grossen Interviews mit einem Michel Foucault, einem Pablo Neruda; und auch die politischen Strömungen wollte er erkunden, im Gespräch z. B. mit Charles Tillon und François Mitterrand, sowie in grossen Pariser Reportagen. Bald musste er feststellen, dass diese aufwendigen Stücke ziemlich echolos über die Bühne gingen und kaum je eine Debatte provozierten. Als er dann, nach seinen Pariser Lehrjahren, in die Schweiz zurückkehrte und die Instrumente, welche er in Frankreich gewetzt hatte, an heimatlichen Themen erprobte, waren die Folgen plötzlich überwältigend, vor allem für ihn. Seine Sujets und sein Stil waren anscheinend im Begriff, eine Marktlücke zu füllen, die Reaktionen (d. h. sehr oft: die Antwort der politischen Reaktion) kamen hageldicht, es war etwas los, manchmal sogar der Teufel. Wenn ich an die Wirkungsgeschichte des Films über den Landesverräter S. denke und daran erinnere, wie grotesk, aber auch wie lustig, jedenfalls wie *deutlich* damals die Positionen eines verkalkten Bürgertums bezogen wurden – da gab es doch jene dreissig Professoren der Universität Bern, welche beim Oberbürgermeister von Mannheim feierlich dagegen protestierten, dass dieser Film den ersten Preis des Dokumentarfilmfestivals gekriegt hatte; und anschliessend kam heraus, dass keiner von den Herren den Film gesehen hatte –, und wenn ich an die heftigen Wallungen denke, welche beinahe jeder zweite Artikel von ihm provozierte, so wird wohl verständlich, dass er lustvoll diesen Acker weiter pflügte. Der Ekel, den er über die Zustände empfand und formulierte, war zwar echt und empirisch fundiert, kam aus der Anschauung und Anhörung; aber der Markt war *auch* echt, hat ihn fast zu einem Markenartikel gemacht und manchmal verführt, nur die eine Komponente seines Temperaments auszubeuten. Das Publikum schrie nach mehr, mochte nur das Heftige kaufen. Als er dieses merkte, sah er sich nach einem *double* um, denn er wollte weiterhin auf dem Markt bleiben und dort den Hecht spielen, Karpfen gibt es ja wohl genug, und so hat er eben mich, den *stuntman* Meienberg II., in die Öffentlichkeit delegiert und mich mit sogenannt streitbaren Artikeln und Auftritten betraut. Er könne nämlich, so sagte er mir damals, als Streithammel und Rammbock und offiziell akkreditierter Robin Hood und wackerer Rächer der Armen seine meditativen Talente nicht entwickeln, will sagen, das Philosophische zu wenig pflegen und der Lyrik nicht obliegen, und ausserdem sei das ewige Stämpfeln

St. Galler Diskurs bei der Preisübergabe

und Zörneln eine anstrengende Sache, und, so zitierte er einen Dichter:
Auch der Zorn über das Unrecht macht die Stimme heiser.
Ich aber, als *alter ego*, besorge gern sein Geschäft von ehedem, ziehe als Reisender in Sachen Umsturz über die Dörfer, etwa nach Zollikon, besuche etwa eine Veranstaltung, an der die entsetzliche Kopp ihr Comeback feiern möchte, und stelle ihr öffentlich ein paar Fragen, und geniesse das auch noch. Um einen wirklichen Umsturz handelt es sich aber beileibe nicht, eher um einen Rücksturz in demokratische Verhältnisse, ich beharre nur auf der Rede-, Presse- und Versammlungsfreiheit, welche uns schon in der Verfassung von 1848 garantiert worden ist bzw. welche wir uns damals selbst garantiert haben; und bin immer ganz erstaunt, wenn ich höre, was dieser Meienberg für ein mutiger Porsch oder frecher Siech sei. Die Wahrheit zu sagen, wenn nötig auch ein bisschen laut, fällt mir weniger schwer, als aufs Maul zu hocken und mein Gemüt zu strangulieren. Das ist kein Verdienst, nur ein Temperament, höchstwahrscheinlich geerbt von der *magna mater Sangallensis*, und macht sich auf die Dauer sogar bezahlt, sei es auch nur, dass man keinen Magenkrebs bekomme vom vielen heruntergeschluckten Ärger. Dass ich, Meienbergs stuntman, bei der Ausübung meiner verfassungsmässig verbrieften Rechte, und obwohl ich nie etwas mit dem kriminellen Nonsens der RAF oder mit ähnlich doofen Brüderschaften am Hut hatte, von der Polizei eines demokratischen Staates seit 1963 bis und mit 1989 konstanter und fideliter, ich hab's doch tatsächlich auf 15 Fichen gebracht, bespitzelt worden bin, erregt dann wieder den Zorn, der in mein Weltbild passt, und ich muss mich nicht *künstlich* aufregen, wenn ich etwa meinen Ficheneintrag vom 30. 5. 75 lese:

v. Sikripo Bern. Bericht über den Aktionstag der Studentenschaft der Uni Bern vom 28. 5., organisiert von der sozialdemokr. Hochschulgruppe, der Poch sowie der Studentenschaft der Uni Bern. Es nahmen ca. 150 Interessenten u. Studenten teil. Keine Zwischenfälle. M. trat als Redner in Erscheinung und sprach über die Gewährung von Grundrechten.

Ich erinnere mich, damals mit einigem Stolz darauf hingewiesen zu haben, dass eben z. B. die Redefreiheit bei uns nicht von Spitzeln beeinträchtigt werde wie in der DDR; denke mit Schaudern daran, insofern das Lob unsrer Demokratie gesungen zu haben, die mich bespitzelte. Der andere St. Galler, welchem seinerzeit das Spitzelwesen unterstand, hat entweder seine Spitzel nicht im Griff gehabt und muss dementsprechend ein schlechter Bundesrat gewesen sein, oder er hat von den Spitzeleien gewusst und sie gedeckt und müsste dann als widerwärtiger Oberschnüffler bzw. Hundsfott bezeichnet werden. Diesenfalls würde ich erwarten, dass er sich bei mir, wie bei sämtlichen Beschnüffelten, in aller Form entschuldigt, evtl. auch eine Entschädigung herausrückt: für jene Leute zum mindesten, welche wegen ihrer Fiche etwa eine Stelle nicht gekriegt oder sonst materielle oder moralische Einbussen erlitten haben.

Ach ja. Ich kann nur immer wieder mein Köpfchen schütteln über das Verhältnis unsrer regierenden Herren zu den verfassungsmässig garantierten Freiheiten, etwa zur Versammlungsfreiheit. Die sogenannten Freisinnigen dieses Kantons St. Gallen etwa scheinen vergessen zu haben, wie der Kanton entstanden ist, nämlich durch die Freiheit, welche sich die grossen Volksversammlungen am Ende des *ancien régime* herausgenommen haben, unter Anführung des unvergesslichen Postboten Kuenzle, als dem Fürstabt von St. Gallen eine Art von Verfassung abgetrotzt worden ist und die Abgaben verweigert wurden mit dem glorreichen Schlachtruf «Zahl nünt, Du bist nünt scholdig». Diese Volksversammlungen waren illegal, und mancher sagte damals: «Da taar me nöd.» Das geschah, bevor die Soldaten der französischen Republik die bürgerlichen Freiheiten importierten, und geschah zufällig auf dem Territorium der Gemeinde Gossau, wo kürzlich andere Volksversammlungen die Freiheit der Natur von einem Waffenplatz reklamierten. Diese vernünftig und demokratisch fühlenden Leute wurden bekanntlich vertrieben, der lächerliche überflüssige Waffenplatz wird uns beschert, und die Parlamentarier, welche gemeinsame Sache mit der Vernunft machten, sollen juristisch belangt werden. Da war Fürstabt Beda Angehrn, der sich immerhin auf sein Gottesgnadentum berufen konnte, denn doch aufgeklärter und fast schon demokratisch, er gab der Volksbewegung nach und

St. Galler Diskurs bei der Preisübergabe

reduzierte seine weltliche Herrschaft auf ein Minimum. Er hat durch seine kluge Politik den Bürgerkrieg verhindert, besass jenes Format, das Hans Magnus Enzensberger den «Helden des Rückzugs» bescheinigte, sah nämlich, dass es absolutistisch nicht weiterging und die untern Wünsche mit Gewalt nicht auszurotten waren. Dafür gebührt ihm eigentlich in den Schullesebüchern ein mindestens so ehrendes Andenken wie dem offiziellen Kantonsgründer Müller-Friedberg.

Nun ja. Es lastet allzu vieles auf meinen fragilen Schultern, und diese vermaledeite Rolle, nämlich dort auszurufen, wo andere schweigen, diese Delegation des Aufmuckens, ist mit der demokratischen Tradition unvereinbar, denn jeder sollte können dürfen, und wird unsereiner ähnlich vereinnahmt und einseitig fixiert wie die Intellektuellen in der weiland DDR, wo sie oft nur noch als Ventile funktionieren mussten und Wünsche transportierten, welche das kommune Volk nicht äussern durfte. Diese Arbeitsteilung zwischen den schweigenden Unterdrückten und den gepflegt Aufschreienden zementiert nur die Unterdrückung und bedrückt am Ende beide und zwingt die Intellektuellen, ständig in die Öffentlichkeit gehen zu müssen, so dass ihnen keine Zeit mehr bleibt für eine ruhige Entwicklung. Das kann sich für die schriftstellerische Arbeit mindestens so katastrophal auswirken wie die Abstinenz von jeder Politik, der Innerlichkeitswahn. Und diese Rolle des designierten und akkreditierten Ausrufers geht sogar mir, Meienbergs *stuntman*, auf den Wecker. Wobei ich dann, doch wieder verzweifelt, weil da nur Unrecht ist und keine Empörung, die alte Rosinante satteln muss.

Derweil sitzt Meienberg I., der eigentliche, den ich periodisch besuche, still in einem alten Fauteuil und meditiert und gestattet sich ein paar ausführliche Depressionen, die er manchmal auch formuliert, etwa so –

Eigentlich
bin ich mir längst abgestorben
ich tu noch so, als ob
Atemholen, die leidige Gewohnheit
hängt mir zum Halse heraus
Mein Kadaver schwankt unsicher

auf tönernen Füssen
die wissen nicht
wohin mit ihm

Oder er erinnere sich, so sagt er, an Clemens Brentano und liest wieder Brentano, und es gefällt ihm besonders der «Frühlingsschrei eines Knechtes aus der Tiefe», und er schreibt:

Genossen. Von Geniessen ist bei euch
keine Spur
ihr meldet euch nur
wenn ich in eure Agenda pass
wenn ihr mich plant
wenn ich veranstaltet werde. Schöner
Artikel gefällig
was darf es sein diesmal
vielleicht wieder
einer meiner
beliebten Aufschreie gegen die Hartherzigkeit der
Bourgeoisie

Freunde
Freunde? Es ist schon schön
gebraucht zu werden
ihr braucht aber nur
einen Teil von mir
der Rest verreckt
der grössere Teil

Fürs nächste Podiumsgespräch
schick ich euch
eine Podiumsgesprächspezialanfertigung
von mir. Ambulanter Kopf direkt
montiert auf Bein. Kutteln Herz Gekröse Galle Sonnengeflecht
sämtliche Innereien
bleiben daheim. Kompaktmodell

es ist

St. Galler Diskurs bei der Preisübergabe

verreckt mit euch bin ich
ein Gebrauchsgegenstand eine alternative
War manchmal
vergeht ein Jahr man hört
obwohl mein Telefon lauthals kräht
keinen Ton von euch ich meine
von eucheucheucheucheuch nicht von eurer
verfluchten Funktion in der ihr ganz
begraben seid wie ich
in meinem eigenen
Sarkophag. Ihr wir hoffnungslosen linken
Aktenköferli

Als er dann seine Gedichte publizierte, wurden sie ein Erfolg – aber leider nur jene, die sich nach aussen richten und die Öffentlichkeit bedienen und manchmal die Sau ablassen, obwohl es doch viele andere Töne in diesem Gedichtbuch hätte, die man auch hören könnte, und darauf gestattete er sich wieder ein paar ausführliche Depressionen und musste dann konstatieren, dass auch von seiner Prosa meist nur das Harte zur Kenntnis genommen wurde, Meienberg-on-the-Rocks, und die Texte, welche nicht ins Empörer-Schublädchen passten, unters Eis gingen. Die Geschichte von Maurice Bavaud etwa, nach einer zweijährigen Recherchierplackerei in dreimonatiger Klausur geschrieben, sei ganz unter den Tisch gefallen, weil sie kein Identifikationsangebot enthalten habe und nicht einer ideologischen Linie entlang geschrieben worden sei, ein voller Misserfolg punkto Verkauf und Besprechungen, der schweizerische Hitler-Attentäter war leider nicht links, und das musste der Wahrheit zuliebe geschrieben werden. Dem entsprechenden Film ging es auch nicht besser. Die Leute erwarteten eine zweite Ernst-S.-Landesverräter-Geschichte mit klaren Verhältnissen und Klassenkampf-Folie, und die war für Bavaud halt so nicht vorhanden (während sie bei Ernst S. tatsächlich stimmte). Aus den Depressionen, sagt mir Meienberg I., werde er dann allerdings herausgerissen, wenn er in seiner Fiche lese unter dem Datum des 17.11.78:

v. + Bundesarchiv: Kopie Schreiben an Villi Hermann 41 und M. betr. Akteneinsichtsgesuch des Villi zum Fall Bavaud Maurice 16.

Und also feststellen muss, dass im Bundesarchiv ein Spitzel sitzt, welcher das Akteneinsichtsgesuch, einen Teil der wissenschaftlich-historischen Arbeit, direkt an die Bundespolizei weiterleitet; vermutlich, damit sich diese Herren historisch weiterbilden können. Da kann der depressive M. dann seine selbstzerstörerischen Energien wieder kurz nach aussen ablenken und den letzten Vers aus einem bekannten Werk zitieren, das in seiner althochdeutschen Fassung von anno 790 in der Stiftsbibliothek aufbewahrt ist; und rezitiert dieses dann, wenn er in Versuchung kommt, dem Hauptquartier der Schnüffler mit Sprengstoff aufzuwarten, und sagt:

enti ni unsih firleiti in khorunka / und führe uns nicht in Versuchung
uzzer losi unsih fona ubile / sondern erlöse uns von dem Übel.

PS I: Aus dem Bericht des «Tages-Anzeigers» vom 26.11.1990 über die Preisverleihung in St. Gallen: «Seine Erinnerungen an die Kindheit, ... seine Schulzeit in der Katholischen Sekundarschule der Stadt, ‹Flade› genannt, das alles sind in der Rückschau schon eher nostalgische, fast liebevolle Texte.»
Wirklich?

PS II:
St. Gallen, den 23. November 1990

Sehr geehrter Herr Meienberg,
Letzthin habe ich im Fernsehen eine kurze Sendung über Sie im Zusammenhang mit dem Kulturpreis der Stadt Sankt Gallen gesehen. So viel ich mich erinnern kann, haben Sie sich auch über die sogenannte «Flade» geäussert. Ich glaube sie hatten nicht die beste Meinung über diese Schule. Unter anderem fiel auch das Wort Psychoterror. Wie recht Sie doch haben mit Ihren Äusserungen, denn auch ich musste in diese Schule und habe fast nur negative Erinnerungen. Es gab damals glaube ich einen Lehrer XY. Ich war damals noch ein unverdorbener Bub. Ich fragte mich in jener Zeit nur

immer, warum wohl eben dieser Lehrer uns vielen, darunter auch mir oft mit seiner fleischigen Hand, man trug damals noch Kniehosen, einem immer die Oberschenkel knutschte während der Stunde. Wir waren noch alle so dumm, dass wir dies zu Hause nicht einmal erwähnten. Dafür musste man jeden Mittwoch und Freitag in die Frühmesse. Wir wohnten damals an der Ulrich-Rösch-Str. und ein Tramabonnement oder ein Velo gab es damals halt noch nicht, und wehe, wenn mal man in der Messe gefehlt hat. Und wie musste man damals alle 4 Wochen zur Beichte. Zu jener Zeit war im Beichtstuhl oft ein Pfarrer oder Domvikar Brülisauer, der sich während der Beichte auf die Schenkel geklopft hat, wenn du eine Jugendsünde hast beichten müssen und gefragt, wie viele Minuten es gedauert hat. Das war doch reiner Psychoterror in meinen Augen.

Leider habe auch ich meine Buben in die Flade geschickt, wo sie so verdorben wurden, dass sie seit Ende der Schule nie mehr in eine Kirche gehen. Das gleiche Schicksal hat auch mein seinerzeitiger Vicechef mit seinen Buben erlitten.

Was ich in den über 50 Jahren seit jener Zeit über die Flade gehört habe, geht auf keine Kuhhaut.

Diese Schule ist recht für solche Schüler, denen man einmal etwas sagt und dann einfach im Gehirn sitzen bleibt und alle andern bleiben mehr oder weniger auf der Strecke.

Ich glaube kaum, dass sie heute noch so verfahren können mit den Schülern wie sie mit uns damals verfahren sind. Ihre Aussagen sind mehr als berechtigt und bestätigt.

Mit den freundlichsten Grüssen
B. N.

Lesen

Da taar me nöd

Wer ein Buch oder einen Film veröffentlicht, setzt sich der Kritik aus. Die freut ihn oder ärgert ihn. Wer zu den literarischen Bundesratsparteien gehört, kann in unserm schweizerischen Konkordanzsystem auf wohlwollende oder doch schonende Kritik zählen. Es gibt hier einen Konsens, wonach Max Dürrenmatt Friedrich Frisch Adolf Bichsel Peter Muschg Otto F. Nizon Paul Walter keine langweiligen, schlechten oder ganz schlechten Bücher schreiben können. Die dürfen so etwas einfach nicht. Das Friedensabkommen in der Literaturindustrie schützt die Sozialpartner. Jeder ist auf den andern angewiesen, jeder kann den andern, von einem bestimmten Bekanntheitsgrad an, fördern oder behindern. Da ist einer z.B. nicht nur Schriftsteller, sondern auch Dozent, kann seine eigenen oder verwandten Produkte von einem Kollegen ins Lehrprogramm aufnehmen lassen (Hermann Burger). Er weiss, wie der germanistische Karren läuft, welche Bücher von den Mitgermanisten der Besprechungsindustrie erwartet werden, und kann das Gewünschte liefern. Oder er ist (Hermann Burger) ausserdem noch Feuilletonredaktor und kann Bücher besprechen. Oder er arbeitet (Hermann Burger) noch am Fernsehen und kann dort Kollegen vorstellen. Oder er bedient noch die FRANKFURTER ALLGEMEINE ZEITUNG und DIE WELTWOCHE und weitere allgemeine Zeitungen mit Literaturkritik (Hermann Burger). Ein anderer wiederum ist nicht nur Schriftsteller, sondern auch Verleger und hat glänzende Beziehungen zu allen möglichen Verlagshäusern, nicht nur zum eigenen. Wer ihn hart bespricht, muss damit rechnen, dass sein Buch von dem einflussreichen Mann verhindert oder behindert wird. Und da nicht wenige Kritiker (Burri, Fringeli etc.) auch als Autoren auftreten...Besprichst du mein Buch gut, dann besprech' ich deines gut oder lass es gut besprechen.

Bücher sind Produkte, die auf handwerklich-altväterische Weise entstehen, in der Abgeschiedenheit von Schreibstuben, und auf industrielle Art vervielfältigt und vermarktet werden. Ihr Vertrieb ist auf die Zeitungen angewiesen. Ein Verriss in grossen Zeitungen behindert meist die Vermarktung und wird von den Autoren – das kann ich nachempfinden, das hab' ich auch schon so empfunden –

als Geschäftsschädigung betrachtet. (Totschweigen oder eine laue Besprechung schadet aber noch mehr als ein Verriss.) Da hat man zwei oder mehr Jahre gearbeitet und wird von einer Hudelkritik, die in zwei, drei Stunden verfasst worden ist, zerfetzt. Das tut weh, tut der Auflage (meist) nicht gut und ist oft ungerecht. Aber es gibt Unterschiede. Ein *schlechter Verriss* unterstellt dem Schriftsteller einen Stil und Absichten, die er gar nicht hatte: um sie dann in den Boden zu stampfen. Er deformiert das Buch, damit es leichter verhohnepiepelt werden kann. Ein *guter Verriss* (und manche davon sind selbst Literatur geworden, sind unterdessen literarischer als die Bücher, auf welche sie zielen, vgl. Besprechungen aus der Feder von Voltaire, Lessing, Kraus) stellt das Buch möglichst sachgerecht und umfassend dem Leser vor, misst den Autor an seinem eigenen Anspruch, bevor er das Werk mit einleuchtenden, evtl. glänzenden, das heisst brillanten Argumenten auseinandernimmt. Aber auch solche Verrisse werden, wenn es um die Bücher unserer berühmten, unter Heimatschutz stehenden Autoren geht, als unanschtendig empfunden. Da taar me nöd. Hingegen darf man mündlich alles Wüste über die Kollegen *erzählen*, hinter ihren Rücken gifteln und schnöden – und dann eine nette, wenn auch etwas laue, Besprechung *schreiben*. Über BLAUBART von Max Frisch habe ich weitherum die verheerendsten Urteile *gehört* und nachher die nettesten Besprechungen *gelesen*, beides von denselben Leuten produziert. Ähnlich war es bei NOCH EIN WUNSCH von Adolf Muschg, da hatte nur Urs Herzog (im KONZEPT) sehr brillant den Konsens gestört, worauf ihm nicht wenige Germanistenkollegen mit Naserümpfen begegneten und mit vornehmer Abscheu.

Dieses unser Land ist klein, so klein. Der Besprecher trifft den scharf Besprochenen spätestens eine Woche nach der Besprechung wieder. Man verkehrt in denselben Kreisen, Radio-TV-Zeitungen, ist in der gleichen Zunft gewerkschaftlich organisiert (Gruppe Olten) – kann man jetzt noch ein Bier miteinander trinken, ohne einen Teil davon sich an den Kopf zu schütten? Geht man mit *abgewandten* oder *gesenkten* Augen aneinander vorbei? Was schreibt der literarische Verhaltenskodex in solchen Fällen vor? Sagt man SALI oder SOUHUNG oder gar nichts? Die Gruppe Olten hat für solche Fälle noch keine allgemein verbindlichen Regeln ausgearbeitet. Sich streicheln oder um den Hals fallen (ohne den Besprecher dort zu würgen!) kann man auch nicht, dann wäre die scharfe Besprechung nicht ernst gemeint gewesen vom Besprecher und vom Besprochenen nicht ernst genommen worden.

Die Schriftsteller sind in einer Zunft organisiert und verhalten sich nach aussen manchmal solidarisch, und innerhalb dieser Zunft sind sie Konkurrenten und hassen sich oft sehr, genau wie andere Gewerbetreibende. Der Markt ist klein, die Zahl der Schreibenden nimmt in letzter Zeit gewaltig zu, von den Älteren sterben nur wenige, und die Leute, welche Bücher lesen, werden nicht zahlreicher. Da muss jeder hart um seinen Marktanteil kämpfen. Erst ein minimaler Marktanteil garantiert ihm literarisches Prestige und ein Häuchlein Ruhm, und keiner bleibt gerne zeitlebens ein Geheimtip. Bücher, die nicht besprochen und kaum verkauft werden, existieren nicht. Einen kenne ich, der prüft in den Buchhandlungen, ob seine Bücher wirksam plaziert sind, eine aufreibende Beschäftigung. Ein anderer geht bei Gelegenheit mit einem Rosensträusschen bei seinem Verleger vorbei, um ihn bei Laune zu halten. Ein dritter lädt periodisch Rezensenten zu Tisch, und alle bedrängen den Frisch, er solle ihr neues Buch doch bitte, bitte im SPIEGEL besprechen, aber einer drängt so stark, bis Frisch es dann wirklich tut, und einer wird sauer, weil Silvio Blatter von Böll, und ein anderer wird grantig, weil Gerold Späth von Grass gesponsort wird, und einen kenne ich (mich), der hat schon eine Gegendarstellung geschrieben, als er eine böse Kritik bekam, und alle beobachten die Auflagen ihrer Kollegen, WIEVIEL HAST DU VERKAUFT ist eine gefürchtete oder beliebte Frage, und warum, denkt A, wird B zu so vielen Lesungen eingeladen und er nicht, und warum hat dieses Huhn den Aufmunterungsförderungsunterdiearmegreifenpreis bekommen und er nichts und C darf im Radio lesen oder wird gar, denkt D, von Hermann Burger oder Wehrli P. K. am Fernsehen vorgestellt, aber D, der seine eigenen Werke besser findet als die von C, nicht? Und warum darf E, denkt F, eine Kolumne schreiben, wo er doch gar nicht schreiben kann?

Bei den Filmern: ganz ähnlich, nur äussern sich die *noch* heimlicher übereinander als die Schreibenden. Es gedeihen dort die prächtigsten Hass- und Verabscheuungsblumen in der Einsamkeit der Herzen, oder am Biertisch, in Abwesenheit der Gehassten.

Beim Filmen ist bekanntlich viel Geld auf dem Spiel, und alle sitzen im gleichen Boot, welches voll ist. Man will nichts riskieren, weil die meisten Kollegen ausserdem noch in einer Kommission sitzen und über Finanzierungen irgendwie mitentscheiden. Einige Filmer, die privat ebenso klare wie harte Äusserungen zu Koerfer, Lyssy etc. machten, wurden kürzlich angefragt: ob sie in der WOZ etwas in der Richtung schreiben möchten. Sie schlugen sozusagen die Hände über dem Kopf zusammen, und einer sagte: Das könne er sich nicht leisten.

*

Vor kurzem den Schriftsteller S. getroffen, beim Wein in Zürich, mit andern. Dies und das wird gemütlich beschwatzt, bis die Rede auf meinen Artikel über Koerfer/Walter kommt («Ein Werkstattbesuch bei zwei hiesigen Subrealisten», S. 104). S. droht, nur *halb* im Spass, unsern Tisch zu verlassen, wenn jener fürchterliche Schrieb nochmals erwähnt werde. Auf die Frage, was denn an der Argumentation nicht stimme und wie er selbst das Buch von Walter finde, sagt S., er habe erst einen kleinen Teil davon gelesen, aber *so* dürfe man einfach nicht über Walter schreiben. Kurz darauf sagt S.: Er habe gehört, von Walter, dass Walter bereits *18000 Stück* seines Buches verkauft habe, und das sei doch wohl nicht möglich, höchstens *8000* können es sein, oder was glaubt ihr?

Der Schriftsteller S. und andere Kollegen sind mir gram wegen meiner Kritik, ich komme mir schon fast ein wenig kriminell vor. Was ist das Delikt? Ich habe den Realitätsgehalt von Walters Buch (und Koerfers Film) nach meinem Gefühl und Verstand abgehandelt, habe den Autor an seinem eigenen Anspruch gemessen, in einer Zeitung mit kleiner Auflage, die vorher ganzseitig ein uneingeschränktes Lob auf dieses Buch gebracht hatte. Das Thema schien mir wichtig genug, ich schrieb so ehrlich wie möglich. (Natürlich bin ich nicht gegen Fiktion *schlechthin*, nur weil ich die *verunglückte* Fiktion von Otto F. Walter kritisiere, die von einer, wie mir scheint, ungenau erfassten Realität ausgeht. Mein Lieblingsautor ist Joyce, nicht unbedingt ein Dokumentarist, und als nach meinem Artikel über ihn, WOZ 6/82*, *fünf* Leute mir sagten,

---

* Abgedruckt in «*Vorspiegelung wahrer Tatsachen*», S. 102.

sie hätten IHN daraufhin zu lesen begonnen, war ich glücklich wie selten). Auf diesen Artikel konnte Walter antworten im Blatt, so viel über mich wie ich über ihn, *ganz* ausführlich. Darauf gab es noch Leserbriefe. Unterschlagen wurde nichts, jeder Leser kann sich eine Meinung bilden. Nicht anzunehmen, dass ein Artikel in der WOZ, bei der kleinen Auflage, für Walter geschäftsschädigend war: das Buch läuft weiterhin prima. Nachdem in den grossen Zeitungen alle Besprechungen hierzulande sehr positiv für Walter gewesen sind, komme ich abschliessend zur Überzeugung: Das Delikt ist der Dissens.

In der Politik lehnen die Linken den erstickenden Konsens ab, die erzwungene Konkordanz. Warum akzeptieren wir das in der Literaturkritik?

Ein Werkstattbesuch
bei zwei hiesigen Subrealisten

«Ich bin nicht Dokumentarist.»
Thomas Koerfer

«Dummerweise bin ich kein Dokumentarist.»
Otto F. Walter

Zwei Produkte, die gleichzeitig auf den Markt kommen, zwei Autoren, die, unabhängig voneinander, fast gleich lautende Erklärungen betr. Wirklichkeitsbezug ihrer Werke abgeben; ein Buch und ein Film mit höchsten gesellschaftskritischen und ästhetischen Ansprüchen *(Otto F. Walter* lässt in seinem Buch den Autor Wander ein Buch über *«Ein Wort von Flaubert»* schreiben, *Thomas Koerfer* erläutert, im Gesprach mit NZZ-Filmkritiker *Schlappner,* eine Szene eines Films, welche ihn *«auch dramaturgisch fast in einer shakespearschen Dimension»* interessiere); eine Unisono-Kritik, die auf beide Produkte mit den höchsten Tönen reagiert, *Klara Obermüller* z.B. macht in der WELTWOCHE einen Handstand vor Begeisterung, *Alois Bischof* in der WOZ spricht von *«einem ungeheuren reflexiven Potential»* bei Otto F., Schlappner in der NZZ weiss vor Entzücken seine Tinte nicht mehr zu halten, endlich wird, dank Koerfer, ein Unternehmer im Schweizer-Film realistisch, d.h. *«fair»* geschildert –

Es ist Herbst geworden, die Herbst-Kollektion ist da und sind wir glücklich soweit, dass die Subversion von jenen, welche subversiert werden sollen, gelobt wird, die NZZ, mit welcher der Autor Walter *«hart und unerbittlich ins Gericht geht»* (Alois Bischof über die Darstellung der Pressefreiheit durch Walter), spricht von einem *«zeitkritischen Bewusstseinsprozess».* Endlich ist auch, wenn man der Kritik glauben will, zwei Autoren eine perfekte Verschmelzung von Privatem und Öffentlichem gelungen, auch die Frauenfrage ist gelöst, *«eingebettet aber in diesen zeitkritischen Bewusst-*

Ein Werkstattbesuch bei zwei hiesigen Subrealisten

seinsprozess sind Liebesbegegnungen von lyrischer Zartheit, Frauenfiguren, die in ihrem sensiblen Wahrnehmen und spontan richtigen Handeln nicht anders als ideal anmuten, Naturschilderungen sodann von mythischer Abgründigkeit» (NZZ) Und wer müsste der NZZ nicht recht geben: die Frauen werden von Walter wirklich *eingebettet*, in den Himmelbetten der Allegorie, und dort liegen sie dann, unbeweglich. Wie es *in* den Betten, *vor* den Betten, *nach* den Betten wirklich zugeht, dafür braucht sich Walter, der dummerweise kein Dokumentarist ist, nicht zu interessieren. So wie Koerfer nicht darüber reflektieren muss, in welchem Ton ein schweizerischer Rüstungsindustrieller während des Krieges mit dem Nazi-Botschafter spricht, denn dieser Industrielle ist nicht mit Bührle identisch (lässt Koerfer verlauten), er heisst ja im Film auch wirklich Korb, nicht Bührle, obwohl es andrerseits in der Wirklichkeit nur *einen* Rüstungsindustriellen gab, und der hiess eben doch wirklich Bührle – so muss sich Walter keine präzisen Vorstellungen von Konfliktabläufen beim TAGES-ANZEIGER machen, von Redaktions-Sitzungen und Zensurmechanismen, denn der TAGES-ANZEIGER kommt ja nicht vor, nur die SCHWEIZER-ZEITUNG, aber die hat in Walters Buch ein Magazin, und ein Auto-Importeur sperrt ihr die Inserate (hat man das nicht auch schon gehört), aber indem Walter diese Zeitung SCHWEIZER-ZEITUNG nennt und nicht TAGES-ANZEIGER, ist er fein raus und kann auf den Vorwurf der mangelnden Präzision antworten, er sei ein «*Autor, der versucht, Subjektives und Gesellschaftliches zusammenzubringen, wobei das Gesellschaftliche, das Dokumentarische als Exemplarisches Verwendung findet*». Um exemplarisch werden zu können, müsste das Dokumentarische aber präzis gewesen sein.

*

Kein Autor kann sich freuen, wenn Bücher oder Filme missglücken. Im Gegenteil, jeder ist darauf angewiesen, dass ihn die Produkte der Kollegen weiterbringen, anregen, in Frage stellen, beissen, zwicken, fördern. Ich stelle mir die Schreib-Arbeit, Film-Arbeit nicht nur als einsame, manchmal verzweifelte Tat vor, sondern auch als Resultat eines kollektiven Schubs, von dem wir alle gepresst werden, oder als Beitrag zu einer nie fertigen Tapisserie, wo jeder sein Stück einsetzt und jeder sich besser entwickeln kann, wenn das zuletzt entstandene Produkt mit kunstverständiger Sinnlichkeit gemacht worden ist. Als Koerfers Produzent *Hubschmid* mir im Frühling von diesem Film erzählte, der ganz unumwunden, manchmal drastisch, jedenfalls deutlich die Welt des Rüstungsindustriellen schildere, und als ich von Otto F. Walters Bemühen hörte, den TAGES-ANZEIGER und dessen Konflikte in sein Buch einzubauen, habe ich mich selbstverständlich gefreut. Man freut sich immer, wenn ein bisschen Wirklichkeit aufs Tapet kommt, nicht mehr um sie herumgeschrieben oder -gefilmt, sondern in sie hineingeschrieben wird, wie in einen Abszess, den man zum Platzen bringt. (Die Schreibkunst von Flaubert wurde nicht ohne Grund mit einem Skalpell verglichen.) Natürlich habe ich mir keinen Abklatsch der Wirklichkeit vorgestellt, den gibt es auch im rein Dokumentarischen nicht, sogar die «härteste» Reportage, und die vielleicht ganz besonders, braucht Phantasie, Notieren und Montieren geht nicht ohne Einbildungskraft (– wie hört man zu? wie bringt man wen zum Reden? wie setzt man in Sprache und Bilder um? was spart man aus, um hervorzuheben?) – aber ich habe mir vorgestellt, Walter und Koerfer, die beiden schönen Flugmaschinen, würden sich einen harten Boden aussuchen, damit sie die richtige Startgeschwindigkeit erreichen auf der Grundlage des Realistisch-Dokumentarischen und sie dann WIRKLICH abheben können, und ich ihnen aus der Tiefe, ganz ausgeflippt vor Begeisterung, zuwinken darf ... Hätte ich doch viel lieber getan, statt ihren Fehlstart zu beklagen. Das Beschreiben der Wracks am Ende der Piste ist keine schöne Aufgabe. Muss aber sein. Leider!

*

Zum Vergleich: *Federspiel* oder wie man es auch machen kann. In seiner Ballade von der typhoiden Mary steckt, nach Aussagen des Autors, etwa 3 % Dokumentarisches, der Rest ist «erfunden» oder gefunden. Wo? In zeitgenössischen Berichten über New York und Amerika. Federspiel hat so lange in Bibliotheken gearbeitet, bis er sich eine genaue Vorstellung vom realen New York machen konnte, wo dann seine Mary völlig surreale Dinge unternimmt, die wirklicher sind als die Wirklichkeit, jedenfalls mögliche Sachen, die mit logischer Phantasie aus den Umständen entwickelt werden, und so denkt der Leser denn auch nie: Das ist abstrus, sondern:

Ein Werkstattbesuch bei zwei hiesigen Subrealisten

That's it, genau so werden die Herrschaften eben von einer Küchenmamsell vergiftet. Das denkt der Leser, weil Federspiel eine Anschauung von New York hat und einen Begriff von der Sprache in allen Etagen von Herrschaftshäusern.

Oder *auch* zum Vergleich: *Imhoof, das Boot ist voll.* Man kann einiges gegen diesen Film einwenden (die Wut des Zuschauers fährt auf einen kleinen Pinggel, den Dorfpolizisten, ab, der Zuschauer darf sich allzu schnell erleichtern), aber das Dorf im Schaffhausischen, welches kollektiv die Flüchtlinge in den Tod nach Deutschland zurückschickt, ist möglich, auch wenn es nie existiert hat, die Sprache stimmt, der gförchige Wirt ist einleuchtend, der Schaffhauser-Dialekt geht dem Zuschauer an die Nieren, es findet eine Beängstigung statt. Ich nehme an, Imhoof hat solche Dörfer gekannt, er hat sich dokumentiert, das Dorf ist kein Versatz-Stück, sondern es redet seine eigene wirkliche Sprache. Der Film geht nicht ÜBER DIE DÖRFER, sondern aus dem Dorf heraus. Das Dokumentarische findet dann als Exemplarisches Verwendung...

Von *Emile Zola* weiss man, dass er mehrere Male auf dem Führerstand einer Lokomotive mitgefahren ist, bevor er «*La bête humaine*» geschrieben hat (Eisenbahnmilieu! Die Lokomotiven stimmen), und Gustave Flaubert – man darf ihn nochmals erwähnen, weil Walter sich ausdrücklich auf ihn bezieht – hat sich so gründlich mit der Wirkung des Rattengiftes auf den menschlichen Organismus beschäftigt, dass er echte Vergiftungserscheinungen aufwies, durch Empathie, als er mit der Beschreibung der Vergiftung seiner *Madame Bovary* beschäftigt wa, – und so kommt sich denn auch der Leser wie vergiftet vor, wenn er diese Stelle liest.

Bei Walter & Koerfer habe ich dieses Gefühl (Gewissheit!), dass die Fiktion eine neue Wirklichkeit ist, nie, weil ihre Fiktionen der Wirklichkeit nicht zuerst aufs Maul geschaut und sie erst dann überhöht haben, sondern willkürlich ins Blaue hinaus fiktioniert sind. Es sind mühsame Konstrukte, die jeder Wahrscheinlichkeit entbehren, zurückgeblieben hinter der Realität, sub-realistisch statt, wie vermutlich angestrebt, mit einem Hauch von Sur-Realismus belebt. Beide bringen, wenn es besonders dämonisch und/oder traumhaft werden soll, Tiere ins Spiel: Walter lässt eine wunderbare Prozession von Lurchen (bekannte urnerische Landplage) über die Gotthardstrasse kriechen, auf welchen Lurchen jenes Auto, das unser Liebespaar nach Italien bringen soll, ausschlipft, sodass dann im Maderanertal übernachtet werden muss statt in Italien; in welchem Maderanertal nachts im Licht von Jeepscheinwerfern ein Stier auf garantiert bestialische Art GEKREUZIGT und lebend angebraten wird (vgl. die wiederholte Kampagne des Tierschutzes gegen das Uri-Stier-Kreuzigen), und Koerfer lässt einen Teddy-Bär plötzlich zur Lebensgrösse anschwellen, Achtung Kinderphantasie, und den Industriellen Korb erlegen, welcher ausserdem von einem Adler zu Tode gehackt wird, nachdem er sein italienisches Dienstmädchen gevögelt hat. Der Umgang mit plötzlich auftauchenden Tieren ist aber etwas vom Heikelsten. *Buñuel* kann das, *Abel Gance* auch, sein Napoleon-Adler ist einleuchtend; Koerfers und Walters Tiere sind ausgestopft.

Mit der Liebe ist es auch nicht einfach. Wie sehnt man sich nach Liebesszenen in unserer Literatur! Nach Leidenschaft! Walters Held Wander ist ein hölzernes Männchen, das alle feministischen Theoreme plakativ vor seinen Bauch hält oder als Sprechblase absondert. Von seiner Frau ist er geschieden, aber da ist keine Bitterkeit zurückgeblieben, obwohl es eine teuflische Ehe war, man trifft sich unschuldig wie Bruder und Schwester (bisschen Inzest wäre nicht schlecht), sie studiert jetzt halt *Psychologie* an der Uni, isst während des friedlichen, harmonischen Beisammenseins Seezunge mit Zitrone und parliert ganz nett. Mit Ruth will er ins Bett (in die Pfanne), getraut sich aber zuerst nicht recht, weil das doch allzusehr einer Situation ähneln könnte, die Winter, sein anderer Romanheld, im Roman schon vorausgenommen hat, schliesslich gelingt das aber doch noch leidlich und beschert uns eine der bedeutendsten Kitsch-Szenen der hiesigen Literatur: «*Er fühlte das winzige Zittern in ihren Schultern, und selbst als ihr Mund sich ganz wenig öffnete und ‹Du› sagte ...*», und als sie dann «Du» gesagt hatte wie in einem Bastei-Roman Modell 1955, muss man sich hin und her überlegen, ob ein politisch bewusstes Liebespaar, wenn es brünstig wird, nach Italien fahren darf, weil dort ist auch nicht alles ideal, Streiks werden unterdrückt und viel Polizei, viel Korruption und die Genossen von *Lotta Continua* (Lotta, wollen wir nicht kontinuieren statt immer interruptieren?) werden auch verfolgt, jedoch andrerseits die Städte schön, vor allem die Altstädte, und viel gesundes Brauchtum noch im Schwang, Italien Italien, und wären sie nach allem Abwägen des Dafür und Dawider auch dorthin gefahren, wenn nicht die Lurche ihre Reise frühzeitig durchlurcht hätten (Kt. Uri). Immerhin entdecken sie dann ganz in der urnerischen Höhe ein Hotel, wo sie die einzigen Gäste sind, immer höher geht es hinauf, man merkt: Jetzt soll die Stimmung unheimlich werden in dieser Bergeinsamkeit, aber das Unheimliche *(shining!)* kommt und kommt nicht, weil die Sprache nicht unheimlich ist, hingegen kommt *Adalbert Gamma,* der Hotelier in seinem vergammelten Hotel, das kurz vor der Schliessung steht. Im Zimmer, wo sie dann endlich allein sind, *enfin seuls,* passiert auch wieder nichts von dem, was passieren könnte, wenn zwei Menschen Lust aufeinander haben, hingegen macht man sich Sorgen, ob die Genossen drunten in Zürich, welche die Abreise des Liebespaares mit scheelen Augen beobachtet haben, ist doch bei der SCHWEIZER-ZEITUNG eben ein kleiner Aufstand im Gang, ob die Genossen nicht unzufrieden seien über ihre Abwesenheit. Nachdem noch das Waldsterben (das auch noch, nach allen andern aktuellen Themen: Zeitungssterben, Freiheitssterben, Kurdensterben) in diese Szene hineingestopft und der mythische Stier gekreuzigt worden ist, fahren die beiden zurück und helfen den Genossen in Zürich, welche romantische Sitzungen in einem Hinterstübchen abhalten (viel Zigarettenrauch!) beim Basteln einer wackeren neuen Welt. Über die Beschreibung des TAGES-ANZEIGERS, alias SCHWEIZER-ZEITUNG, hat einer, der es wissen muss, nämlich *Christoph Kuhn,* geschrieben: «*Ich stelle als einer, der seit siebzehn Jahren bei dieser Zeitung arbeitet, fest, dass wir die Irritationen, Entwicklungen und Veränderungen an unseren Sitzungen sehr viel unreiner, banaler, pragmatischer erlebt haben, weniger pathetisch und weniger dramatisch*» (TAGES-ANZEIGER vom 20. September 1983). Und wer das nicht glaubt, der soll im letzten Buch von *Laure Wyss* – auch eine, die es wissen muss – das Kapitel «*Der Korridor*» nachlesen. Das ist sehr beängstigend: wie Laure Wyss das quälend langsame, als persönliches Drama erlebte Mutieren «ihrer» Zeitung beschreibt. Sie hat etwas zu diesem Thema zu sagen, darum sagt sie es genau. Sie ist an Genauigkeit interessiert.

Die Heldenfiguren von Walter, die *«Frauenfiguren von lyrischer Zartheit»* (wie die NZZ richtig sagt), die politischen Gruppierungen in diesem Buch, welche ganze Schlagwortkataloge herunterraspeln, die bringen keine Wirklichkeit, und ihre «Phantasie» ist derart abgehoben, un-inkarniert, dass sie nicht auf die Realität zurückwirken kann. Natürlich ist der Roman «raffiniert» konstruiert: mit seinen verschiedenen Ebenen. Es ist die Raffinesse eines Baumeisters, der mit den Lego-Bauklötzchen aus dem Lego-Baukasten hantiert, d. h. mit den netten, zurechtgefeilten Elementchen einer vor-realen Welt. Soviel Naivität ist dann nicht mehr unschuldig, sie kämpft auch nicht *«Wider die Resignation»*, sondern für Entwirklichung.

Ganz ähnlich unwirklich Koerfers Liebe, nur andersherum. Während Walter alle Liebes-Szenen entsinnlicht, trägt Koerfer mit dem grossen Verruchtheits-Pinsel auf. So eine geile Madame, die auf dem Kaminsims mit einer kostbaren Metallplastik masturbiert: so eine Plastik und so eine Frau hätte jeder Zuschauer auch gern zu Hause. Das wäre ja ein richtiger Softporno geworden, wenn Koerfer in diesem Stil weitergemacht hätte. Viel interessanter als diese geile Nudel, so wage ich zu behaupten, sind die wirklichen Gattinnen der Industriellen in unserm puritanischen Zürich, oder auch ihre Schwestern: echte *«précieuses ridicules»*, und eben gar nicht so sinnlich, sondern brav im Haushalt und bei der Repräsentation ihres Gatten mitwirkend und auf ihre bescheidene Art die Reputation des Hauses mehrend und das Kapital vermehrend. Wäre Korb (Bührle) mit einer solchen Frau, wie sie im Film agiert, gesegnet gewesen: er hätte in der harten Industriewelt nicht Karriere machen können. Das Erschütternde an unsern Industriellen ist ja eben, dass es keine viscontischen Götter, weder Krupps noch Schneiders (*Schneider-Creusot*, Frankreich) sind, sondern verklemmte, brave, auch brav Kunst sammelnde Spiesser, die sich nach unten ans Kleinbürgertum anpassen und nicht auffallen dürfen, was ihren Lebensstil betrifft. Aber das interessiert Koerfer, der eine gewaltige Freske der Verruchtheit entwerfen wollte, nicht. Zwar strotzt sein Film von historischen Figuren, genau benennbaren, wie z.B. *General Guisan*, den es wirklich nur in einer einzigen Ausführung gegeben hat, *in der Wirklichkeit* – und der bei Koerfer ein klappriges,

Ein Werkstattbesuch bei zwei hiesigen Subrealisten

vor dem Rüstungsindustriellen Korb scharwenzelndes Männchen wird. Auch einen englischen Botschafter hat es während des Krieges in der Schweiz wirklich gegeben: auf den damals wichtigen Posten (Spionage etc.) hat man nicht den naivsten aller Diplomaten gestellt. Genau so wirkt er aber bei Koerfer: ein zittriger Greis (Parkinson), der *von dem kleinen Polen-Mädchen*, das Familie Korb aufgenommen hat, erfährt, wie grausam die Nazis in Polen wüten – und der darauf voller Entrüstung die Party bei Herrn Korb verlässt und ihn mit englischen Sanktionen bedroht. Hier wird der Film besonders peinlich, denn Koerfer hat dokumentarische Fotos von wirklichen Konzentrationslagern eingeblendet; wobei jedermann heute weiss, dass die Alliierten über die Vernichtungslager in Polen genau orientiert waren und nur *deshalb* nicht eingegriffen hatten, weil ihnen ihre Flugzeuge zu schade und andere militärische Aufgaben vordringlich waren. Also wirkt es lächerlich, wenn im Film der englische Botschafter sich von einem Kind über die deutschen Grausamkeiten orientieren lässt und dann eine grosse Gemütswallung zeigt und eine Änderung der englischen Politik in Aussicht stellt ...

Auch hier, bei Koerfer, das raffinierte Spiel mit zwei Ebenen. Nur stimmt keine von beiden, der historische Teil ist fahrlässig-unverbindlich-melodramatisch dargestellt, und der aktuelle Part (Wehrschau) gleitet in Lächerlichkeit ab, z.B., wenn die aufgedonnerte polnische Journalistin ihre aufgeregten Fragen stellt. Schweizerische Offiziere antworten übrigens, trotz allem, nicht so doof an einer Pressekonferenz. Eine politische Diskussion wird es um Koerfers Film nicht geben. Man kann über diese Unwirklichkeit nicht diskutieren.

Noch ein gemeinsamer Nenner, auf den man Walter & Koerfer bringen kann: die Humorlosigkeit. Humor, und besonders seine schwarze Variante, entsteht bekanntlich aus genauem Hinschauen, aus exakter Beschreibung von Menschen und Situationen. Siehe *Flaubert* oder *Frisch*. Das Gegenteil der Präzision, idealistisch-ungenaues Schreiben und Filmen, die Degradierung von Personen zu Ideenkleiderständern, produziert scheppernde Pathetik, das Gegenteil von echtem Pathos, also eine Form von Kitsch, d.h. unfreiwilligen Humor. Diesbezüglich haben die beiden Autoren neues Terrain erschlossen.

Lesen

*

Aber vielleicht darf man vom Wirklichkeitsbezug bei Walter & Koerfer wirklich nicht reden, sie haben jede Kritik mit der Bemerkung, sie seien keine Dokumentaristen, abgeschmettert. Dummerweise.

... und jetzt noch ein Wort über Flaubert: (aus dem Vorwort zu «TROIS CONTES», Flammarion 1965): *«Er verwandte grösste Sorgfalt darauf, die Fiktion mit höchst exakt recherchierten Einzelheiten glaubwürdig zu machen, er machte sich zur Pflicht, eine Menge historische Details, Sitten und Gebräuche zu überprüfen, und vernachlässigte dabei weder die Geographie noch die Astronomie, noch die* SPRACHE *des Landes, das er heraufbeschwören wollte. Er befragte ständig die Spezialisten.»*

Inglins Spiegelungen

Im Hinblick auf Otto F. Walters dickleibigen Roman «Die Zeit des Fasans» (612 Seiten) ist jetzt allenthalben von Meinrad Inglins noch umfangreicherem «Schweizerspiegel» die Rede (1066 Seiten, Ausgabe von 1938). Es ist eine allgemeine Freude darüber im Gange, dass die Schweiz jetzt wieder einen Spiegel vorgesetzt bekommen habe, dem man vertrauen könne wie seinerzeit dem Inglinschen.

«*Otto F. Walter hält in einer geglückten Vermischung von Familiengeschichte und Schweizer Geschichte unserem Lande einen (Schweizer) Spiegel vor*», schreibt der «Sonntagsblick», und im TAM konnte man lesen: «*Auf ihre Reise in den Süden hat Thom – hat Otto F. Walter – Lisbeth ein Lieblingsbuch mitgegeben, Meinrad Inglins ‹Schweizerspiegel›. Dieser einzigartige Gesellschaftsroman, der einzige, den die Schweizer Literatur dieses Jahrhunderts hervorgebracht hat, unser ‹Krieg und Frieden›, ist das Vor-Bild von Otto F. Walters ‹Zeit des Fasans›, ein Projekt, das die Schweiz erzählen sollte, so erzählen, wie man es heute noch kann.*»

Meinrad Inglins grosser Roman als Gold-Standard, an dem die übrige Literatur gemessen wird, neben dem das andere Münz verschwindet – der «*einzige Gesellschaftsroman der Schweizer Literatur dieses Jahrhunderts*». Es ist, als ob Ramuz, Adrien Turel, Robert Walser («Der Gehülfe» ist wohl kein Gesellschaftsroman?), Jakob Bosshart, Jakob Schaffner, Diggelmann, Loetscher nicht gelebt hätten, die neu entfachte Inglin-Begeisterung hat sie alle ausradiert, und «Stiller» ist halt auch kein Gesellschaftsroman. Von Gipfel zu Gipfel grüssen sich die Giganten über die Jahrzehnte hinweg, Otto F. Walter salutiert Meinrad Inglin, und über den Gipfeln ist Ruh, und zwischen ihnen sind nur Geröllhalden.

Einzigartig, allerdings, ist Inglins dickes Buch, auch opus magnum genannt, tatsächlich. Die Gattung «*Gesellschaftsroman*» erhebt den Anspruch, eine Gesellschaft, bei Inglin die schweizerische von 1912–1918, in ihrer ganzen Breite und Tiefe und ihren Konflikten darzustellen, und der «Schweizerspiegel» hat denn auch «*vielen mehr über die jüngste Schweizer Vergangenheit begreifbar gemacht als Schule und Elternhaus*» (Lotta Suter). Das ist möglich; die Geschichtsbücher sind eh so langweilig und lückenhaft.

Aber –

Was erfahren wir von der wirklichen Gesellschaft 1912–18 im «Schweizerspiegel»? Wie tief hinunter, wie hoch hinauf schweifte Meinrad Inglin? In welcher Schicht hielt er sich auf? Wovon hatte er eine Ahnung oder einen Begriff, und was hat er ausgeklammert? Von welcher Gesellschaft hat er einen Dunst?

Inglin Meinrad, geb. 1893, kath., Sohn des hablichen alteingesessenen Uhrmachers/Goldschmieds/Dorfpatriziers Meinrad Inglin von Schwyz und der einer Hoteliersdynastie entstammenden Josephine Eberle. Besuch der Mittelschule am Kollegium «Maria Hilf» in Schwyz, Arbeit als Kellner, 1913–14 Universitäten Neuchâtel und Genf, Faculté des Lettres. Freier Schriftsteller mit finanziellen Schwierigkeiten, der Vater ist schon 1906 gestorben (Bergtod). Kampf mit den Verlegern (das Übliche), die meisten frühen Manuskripte werden ihm zurückgeschickt. Nietzscheanische Anwandlungen, Schwärmen für aristokratische Lebensformen («Herr Leutnant Rudolf von Markwald», 1916, «Phantasus»). 1915 Offiziersschule in Zürich, Leutnantspatent. Langer Aktivdienst im Jura, Tessin etc. Redaktionsvolontär am «Berner Intelligenzblatt» (freisinnig) und später an der «Zürcher Volkszeitung». 1922 für kurze Zeit in Berlin; nebst späteren Italienreisen der einzige Auslandaufenthalt. In den Städten ist ihm auf die Dauer nicht wohl, da fehlen ihm z.B. die Gemsjagd und andere Urwüchsigkeiten. 1922 zurück nach Schwyz, das er aber fluchtartig verlassen muss, nachdem sein Roman «Die Welt in Ingoldau» erschienen ist (1922), in welchem sich zahlreiche Eingeborene zutreffend geschildert, d.h. verhöhnt, fühlen. Vorübergehend Asyl in Zürich, wo auch seine zukünftige Frau Bettina, geb. Zweifel, Tochter eines kleinen Bankiers, lebt. (Der Bankier war knausrig mit seinem Schwiegersohn.) Von 1923 sodann bis zu seinem Tod 1971 sozusagen ununterbrochen in Schwyz verharrt, wo er bei einer Verwandten kostengünstig unterschlüpfen konnte. Finanziell knapp über Wasser, den Kopf aber immer patrizisch hoch getragen, nett integriert in der Schwyzer Dorfaristokratie (Gemsch, von Reding). Im 2. Weltkrieg nochmals Aktivdienst als Oberleutnant. 1948 Ehren-

Inglins Spiegelungen

doktor der Universität Zürich, darf im Sechseläuten-Umzug mitmarschieren. Wird jetzt in Schwyz nicht mehr als «Herr Oberleutnant» angesprochen, sondern als «Herr Doktor», was er schätzt.

Von 1932 bis 1938 schreibt er am «Schweizerspiegel». Etwa grad so lang wie Otto F. Walter an seinem ornithologischen Projekt «Zeit des Fasans». Man merkt's.

Inglins Roman (eben ist er im Ammann-Verlag neu aufgelegt worden), von dem die «Süddeutsche Zeitung» schrieb, er behandle wie in einem PANORAMA die politischen und gesellschaftlichen Umwälzungen in der Schweiz von 1912–1918, stellt die Familie Ammann in den Mittelpunkt. «Panorama» würde bedeuten, dass die Gesellschaft mit dem Weitwinkelobjektiv erfasst ist, also am oberen Rand die tonangebenden Bankiers, Industriellen, Militärs ins Bild kommen, Figuren wie die Eschers, Schwarzenbachs, Schulthessen, Bodmers, Rieters, Abeggen und ähnliche: und am untern Rand die Anarchisten, Sozialisten, Dadaisten, Refraktäre und Deserteure mit Saft und Kraft geschildert würden. Dem ist aber gar nicht so. Der obere Rand ist abgeschnitten, Inglins Blick vermag nur bis zum mittleren Bürgertum vorzudringen, und das untere Volk ist ein gestaltloses Gebrodel, eine ungeknetete Masse; das Arbeiterquartett Burkhart-Bär-Wegmann-Keller wird dem Leser weder zu Hause in den Wohnungen noch am Arbeitsplatz vorgeführt, und die Sprüche, die sie absondern, quellen ihnen wie Volksrecht-Leitartikel aus den Mündern.

Fabriken mit ihrem Innenleben gibt es nicht bei Inglin, obwohl Zürich damals längst eine Industriestadt war. Warenhäuser sind nicht vorhanden (Jelmoli florierte seit langem). Von Banken liest man nichts – die Kreditanstalt stand unübersehbar am Paradeplatz. Und die herrschaftlichen Residenzen mit ihren schönbaumigen Riesenwunderpärken, den Stallungen und der Dienerschaft, den glänzenden Empfängen und exquisiten Banketten und den hervorragenden Intrigen sind einfach ausgeblendet.

Und weil es diese prächtige Grossbürgerwelt bei Inglin so wenig gibt wie die Industriemisere, glaubt Inglins Leserschaft bis heute, es habe sie auch in der Wirklichkeit nicht gegeben. Denn Inglin ist ja, laut «Kindlers Literaturgeschichte der Gegenwart», Ausgabe von 1974, «*eine fast monumentale Darstellung der Schweiz im Er-*

sten Weltkrieg aus der Sicht eines überlegenen Erzählers gelungen, der als Sachwalter des Ganzen in Sicht und Stil dem klassischen Geschichtsschreiber gleicht». Klassisch ...

Wie dieser Inglin-Mythos entstehen konnte, ist rätselhaft (der Mythos von Inglins Panoramablick). Und dass ein gescheiter Kollege wie Martin Schaub allen Ernstes in einer grossen Zeitung behaupten kann, der «Schweizerspiegel» sei mit Tolstois «Krieg und Frieden» zu vergleichen, also mit dem gewaltigen, realistischen Epos des napoleonischen Krieges in Russland, ist noch rätselhafter. Denn seit 1976 gibt es eine detaillierte, kenntnisreiche Inglin-Biographie von Beatrice von Matt, in der man – die Autorin ist übrigens ihrem Dichter sehr gewogen – lesen kann:

«*Eine sehr achtbare Zürcher Familie mit drei Söhnen und einer Tochter steht im Mittelpunkt. Ihre Mitglieder bewegen sich als Repräsentanten innerhalb eines bestimmten helvetischen Durchschnitts.*» («Meinrad Inglin. Eine Biographie», Zürich 1976, S. 174) Beatrice von Matt hat sich die Mühe genommen, den alten Inglin nach den wirklich existierenden Modellen für seine Romanfiguren zu befragen, und aus der Diskrepanz zwischen lebendigen Modellen und künstlichen Figuren kann man unschwer ablesen, dass Inglins zürcherische Gesellschaft eine sehr geschrumpfte war, eine vom Bewusstsein des oberen Mittelstands wahrgenommene Welt. (Sehr achtbar.) Da geht ein Landpatrizier in der Stadt spazieren und nimmt auf, was ihm sein Koordinatensystem aufzunehmen gestattet.

Wie war das bei *Gottfried Keller*? Der als unübertroffener helvetischer Realist gerühmte Erzähler: Was erzählt er, während sein Freund Alfred Escher mit Bismarck auf höchster Ebene um den Gotthard-Durchstich pokert, die Geldströme in die Schweizerische Kreditanstalt leitet wie irgendeine Balzac-Figur, die Eisenbahnspekulation ins Kraut schiessen lässt und in der Villa Belvoir die Finanzmagnaten aller Herren Länder üppigstens bewirtet? Während am Gotthard gestreikt und einige Arbeiter erschossen werden, im Zürcher Oberland in den Fabriken der Textilbarone Gujer-Zeller und Kunz malocht und gehungert wird wie in einem Roman von Dickens? Und etwa 15 % der schweizerischen Landbevölkerung von der Hunger-Misere zur Auswanderung gezwungen werden? Er erzählt seine Handwerker- und Schützenfestgeschichten, seine vorindustriellen Kleinstadtidyllen und Schnurrpfeifereien, und wenn's hoch kommt, hat ein mittlerer Handelsherr wie Martin Salander ein paar Schwierigkeiten, weil der betrügerische Kompagnon ihm das Wasser abgräbt. Die Profitgier, Motor des 19. Jahrhunderts: bei Keller eine Ausnahmeerscheinung, die man sich mit gesundem Bürgersinn vom Leibe halten kann, etwas Artfremd-Unschweizerisches, das nicht zu unserem Wesen gehört, die Akkumulationswut als vorübergehende Entgleisung – während sie bei Balzac schon vierzig Jahre früher als Regulativ erkannt wird und als Herz des neuen geldorientierten Systems. Dabei waren die Schweizer Bankiers der siebziger Jahre um nichts harmloser als die Bankiers zu Balzacs Zeiten unter Louis Philippe, nur unsere Schriftsteller waren harmloser als die französischen und viel gemütlicher.

Ungleichzeitigkeit von Literatur und Leben.

Aber natürlich, bei uns war und ist alles halt doch anders als anderswo, nicht so krass, in Frankreich und England waren doch die Gegensätze viel himmelschreiender. Woher wissen wir das? Aus Gottfried Kellers Werken. O du unausrottbare Gewissheit! Weil Gottfried Keller keinen Roman über Bodenspekulation und Bauwut geschrieben hat wie z.B. Emile Zola («La curée»), hat es damals vermutlich auch keine Bodenspekulation gegeben. Wirklichkeit als Post-festum-Produkt der zaghaften Phantasie unserer Erzähler.

Keller, das ist bekannt, hat Zola, seinen Zeitgenossen, verabscheut. So ein kruder Bursche, beschäftigt der sich doch sogar mit Prostitution («Nana»), mit Lokomotivführern («La bête humaine»), mit Kohlenförderung und Streiks und Armee-Einsätzen («Germinal»). Und auch mit Warenhäusern («Au bonheur des Dames»). Kein Thema für einen Dichter, fand Keller, und kippte noch einen hinter die Binde im Zunfthaus zur Meise, wo er immer gewohnheitsmässig soff, schon lange bevor dort das neue Buch von Otto F. Walter Premiere hatte und der Buchhändlerschaft vorgestellt wurde, im Herbst 1988. Natürlich gab es Lokomotivführer und Streiks und Prostitution auch in der Schweiz, aber G. Keller hätte vielleicht einmal seinen müden Staatsschreiber-Arsch ein bisschen lupfen und zum entstehenden Gotthard-Tunnel reisen müssen oder in die Fabriken des Spinnereikönigs Kunz ins Zürcher Oberland, damals der reichste Mann Europas, und bei den Huren hätte er sich auch einmal nach ihren Arbeitsbedingungen erkundigen können.

Aber so krud darf man das auch wieder nicht sagen.

Oder hätte nur unverblümt in seinen Büchern erzählen müssen, was er in der vornehmen Zürcher-Gesellschaft, wo er oft zu Gast war, sah und hörte; bei den Wesendoncks, den Rieters, Eschers, auch beim alten Wille (Vater des Generals). War aber viel zu schüchtern, um solche Geschichten auszuplaudern, hat sich diese Lust versagt. Beschickt unsere Phantasie statt dessen mit seinen ewigen Kleinbürger-Figuren und schimpft auf Emile Zola. Das hat man gern!

Meinrad Inglin hat vielleicht zu viel Gottfried Keller gelesen und wollte es ihm gleichtun. Es gibt tatsächlich auch im «Schweizerspiegel» wieder ein Schützenfest, wenn auch ein leicht gestörtes, und eine ideale Stauffacherin-Frauenfigur muss auch aufmarschieren, Mutter Ammann hat viel Geduld sowohl mit ihrem Mann als mit ihren Kindern, siehe Frau Regel Amrain und ihr Jüngster. Sie ist immer geraden Sinnes und aber auch guten Mutes. Die Familie ist mit dem Land verbunden, ein Teil der Verwandtschaft wohnt immer noch im Rusgrund, wo die ganze Sippe ursprünglich herkommt. Dort im Rusgrund riecht es gesund nach Heimat und Scholle, man kann immer wieder Regress nehmen aufs Land.

Die Vermögensverhältnisse der Familie Ammann sind zufriedenstellend, der Vater ist liberal und Oberst und Nationalrat (Miliz), und mit welcher Tätigkeit er zu seinem Wohlstand gekommen ist, wird im ganzen Buch nicht recht klar. Das Vermögen ist als selbstverständlich vorausgesetzt, es ist metaphysischer Natur, und eigentlich möchte man den alten Ammann gern einmal bei seiner Erwerbstätigkeit beobachten können. Das Familientableau – *tableau vivant?* – präsentiert sich ungefähr so: «*Die Eltern und deren Verwandte in der gleichen Generation, Bruder, Schwester, Schwäger und Schwägerinnen, vertreten das schweizerische Establishment, wobei der Bogen einerseits ins Welschland, zurück zum bäuerlichen Herkommen andererseits gezogen ist. Die Jungen – seit wenigen Jahren erwachsen –, vorab die Söhne Ammann und*

Inglins Spiegelungen

die schon verheiratete Tochter Gertrud, deren Cousins, Freunde und Dienstkameraden, markieren die spezifischen Verhaltensweisen der damaligen jungen Generation in der Schweiz. Der verheiratete, älteste Sohn Severin ist deutschfreundlich, undemokratisch und autoritär. Paul, der zweite Sohn, Dr. phil., vertritt die schweizerische Intelligenz, welche neue Impulse vom Sozialismus erhofft, und Fred, der Jüngste, schwankt unentschieden zwischen den brüderlichen Positionen, bis er – seiner regressiven, aber von Inglin insgeheim gepriesenen Neigung gemäss – im Rusgrund, dem angestammten Heimwesen der Ammann, eine neue geistige und seelische Heimat findet.» (B. von Matt)

Und wo steht Inglin?

Scheinbar über den Parteien; dort, wo der Marionettenspieler die Fäden zieht. Aber wenn man seiner Sprache trauen darf, die immer dort lebendig und fast leidenschaftlich wird, wo es ums Militärische geht, wo Gewaltmärsche, Biwaks, Kantonnemente, Gefechtsübungen, Paradeuniformen, Abhärtungen, Défilés ins Bild kommen, während seine Diktion sonst, etwa bei den Liebesszenen, merkwürdig lahmarschig bleibt, so hat man den Eindruck, dass die Armee zur Hauptperson des Buches gemacht worden ist. Das könnte ja reizvoll sein und sehr modern: ein Kollektiv im Mittelpunkt der Handlung, an Stelle von Individuen, das vieltausendköpfige Ungeheuer als quasi autonomes Monstrum und Herr der Geschichte. Aber so verhält es sich bei Inglin auch wieder nicht, die Armee ist dann doch wieder sehr bieder, ambulante Heimat für den pflichtbewussten Soldaten, eine Prise Gilberte de Courgenay, ein bisschen Füsilier Wipf und weit und breit kein Soldat Schwejk (oder HD Läppli). Die Offiziere, mit wenigen Ausnahmen, meinen es nur gut, müssen aber im Interesse der Kriegsbereitschaft halt streng sein mit den Mannen. Wer sportlich ist und folgsam, kann Aspirant werden und dann Offizier; hoppla. In der Verlegung, im Tessin, gibt es schwarzbraune Mägdeleins, in die man sich verlieben darf (wer hat hier gelacht?), den Mädchen läuft das Wasser im Munde zusammen beim Anblick der hübsch gebügelten Kerls:

«*Es waren Instruktionsaspiranten, Oberleutnants in knapp sitzender blauer Uniformbluse mit hohem rotbeschlagenem Kragen und silbernen Achselstücken, mit schneeweissen Lederhandschuhen und vernickeltem Säbel, den sie lässig schleifen liessen, Offi-*

ziere von vorbildlicher Haltung und tadellosem Aussehen, ja mit einem Stich ins Salonmässige, was ihre Tüchtigkeit erwiesenermassen nicht beeinträchtigte.» (M. Inglin)

Schön von der Armee auch, dass sie so unpolitisch ist. Inglin rapportiert zwar in den wenigen Klartext-Passagen, wo General Wille und von Sprecher und der germanophile Bundesrat Hoffmann unmaskiert auftreten, dass die Deutschfreundlichkeit der Armeespitze im Welschland auf heftige Abwehr gestossen ist; aber das ist halt so eine Ansicht der Welschen, es gibt auch andere Meinungen, z.B. die von Severin Ammann, der schon längst gerne mit den Deutschen in den Krieg gezogen wäre. Da steht halt Meinung gegen Meinung, und in der Mitte zwischen Paul und Severin steht Fred Ammann, Aspirant, der manchmal ein bisschen angezogen und dann wieder ein wenig abgestossen ist vom Säbelrasseln. Und wenn die strammen Offizierslehrlinge Ausgang haben, so ist es zwar sehr lästig, wenn ihnen die sozialistischen Jungburschen das Leben sauer machen im Kreis vier und den Herrchen ein paar Schlötterlinge anhängen; aber es genügt ein rascher Griff an den Säbel, und siehe da –

«Die Burschen, die auf dergleichen gefasst sein mochten und einen gewissen Abstand jedenfalls gewahrt hatten, fuhren zurück und auseinander, doch nur wie ein Wespenschwarm, der giftig sirrend aufstiebt und gereizt von allen Seiten anzugreifen sucht. Sie schrien nun jedes erdenkliche Schimpfwort heraus und pfiffen gellend durch die Finger, während ihre Nachzügler aus dem Versammlungslokal begierig dahergerannt kamen und sich zu ihnen gesellten.»

Begierig, wie sie halt sind im Kreis vier, und gellend; gell.

Bei so vielen giftig sirrenden Wespen kommt es dann notgedrungen zum Landesstreik. Inglin denkt da genau wie General Wille in seinen Denkschriften zuhanden des Bundesrates, die fanatischen Jungburschen und andere Linksextremisten haben die im Grunde patriotisch gesinnte Arbeiterschaft aufgewiegelt. Auch die Putzfrauen werden frech in dieser Zeit, aber Frau Barbara (Ammann) nimmt's gelassen. Die bei Ammanns putzende, mit einem Arbeitslosen verheiratete Putzfrau «lag auf den Knien, die Fegbürste in der Rechten, eine Haarsträhne auf der Stirn, und schaute mit triumphierender Gewissheit zur Hausherrin auf. ‹Es gibt Ände-

rungen, Frau Oberst, Sie werden wohl davon läuten gehört haben›, fuhr sie fort. ‹Von mir aus braucht's Ihnen dabei nicht schlimm zu gehen, Sie waren immer recht zu mir. Aber unsereiner will halt doch endlich auch an die Futterkrippe.›» So frech, dass sie aufhören würde mit Putzen, ist die Putzfrau aber auch wieder nicht.

Es gibt eine halbwegs emanzipierte Frau im Roman: Gertrud Ammann, die Tochter des Hauses, musisch, sensibel, eigene Gedanken im Kopf und gar nicht zufrieden mit ihrem Mann, dem Instruktionsoffizier Hartmann, Oberstleutnant, der ihre Psyche malträtiert; während er sich äusserlich sehr gluschtig präsentiert, «*ein grosser, kräftig schlanker Mann von dreiundvierzig Jahren, in dunkler Reithose, tadellos sitzenden Stiefeln und eng anliegender blauer Uniformbluse, mit einem gesunden, von Luft und Sonne gebräunten Gesicht, dessen Ausdruck in seiner Mischung von sportlicher Derbheit, herrischer Kühle und männlicher Intelligenz nicht nur von guter Abkunft, sondern von wirklicher Rasse zeugte*». Der rassige Derbling ist leider im Ehebett, das wird keusch angetönt, ein Brutalnik, und so liegt es denn nahe, dass Gertrud sich in das pure Gegenteil ihres Offiziersgatten verliebt, in den sanften Dichter und Pazifisten Albin. Die Schilderung dieses stillen Wässerleins gelingt dem Epiker Inglin weniger gut als das Offiziers-Konterfei. Albin besteht nicht aus Fleisch und Blut, sondern vor allem aus Ideen (wie auch Gertruds Bruder Paul, der ein bisschen für den Ragazschen Sozialismus schwärmt). Ein typisches Inglin-Dilemma. Eigentlich findet er, theoretisch und als Humanist, den Albin Pfister viel anziehender als den Instruktor; aber die Sprache verrät seine tieferen Sympathien. Sie spielt ihm öfters solche Streiche. Gertrud, nachdem sie sich, zum Entsetzen der Eltern, von Hartmann getrennt hat, kann ihre Liebe zu Albin nicht ausleben, weil dieser im Militärdienst stirbt. An seinem Totenbett bahnt sich ihre Versöhnung mit Mutter Barbara an, und so kehrt sie wieder ein bisschen in den Schoss ihrer Ursprungsfamilie zurück, wie Bruder Fred in den Schoss der Natur im Rusgrund.

Wenn man sechs Jahre, welch respektable Anstrengung, an einem Roman arbeitet, kapselt man sich von der Welt ab, es geht nicht anders, und kann man vielleicht deshalb die Welt nicht mehr realistisch beschreiben. Muss ein Buch schon deshalb gelobt werden, weil einer so viel Zeit und Schweiss investiert hat? Oder darf man auch noch das Produkt bei Licht besehen? «*Der ‹Schweizerspiegel› wurde zu einer Bastion im geistigen Befestigungssystem der Landesverteidigung, ein Roman wurde dienstverpflichtet*», schreibt Reinhardt Stumm in der BAZ. Ach wo: Inglin hat sich und seinen Roman selber dienstbar gemacht und in die patriotische Pflicht genommen, er wollte, da musste man ihm gar nichts befehlen, einen «*Aufruf zur nationalen Selbstbesinnung*» liefern. Darum scheppern seine Dialoge so hohl, wenn Weltanschauliches abgehandelt wird, ein paar hundert Seiten von den 1066 tönen wie staatsbürgerlicher Unterricht. Helm ab zum Gebet! Der Roman behandelt zwar die Grenzbesetzung 14–18, soll aber gleichzeitig die richtige Mentalität für den nächsten Krieg, den man kommen sah, in den Köpfen befestigen – ein Buch im Zeichen des Friedensabkommens. Alle haben ein bisschen recht und alle ein bisschen unrecht, und die Armee hat am rechtesten. Unüberbrückbare Gegensätze gibt es nicht, mit gutem Willen kann der soziale Frieden gesichert werden (wenn man nichts Grundlegendes verändert).

Der «Schweizerspiegel» erscheint etwa zur selben Zeit wie der Film «*Füsilier Wipf*», wo die Armee ähnlich verharmlost und politisch neutralisiert wird wie bei Inglin; und Robert Faesi, der die Romanvorlage für den «Füsilier Wipf» verfasst hat, verwendet sich, zusammen mit Carl Helbling, der eine untertänige Wille-Biographie geschrieben hat, für die Verleihung des Grossen Schillerpreises an Meinrad Inglin. Den kriegt er 1948.

Wie hartnäckig Inglin an der Realität vorbeigeblinzelt hat, wie wenig er vom zürcherischen Grossbürgertum und den Machtstrukturen gesehen hat, obwohl er fast mit der Nase darauf gestossen wurde, wie harmlos die (angeblich das Establishment symbolisierende) Fam. Ammann im Vergleich zu den wirklichen Machthabern war, wird erst deutlich, wenn man bei Beatrice von Matt lesen kann, dass diverse real existierende Personen das Vorbild abgegeben haben für einige Romanfiguren. Es kommt da z.B. ein Instruktionsoffizier Waser vor, im Buch ein straffer, begeisternder, höchst sportlicher Mensch, natürlich ohne Klassenzugehörigkeit, freischwebend, der die Aspiranten wunderbar moti-

Inglins Spiegelungen

vieren kann; völlig unpolitisch, nur für die Liebe zum Vaterland schwärmend. Dieser Waser ist ein Konterfei von Oberst Fritz Rieter, der tatsächlich Inglins Klassenlehrer in der Offiziersschule gewesen war. Der Leser hat keine Ahnung, wo dieser Waser-Rieter wohnt, sein Privatleben findet nicht statt; vielleicht wusste Inglin selbst auch nicht, dass die Villa Wesendonck samt Park, ungefähr die herrschaftlichste Residenz des damaligen Zürich, der überaus begüterten Familie Rieter gehörte (verglichen mit der Villa Wesendonck-Rieter ist die Villa Ammann eine Notwohnung). Rieter wirkte ausserdem als rechtsextremer Agitator. Vermutlich war Inglin in diesen Kreisen nie zum Tee geladen, durfte von dort herab nur Befehle entgegennehmen (dienstlicher Verkehr). Man musste aber schon blind sein oder dann die Realität bewusst verdrängen, wenn man nicht sehen wollte, welch gefährliche Agitation vom deutschtümelnden Fritz Rieter, der später Herausgeber der nazifreundlichen «Schweizer Monatshefte» geworden ist, schon 1914–18 entfaltet wurde.

Oder hat Inglin seinen ehemaligen Instruktor Waser-Rieter mit Absicht schonend beschrieben? Und ein bisschen freiwillige Geschichtsfälschung betrieben?

Noch einen andern ganz Bedeutenden hat Inglin als Oberinstruktor gekannt, den Schwager von Fritz Rieter, nämlich Wille II, Sohn des Generals, Hartmann trage Züge von Oberstkorpskommandant Wille, hat Inglin seiner Biographin Beatrice von Matt verraten. Auch hier wieder: Nur der dienstlich-offizielle Wille II kommt einigermassen wirklichkeitsgetreu vor, so wie ihn der Autor als harten, insgeheim bewunderten Offizier erlebt hat. Im Roman geht die Ehe Hartmanns auseinander, in der Wirklichkeit hätte sich Hartmann-Wille II von Ines Rieter, die ihn zum reichen Mann gemacht hat, schon aus finanziellen Gründen gar nicht trennen können.

Kantig, zackig, aber wiederum unpolitisch, dieser Hartmann. Nachdem er Inglin und seine Kameraden in der Offiziersschule dressiert hat, ist er nachher manchmal beim deutschen Konsul vorbeigegangen und hat ihm geheime Dokumente des schweizerischen Generalstabs ausgeliefert, in Tat und Wirklichkeit. Aber das konnte Inglin nicht wissen, und auch seine Rolle während des Landesstreiks war ihm verborgen geblieben (einer der grössten Scharfmacher: er verlangt bewaffnete Bürgerwehren). Später, während er am «Schweizerspiegel» arbeitete (1932), hätte Inglin allerdings der Presse entnehmen können, dass Wille II im Jahre 1923 Adolf Hitler in der Villa Schönberg bewirtet hatte, und sich vielleicht fragen müssen, wem er denn eigentlich als Aspirant im Jahre 1915 so pünktlich gehorcht hatte.

Armer Inglin! Lebt in einem rechtsextremen Wespennest, oder mitten im Auge des Hurrikans, hat die krasseste Wirklichkeit vor Augen, die grössten Potentaten, und die Machtverhältnisse werden ihm täglich unter die Nase gerieben, und was macht er daraus? Eine gemütliche Familie Ammann lässt er seinen Roman beherrschen. (Aber natürlich hätte er sein Buch nicht verkaufen können, wenn die wirklichen Verhältnisse im Mittelpunkt gestanden wären.) Ist es übertrieben, wenn man Inglin als literarische Landpomeranze bezeichnet?

Oberstkorpskommandant Wille, der unterdessen das Ausrottungsprogramm «Kinder der Landstrasse» präsidierte und erfolgreich für Hitler-Deutschland warb, hat den «Schweizerspiegel» sofort nach Erscheinen gelesen und dort drin sich selbst und die Armee so vorgefunden, wie er sie gern sah; und wird sich heimlich einen Schranz gelacht haben über den netten Inglin, dem die Hintergründe vernebelt blieben, und schrieb dem Dichter einen Brief:

«*Meilen, 6. Jänner 1939. Sehr geehrter Herr Inglin, Ihr grossangelegtes Buch aus der Hand legend, fühle ich den Drang, Ihnen für das Werk zu danken, Sie dazu zu beglückwünschen. Der Spiegel der geschilderten Zeit ist für uns, die wir die Ereignisse erlebten, wertvoll, gleich wie für die nachkommenden Eidgenossen. Die Zeit und ihre geistigen Erscheinungen verdienen festgehalten zu werden. Sie haben mit grossem Ernst Ihre Soldatenerlebnisse – mir genau so in Erinnerung stehend wie Sie selbst als Aspirant Inglin – geschildert und mit gut eidgenössischer Gesinnung die politischen Ereignisse geschildert. Ihr Schweizerspiegel verdient weite Verbreitung im Schweizerland. Der Erfolg Ihres Buches wird ein grosser sein. Mit freudiger Erinnerung an Ihre Feldoffiziersschule und mit herzlichen Grüssen, Ulrich Wille, Oberstkorpskdt.*»

Später ist Inglin dann von Prof. Emil Staiger kräftig gefördert worden; er hat ihm das Ehrendoktorat der Universität Zürich zu verdanken. Das war gut eidgenössische Literatur im Sinne dieses Germanisten, der noch 1942 auf einer Liste frontistischer Offiziere, welche die Zeitschrift DIE NATION veröffentlichte, figurierte (Staiger fühlte sich von dieser Feststellung nicht beleidigt, hat kein Dementi geschickt), bevor er dann 1967 die entartete Kunst in den Senkel stellte. Und dass Staiger noch während des Krieges Hitlers «Mein Kampf» ein bedeutendes Werk nannte, wie Hans Mayer sich erinnert, konnte Inglin vermutlich auch nicht wissen, und dass er für Fritz Rieters «Schweizer Monatshefte» einige von den literarischen Neuerscheinungen besprach, die in Nazideutschland publiziert wurden, war ihm vielleicht auch verborgen geblieben – wie so vieles andere, obwohl sie doch hin und wieder miteinander auf die Pirsch gegangen sind in der Gegend von Schwyz (Gemsen), der Professor und sein ländlicher Dichter.

Vom Heidi, seiner Reinheit und seinem Gebrauchswert

Heidi hat mir einen Vorgeschmack der Alpen und ihrer Reinheit gegeben, als ich kaum richtig lesen gelernt hatte, und da war ich etwa so alt wie der Geissenpeter, der seinerseits nicht lesen konnte, und die Alpen hatte ich damals noch nie gesehen. Das Buch war kartoniert, abgegriffen, die Illustrationen halfen der Phantasie, die durch das stockende Lesen eher angestachelt wurde, noch weiter auf den Sprung, so dass die Hügel, in welche meine ostschweizerische Vaterstadt eingebettet war, beim Lesen ins Unermessliche, Spitzige wuchsen und die kleine Schwester, die auf -*i* auslautete, aber leider, wie ich damals fand, nur Ursi und nicht Heidi hiess, durchaus bukolische Züge annahm. Ein Grossvater – Alpöhi! – war in der Familie leider nicht mehr vorrätig, aber die Grossmutter gab es noch, eine ausgesprochen gütige Person, die den Vergleich mit der Sesemannschen Grossmama nicht zu scheuen brauchte, so dass die reale Ahnfrau mit der geschilderten zu einem Inbild verschmolz. Die Grossmutter nannte man übrigens Grosi, so wie man den Taufpaten Götti nannte, während der Vater Vati hiess. Vati Grosi Götti Ursi Heidi – das Geschöpf der Johanna Spyri passte nahtlos in die Familie, zu der u. a. Chläusi, wie man den Schreibenden damals nannte, gehörte. Dieser begann denn auch bald, seine Schwester Ursi am Heidi zu messen, und obwohl die erstere mit ihren blonden Zapfenlocken einigermassen bezaubernd wirkte, fiel der Vergleich nicht zu ihren Gunsten aus, weil sie nämlich noch nie im Ausland gewesen war und ausserdem auch nichts von den Geissen und der Geissenmilch und dem Alpglühen zu erzählen wusste – in unserer Nachbarschaft gab es fast nur Schafe und Kühe. Wie dumm die Kühe doch waren, wie blöd die Schafe, verglichen mit den witzigen Ziegen (Schwänli & Bärli). Die unerlaubt brutalen, formlosen Kuhfladen, der unästhetische Schafdreck liessen bereits auf einen schlechten Charakter dieser Tiere schliessen, während die Geissen zierliche GEISSEBÖLLELI, wie man das im Dialekt nennt, hinterliessen, etwas Abgerundetes, fest Umgrenztes, sozusagen Schweizerisch-Sauberes, eine miniaturisierte Ver-

Vom Heidi, seiner Reinheit und seinem Gebrauchswert

sion der Rossbollen. Ursi muss schwer darunter gelitten haben, dass ich sie immer mit Heidi verglich, denn Heidi war damals realer und zugleich idealer als die leibhaftige Schwester, welche den Anforderungen, die der Bruder an sie stellte, nicht gewachsen war. Das wurde schon durch die Tatsache erhärtet, dass Ursi, obwohl vom Bruder mehrmals ermuntert, sich durchaus nicht dazu entschliessen konnte, als Nachtwandlerin das Haus zu verlassen, wie Heidi das mehrmals getan hat (in Frankfurt).

Auch das Heimweh habe ich dank Johanna Spyri trainiert, bevor ich es erlebte, *Heidis* Heimweh, ebenfalls den Hass, *Heidis* Hass auf Fräulein Rottenmeier, die fürchterliche, die ich ohne Federlesen hätte umbringen können. So wurden die Gefühle eingeübt, bevor sie noch ein wirkliches Objekt hatten. Trockenschwimmkurse. Als das wirkliche Heimweh dann zum ersten Mal kam, in den Ferien beim Götti, konnte ich auf Heidis Heimweh nach den Alpen – die ich, wie gesagt, noch nie gesehen und nach denen ich also kein Heimweh haben konnte – zurückgreifen. Es hatte mir vorgeweint, und ich musste nur in seine Fussstäpfchen treten, schon ging es mir beträchtlich besser. Mit dem Hass hingegen war es schwieriger, ein derart tiefes Gefühl, wie es Fräulein Rottenmeier provozierte, eine so durch und durch giftige, hassenswerte Person war lange Zeit weder in der Familie noch sonst im Bekanntenkreis aufzutreiben, und so blieb denn der Hass bis weit über die Primarschulzeit hinaus ein freischwebender, freischaffender, ein durch und durch rottenmeierisch geprägter, der sich seinen Gegenstand erst suchen musste und ihn dann relativ spät im Lateinlehrer fand, oder vielleicht hat die frühe Heidi-Lektüre diesen Nachtmahr recht eigentlich erschaffen, vielleicht war er in Wirklichkeit nicht so schlimm, hatte nur einige gouvernantenhafte Züge mit Frl. Rottenmeier gemeinsam, und die restlichen habe ich ihm dann grosszügig angedichtet, um den Prototyp namens Rottenmeier endlich in der Wirklichkeit erleben zu dürfen. Er hat mir die negativen Gefühle alsbald reichlich zurückerstattet, und so waren denn Johanna Spyri schliesslich die miserablen Lateinnoten zu verdanken, und der Familienrat beschloss, mich in eine alpine Lateinschule zu stecken und aus dem Dunstkreis jenes Lehrers zu entfernen, und wurde der Schreibende dann – was er Heidi nicht alles verdankt! – im bündnerischen Internat zu Disentis, wo es damals noch massenhaft Geissen gab, eingeweckt. Dort hat er fünf Jahre in einer Landschaft, die in den fünfziger Jahren noch fast so unschuldig war wie jene von Maienfeld, also die Heidi-Urlandschaft, inmitten von Bergen und Benediktinern leben dürfen, die Luft war würzig, die Gräslein auch, der klösterliche Studentenfrass weniger, und der gregorianische Choral vermischte sich mit dem Geissenglöckleingebimmel. Aber vom anmutigen Mädchen (Dialekt: Maitli) – nicht die Spur. Das ideale Heidi hätte jetzt ein wenig älter sein müssen als jenes im Buch, und den Blick auf ein solches konnte man nur in der Maiandacht erhaschen. Es war eine reine Männergesellschaft. Jedweder Verkehr mit dem andern Geschlecht war untersagt; das Träumen nicht. Unsere zölibatäre Phantasie blühte mindestens so stark wie die von Johanna Spyri, welche die Traumfigur des Heidi als alleinstehende, verwitwete Matrone geschaffen hat.

Später, Anfang der achtziger Jahre, hat mir Heidi, mein Heidi, jene archetypische, in das kalt-gigantische Deutschland verschlagene Unschuld, nochmals auf die Sprünge geholfen bzw. gute Dienste geleistet. Beim «Stern» – ich wurde, als einfacher Schweizer, einen Monat lang im hamburgischen Mutterhaus, im grossen Spital an der Alster, eingeweckt und mit dem Haus-Geist vertraut gemacht, bevor ich für kurze Zeit die Stelle eines Pariser Korrespondenten antrat – spielte ich mit einigem Erfolg das Heidi. Wie hätte man sich in jener Anstalt, die von zahlreichen Rottenmeiers, männlichen und weiblichen, bevölkert war, anders zur Wehr setzen können? Jenen Schlafwandler-Part brauchte ich allerdings nicht zu übernehmen, den spielten die Herren Chefredakteure Schmidt & Koch und der Vorstandsvorsitzende Schulte-Hillen, es war nämlich die Zeit der Inkubation der «Hitler-Tagebücher», aber sonst kam mir die Rolle zupass. Wenn man mit brummendem Schädel aus dem Konferenzsaal kam; wenn die Intrigen so üppig ins Kraut geschossen waren, dass niemand mehr den Durchblick hatte; wenn die Chefredakteure sich wieder einmal wie Offiziere gebärdeten und die Zeitung mit einer Kaserne verwechselten; wenn Herr Koch – (bzw. Fräulein Rottenmeier, also die Gouvernante) – «sehr aufrecht zur Musterung der Dinge durch das Zimmer ging, so wie um anzudeuten, dass, wenn auch eine zweite Herrschermacht [=

Vom Heidi, seiner Reinheit und seinem Gebrauchswert

Herr Schmidt] herannahe, die ihrige dennoch nicht am Erlöschen sei» (Johanna Spyri), und wenn der Schreibende partout NIKLAS oder NIKOLAUS genannt wurde, statt eben NIKLAUS, wie es bei ihm zu Hause Brauch war, und also sogar sein Name mutierte, HEIDI hatte man in Frankfurt zur ADELHEID machen wollen – dann konnte er seine Haut nur retten, indem er die Unschuld vom Lande spielte und in kitzligen Situationen immer wieder betonte: «Für Heidi ist das alles viel zu gross», wodurch er sich eine gewisse Narrenfreiheit sicherte und man ihn bald im Haus ganz allgemein «das Heidi» nannte. Fehlte nur die gutige Grossmama. Nannen kam für diese Rolle nicht in Betracht, obwohl eine gewisse Altersweichheit, um nicht zu sagen Alterserweichung, bei diesem schlohweissen Herrn sofort auffiel. Aber von den Bediensteten, den Dienstbotennaturen, Kutschernaturen im Stile der Spyrischen Johanns und Sebastians und Tinettes, war wirklich, so schien es dem Heidi, jede Menge vorhanden, so dass man sofort in die Lesebuchwelt der Kindheit zurückversetzt war und den harten Hamburger Monat, die, wenn ich so sagen darf, infantilisierende Atmosphäre auf dem Affenfelsen, fast unbeschadet überdauerte, mit dem lieben Buch im Gepäck.

Unterdessen habe ich Heidi leider anders lesen gelernt, seine Unschuld hat gelitten. Schuld daran ist Fredi Murer. In Zürich läuft nämlich jetzt, seit Herbst 1985, mit grossem Erfolg ein Film von Fredi Murer: «Höhenfeuer». Dieser Murer hatte vor Jahren einen Dokumentarfilm über die urnerische Bergwelt gemacht unter dem Titel «Wir Bergler in den Bergen sind eigentlich nicht schuld, dass wir da sind», wo vor allem die Arbeitswelt und die alte Kultur der Bergbauern gezeigt wird und also kein Zuschauer auf die Idee kam, einen Vergleich mit der Heidi-Welt zu ziehen, hatte doch Johanna Spyri das Geldverdienen, das Rackern und Malochen der Bergbauern, den Existenzkampf und die alten Riten völlig aus ihrer Idylle ausgeklammert: die Reinheit ihrer Figuren hätte unter einer hart dargestellten Wirklichkeit leiden können, der Absatz ihrer Bücher auch. In «Höhenfeuer», einem Spielfilm (erster Preis am Filmfestival von Locarno), lässt Murer nun in realistisch geschilderter Bergbauern-Familienatmosphäre zwei Geschwister auftreten, die mit den Eltern nicht zurechtkommen (während die Grosseltern – wieder eine gütige Grossmama! – positiv gezeichnet sind). Der Bub hat Sprachhemmungen, die Bergeinsamkeit hilft ihm nicht, seinen erwachenden Sexualtrieb in normale Bahnen zu lenken, die Eltern sind ziemlich verständnislos, das Mädchen ist dem Buben überlegen, hilft ihm beim Lesen- und Schreibenlernen, schliesslich gehen sie miteinander so hoch hinauf, bis es nicht mehr weitergeht, und lieben sich im Angesicht der Berge, in der freien Natur. Der Bub zeigt sich dem Vater gegenüber weiterhin störrisch, der Vater bedroht ihn mit dem Gewehr, die beiden raufen miteinander, ein Schuss geht los, es trifft den Vater, die Mutter trifft der Schlag, die beiden werden von den Geschwistern aufgebahrt und im Schnee begraben. Also eine Inzest-Geschichte, wie sie in der Bergeinsamkeit vorkommen mag, mit blutigem Ende. Das Zürcher Publikum hat die Geschichte plausibel gefunden, man hält so etwas durchaus für möglich, die Story könnte, so sagt Murer, selbst ein gebürtiger Urner und Kenner der Bergler, so oder ähnlich passieren, und dass sie nicht aus der Luft gegriffen ist, wird von etlichen Volkskundlern – Ethnologen? – bestätigt.

Es ist noch nicht lange her, da wurden vom Zürcher Publikum die Heidi-Filme begeistert und in aller Unschuld beklatscht, ein knorriger Alpöhi mit dem gluschtigen, anmächeligen Maitli allein in der Hütte, und was hat man sich dabei gedacht? So ein zutraulich Kind, so ein alleinstehender Mann, es webt die Sympathie ihre unsichtbaren Fäden zwischen den beiden, und ein bisschen wird man sich wohl noch streicheln dürfen, und das Kind sitzt am Abend doch sicher ein wenig auf den Knien des Alten, der einen prächtigen Kopf hat und in der Bergluft auch ganz munter geblieben ist? Und die würzige Luft trägt doch sicher auch das Ihrige bei? Gestreichelt ist schnell einmal. Der Alte ist vom Leben enttäuscht, so steht es bei Johanna Spyri, und da kommt das junge Blut quicklebendig auf ihn zu, da wird er doch wohl einmal streicheln dürfen, oder? Dass der Alte abartig, also z. B. ein Exhibitionist gewesen sei, wollen wir nicht annehmen, aber immerhin, die Situation ist verfänglich. (Ausserdem: Was einsame Sennen mit ihren Tieren treiben, ist manchmal auch im Tal bekannt geworden.) Es war doch wirklich so: «Heidi erwachte am frühen Morgen an einem lauten Pfiff, und als es die Augen aufschlug, kam ein goldner Schein durch das runde *Loch* hereingeflossen auf sein Lager und

Vom Heidi, seiner Reinheit und seinem Gebrauchswert

auf das Heu daneben, dass alles golden leuchtete ringsherum. Heidi schaute erstaunt um sich und wusste durchaus nicht, wo es war. Aber nun hörte es draussen des Grossvaters tiefe Stimme, und jetzt kam ihm alles in den Sinn, woher es gekommen war (...) und sich erinnerte, *wie viel Neues es gestern gesehen hatte und was es heute wieder alles sehen könnte* (...). Heidi sprang eilig aus seinem Bett und hatte in wenigen Minuten alles wieder angezogen, was es gestern getragen hatte, *denn es war sehr wenig»* (Johanna Spyri).

Da kann man sich wirklich fragen, wie wenig Johanna Spyri beim Erschaffen ihrer Geschöpfe und beim Schildern der Situationen sich gedacht hatte, wie wenig die viktorianisch empfindende Frau phantasieren durfte, oder doch, und wie viel sie ausklammerte. Und der Geissenpeter, der überall «pfeifen und rufen musste und *seine Rute schwingen»*, war denn der ein Unschuldsengel? Keines zu jung, um Doktor zu spielen, und auf der Alp ist man unbeobachtet und vor Lehrern sicher und vor Strafe.

«‹Wo bist du *schon wieder,* Heidi?› rief er jetzt mit ziemlich grimmiger Stimme. ‹Da›, tönte es von irgendwoher zurück. Sehen konnte Peter niemanden, denn Heidi sass am Boden hinter einem *Hügelchen, das dicht mit duftenden Prünellen* [sic!] besät war; da war die ganze Luft umher so mit Wohlgeruch erfüllt, dass Heidi noch nie so Liebliches eingeatmet hatte. Es setzte sich in die Blumen hinein und zog den Duft in vollen Zügen ein. ‹Komm nach›, rief der Peter wieder. ‹Du musst nicht über die Felsen hinunterfallen, der Öhi hat's verboten.› ‹Wo sind die Felsen?› fragte Heidi zurück, bewegte sich aber nicht von der Stelle, denn der süsse Duft strömte mit jedem Hauch dem Kinde lieblicher entgegen. ‹Dort oben, ganz oben, wir haben noch weit, drum komm jetzt! Und oben am höchsten sitzt der Raubvogel und krächzt.›» (Johanna Spyri)

Da hätte ein unbefangener, aber genau und liebevoll lesender Leser doch wirklich schon lange auf den Gedanken kommen können, dass mit dem «alten Raubvogel» der muntere, äusserst gut erhaltene Grossvater gemeint ist, welcher mit dem Geissenpeter erbittert um die Gunst des Heidi rivalisiert; und was mit den Felsen, über die das Mädchen nicht hinunterfallen darf (freier Fall! Flug! Angst vor dem Fliegen!), gemeint ist, liegt auch auf der Hand (... «der Öhi hat's verboten»). Beide Männer, der Alte und der Adoles-

zent, hatten vermutlich ihr Augenmerk auf die DUFTENDEN PRÜ-
NELLEN gerichtet, und die olfaktorische Gewalt der ungestüm
ihren Duft verströmenden Berg-Pflanzen-Welt, das verführerische
alpine PARFÜM, hat bestimmt nichts zur Triebdämpfung beigetragen (wir sind seit Patrick Süskinds Roman auch über diesen
Aspekt gründlich informiert). Wen wundert's da noch, dass «der
Peter eingeschlafen war nach seiner Anstrengung», er hatte sich
«lang und breit auf den sonnigen Weideboden hingestreckt, denn
er musste sich nun von der Anstrengung *des Steigens* erholen»
(sic!), und «Heidi hatte unterdessen *sein Schürzchen losgemacht*»,
und «es war ihm so schön zumut, wie im Leben noch nie». Im
Schürzchen befinden sich unterdessen all die sorgsam gepflückten
(gebrochenen?) verschiedenartigen Bergblumen, Alpenrosen etc.,
sah ein Knab' ein Röslein stehn. Der gepflückte Flor, De-flor-atio.
Und wirklich, Johanna Spyri trägt die Farben immer dicker auf
(nur hat sie das nicht merken wollen), ohne den Sachverhalt – wie
Fredi Murer das tut – präzis beschreiben zu können. Das war eben
damals, im ausgehenden 19. Jahrhundert, noch nicht möglich.
Andrerseits, wenn man Johanna Spyri richtig interpretiert, wird
man auch den Film von Fredi Murer mit Heidi-Leseerfahrungen
anreichern können, so ist z.B. die Wut des Vaters, der um die
Gunst des Mädchens wirbt, sicher auch ödipal aufgeladen.

Die verlorene Unschuld des Heidi, seit Murers «Höhenfeuer».
Man wird das Buch – denn Murers Film hat gewaltig eingeschlagen! – kaum mehr so naiv in den Schulen lesen, und die Eltern es
nicht mehr ihren Kindern als «Bettmümpfeli» (Zückerchen vor
dem Einschlafen) darbieten dürfen wie bisher. Idem die klassischen Heidi-Filme (mit Heinrich Gretler). Das wird auf die Dauer
nicht ohne Einfluss auf die Heidi-Industrie bleiben. Nur die Japaner, welche ein ungebrochenes, unerotisches Verhältnis zur Alpenwelt haben und in *dieser* Geschichte weiterhin keine Doppelbö-
digkeit vermuten dürfen, werden weiterhin ihre quicken
Heidi-Filme drehen, und der Kurort St. Moritz, der sich auf den
Fremdenverkehrs-Werbungs-Plakaten frech als Heidiland an-
preist, obwohl jedermann weiss, dass Johanna Spyri ihre Figuren
sehr weit davon entfernt, nämlich in und oberhalb von Maienfeld,
angesiedelt hat, wird wacker weiter werben. Aber wenn einer im
kalt-gigantischen nassforschen Hamburg Heimweh hat nach der

Vom Heidi, seiner Reinheit und seinem Gebrauchswert

Schweiz und seine nette helvetische Naivität ausspielen möchte gegen die bundesrepublikanische Verrottung, dann wird er nicht mehr so ungebrochen das Heidi mimen dürfen; leider. Er wird Heidi nicht einmal als Chiffre brauchen können: Der Mythos ist dechiffriert. Woran sollen sich die Auslandschweizer fortan aufrichten? Wer bläst ihnen hinfort Mut ein?

Zwischenbemerkung. Die Entmythologisierung unserer alpinen Jeanne d'Arc kann man nicht zur Gänze Fredi Murer anlasten, dem Historiker obliegt's, die Gewichte gerecht zu verteilen – Hansjörg Schneiders, des Dramatikers, Verantwortung darf nicht allzu gering veranschlagt werden. Dieser Schneider hat bereits vor Jahren eine Figur namens SENNENTUNTSCHI erfunden, und bereits damals konnte man sich vorstellen, was die Sennen auf der Alp in ihren Mussestunden treiben, und Rückschlüsse auf den Alpöhi ziehen und *ausmalen,* was Frau Spyri *ausgeklammert* hatte. SENNENTUNTSCHI nennt der Senn nämlich eine lebensgrosse, aus Holz geschnitzte Frauenfigur, mit der er es treibt. Das Stück über die alpisch alptraumhafte Männereinsamkeit wurde, und wird immer noch, mit grossem Erfolg gespielt. Aber die Schneidersche Variante hat nicht im gleichen Ausmass zur Mythenzerstörung beigetragen wie die Murersche, erstens, weil sie ein bisschen hölzern wirkt, und zweitens, weil das Kino auch in der Schweiz mehr Zuschauer erfasst als das Theater.

Und nun endlich: ein Spaziergang. Mit dem Fotografen Roland Gretler, der aber nicht mit dem Heinrich Gretler, jenem Alpöhi-Darsteller aus dem schweizerischen Heidi-Film, verwandt ist. Die Gegend von Maienfeld, in der Frau Spyri, geb. Heusser, ihr Personal angesiedelt hat, ist von einer südlich anmutenden Grosszügigkeit. Oder Weitschweifigkeit? Man wähnt sich im Veltlin, es wächst auch ein entsprechender Wein, der sogenannte Herrschäftler (Maienfelder, Jeninser, Malanser), und die Berge erheben sich hier nicht wie Bretter vor dem Kopf, stehen als weit weg gerückte, entrückte Kulisse am Horizont. Man hat Platz, die Gedanken können schweifen, die Herbstluft liegt dünstig über der Talsohle, die Trauben reifen prächtigstens. Uralte Steinmauern fassen die Wiesen ein, Mostbirnen liegen zerplatzt auf einer Naturstrasse, Wespen summen, eine alte Römerstrasse führt nach Chur (Curia Rhaetorum, so hat die Stadt doch wohl geheissen?), und natürlich wird die Ruhe wieder von einem dieser kostbaren schweizerischen Düsenflugzeuge zerspellt. Maienfeld gegenüber in der Höhe liegt das ehemalige Benediktinerkloster Pfäfers, heute Irrenanstalt, die Internierten danken für den Militärdonner, weiter hinten die Taminaschlucht. Manchmal stürzt eines von den jaulenden Flugzeugen ab, aber nie so viele, dass die Ruhe garantiert wäre. Die Starfighter-Verlustquote wurde noch nicht erreicht. Die Gegend hier war aber schon immer militärisch geprägt, im 17. Jahrhundert hatte der französische Heerführer Duc de Rohan, der in Richelieus Auftrag die sogenannten *Bündner Wirren* zugunsten Frankreichs entscheiden sollte, in der Nähe sein Heerlager bezogen und nebst der Soldateska und den Lagerhuren auch die Burgunderrebe mitgebracht, welche seither, nachdem sie sich akklimatisiert hatte, im Lande geblieben ist und den Herrschäftler zeitigt, während das ausländische Militär wieder abgezottelt ist. Der Wein kommt bei Johanna Spyri überhaupt nicht vor, ihr Personal liebt Milch und Käse. Ganz in der Nähe, auf der Luziensteig, wird die Schweiz gegen Österreich verteidigt (Kaserne), und in Maienfeld haust das alteingesessene Bündner Militärgeschlecht der Sprecher von Bernegg, deren bekanntester Spross, ein gewisser Theophil von Sprecher, Generalstabschef der schweizerischen Armee im Ersten Weltkrieg gewesen ist und zusammen mit dem cholerischen General Wille eine den Zentralmächten freundlich gesinnte Strategie entwickelte. Während der Oberbefehlshaber Wille dem Bundesrat geradewegs empfahl, auf seiten Deutschlands in den Krieg einzutreten, begnügte sich sein Generalstabschef mit der Ausarbeitung von Plänen, welche die Besetzung Oberitaliens durch die Schweizer Armee, an der Seite von österreichischen Divisionen, vorsah; und wenn man die beiden hätte machen lassen und der aristokratische, der herrschenden österreichischen Clique nahestehende Sprecher seine Pläne hätte ausführen können, wäre die Schweiz ins Schlamassel geraten und hätte dann zu den Verlierermächten des Ersten Weltkriegs gehört. Zum Dank für die katastrophalen Planungsdienste werden die beiden Kriegsgurgeln in den Lesebüchern dankend erwähnt; und man kann dort lesen, dass der Wahlspruch des einfachen Soldaten im Ersten Weltkrieg hiess: «Was Wille will und

Vom Heidi, seiner Reinheit und seinem Gebrauchswert

Sprecher spricht,/das tue schnell und murre nicht.» Das Herrenhaus, oder wohl doch eher Schloss, der Sprecher von Bernegg steht mitten im hübschestens herausgeputzten Städtchen Maienfeld, drinnen sieht es aus wie im Museum, bösartige, energische, manchmal auch nachdenkliche Offiziersköpfe dräuen aus den Bildern, haben jahrhundertelang schweizerisches Kanonenfutter in fremde Dienste geführt, dafür ihre Pensionen eingestrichen und die Landeskinder in allen möglichen Kriegen verheizt. Die gewölbten Gänge machen wirklich den besten Eindruck, und die heute herrschende Frau von Sprecher, eine geborene Calonder oder Caluori, gelernte Gärtnerin, wirkt zugeknöpft – ihr Mann ist Bankier in Chur, das bringt jetzt mehr als die Berufsoffizierlaufbahn; und mit einiger Verwunderung muss der auskunftheischende Reisende feststellen, dass er während des Gesprächs, aus welchem hervorgeht, dass Frau von Sprecher den Heidi-Rummel verabscheut und ihn aus grösster Distanz betrachtet, keineswegs eine Karaffe voll funkelnden Herrschäftlers aufgefahren wird, obwohl die Gegend doch von Trauben strotzt; und ist er dergestalt gänzlich auf dem Trockenen sitzen geblieben. Der Hausherr war nicht anwesend, muss wohl an diesem Nachmittag den Bankgeschäften gefrönt haben.

Draussen dann, wenn man den Berg hinansteigt, dort, wo auch Frau Spyri hinangestiegen war und sie blitzhaft, nachdem ihr einige Geissen zu Gesicht gekommen waren und vermutlich auch ein bärtiger Senn, die Heidi-Idee hatte, als sie bei der Familie von Salis in der Sommerfrische weilte (in Jenins; das Salis-Haus ist heute Pfarrhaus) – draussen sieht man heute keine Geissen mehr. Die paar spärlichen überlebenden Tiere werden heute nur noch von den Hirten zur Selbstversorgung gehalten, vereinzelt, bald wird man ein paar ausgestopfte Exemplare im Heimatmuseum besichtigen können, neben den alten Söldnerharnischen und -hellebarden. Als Romanschriftstellerin hatte es Frau Spyri nicht einfach. Die grossen kriegerischen Themen waren besetzt von den Männern, Conrad Ferdinand Meyer, mit dem sie einen lebhaften Briefwechsel führte, schickte sich an, die bündnerische Kriegs- und Freiheitsgurgel Jürg Jenatsch literarisch zu verbraten, ausserdem auch diesen Duc de Rohan, der die Burgunder-Reben gebracht hatte, und Gottfried Keller war bereits als Sänger der jungen

Demokratie (oder des Liberalismus?) aufgetreten. Blieb ihr als Marktlücke nur die Idylle, und da sprang sie schwupps hinein und kolonisierte literarisch die Bündner Alpenwelt auf ihre zürcherische Weise (Meyer und Spyri wichen nach Graubünden aus, der erste in die Historie, die zweite in die Idylle; Keller blieb in Zürich und schrieb realistisch). Sie kolonisierte Graubünden, d.h., verlegte ihre Sehnsüchte in die nach ihrer Ansicht heile Alpenwelt, und erfand also einen ihrer 36 Romane in dieser Gegend – das Heidi. Seither ist die Gegend vom Mythos überkrustet. Als Tochter eines Arztes und einer schriftstellernden Mutter hatte sie eine, wie man wohl sagen darf, glückliche Jugend in Hirzel, auf einer welligen Anhöhe bei Zürich, in ungetrübt ländlicher Umgebung verlebt, sich dann mit dem ebenso staubtrockenen wie tüchtigen Juristen Johann Bernhard Spyri (1821–1884) vermählt, der ihre dichterischen Neigungen kaum förderte und während der Mahlzeiten, anstatt angeregt mit seiner Frau zu diskutieren, seinen Kopf öfters hinter einer Zeitung versteckt haben soll. Er hat denn auch Karriere gemacht und seine Laufbahn als Stadtschreiber von Zürich abgeschlossen. Johanna Spyri gebar *ihm*, wie man damals sagte, den Sohn Bernhard Diethelm (1855–1884), der noch vor dem Vater starb.

In Maienfeld nun fand die Witwe, so schien es ihr, das Paradies ihrer Kindheit wieder, eine unbefleckte Welt. Während in Zürich und überhaupt im Unterland das Kapital die Landschaft veränderte, die Industrialisierung die alten Strukturen zerstörte, so dass Gottfried Keller vor der in kürzester Zeit in einigen wenigen Händen angehäuften Geldmacht warnte (nachdem er vorher dem Liberalismus zum Durchbruch verholfen hatte), war die Bündne Landschaft relativ unberührt geblieben, ganz in der Nähe, in Landquart, gab es zwar einige Fabriken, aber die störten den aufkommenden Tourismus nicht, waren nicht im Blickfeld, und so konnte man denn die Sehnsüchte, welche im heftig wuchernden Zürich nicht mehr befriedigt wurden, in diese Welt hinauf projizieren. Ihre wirklichen Probleme durfte sie als Schriftstellerin nicht formulieren, ihr Herkommen liess das nicht zu, das hätte man einer Frau damals nicht abgenommen, ihre Verhärtung an der Seite des phantasielosen Mannes (auf den Fotografien kann man ablesen, wie ihr Gesicht im Laufe der Jahre versteinerte) war kein Romanthema, das Elend der bäuerlichen Bevölkerung auch nicht, von der ein grosser Teil jetzt zur Auswanderung gezwungen war, nachdem die fremden Kriegsdienste abgeschafft waren. Also scheint sie ihre Wünsche in der zeitlosen, ungeschichtlichen Figur des Heidi investiert zu haben, im lieben, etwas trotzigen, der Welt immerhin mit Courage gegenübertretenden *Maitli*, das alle Männer der Reihe nach bezaubert, angefangen vom Alpöhi über den Geissenpeter bis zum schwerreichen Herrn Sesemann in Frankfurt, und, im Einverständnis mit der Natur, so gewaltige Heilkräfte entwickelt, dass die an den Rollstuhl gefesselte Klara Sesemann, sobald sie in die Berge kommt, an der Alpenluft genest (und, wunderbare Heilung wie im Evangelium, wieder laufen kann).

Eine bessere Fremdenverkehrswerbung konnte man sich im Bündnerland nicht wünschen.

Und doch muss Johanna Spyri von den wirklichen Problemen der Gegend etwas gewusst haben, das Elend der Auswanderer konnte ihr nicht ganz verborgen geblieben sein. Bestimmt hat sie auch etwas vom Lehrer Thomas Davatz aus dem graubündnerischen Fanas gehört, der 1855 mit einer Gruppe von Auswanderern, weil in Graubünden damals gehungert wurde wie heute in der Dritten Welt, nach Brasilien auswanderte und dort dem Senator Vergueiro in der Provinz São Paulo in die Hände fiel. Dieser war ein Sklavenhändler, der die schwarzen Sklaven, die nur noch selten aufzutreiben waren, durch europäische Lumpenproletarier ersetzte und diese an andere Plantagenbesitzer verschacherte, so dass die Auswanderer wie Leibeigene gehalten wurden und vom bündnerischen Elend in die brasilianische Misere torkelten. Die Zustände waren so krass, dass die Heimat sich wieder für die Ausgewanderten interessieren musste und ein eidgenössischer Kontrolleur nach Brasilien geschickt wurde. Dieser hiess Dr. Christian Heusser und war ein Bruder der Johanna Spyri und hat die grauenhaften Zustände schriftlich festgehalten. (Die Schriftstellerin Eveline Hasler hat vor kurzem über das Thema einen spannenden, auf Quellen fussenden, sich z.T. auf den Bericht von Dr. Heusser abgestützten Roman geschrieben: «Ibicaba – Das Paradies in den Köpfen», Zürich 1985.)

Auch Johanna Spyri hatte ein «Paradies im Kopf», und darin gab es u.a. Ziegen, die sie personalisierte. Während die Bergbauern kümmerlich von den Geissen und anderem spärlich vorhandenem Getier lebten, scheinen die lieben Viecher, aber nicht ihre wirtschaftliche Bedeutung, als leibhaftige Personen im Roman so auf: «Da war der grosse *Türk* mit den starken Hörnern, der wollte mit diesen immer gegen alle andern stossen, und die meisten liefen davon, wenn er kam, und wollten nichts von dem groben Kameraden wissen. Nur der kecke *Distelfink*, das schlanke, behende Geisschen, wich ihm nicht aus (...) Da war das kleine, weisse *Schneehöppli*, das immer so eindringlich und flehentlich meckerte, dass Heidi schon mehrmals zu ihm hingelaufen war und es tröstend beim Kopf genommen hatte. (...) Weitaus die zwei schönsten und saubersten Geissen der ganzen Schar waren *Schwänli* und *Bärli*, die sich auch mit einer gewissen Vornehmheit betrugen.» – Ganz wie Frau Spyri, welche die Geissen den Städtern hübsch frisiert servierte. Der *grosse Türk*, der stössige ... Welchen Unhold, welchen Macho hat Johanna Spyri in ihm vermutet? Welch bäurischen Unflat? Die Sonntags-Bergbauern in ihrem Roman sind brav – nur bei den Tieren regt sich noch etwas.

Sie weilte bei der aristokratischen Familie von Salis, die auch, wie Familie von Sprecher, vom Grossgrundbesitz und früher vom Verkauf der Söldner an fremde Potentaten gelebt hatte, aber dieses Milieu beschrieb sie nicht. Was ihr vertraut ist, schildert sie nicht, und was sie schildert, ist ihr nicht vertraut. Von den Bergbauern hat sie keine Ahnung. Und sie musste, wenn sie Erfolg haben wollte, nach Deutschland schielen (das mussten Keller und Meyer auch), auf dem schweizerischen Markt allein fand sie nicht genügend Abnehmer, und so waren denn prompt ihre heftigsten Bewunderer die deutschen Rezensenten. Diese verstanden von der bündnerischen Bergwelt noch weniger als die Schweizer Rezensenten des Unterlandes. Indem sie ihre eigenen Sehnsüchte befriedigte, die unterschwellige, ihr vermutlich unbewusste Erotik forcierte – die im wilhelminisch verklemmten Deutschland gut ankam – und sich selbst ein idyllisches Landleben vorgaukelte wie die zürcherischen Bukoliker des 18. Jahrhunderts, verpasste sie zugleich dem Deutschland der Gründerzeit eine wohlfeile Idylle. Das ging natürlich nur, wenn man das deutsche Personal im Roman positiv schilderte, Herr Sesemann ist ein edler, schwerreicher Bürger-Handelsmann, woher sein Reichtum kommt, erfährt man nicht. Die Dienerschaft ist liebreich, etwas kauzig und natürlich angepasst, die Frankfurter Grossmama ein Ausbund von Edelmut, und die Klara im Rollstuhl ist hilfreich und gut. (Vielleicht kommt dort etwas Zivilisationskritik zum Vorschein: das Stadtleben kann lähmend sein.) Was dem Schweizer Maitli noch fehlt, kann es in Deutschland holen, etwas Welterfahrung, Weltluft schadet nicht, aber immer mit Mass, und was den Deutschen fehlt, finden sie auf der Alp, nämlich Gesundheit und Genesung für die lahme Klara. So sind die beiden Länder psychologisch aufs innigste miteinander verbunden, verwoben wie ihre wirklichen Handelsbeziehungen, und so wie kurz vor dem Ersten Weltkrieg der deutsche Kaiser in der Schweiz begeistert begrüsst wird, begeisterter als sonst im Ausland, und wie Deutschland überhaupt ganz allgemein hoch im Kurs stand, sind auch die edlen Deutschen auf der Alp willkommen, die sie in absehbarer Zeit kolonisieren werden. Nur *eine* deutsche Figur bleibt unsympathisch, aber die ist nicht zufällig subaltern, der Ekel des Lesers kann ungestraft auf Fräulein Rottenmeier abgeladen werden, das strahlende Deutschland-Image leidet darunter nicht – Fräulein Rottenmeier wird ja dann auch wirklich von Herrn Sesemann und der liebreichen Grossmama zusammengestaucht.

So hat alles seine Ordnung, seine kristalline Klarheit, edel wie ein Bergkristall glänzt der Roman durch die Jahrhunderte und klammert jede Problematik aus, und die Japaner, einen sahen wir im September schweissgebadet zur Heidi-Alp hinaufkraxeln, werden noch lange an unser Heidi glauben.

Sartre
und sein kreativer Hass
auf alle Apparate

... sei gestorben, heisst es, und obwohl man ihn sich nicht tot vorstellen kann (dieses Hirn zerfallen? kremiert? das ist schade), müssen wir es wohl glauben; die Nachrichten aus Paris scheinen unwiderlegbar. «Il ne pourra plus gueuler», er wird nicht mehr ausrufen können, hat einer geschrieben. Er wird die Bourgeois nicht mehr als Sauhunde (salauds), die Stalinisten nicht mehr als Krüppel titulieren können, und im Café LA LIBERTÉ wird sein Platz an der Theke leer bleiben.

Jean-Sol Partre hat ihn Boris Vian genannt. Ein Auge/schaut dem anderen/beim Sehen zu. Sehend die Welt reflektieren; zugleich den Akt des Sehens reflektieren. Er schielte und sah deshalb mehr als andere. Er hat eine schöne Beerdigung gehabt. Es wurde keine Kirche benutzt. Es wurden keine Reden gehalten. Man hat den Kulturminister nicht erblicken müssen, obwohl dieser vielleicht gern gekommen wäre. Weil er riskierte, dabei ausgepfiffen zu werden, ist er nicht gekommen. Dafür viele *métèques*, Fremdarbeiter, Zigeuner, Arme, Kaputte, Intellektuelle, auch viele Schriftsteller. Die bezeichnet man auf französisch mit dem schönen Wort écrivains, ceux-qui-écrivent-en-vain. Sartre hat kürzlich bekannt, er habe eigentlich vergeblich geschrieben. Aber Spass habe es ihm gemacht, das Schreiben.

Er hat eine schönere Beerdigung gehabt als Diggelmann. Es ist, solange noch beerdigt wird, nicht ganz nebensächlich, wie das geschieht. Marchais war übrigens auch nicht am Trauerzug; auch er wär' ausgepfiffen worden.

Lebend habe ich ihn zum letzten Mal gesehen auf der Redaktion VON LIBÉRATION. Das heisst ihn hat man zuerst nicht gesehen, nur eine schöne alte Frau, die mit ihm gekommen war. Neben ihr war nach einiger Zeit ein kleiner, zerknitterter, sagenhaft hässlicher Mann zu entdecken, wüst wie Sokrates, welchem abgetragene Hosen um die Beine schlotterten und eine dicke-gelbe-angerauchte, aber jetzt kalte, Zigarette von der Lippe baumelte. Sobald sein Mund aufging, hat man den alten Mann aber nicht überhören können. Über diese Zeitung LIBÉRATION, die er mitgründete, darf man heute im «Tages-Anzeiger» (Kultur) lesen: «Doch der Denker, das Blättchen ‹Libération› auf der Strasse verkaufend, war wohl eher ein Ausgenützter als jemand, der seine politische Heimat gefunden hat.» (TA, 17. 4. 80)

Der wackere Stubenphilosoph Hans W. Grieder, der das geschrieben hat, scheint zwei Karteikarten verwechselt zu haben. Auf der Strasse verkauft hat Sartre die Zeitung (das Blättchen?) LA CAUSE DU PEUPLE, welche verboten war; ein Maoistenblatt. Er hat sie nicht deshalb, zusammen mit Simone de Beauvoir, verkauft, weil er die Gedanken Mao Tse-tungs enorm liebte, sondern weil er gegen Presseverbote war. Die Gedanken Mao Tse-tungs hat er im Gegenteil einmal «Kieselsteine, die man uns in den Kopf stopfen will», genannt. Aber als Erbe der französischen Aufklärung war er dafür, dass auch Meinungen verbreitet werden konnten, mit denen er nicht einig ging. Pressezensur war für ihn Freiheitsberaubung. Ob er bei LIBÉRATION eine «politische Heimat» fand, kann ich nicht sagen. Er war kein Heimatlicher. Jedenfalls war es ihm wohl dort. Und dass er «wohl eher ein Ausgenutzter» war, wird nur jemand schreiben, der sich die Beziehungen zwischen den Leuten nicht anders als ausbeuterisch vorstellen kann: also ein Bourgeois. Vor 5 Jahren noch hatte es umgekehrt getönt im «Tages-Anzeiger» (Ausland), da war aus der Küche des Pariser Korrespondenten Hans-Ulrich Meier *(petit bourgeois)* die Nachricht gekommen, Sartre verführe die Jugend und reisse sie zu unüberlegten Handlungen hin (gewalttätige Demos etc.). Sartre verführt die Jugend, die Jugend verführt Sartre – und wenn die Beziehungen zwischen ihm und «der Jugend» auf gegenseitiger Spontaneität beruhten?

«Allein, sein Auftritt in der besetzten Sorbonne (68) glich dann doch eher einer Abschiedsvorstellung: die Studenten hörten dem alternden Philosophen zwar höflich zu, ihre geistige Orientierung hatten sie sich längst anderswo geholt, bei Althusser etwa oder bei Marcuse.» (TA, 17. 4. 80)

Da hat er Glück gehabt, dass man ihm höflich zuhörte. Gibt es ein grösseres Kompliment für den Philosophen, als ihm (welch ein Tumult damals in der Sorbonne!) höflich zuzuhören? In die vom

Staat besetzte, normale Sorbonne wäre Sartre nie gekommen, weder als Professor noch als Gastredner. Marcuse hatten die französischen Studenten bis zum Mai übrigens auch noch nicht gelesen, das hat der «Nouvel Observateur» nachgewiesen; Althusser nur die wenigsten. Aber Sartre und seine politische Interventionsliteratur, seine Auftritte gegen Algerien- und Vietnamkrieg kannten alle. Darum haben sie «dem alternden Philosophen» höflich zugehört. Auf mich hat er damals verjüngend gewirkt. Sich selbst hat er auch verjüngt, immer wieder.

Von den Bürgern als Handlanger Moskaus, als Terrorist (Besuch bei Baader), als Mitläufer; von den strammen KP-Intellektuellen wie Kanapa als Agent der Wallstreet, als politischer Abenteurer, bei Bedarf auch als «klebrige Ratte und geile Viper» bezeichnet: – man sieht, es handelt sich um einen Intellektuellen. Die «Humanité» fand ihn ab 1968 gaga, wie kann man als ernsthafter Philosoph sich so weit herablassen, einen Cohn-Bendit zu interviewen? Der «Figaro» fand ihn kindisch, wie kann man sich dazu versteigen, am Russell-Tribunal gegen den Vietnamkrieg (das Gericht hatte keine vollziehende Gewalt) einen US-Präsidenten der Kriegsverbrechen zu beschuldigen? Wären nicht einige Gesetze im Wege gestanden: viele von den chauvinistischen Krähern hätten ihn gerne umgebracht. Seine Wohnung wurde gebombt, und man hasste ihn dauerhaft. Debré wollte ihn verhaften lassen, de Gaulle war dagegen (Sartre hatte das Manifest der 121 – Recht auf Fahnenflucht im Algerienkrieg – unterschrieben). Wäre die KP allein an der Macht gewesen, sie hätte ihn vermutlich ausgewiesen oder eingesperrt oder nach Savoyen oder in die Bretagne deportiert und seine Spuren getilgt, so wie sie das Andenken des alten Widerstandskämpfers Charles Tillon auslöschte und die Erinnerung an Sartres Freund Paul Nizan in ihren Reihen vernichten wollte (beides ehemalige Genossen). Aus der Partei konnte man Sartre nicht ausschliessen. Er war nie drin, in keinem Apparat.* Nicht wie Louis Aragon, der fast alle Spitzkehren der Parteilinie treu und bieder mitmachte und der 1968 ganz verwundert war, als ihn die

---

* Im «Tages-Anzeiger» stand (eine AFP-Depesche), er sei von 1952–56 KP-Mitglied gewesen. Das ist falsch.

Sartre und sein kreativer Hass auf alle Apparate

Studenten einen «alten Chlaus» (vieille barbe) nannten; und nicht wie André Malraux auf der andern Seite, dem der Stil im Alter abhanden gekommen war, als er, Minister gewordener Geist, mit dem gaullistischen Kulturapparat hantierte.

Nicht alle haben begriffen, dass seine Begeisterung für Castros Revolution und seine Abneigung gegen Castros Repression vom gleichen Impuls gesteuert wurden. Er war 1960 nach Kuba gereist und ziemlich begeistert nach Hause gekommen. Später hatte er dagegen protestiert, dass der kubanische Dichter Heberto Padilla wegen Gesinnungsdelikten eingekerkert und als Schwuler gebrandmarkt wurde. (Soll man sich lange mit einer unbedeutenden Minderheit beschäftigen, wenn es der Mehrheit dank Revolution bessergeht?) Auch sein Protest gegen den französischen und amerikanischen Vietnamkrieg kam aus der gleichen Wurzel wie die Auflehnung gegen die Vertreibung der BOAT PEOPLE aus dem sozialistischen Vietnam. Was mag es ihn 1979 gekostet haben, gemeinsam mit seinem alten Freund-Feind Raymond Aron, diesem «chien de garde» des Bürgertums (ein Wort von Paul Nizan) und Editorialisten des «Figaro», im Elysée vorzusprechen, bei einem Präsidenten, der alles repräsentiert, was der Philosoph hasste (Vorrecht der Geburt, Süffisanz, Heuchelei), um ein Wort für die Flüchtlinge einzulegen und den Staat soweit zu bringen, möglichst viele Vietnamesen aufzunehmen? Auch bei Afghanistan mag es ihm nicht leicht gefallen sein, da hat er sogar den Olympia-Boykott unterstützt. (Pfui!) Er tat es nicht aus Liebe zur amerikanischen Politik, die er hasste wie kein zweiter, sondern aus Abscheu gegen die sowjetische Intervention. Er reiste viel: UdssR, Tschechoslowakei, Naher Osten, besuchte Flüchtlingslager, *bidonvilles*, kannte die Verdammten dieser Erde in Südamerika, Afrika und auch in Billancourt (die farbigen Fremdarbeiter bei Renault) und schrieb deshalb sein Vorwort zum Buch von Frantz Fanon: «Les damnés de la terre». Er gehörte nicht zu jenen Stubensozialisten, die jedesmal, wenn ein Land sozialistisch geworden ist, auf ihrer Generalstabsweltkarte triumphierend ein neues rotes Fähnchen einstecken. Er wollte auch noch wissen, was dieser Sozialismus konkret bedeutet. Die Intellektuellen aller Länder, les damnés de toute la terre, kamen bei ihm vorbei und haben erzählt. Er war informiert.

Als er starb, wurde das nur in einer der drei vietnamesischen Tageszeitungen, die in Hanoi erscheinen, erwähnt. (Keiner hatte in Europa so heftig wie er gegen die Vietnamkriege agitiert.) In «Hanoi Moi» kam eine Notiz von vier Zeilen, ohne Kommentar, er sei jetzt gestorben, im Alter von 75 Jahren.

Tja.

Billancourt war ein Schlüsselwort. «Il ne faut pas désespérer Billancourt», sagte er, 1950, als die Existenz der russischen Konzentrationslager nicht mehr zu übersehen war. «Wir dürfen die Arbeiter nicht zur Verzweiflung bringen, indem wir ihnen die Hoffnung nehmen, die aus der UdssR kommt.» Die Lager hat er in seiner Zeitschrift schon 1950 beschrieben, aber ihre Bedeutung für den Zusammenbruch einer optimistischen, Moskau-orientierten Eschatologie hat er lange angezweifelt. Man müsse Opfer in Kauf nehmen, Grausamkeit gebe es überall (eine Million Algerier starben im letzten französischen Kolonialkrieg) usw.

Er hat verzweifelt die Allianz mit den Arbeitern gesucht, deren Hoffnung er bis ca. 1960 bei der KP aufgehoben glaubte, während er schon vorher wusste, dass die Partei für echte Intellektuelle keinen Platz hat. Illusionen hat er sich dabei nicht gemacht. In seinem Vorwort zu Paul Nizans «Aden Arabie» schreibt er 1960:

«Wenn die kommunistischen Intellektuellen zu Scherzen aufgelegt sind, nennen sie sich Proletarier. ‹Wir verrichten manuelle Heimarbeit.› Klöpplerinnen gewissermassen. Nizan, der klarer dachte und anspruchsvoller war, sah in ihnen, in sich selbst, Kleinbürger, die die Partei des Volkes ergriffen hatten. Die Kluft zwischen einem marxistischen Romancier und einem Facharbeiter ist nicht überbrückt: man lächelt einander über den Abgrund hinweg freundlich zu, aber wenn der Schriftsteller einen einzigen Schritt tut, stürzt er in die Tiefe.»

1972 hat er die Kluft wieder einmal überbrücken wollen, schlich sich illegal mit ein paar Genossen in das Renault-Werkgelände von Billancourt ein, wollte eine Rede halten gegen die willkürliche Entlassung von Fremdarbeitern, wurde von der Werkpolizei unsanft hinausgeworfen (nicht von den Arbeitern, die ihm so höflich zuhörten wie die Studenten 1968) und hielt die Rede dann auf einer

Öltonne vor dem Werktor. Das hat ihm die sarkastischen Bemerkungen aller bürgerlichen Journalisten eingetragen, die noch nie gegen Entlassungen bei Renault protestiert haben.

Sartre über einen anderen Freund, Merleau-Ponty:
«*1950, in dem Augenblick, in dem Europa die Lager entdeckte (die in der UdssR, N.M.), sah Merleau endlich den Klassenkampf ohne Maske: Streiks und ihre Niederwerfung, die Massaker von Madagaskar, der Krieg in Vietnam (der französische, N.M.), McCarthy und die grosse amerikanische Angst, das Wiedererstarken der Nazis, überall die Kirche an der Macht, die salbungsvoll ihre Stola über den neu erstehenden Faschismus breitete: wie sollte man nicht den Aasgestank der Bourgeoisie riechen? Und wie konnte man öffentlich die Sklaverei im Osten verdammen, ohne bei uns die Ausgebeuteten der Ausbeutung zu überlassen? Konnten wir aber akzeptieren, mit der Partei zusammenzuarbeiten, wenn das bedeutete, Frankreich in Ketten zu legen und mit Stacheldrahtzäunen zu bedecken? Was tun? Blind nach links und rechts drauflosschlagen, auf zwei Riesen, die unsere Streiche nicht einmal spüren würden?*» («Les Temps Modernes», Sondernummer für Merleau-Ponty, den Mitherausgeber der Zeitschrift, 1961.)

Auch damals, als er der KP nahestand, hatte er mehr Distanz zum Stalinismus, als ihm die bürgerlichen *salauds* zutrauten.

Er hat die literarischen Kategorien durcheinandergebracht genau wie die politischen und die bürgerliche Kultur, welche ihm an der Ecole Normale Supérieure eingetränkt wurde, verhöhnt und zugleich weiterentwickelt. Nur Gedichte hat er nicht gemacht, sonst alles beherrscht, oder besser gesagt, alle Formen haben ihn beherrscht: Roman, Drama, Essay, Traktat, Pamphlet, Reportage. 1945 schrieb er als Redaktor der Zeitschrift «Les Temps Modernes»:

«*Es scheint uns, dass die Reportage eine literarische Form ist und dass sie eine der wichtigsten werden kann. Die Fähigkeit, intuitiv und schnell die Wirklichkeit zu entschlüsseln, mit Geschick das Wichtigste herauszuarbeiten, um dem Leser ein synthetisches Gesamtbild zu vermitteln, das sofort zu entziffern ist – das sind die wichtigsten Reportereigenschaften, die wir bei allen unsern Mitarbeitern voraussetzen.*»

Seine Autobiographie («Les Mots») war zugleich Roman, literarische Psychoanalyse, private Zeitgeschichte, Seelenreportage. «L'être et la néant» ist Philosophie und zugleich ein Pamphlet dagegen. Seine Flaubert-Biographie ist nirgendwo einzuordnen: innerer Monolog, Fortsetzung von Flauberts Werk, Weiterführung der eigenen Biographie. Man hat den Literaten allgemein bewundert, von Raymond Aron bis zu François Bondy verbeugt sich alles vor ihm – wenn er nur das Politisieren gelassen hätte, der begabte Poulou*. Man macht einen Trennungsstrich zwischen dem literarischen Sartre und dem politischen Sartre, um ihn jetzt, da er nicht mehr ausrufen kann, ungestört zu konsumieren. «Wenn ich ein verhungerndes Kind sehe, so wiegt ein Roman von mir nicht mehr schwer», hat er gesagt.

Die Beerdigung sei strub und schön gewesen. Kein Ordnungsdienst für die ca. 20000 Leute des Trauerumzugs. Keine offiziellen Delegationen, keine Hierarchie im Umzug, hier und dort ein paar Prominente verstreut, die haben nicht gestört. Grabsteine wurden umgeworfen im Gedränge, und einer ist auf den Sarg des Philosophen hinuntergefallen, als dieser schon im Loch die vermeintlich ewige Ruhe gefunden hatte.

Sartre 1958, im Vorwort zu «Le traître» von André Gorz:

«Wir lieben es, zwischen den Gräbern der Literatur spazierenzugehen, auf diesem stillen Friedhof die Grabschriften zu entziffern und für einen Augenblick unvergängliche Gehalte ins Leben zurückzurufen: beruhigend wirkt, dass diese Sätze gelebt haben; ihr Sinn ist für immer festgelegt, sie werden das kurze Fortleben, das wir ihnen einzuräumen geruhen, nicht dazu benutzen, sich unvermutet in Marsch zu setzen und uns in eine unbekannte Zukunft zu entführen. Was die Romanciers betrifft, die noch nicht so glücklich sind, im Sarg zu liegen, so stellen sie sich tot: sie holen die Wörter aus ihrem Fischteich, töten sie, schlitzen sie auf, weiden sie aus, bereiten sie zu und werden sie uns blau, auf Müllerinnenart oder gegrillt, servieren.»

** «Poulou» wurde das Bürgersöhnchen Sartre in seiner Familie genannt, das schrieb er in «Les Mots».

Joy Joint Joyce Choice Rejoice

Für Fritz Senn, der vom Verleger Daniel Keel mir nichts, dir nichts, Joyce nichts entlassen wurde.

Der zärtliche Wortaufschlitzer kultivierte Syntaxmörder geile Sprachbock irische Adjektivsäufer wäre heute vielleicht ein Jahrhundert alt geworden, am 2. Februar, wenn er nicht so viel getrunken hätte. Wie habt Ihr die Wörter am liebsten? Saignant, à point, à poil, well done? Mit Weihwasser abgeschmeckt if you please. Ein Katholenbock war er auf jeden Fall, der liebe Jubilar, und ein Apostat, und ein Pionier natürlich. Dieser ewige Eroberungstrieb bei den Iren. Irische Missionare wie Gallus, der nimmt einen Urwald im Osten der Schweiz in Besitz, rodet und schneidet, brennt und leidet; später Joyce, der unterwühlt das ganze Territorium der Sprache, nimmt es unterirdisch in Besitz. Rejoice! Der rodet nicht, im Gegenteil, lässt altneue Wörter unbekannte totgeglaubte Schling-Schluck-Schlickpflanzen wuchern und treiben, Wucher treiben mit seinem Sprachtalent.

Polizigschtunt, Sechsaloitn, it is Polizigschtunt. Daran merkt der gebildete Zuricker, dass der liebe Verstorbene auch einmal in Zurick gelebt hat, wo er prompt gestorben ist, wo er auch liegt, unter einer Statue dass Gott erbarm, auf dem Friedhof Fluntern gleich hinter den Tieren des Zoologischen Gartens, und ein Schiess-Stand war dort auch in der Nähe damals als er versenkt wurde, kein Zweifel, dachte er, ich liege in schweizerischem Boden, aber unterdessen ist dieser Stand ersetzt worden durch eine Sportanlage, und das sieht auch noch nach Schweiz aus. Die Statue auf dem Grab ist wirklich die Höhe. Hier hat einer gründlich gearbeitet, bis sie so schlecht war. Nach dem ersten Entwurf dachte der Bildhauer: Das langt noch nicht, es muss noch blöder werden; hat neu modelliert, fand die zweite Version immer noch nicht schlecht genug, und erst beim dritten Anlauf ist ihm der Dreck vollkommen gelungen, und jetzt sitzt die Statue, welche Joyce darstellen soll, mit verrenktem Bein auf dem Grab von Joyce und drückt auf das Grab und denkt wie der Denker von Rodin und wird länger dauern als das Skelett darunter. Ist übrigens ein vornehmer Friedhof Gottesacker Leichenzwacker (Züribärg), und die Bewohner der umliegenden Gräber sehen nicht so aus, als ob sie den rüpelhaften obszönen unflätigen blasphemischen versoffenen Irländer gelesen oder gar geschätzt hätten, die Leichen vertreiben sich hier oben die Zeit doch eher mit Daphne du Maurier oder Sandra Paretti oder im Extremfall mit Emily Dickinson, Dünndruckausgabe. Zwei Tage bevor er starb, erhielt Joyce eine Bluttransfusion, das Blut wurde zwei Neuenburger Soldaten entnommen, die gerade in der Nähe waren (1941, Aktivdienst). Darob war der sterbende Weissweintrinker sehr glücklich: «Ich habe den Neuenburger immer sehr gern gehabt», sagte er (mit letzter Kraft).

Und seither ist er bekanntlich ein Klassiker geworden ein Kulturgegenstand ein Kultgegenstand ein Heiliger eine ewige Fundgrube ein Nonplusultra des Jahrhunderts ein Sprachsteinbruch ein kanonisierter Sprachrevolutionär Sprachterrorist bei dem sich alle ihre Munition holen von Michel Butor bis Philippe Sollers in Tokyo Paris New York Manila Zurick hat er die Wortarsenale gefüllt und aus allen anglistischen Seminarien und Kolloquien und Symposien schallt es unablässig: Heilig Heilig Heilig heilig ist der Herr Zebaoth Joyce, und ganze Bataillone von Joycianer/innen knübeln kitzeln kützeln knipsen kirren kosen kürschen seine Sätze und treten, bis zum Halszäpfchen mit Bierernst gefüllt, statt mit einem guten Schluck Whisky, in sein Werk hinein wie in ein Hochamt in eine Heilige Messe Sprachmesse Sinnmesse Wortmesse Wortmustermesse, und lutschen am Messbrocken Kotzbrocken und nehmen den Anfang des Romans ULYSSES ganz wörtlich und lassen sich religiös messmässig heiligmässig überhauchen, denn da steht ja am Anfang wirklich INTROIBO AD ALTARE DEI, und so fing bekanntlich die katholische Messe an zu Zeiten des Jesuitenschülers Joyce und genau mit einer solchen religiösen Haltung (aber Joyce hat vielleicht eine schwarze Messe gemeint? Und hat es lustig haben wollen?) und dem Weihwasser der Linguistik in der semantischen Feldflasche treten die Joycegloybigen in sein Wärk Wurk work in progress und merken und merksen und murksen sich eins, und melken alle Wörter und alle sind heilig holy genial holy smokes sinnvoll vieldeutig mehrdeutig semantisch vermessbar umkehrbar spitzkehrig innovatorisch ikonoklastisch inkantatorisch superlatorisch superfetatorisch und eine schwache Stunde hat der Meister nie gehabt, no Sir, einmal Genie immer Genie. Und natürlich verstehen wir das meiste nicht, aber das macht nichts, wir lassen uns wiegen (wie auf schwankem Kahne der See). Zum Beispiel «Finnegans Wake» verstehen wir natürlich nicht, Ezra Pound hat es auch nicht mehr verstanden und war doch sonst ziemlich gebildet und sehr von Joyce eingenommen – aber indem wir behaupten, «Finnegans Wake» sei ein geniales Buch, beweisen wir, dass wir noch besser dran sind als der hochgebildete Ezra Pound. Das Buch ist von Joyce, es muss demnach genial sein.

«Finnegans Wake» tönt im Durchschnitt so:
not yet, though venissoon after, had a kidscad buttended a bland old isaac: not yet, though all's fair in vanessy, were sosie sesthers wroth with twone nathandhoe. Rot a peck of pa's malt had Jhem or Shen brewed by arclight and rory end to the regginbrow was to be seen ringsome on the aquaface.

Da hat einer den Wörtern den Hals umgedreht, die Beine ausgerissen, die Silben wie Schmetterlinge aufgespiesst getrocknet numeriert neu montiert, es ist schön, wenn auch kurlig, aber darum schön, das merkt man schon nach einer anderthalbstündigen Beschäftigung mit diesen paar Linien, holy smokes. Am besten aber lässt man sie zwei Tage marinieren, kaut dann einen Nachmittag auf ihnen herum, klaubt die Wortgräte zwischen den Zähnen hervor, schmatzt schmatterlapapp das Wortfleisch herunter, fährt mit der Zunge Zoungue tongue zweimal über das Gaumensegel und gürgeltgargelt mit Klosterfrauwhiskygeist. VENI CREATOR SPIRITUS, Komm heiliger Geist kehr bei uns ein besuch das Herz der Gläubigen Dein, und fick uns in das linke Bein.

«Ulysses» übrigens ist viel einfacher als «Finnegans Wake». Verglichen mit «Finnegans Wake», ist «Ulysses» so einfach zu lesen wie ein Buch von Siegfried Lenz. «Ulysses», der grosse Klassiker, ein Tag im Leben des Leopold Bloom, Inseratenacquisiteur in Dublin, die Odyssee des Alltags. Verschiedene Körperfunktionen sind genau beschrieben, man muss sie also nicht mehr beschreiben, Fäkalien kommen vor, schon ganz am Anfang wird der Darm auf eine sehr zufriedenstellende, fast lustvolle Weise entleert, nachher wird am Strand, angesichts eines in die Höhe gerutschten Rocks, und begleitet vom Feuerwerk einer Kilbi, gewixt und gespritzt, schlussendlich eine Menstruation im Detail beschrieben. Gemessen am ganzen Tagesablauf, nehmen die sogenannten Obszönitäten nicht viel Platz ein, sind eingebettet in andere Alltäglichkeiten: Essen, Reisen (durch Dublin), Reden, Denken, acquirieren; so ein Tag, so wunderschön wie heute.

Wie wurde der grosse Klassiker behandelt, als er noch ein Manuskript war?

Sind die Anglisten und die Plüsch- und Bildungsbürger in ein Juhui ausgebrochen, so wie heute, wenn sie seinen Namen hören?

Und hat die Klassik ihren Mann ernährt?

Der Mann musste mit seinem klassisch irischen Dick-, Queer-, Sperr-, Brummschädel auf wüsteste Art durch alle Mauern stieren und hat den pingeligen Blättern, die ihn heute derart über den grünen Klee loben (oder sagen wir: den Vorfahren jener Blätter, dem erz- und arschbürgerlichen Kulturbetrieb), gar nicht gefallen wollen; und zu fressen und zu wohnen hatte er auch nichts sein Leben lang. Noch in Zürich, am Ende seines Lebens, wollte die Polizei ihn ausweisen: nicht aus politischen Gründen, sondern weil er der Allgemeinheit zur Last hätte fallen können (kein nachgewiesenes Minimaleinkommen). Das war zu einer Zeit, als er auf der ganzen Welt schon weidlich berühmt war und sogar gelesen wurde, wirklich, nicht nur in Fachkreisen. Früher, in Paris, hat er sich durchgehungert, ständiger Wohnungswechsel, nicht genannt sein wollende Wohltäter haben ihm zeitweise unter die Arme gegriffen (in Zürich: Carola Giedion-Welcker). Er lebte in Paris so bescheiden und lebte so genial, dass das Honorar für einen einzigen Joyce-Jubiläums-Artikel (NZZ, 1982) ihn ein ganzes Jahr ernährt hätte, schätzungsweise. Auch hatte er kein anständiges Stipendium von der englischen Regierung[*], das gerade nicht, denn sein Englisch war ein Aufstand des katholisch-revolutionär-irischen Englisch gegen das klassisch-puritanisch-imperialistisch-viktorianische Englisch, eine Subversion im Sprachleib, eine Ratte in den innersten Gedanken-Innereien des Imperiums. Ein Guerillakrieg gegen die klirrende Sprache (sie klirrt immer noch unwidersprochen,

---

[*] Während des 1. Weltkrieges hat Joyce zwar einmal 100 Pfund bekommen *(privy purse)*. Damals war sein Ruf als Nestbeschmutzer noch nicht gefestigt.

auch in unsern Köpfen), die keinen Widerspruch duldet. Die Wörter seziert, auf ihre lateinischen, griechischen, keltischen Komponenten zurückgeführt, die ganze Sprachgeschichte hinauf und hinunter geklettert, dann die Rutschbahn in den Slang, neue Brocken aus allen europäischen Sprachen dazugemixt, die Sätze in die Sätze gebracht, in einen neuen Rhythmus, die müde Sprache das Tanzen gelehrt – und die ganze Bouillabaisse mit einem satanischen Kichern serviert. Von einem seiner Bücher hat er innerhalb des ersten Jahres nach Erscheinen 16 (sechzehn) Exemplare verkauft. Von einem andern 0 (null).

Seine Frau, mit der er recht glöcklich gewesen sein soll, nachdem sie sich geheurattet hatten, und sie mit ihm soll auch glicklich gewesen sein, sagte ihm also eines Tages seine Frau: Joyce, ich möchte Dir was sacken, aber werde nicht onglöcklich deswegen ond uuläädig.

Nur zu und phuetigott, meine lippe Anna Livia Plurabelle, sagte James, im vierten Stock der Rue du-chat-qui-pêche, Paris 6e, die letzten fünf Gramm Butter des Monats September mit dem Buttermesser zerkleinernd, während der Kanorenvugel songte u. der Kanunenoffen brunnte. Sagen möchte ich, hätte ich gemocht, wollte ich Dir sagen Joyce: Schreib einmal ein nice book, das würden die Leute koofen.

Lateinisch hat er gut gekonnt, griechisch auch, soll er wirklich auch gekonnt haben, frz., dt., i. auch, war Sprachlehrer in der Berlitz-School in Triest. Die Odyssee (Nr. 1, Homer) hat er sehr gut gekannt. Wer kennt sie noch? Das liest doch kaum mehr einer von uns. Liturgisches Lateinisch, das ging ihm leicht von der Hand, wie jedem gut imprägnierten Katholiken, sass tief, gurgelte aus den Tiefen herauf bei jeder unpassenden Gelegenheit. Dann Volkslieder und Schlager, alles was sich reimt und frisst, Hüt Dich schöns Blümelein James pflückt alles Joyce frisst alles botanisiert brutalisiert die seltensten Wörter. Zärtlicher Brutalnik, frisst unter dem Hag hindurch. Schnapp!

Bildung ist kein Nachteil, wenn sie Spass macht. Er fand das lustig. Wieder einmal Ulysses lesen (Homer) parallel zu Ulysses (Joyce). Bildung wird erst frech, wenn sie mit neuer Beobachtung verknüpft ist. Steht dann auf, rebelliert. Der Spaziergänger in den Literaturen, der Spaziergänger in Dublin. Lesen, auslesen, verlesen. Lasst freundlich Bild um Bild herein, fotografiert Dublin mit seiner Netzhaut. Dann die Alchimie im Kopf, Wortmixturen. Und jetzt wir, mit dem fertigen Produkt: wieder auf die Strasse, Zurick, Paris durch seine/unsere Augen sehen, mit seinen Bildern spielen, vielleicht ein bisschen sprayen, weiter subversieren. Work in progress. Neue chemische Wortverbindungen. Komm herunter Buck Mulligan Du grässlicher Jesuit und erzähl aus der Jesuitenschule.

Die ersten Lämpen kamen schon früh. 1906 hat er seinen Novellenband DUBLINERS zum erstenmal einem Verleger angeboten. Die Verleger hatten immer so Angst, weil die Drucker Angst hatten, ihre Druckereien könnten wegen des Drucks obszöner Worte gemassregelt werden. 1912 die erste Auflage: sofort eingestampft und verbrannt. 1917 schreibt Joyce: «Zehn Jahre meines Lebens sind hingegangen mit Korrespondenzen und Prozeduren wegen meines Novellenbandes DUBLINERS, welcher von vierzig Verlegern abgelehnt worden ist. Dreimal wurde der Text gesetzt, aber nicht gedruckt, einmal verbrannt. Ich habe mit 110 Zeitungen korrespondiert, sieben Advokaten, drei Aktien-Gesellschaften. Schliesslich wurde das Buch 1914 Wort für Wort so gesetzt, wie ich es im Jahre 1904 geschrieben hatte.» Die Mauer hatte nachgegeben, nachdem der irische Setzgrind Queergrind strangehead genügend lang auf sie eingeschlagen hatte: mit seinem Grind.

Er war überzeugt davon, dass er ein Genie war. Das ist kein Nachteil, wenn man wirklich ein Genie ist. Sonst ist es genierlich.

Bei der Publikation des ULYSSES stand ihm Ezra Pound bei, der kultivierte. Das Buch kam zuerst tranchenweise in einer amerikanischen Revue heraus; damit diese nicht verboten wurde (einen Buch-Verleger fand Joyce vorerst nicht), schlug Ezra Pound vor, die allerkrassesten, fettesten, schlifrigsten Stellen zu streichen: «Ich bin nicht sicher, ob das Wort URIN schon auf der ersten Seite notwendig ist. Die Präsenz der Exkremente hindert die Leser daran, Qualitäten, die anderswo zu finden sind, wahrzunehmen. Ich habe etwa zwanzig Linien gestrichen.»

Joyce war sauer. Streicht man im Leben vielleicht den morgendlichen Stuhlgang auch, weil wegen des Stuhlgangs anderweitig vorhandene Qualitäten von den Mitmenschen übersehen werden können? Scheisst der durchschnittliche Irländer am Morgen, oder scheisst er nicht? Also scheisst er auch am Anfang des Buches.

Aber Joyce gab nach, Pound war ein Freund und meinte es gut mit ihm. Ohne Pound hätte er kein Brot gehabt.

Beim Kapitel «Die Sirenen» merkte Ezra Pound an: «Man kann auch mit weniger Emphase und weniger Details furzen ... Einverstanden mit dem Furz an und für sich, aber nicht mit dem Furz als Kapitelschluss ... so kann man eine Fuge nicht beenden.» Joyce hatte ihm nämlich erklärt, dass dieses Kapitel wie eine Fuge aufgebaut sei. «Der allgemeine Eindruck eines Buches hängt von der Idee ab, die sich der Leser von der geistigen Gesundheit des Autors macht», schrieb Pound. «Überscharfe Introspektion – warum nicht. Aber diese Arsch-und-Kloaken-Besessenheit! Muss das sein? Jede Obsession, jeder Tick muss sorgfältig analysiert werden vor der Niederschrift.»

Kontrolliert war das alles allerdings schon, und wie. Frech und kontrolliert, wild und diszipliniert, aggressiv und kultiviert, gedacht und gefühlt, gespornt und gezügelt. Das Kapitel «Nausicaa» reicht dann für eine Klage. Der New Yorker Repräsentant der «Gesellschaft für die Unterdrückung des Lasters» reicht Klage ein, der Text sei «obszön (kam nicht schon im Kapitel ‹Zyklop› eine Erektion vor?), ausschweifend, lasziv, schweinisch, unzüchtig, abstossend, und zwar so sehr, dass man die entsprechenden Stellen gar nicht zitieren kann.» Respektable Dichter verteidigen die wüsten Stellen; unter anderem mit dem Argument, sie seien zu philosophisch und zu schwer verständlich, um Schaden anzurichten (solang die Literaten unter sich bleiben ...). Es setzt eine Busse von hundert Dollars ab und eine Verfügung, welche die weitere Publikation von ULYSSES in der literarischen Revue untersagt.

1922 kommt endlich das Buch heraus, dank Sylvia Beach, der mutigen Buchhändlerin von «Shakespeare and Company» in Paris. Exemplare, die in den USA erwischt werden, kommen auf den Scheiterhaufen (auch heute werden in einigen Bundesstaaten wieder Bibliotheken gesäubert). Der marxistischen Kritik gefällt das Buch gar nicht, in Moskau hat es keine Chance. Hingegen ist T. S. Eliot begeistert, und Pound findet seine eigenen Zensurschnitte jetzt überflüssig. Joyce wird schnell berühmt. Geld hat er deswegen nicht, auch keine besseren Wohnungen. Es ist ein Buch für Kenner. Das nächste wird noch schwieriger werden. Und die Reaktionen sind immer noch gemischt. Ein englischer Kollege schreibt ihm im Jahre 1928: «Ihre Bildung ist katholisch, irisch, revolutionär, meine ist wissenschaftlich, konstruktiv und, so glaube ich, englisch. Ihr Gefühlsleben ist von monströsen Widersprüchen beherrscht: Sie glauben an die Keuschheit, an die Reinheit, an einen persönlichen Gott, und deshalb verbringen sie ihre Zeit damit, sehr laut vom Arsch, vom Scheissdreck und von der Hölle zu reden.»

Und wenn er wiederkäme und ein neues Manuskript irgendeiner Wochenendbeilage irgendeiner dieser deutschsprachigen Zeitungen anböte, die ihn heute so wahnsinnig gut finden.

Auskünfte von Karola & Ernst Bloch betr. ihre Asylanten-Zeit in der Schweiz, nebst ein paar anderen Erwägungen

NM: Im Kleinbürgertum stecken christliche Rückstände, christliche Traditionen sind dort noch am ehesten verwurzelt. Wenn man diese einmal anders aktivieren könnte, nicht wie die Christdemokraten es tun, in einem konservativen bis reaktionären Sinn, sondern indem man an die revolutionäre Tradition des Christentums anknüpft, wie der aufständische Wiedertäufer Thomas Münzer ...

Ernst Bloch: Da haben Sie ja ein Vorbild in der Schweiz. Meiner Ansicht nach ist die Schweiz das kleinbürgerlichste Land Europas. Wo sind denn in diesem kleinbürgerlichen Land mit einer guten Tradition, ich denke an Wilhelm Tell, heute die Ansätze? Die gab es einmal zur Zeit von Gottfried Keller, das ist jetzt alles weg. Noch bis in den Ersten Weltkrieg gingen sie hinein, die echten demokratischen Ansätze in der Schweiz. Das Antipreussische war tief demokratisch, die Abneigung gegen das Organisieren und so weiter. Die Abneigung gegen die «Schwaben» war weniger erfreulich. Aber etwas echt Demokratisches war drin. Und was wurde draus gemacht? Die Schweiz hat kapituliert vor Amerika, nicht vor dem Amerika Wilsons, sondern vor jenem, das nachher kam. Und unerträglich ist das Pharisäertum und die Selbstgerechtigkeit dieses schweizerischen Kleinbürgertums. Die haben's nötig!

Kein Land ist von seiner Tradition, von dem Gesetz, unter dem es angetreten ist, so abgefallen wie die Schweiz. Ich liebte damals die Schweiz, die ich während des Ersten Weltkriegs kannte. Da hat Süddeutschland einmal einen Kopf gehabt! Wie viele prachtvolle Fürsprechs habe ich damals kennengelernt, die wollten mich zum Ehrenbürger von Interlaken machen, damit ich nicht ausgewiesen würde. Auf diese Weise kann man innerhalb von fünf Minuten schweizerischer Staatsbürger werden. An dem Morgen, als das beschlossen wurde, kam ich ins Restaurant «Chrütz» oder ins «Fédéral», da war gerade die Revolution in Bayern ausgebrochen, da hat mich ein Berner Fürsprech umarmt und geküsst. Ich fragte:

Und wie steht's nun mit dem Ehrenbürger von Interlaken? Wo jetzt endlich die deutsche Revolution ausgebrochen ist, da kann sich die Schweiz ausweiten zu einer Welt-Schweiz. Darauf meinte der Fürsprech Allenbach: Also hör, Ernst, jetzt müssen wir dir erst recht die schweizerische Staatsbürgerschaft verleihen, was du gesprochen hast, sagtest du als än rächte Schwiizer. Gut, darauf haben wir gelacht und wieder ein bisschen Roten getrunken. Und da hab' ich noch eins hinzugefügt: Konstanz geb' ich nicht her, das kommt mir nicht zum Kanton Thurgau! Also gut, da hab' ich die herrlichsten Freunde gehabt, war wie 'ne nachgeholte Pennälerzeit. Schulkameraden. Wir wurden alle jung durch die Ereignisse. Und ist keine Spur von Spiessertum gewesen. Und haben mir Geld gegeben, damit ich leben konnte. Das war damals noch der Citoyen, der in der Schweiz den Ton angab.*

NM: Wann hat der Petitbourgeois überhandgenommen, dieses verkrustete Kleinbürgertum?

Ernst Bloch: Wer jetzt dorthin fährt, der kennt die Schweiz nicht wieder. Ich möchte auch gar nicht mehr nach Interlaken fahren, so gerne ich die Enkel und Kinder meiner Freunde auch treffen möchte. Ich habe so gerne in der Schweiz gelebt. Und habe solche

---

* Blochs erster Schweizer Aufenthalt dauerte vom Mai 1917 bis zum Januar 1919, als er, mit Wohnsitz in Bern und später Interlaken, eine Studie über pazifistische Ideologien in der Schweiz anfertigte und ca. 100 Artikel, z.T. unter Pseudonym, für die «Freie Zeitung» schrieb. Die Emigranten galten in Deutschland als Landesverräter, ihre Produkte konnten nur getarnt ins Reich geschmuggelt werden, so z.B. unter dem Titel *«Winterkurorte in der Schweiz»*. Dieses erste Schweizer Exil hatte Bloch halbwegs aus freien Stücken gewählt, er war nicht aus Deutschland verbannt, konnte aber in der Schweiz mit Zeitungsartikeln Geld verdienen, die er in Deutschland nicht hätte schreiben können. Das zweite Mal kam Bloch, gefolgt von seiner zukünftigen Ehefrau Karola Piotrkowska, als politisch Verfolger in die Schweiz, am 6. März 1933. Die beiden lebten zuerst in Küsnacht, dann in Zollikon (in der Wohnung des Schriftstellers Hans Mühlestein), hin und wieder auch im Tessin. Sie *«verhalten sich insgesamt so, dass die Schweizer Behörden, ängstlich auf Wohlverhalten gegenüber Nazi-Deutschland bedacht, mit immer grösserem Unbehagen reagieren. (...) Im Sommer 1934 kommt die Ausweisungs-Verfügung der Berner Fremdenpolizei – ohne Begründung.»* (Peter Zudeick, Ernst Bloch, Elster-Verlag 1987) Am 15. September müssen sie die Schweiz verlassen: Karola fährt zu ihren Eltern nach Lodz, Ernst vorläufig an den Comersee. Sie können von Glück reden, dass sie nicht direkt den Nazi-Behörden ausgeliefert werden.

Dankbarkeit für sie gehabt. Und der gute Ton der Gespräche damals! Und aufrecht gehende Leute, auch wenn's nicht alle gemacht haben. Corruptio optimi pessima. Von Deutschland hat man nicht viel erwartet, aber dass die Schweiz so verspiessert ... Das war auch die Zeit, als Liebknecht, Rosa Luxemburg und Lenin in der Schweiz Unterkunft gefunden haben, während später, in den dreissiger Jahren, hat man Juden und Kommunisten an der Grenze zurückgeschickt. Und wir wurden ausgewiesen.

Karola Bloch: Dass wir im Gefängnis waren in der Schweiz, das wissen Sie? Das war 1933. Sommer '33. Wir waren in Ascona im Urlaub. Und wie wir dann wieder nach Zürich zurückreisen wollten, wo ich studiert habe an der ETH, übrigens bei einem echten Faschisten, einem Professor Weiss ...

Ernst Bloch: Auch der Hausbesitzer, wo wir wohnten, war ein Fröntler, Oeser oder so ähnlich hat er geheissen. Die Freunde haben uns immer so erstaunt angeschaut, wenn wir sagten, wir wohnten im Hause von Oeser, bis wir dann herausgefunden haben, dass er ein Fröntler war.

Karola Bloch: ... und als wir wegreisen wollten, kommt plötzlich ein Mann auf uns zu, klappt das Mantelrevers so zurück und sagt: Polizei, sie sind verhaftet, bitte machen sie keinen Widerstand. Das war auf dem Bahnsteig. Ich hab' gesagt: Ja, und was ist mit unserem Gepäck, das Gepäck kommt doch aus dem Hotel, kümmern Sie sich darum, dass alles erledigt wird! Und wir kamen also zum Verhör, getrennt, und er fragte mich: Wieviel Sprachen sprechen Sie eigentlich? Und ich habe gesagt: Oh, ich spreche eine ganze Menge, ich bin Polin, und bei uns lernt man also viele Sprachen. Jaja, Sie müssen schon viele Sprachen können, meinte er. Müssen muss ich gar nix, hab' ich gesagt. Weil ich nicht so gut Italienisch konnte, wollte ich französisch mit ihm weiterreden. Ach, Sie können glänzend Italienisch, sagte er und fuhr auf italienisch weiter. Und an irgendeinem Punkt hat er mir dann gesagt: Also machen Sie mir nix vor, Sie sind selbstverständlich eine Komintern-Agentin. Es stellte sich dann heraus, dass die Polizei Briefe beschlagnahmt hatte, welche politisch aktive Freunde an mich geschrieben hatten.

Dann sassen wir im Gefängnis, eine Nacht in Locarno und eine Nacht in Bellinzona, und dann hat man uns freigelassen, und ich stand unter Polizeiaufsicht in Zürich. Und nur dadurch, dass Mühlestein und andere prominente Schweizer sich für uns eingesetzt haben, sind wir nicht sofort ausgewiesen worden, sonst hätte ich mein Diplom nicht machen können. Aber kaum war das Diplom da, haben sie uns beide ausgewiesen. Eigentlich dürften wir auch jetzt nicht in die Schweiz einreisen.

Ernst Bloch: Der Wortlaut der Ausweisung hiess so: «Weil die Voraussetzungen, die früher zur Erteilung einer Duldung innerhalb der schweizerischen Grenzen geführt haben, nicht mehr vorzuliegen scheinen.» «Scheinen» dazu noch. Die zur Erteilung einer Duldung! Eine Unverschämtheit ist schon das Wort Duldung.

Karola Bloch: Aber ich bin sehr froh, dass ich mal im Gefängnis war. Da waren Wanzen in dieser Zelle. Ich konnte gar nicht schlafen. Und das Essen war abscheulich. Ich habe natürlich diese Situation ausgenutzt als politisch aktiver Mensch, um zu schimpfen gegen die schweizerischen Gefängnisse. Dem Mann, der da jeweils zu mir kam und mir etwas zu trinken brachte, abscheuliche Brühe, Wasser, in dem so paar Nudeln schwammen, eine Schande!, habe ich dem gesagt, und die Wanzen! Schämen Sie sich, in der Schweiz, die so Anspruch hat, hygienisch zu sein, dass Sie Wanzen haben in der Zelle, das gibt's doch gar nicht mehr. Also ich schimpfte wie ein Rohrspatz. Und mein Mann war irgendwie viel klüger als ich, vielleicht dadurch auch, dass er mehr so Krimis gelesen hat und mehr wusste, wie man sich in einem Gefängnis benimmt – obwohl – ich hab' ja die politische Literatur gekannt –, und er hat gesagt: Ich bin ja nur ein Untersuchungshäftling, da kann ich ja noch etwas verlangen, und da hat er zu diesem Gefängniswärter gesagt: Nehmen Sie doch vom Geld, das ich hinterlegen musste, und bringen Sie mir Schinken und Weissbrot und Chianti und so weiter und dasselbe für die Dame. Wir waren damals noch nicht verheiratet, wir haben sogar gedacht, dass man uns wegen Zuwiderhandelns gegen den Konkubinatsparagraphen verhaftet hatte. Und der bringt mir tatsächlich alles und sagt: Der Herr da schickt es Ihnen.

Ernst Bloch: Hab' den Wärter auch zum Essen eingeladen. Und er hat akzeptiert. Wir kamen ins Gespräch, er sagte: Sie sind also Sozialist, *socialista*, oh.

Karola Bloch: Sie haben meinem Mann den Gürtel abgenommen, damit er sich nicht aufhängt, und die Brille ...
Ernst Bloch: ... damit ich mir nicht mit dem Glas die Pulsadern öffne.
Karola Bloch: Damals, als die Linken so streng beaufsichtigt wurden, konnten sich die Faschisten in der Schweiz völlig frei bewegen. Damals wohnten wir in Küsnacht, glaube ich. Wir hatten eine kleine Wohnung, die ich unter meinem Mädchennamen gemietet habe. Und ein Zürcher Polizist kommt also einen Tag nachdem wir zurückgekehrt sind aus dem Tessiner Gefängnis, läutet an der Tür und sagt: Sind Sie Fräulein P.? Also ich muss ein Protokoll mit Ihnen aufnehmen. Name, Vorname, Geburtsjahr usw. – «Sie wohnen doch hier mit einem Herrn Doktor Bloch, haben Sie ein Verhältnis mit Doktor Bloch?» Hab' ich gesagt: Nein. Und ich sah, wie er ins Protokoll schrieb: «Hat kein Verhältnis mit Doktor Bloch.» Wieso wohnen Sie denn zusammen? Wissen Sie, antwortete ich, Herrn Doktor Bloch habe ich als Untermieter genommen. Das schrieb er wieder genau ins Protokoll. Dieser Polizist war aber ein Sozialdemokrat und ein sehr netter Mann. Der ist dann immer wieder zu mir gekommen, aber nicht, um mich zu kontrollieren, sondern um mich zu informieren, was in der Stadt vor sich geht. Da sagt er zum Beispiel: Fräulein Petrowska, gehen Sie heute nicht ins Café «Odeon», da gibt's heute eine Razzia. Nun waren viele meiner Freunde ohne Papiere, nicht wahr, als Flüchtlinge, es wimmelte von Emigranten – und ich natürlich sofort zu meinen Freunden und sage: Kinder, geht heute um Gottes willen nicht ins «Odeon», da gibt's eine Razzia. So war ich für die also eine herrliche Quelle, durch meinen Polizisten wusste ich alles.

Und dann hat er so politische Gespräche mit mir geführt. Na, kann schon verstehen, natürlich, Sie sind gegen die Nazis, sagte er etwa, das bin ich ja auch, aber nun konnten Sie schon Ihr Studium nicht in Berlin fertigmachen wegen der Nazis, jetzt, wenn Sie's weiter so treiben, können Sie's hier auch nicht machen, hat er gesagt, so väterlich. Darauf sagte ich, ja, da haben Sie gar nicht unrecht, das muss ich mir überlegen, ich glaube, ich werde mich jetzt nur auf mein Studium konzentrieren. – Kostete ja nix, wenn ich das sagte. Und jedenfalls, es war eine sehr nette Bekanntschaft, und niemals hat er mir auch nur das geringste Böse getan, sondern im Gegenteil hat mir nur Gutes getan, weil er mich immer warnte.

Ernst Bloch: Da kommt dann wieder jene Art von Schweizer zum Vorschein, die ich im Ersten Weltkrieg gekannt habe. Ein bisschen Tell: «Der Tyrann ist tot, der Tag der Freiheit ist erschienen.» Ein gewisser Kausalzusammenhang geht jetzt wieder auf. Unbegreiflich, dass das Schiller geschrieben hat. Ein solcher Vers, am Hof von Weimar! Bei den Faschisten hätte er Berufsverbot dafür erhalten. – Die Schweiz, welche Sie heute kennen, und die Schweiz der dreissiger Jahre, von der wir jetzt reden, sind die miteinander verwandt?

NM: Wenn ich an die chilenischen Flüchtlinge denke, die nur mit dem Tropfenzähler ins Land gelassen wurden und ausgewiesen werden bei politischer Betätigung, dann kann ich eine Verwandtschaft nicht leugnen. Oder die politische Überwachung der Fremdarbeiter ...

Ernst Bloch: Wie viele echte Demokraten gibt's heute in der Schweiz?

NM: Ich kann keine genauen Zahlen nennen.

Ernst Bloch: Gibt's Sozialdemokraten im Bundesrat?

NM: Deren zwei.

Ernst Bloch: Das ist also passiert.

NM: Der erste kam Anfang 1944 in den Bundesrat, als man sah, dass die Alliierten den Krieg gewinnen würden.

Karola Bloch: (lacht)

NM: Herr Bloch, als Sie geboren wurden, war Marx erst drei Jahre tot. Sie haben ein gutes Stück des letzten Jahrhunderts noch bewusst erlebt. Dann haben Sie das wilhelminische Deutschland erlebt, den Expressionismus, haben den Wehrdienst verweigert, waren mit Brecht und Benjamin befreundet, aber auch mit Otto Klemperer. Sie haben die Weimarer Republik erlebt, die Anfänge der Volksfront in Frankreich, die fremdenfeindliche Schweiz der dreissiger Jahre, Österreich, die Tschechoslowakei vor dem Einmarsch, sind quer über den Kontinent vor dem Faschismus geflohen und haben schliesslich aus Polen nach Amerika übergesetzt. Wie schlägt man sich als Philosoph durchs Leben? Ernährt die Philosophie ihren Mann, in den finsteren Zeiten? Professor sind Sie ja noch nicht lange.

Karola Bloch: (zu ihrem Mann gewandt) Ja, du hast oft für Zeitschriften geschrieben, eine kleine Erbschaft gemacht ...
Ernst Bloch: Für die «Frankfurter Zeitung» habe ich unter anderem geschrieben. Das war eine ausgezeichnete Zeitung. Da war ich freier Mitarbeiter, im Feuilleton. Die «Frankfurter Zeitung» hat gut gezahlt.
Karola Bloch: Sie müssen sich vorstellen, dass man ungeheuer bescheiden lebte. Sehen Sie, mein Mann war im Schriftstellerverband, und da hat er durch den Verband eine Wohnung bekommen können, eine Zweizimmerwohnung mit Bad und Küche. Und da wohnten wir Ende der zwanziger, Anfang der dreissiger Jahre in Berlin, bis die Nazis kamen. Das waren die sozialen Wohnungen, vom Schriftstellerverband erbaut. Ich habe damals meinen Monatswechsel von meinem Vater bekommen, ausreichend, der Vater war wohlhabend. Und wir haben diese Wohnung ohne grosse Schwierigkeiten bezahlen können, und Möbel hatte mein Mann, und da waren wir also möbliert. Und was brauchte man denn zum Leben? Wissen Sie, da hatte man noch keinen solchen Konsum wie heute. Theaterkarten hatte man umsonst, und mittags hat man eben eine Suppe gekocht und ein Stücklein Fleisch, und damit hatte es sich. Wenn wir nach Italien gereist sind, wohnten wir in ganz einfachen Hotels, und wir assen nur in Osterias oder Trattorias, weil eben ein Ristorante schon viel zu teuer war.
Ernst Bloch: Wie ist es eigentlich mit Ihnen, Ihre Meinungsäusserungen sind doch ziemlich eindeutig, haben Sie da in der Schweiz Verfolgungen zu gewärtigen?
NM: Das noch nicht. Es gibt Zeiten, wo man wenig Arbeit hat. Eine allgemeine Erscheinung.
Karola Bloch: Als wir nach Amerika gingen, war unser Sohn ein halbes Jahr alt. Dort war es anders, mein Mann konnte dort gar nichts verdienen, weil er doch nicht Englisch kann. Wie heisst diese Zeitschrift, «New Republic», da kamen wir gerade aus der Tschechoslowakei, er hatte viel Erfahrung mit politischer Publizistik und konnte doch nicht einen einzigen Aufsatz unterbringen in der «New Republic». Die ersten Jahre haben wir deshalb sehr knapp gelebt. Ich konnte aber arbeiten als Architektin. Gehungert haben wir nie und auch nicht gefroren. Es war ein bescheidenes Leben, das uns aber vollkommen genügte. Ich hab' gekocht, und mein

Mann hat geheizt. Es war ja sehr billig in Amerika, für fünf Dollar konnten wir diesen herrlichen Anthrazit für die Zentralheizung kaufen, den du dann im Keller gelagert hast. Für fünf Dollar war der ganze Keller voll.

Ernst Bloch: Ich habe Betten gemacht, die Küche gemacht, die Lebensmittel eingekauft.

Karola Bloch: Ich verdiente 100 Dollar die Woche, die Wohnung war 45 Dollar im Monat. Wir haben noch ein demokratisches, antifaschistisches Amerika erlebt, bevor der McCarthyismus begann. Während des Krieges war Frau Roosevelt im Komitee für sowjetamerikanische Freundschaft, dem ich auch angehörte. Und die Sowjetunion, welche den Alliierten die Kastanien aus dem Feuer holte, war schon sehr populär. Und die ganze Einreise von linken Leuten, wie dem Kantorowicz zum Beispiel, ein Jugendfreund von mir, da hat die Frau Roosevelt geholfen; obwohl er Kommunist war, hat er die Einreiseerlaubnis bekommen. Schliesslich sind wir beide amerikanische Staatsbürger geworden. Dann sind wir in die DDR gekommen und mussten unsere schönen amerikanischen Pässe abgeben. Der Brecht war schlauer, der hat sich die österreichische Staatsbürgerschaft organisiert und hat sie behalten.

NM: Im Westen bestand die Gefahr, dass Ihre Bücher vor allem den Theologen und Spiritualisten, ich denke da an Friedrich Heer, in die Hände gefallen sind und nicht so sehr den Revolutionären als Instrument gedient haben.

Ernst Bloch: Es gab ja einmal einen Theologen namens Thomas Münzer. Der Heer* ist ein braver, gänzlich harmloser Mann, man wurde sich völlig vergreifen, wenn Sie den als eine tückische, finsternishafte Gestalt betrachten. Er ist ein ehrlicher, braver Kerl. Politisch sehr anständig. Also deren gibt's einige. Es gibt auch andere, deren Zustimmung beruht auf einem Missverständnis, wenigstens zum Teil. Aber jedenfalls, ein Heer schreibt nicht die üblichen Phrasen hin: «Empor zu den lichten Höhen des Sozialismus», das ist von Anfang bis Ende verlogen. Ein Heer oder ein Mitgänger von Heer würde nie so etwas schreiben. Abgesehen von der völligen Kulturlosigkeit, ist es die völlige Verlogenheit, die so spricht. «Empor zu den lichten Höhen des Sozialismus.» Im übrigen gibt

---

* Österreichischer Historiker.

es einen Satz von Jesus Christus, der heisst: Eher kommt ein Kamel durchs Nadelöhr als ein Reicher ins Himmelreich. Ein ganz schöner Satz, nicht.

Karola Bloch: Sie können umgekehrt sagen: Der Bloch hat verschiedene Theologen politisiert. Die Kritik der Theologen an Bloch, an seinem «Prinzip Hoffnung», hiess zwar ungefähr: Hoffnung kann man nicht haben ohne Gott. Aber schliesslich kann der Bloch nichts dafür, dass die Theologen ihn so vereinnahmt haben. Ich würde so sagen: Wie ein impotenter Mann, der sich so Spritzen verabreichen muss, um wieder potent zu werden, so haben manche Theologen den Bloch benutzt, weil sie doch eigentlich auf ziemlich absteigendem Ast sind. Viele Theologen schrieben über ihn, die theologische Sekundärliteratur ist ja grösser als die andere. Der Bloch gab ihnen so eine Spritze. Manche von ihnen sind aber auch von Bloch inspiriert in einer richtigen Richtung. Zum Beispiel dieser katholische Theologe Johann Baptist Metz in Münster ist von ihm politisiert worden. Der war eine Zeitlang ziemlich links, und dann hat er wohl kalte Füsse bekommen und ist ein bisschen abgerückt, aber nichtsdestoweniger, am 30. Juni machen hier gerade der Metz aus Münster, der Moltmann und der Küng ein Symposium, das Ernst Bloch gewidmet ist, also sozusagen: Ernst Bloch und die Religion.

Ernst Bloch: Ohne Gott.

Karola Bloch: Die Theologen werden dann Gott einführen, wahrscheinlich. Besonders das Buch «Atheismus und Christentum» hat viele Leser unter den Theologen zum Widerspruch gereizt. Das ist eben das Interessante, dass so viele Leute von der Theologie her zum Sozialismus kommen, zum Beispiel der Rudi Dutschke war ein Theologe, auch die Anarchistin Gudrun Ensslin, sie haben vom Urchristentum oder vom Revolutionär Jesus her Impulse bekommen. Das ist nicht negativ zu werten, kann man nicht sagen.

Da Sie aus Frankreich kommen, eine Frage in ganz anderem Zusammenhang: Wie erklären Sie sich eigentlich, dass in Frankreich, wo das Proletariat doch mehr Klassenbewusstsein hat als in Deutschland, dass dort die Revolte 1968 so kläglich zusammengebrochen ist, statt dass die Arbeiter mit den Studenten zusammen etwas erreicht hätten?

NM: Ich vermute, wegen der politischen Führungslosigkeit, weil die KP keine revolutionäre Führung bot.

Ernst Bloch: Und durch die Sowjetunion und ihre Direktiven an die französische Kommunistische Partei.

NM: Und die Sowjetunion hatte natürlich kein Interesse an einem Umsturz in Frankreich.

Karola Bloch: Warum eigentlich? Warum hat die Sowjetunion kein Interesse daran, dass in einem grossen westlichen Land die Revolution gemacht wird, wo doch Karl Marx schon sagte, dass sie von dort kommen werde?

Ernst Bloch: Wegen der Konkurrenz. Ein kleineres, aber gefährlicheres China.

Karola Bloch: Das ist ja nun eben die grösste Enttäuschung am Sozialismus, der China-Sowjetunion-Konflikt, und b), dass hier ein Sozialist sagen muss: Die Sowjetunion hat kein Interesse, dass in Frankreich die Revolution gemacht wird. Im Grunde genommen eine ungeheuerliche Sache.

NM: Das ist etwas, woran Sie damals noch glauben konnten, wenn man Ihre politischen Aufsätze aus den dreissiger Jahren liest: Die Sowjetunion als revolutionäre Macht, und das Proletariat in den westlichen Ländern als revolutionäres Subjekt. Daran kann man wohl auch nicht mehr so ganz glauben, bei dem gegenwärtigen Zustand der Arbeiterschaft. Hat man damals nicht auch schon ein wenig Zweifel gehabt an der Sowjetunion?

Ernst Bloch: Von der Mauer ab sicher. Vorher gab's Zweifel, aber keine kanonischen und keine mit Dynamit. Es war immerhin die Sowjetunion, das Vaterland aller Werktätigen. Und die Zweifel gingen nicht aufs Grundsätzliche. Aber in ganz kleinen Dosen kamen immer wieder die Spritzen der Entfremdung. Es gab die Paralellen mit Frankreich, und es gab die Nazis. Die Nazis sind in der genau gleichen Reihenfolge in Paris eingezogen, wie sie in Deutschland auszogen, wurde überhaupt nicht geschossen unterwegs, 1940. Die Frage war: Wollt ihr, dass das auch in Russland vor sich geht und dass fünf oder sechs Spekulanten, Litwinow und Bucharin zum Beispiel, in ein Einverständnis mit den Nazis kommen, so dass wir ein zweites Frankreich haben? Oder meint ihr, dass das kühle Denker sind, hochgelehrte Männer, wissenschaftlich hieb- und stichfeste Männer, die eben eine andere theoretische Perspektive haben als ihr, die ihr für die Stalinsche Politik seid? Nun haben sie eben diese Politik durchführen wollen, sie haben ein grosses Spiel gewagt und haben das Spiel verloren. Sie sollen nicht zum Tod verurteilt werden, aber jedenfalls dafür einstehen, dass sie das Spiel verloren haben. Im übrigen, wo kommen die gegenteiligen Beurteilungen her, sagte man sich. Aus der bürgerlichen Presse.

NM: Wenn man heute sieht, wie die Ideologie der Kleinbürger immer weiter um sich greift, obwohl die Kleinbürger objektiv deklassiert werden, dann fragt man sich, wo eigentlich der Hebel zur Veränderung angesetzt werden könnte.

Ernst Bloch: Man soll das nicht fragen. Man soll den Inhalt seines Zweifels betrachten und abwarten und *keinen* Tee trinken. Und sich theoretisch weiter auf der Höhe halten. Es ist doch schon oft genug vorgekommen, dass es anders herauskam, als man dachte, und immer wieder gibt's doch Unterbrechungen.

Karola Bloch: Den Faktor der neuen Möglichkeiten muss man auch mit einbeziehen. Wer hätte gedacht, noch vor zwei Jahren, dass ausgerechnet in Portugal etwas Neues geschieht? Ich staune, woher nehmen die Leute überhaupt dieses politische Bewusstsein. Leute, die jahrzehntelang nichts lesen konnten, nichts wussten – wenn man betrachtet, mit welchem Enthusiasmus sie sich einsetzen, ist doch ganz erstaunlich. Auch Griechenland, wer hätte gedacht, dass Griechenland plötzlich eine andere Richtung einschlüge? Und so muss man sagen, dass vielleicht unerwarteterweise sich etwas ereignet, auch in einem der grossen Industrieländer, meinetwegen vielleicht in England, wo die wirtschaftliche Situation so katastrophal ist, könnt' ich mir vorstellen, dass vielleicht plötzlich in England der Groschen fällt und das Proletariat beschliesst: Jetzt wollen wir Schluss machen mit dieser faulen Gesellschaft, die's zu nichts bringt, und wir wollen mal tatsächlich mit Sozialismus beginnen ...

NM: Ich bin auf den Kommentar eines Staats-Philosophen der DDR gestossen, Rugard Otto Gropp, der Ernst Bloch im Namen des Marxismus «antimarxistische Welt-Erlösungslehre» vorwirft. Wodurch wurde dieser Vorwurf ausgelöst?

Karola Bloch: Das war doch diese berühmte Geschichte, dass Bloch in der DDR angegriffen wurde, nachdem die Ungarn den Aufstand hatten und die Polen – Lukács hatte uns im Sommer '56 besucht –, und wir haben uns damals glänzend mit ihm verstanden, und wir waren uns alle darüber einig, dass ein demokratischer Sozialismus kommen musste. Und der Lukács und seine Frau sagten uns: Ihr müsst gegen Ulbricht vorgehen, und mein Mann unterstützt alle in der DDR, die später im Gefängnis gelandet sind, in diesem Bestreben, eine andere DDR zu haben. Das hatte so einen abgekürzten Namen: menschlicher Sozialismus, also nicht diese bürokratischen Zustände. Und nun, solange es keinen Aufstand in Ungarn gab und in Polen, da konnte man das sogar noch sagen, weil der 17. Juni ist den DDR-Leuten sehr in die Knochen gefahren, es musste sich ein wenig die Atmosphäre ändern, nachdem sie erlebt haben, dass die Arbeiterklasse in der DDR gegen die Regierung eingestellt war.

Das war ja ganz wuchtig, ich hab' das alles erlebt, war gerade in Berlin und hab' alles mit eigenen Augen gesehen. Ich war in der SED und war an sich eine sehr treue Genossin, aber das hab' ich miterlebt, und das war schon etwas sehr Entsetzliches, gerade Arbeiter zu sehen, wie sie ihre schlesischen Lieder sangen und «Deutschland, Deutschland über alles» und wie sie verlangten, dass die Regierung abtritt usw. Und dann hat die Regierung etwas liberalisiert, man konnte schon etwas mehr sagen. Bloch hat das ausgenutzt und hat mitgearbeitet an einer Zeitschrift, die hiess «Der Sonntag». Da waren junge Leute, die alle so begeistert waren von diesem andern Sozialismus. Man konnte damals Stalin kritisieren, nachdem Chruschtschow die Verbrechen Stalins aufgedeckt hat.

Nachdem nun aber die sowjetischen Panzer den Aufstand in Ungarn niedergemetzelt haben, war das ein Signal für die alten Stalinisten in der DDR, alle die Leute zu bekämpfen, welche für den neuen Sozialismus sich eingesetzt hatten. Als Bloch im Jahre 1955 den Nationalpreis der DDR bekommen hat und zu seinem siebzigsten Geburtstag, da gratulierte alles, was in der DDR gut und teuer war, da haben Ulbricht und Pieck und Grotewohl rote Saffianmappen mit Gratulationen geschickt, und derselbe Gropp, der später gegen ihn war, hat damals als Herausgeber der Festschrift gezeichnet – nachdem schon 1954 der erste Band von «Prinzip Hoffnung» erschienen war, schwärmten alle Zeitschriften in der DDR von Bloch, und er wurde auf ein ganz hohes Podest gestellt als *der* Philosoph.

NM: Quasi als Staats-Philosoph akzeptiert?

Karola Bloch: Obwohl es schon gegen ihn Kämpfe gab um 1952, als eine Strömung gegen Hegel war. Da hatte er sein Hegel-Buch veröffentlicht. Also ganz glatt wurde er nie akzeptiert in der DDR, aber immerhin, das wurde dann überspielt durch so verschiedene Faktoren, nach dem Tode von Stalin. Nachdem jedoch aufgedeckt wurde, dass Wolfgang Harich, der mit Bloch zusammen die «Zeitschrift für Philosophie» herausgab, auch zu einer oppositionellen Gruppe gehörte – in dieser Zeitschrift konnte Bloch damals, ohne ein Blatt vor den Mund zu nehmen, schreiben –, als nun entdeckt wurde, dass Harich nach Hamburg zum «Spiegel» ging und er die Sache dort ganz gross aufziehen wollte und Harich darauf verhaftet wurde, da wollte man auch den Bloch und mich verhaften, denn er galt als der Drahtzieher. Aber dann hat man davon abgesehen, das war nicht opportun, Bloch war auch nicht mehr jung und zu bekannt und so weiter. Die Leute, die dann gegen ihn schrieben, waren durchaus nicht unanständige Leute, verstehen Sie, und die kamen nun zu uns und sagten: Entschuldigen Sie oder entschuldige – mit manchen waren wir per du –, entschuldige, dass nun bald ein Aufsatz erscheinen wird in der «Zeitschrift für Geschichte», wo vor kurzem noch dithyrambisch über Bloch geschrieben wurde, entschuldige, dass nun ein Rückzieher gemacht wird und ich schreiben muss: Mea culpa, ich habe mich geirrt, Bloch ist nicht das, was wir dachten, er ist ein Metaphysiker oder Mystiker, dessen Philosophie mit Marxismus nichts zu tun hat. Also das schüttete nur so, auch in Zeitungen.

NM: Das ist schlagartig gekommen, einfach als politischer Reflex, und hat nichts zu tun mit einer seriösen Kritik, die schon früher aufgrund des Marxismus an Bloch eingesetzt hatte?

Karola Bloch: Das war nur ein Echo, ein Gegenzug, der diese demokratischen Strömungen kontern sollte. Im Januar 1957 wurde Bloch seines Amtes enthoben, er ist zwangsemeritiert worden, wie man das nennt, und durfte den Boden der Universität nicht mehr betreten. Er hatte natürlich unter der Jugend unerhörten Zuspruch. Seine Vorlesungen waren gefüllt, und die Jugend verehrte ihn sehr. Nun konnte er nicht mehr öffentlich auftreten, und im März oder April 1957 war diese Konferenz: Ernst Bloch, Revision des Marxismus. Und daran beteiligten sich jene Leute, die früher ihn so hoch aufs Schild gehoben hatten. Der Gropp hat das angeführt, das war so ein ganz Sturer. Der Pinkus wird das Buch sicher haben: Ernst Bloch, Revision des Marxismus.

NM: Haben Sie nicht in der DDR einen Teil Ihrer Utopie verwirklicht gesehen?

Karola Bloch: Das könnte man vielleicht sagen, in den ersten Jahren nach dem Krieg, das war sehr hoffnungsvoll. Was dort unzulänglich war, haben wir zuerst als Kinderkrankheiten betrachtet, wir waren vorerst eigentlich sehr glücklich dort. Es war ein reiner Zufall, dass wir hier gelandet sind. Im Jahre '56, als der Harich verhaftet wurde, sagten uns Freunde: Ihr steht auch auf der Liste, Ihr kommt auch dran. Auch SED-Mitglieder haben uns damals zur Abreise geraten. Aber da wollten wir nicht, denn so viele junge Leute hängen eben an Bloch, sagten wir uns. Und wenn er da weggefahren wäre, hätte er das wie einen Verrat empfunden. Er sollte lieber dortbleiben als Mahnender für einen besseren Sozialismus.

NM: Ein ähnliches Dilemma wie für Brecht, der dann gestorben ist, bevor er in Ihre Lage kam.

Karola Bloch: Ganz recht. Wir waren ganz einig mit dem Brecht. Und deswegen ist Bloch geblieben. Aber dann waren wir hier in der Bundesrepublik im Jahre '61 im Urlaub, wir wollten natürlich zurückkehren, wir haben ja ein Haus gehabt und Bücher und alles mögliche, und wir wollten zurück nach Leipzig. Aber in der Bundesrepublik hat uns eben die Mauer erwischt. Und da kam plötzlich das Dilemma, dass wir nie mehr hätten raus können und dass vor allem der Bloch mit dem Suhrkamp-Verlag keine Verbindung mehr gehabt hätte, keine Manuskripte mehr hätte rausschicken können. Und in der DDR hat man ja nichts mehr von ihm gedruckt, nicht mehr eine Zeile. Und das war dann der Grund, dass wir uns entschlossen haben, nicht zurückzukehren. Also wir sind nicht in diesem Sinne Flüchtlinge, dass wir die DDR verlassen haben.

Ernst Bloch: Als wir damals drüben ausreisten, wurde nicht ein Ton, nicht eine Silbe von der Mauer gesprochen.

Karola Bloch: Wir wussten doch von nichts. Wir hatten zwei kleine Köfferchen für die Sommerreise mit. Wir haben alles verloren. Nur die Manuskripte, die hat ein Mann gerettet. Er ging in das Haus und brachte die Manuskripte raus.

NM: Wurden denn Ihre Bücher in der DDR nicht von einer andern Schicht gelesen, hatten Sie nicht eine andere gesellschaftliche Funktion als hier jetzt in der Bundesrepublik? Man hört immer, in der DDR würden die Philosophen viel mehr in Ehren gehalten als in der Bundesrepublik.

Ernst Bloch: Hier haben sie eine gesellschaftliche Funktion, *drüben* nicht. Es gibt nur *eine* Schicht, die die Bücher gelesen hat.

Karola Bloch: Hier ist die Schicht grösser.

NM: Kann man nicht sagen, dass in der DDR Bücher wie Ihre mehr von Angestellten und Arbeitern gelesen werden als hier?

Ernst Bloch: Das kann man nicht sagen. Da liegt eine Decke von Heuchelei darüber und von Vorsicht. Einer, der mit der Regierung zusammenstösst und einen hohen Posten hat an der Universität, dem werden das Kleinbürgertum und die Angestellten, die selbst kleinbürgerlich sind, nicht ihr Herz eröffnen.

Karola Bloch: Ausserdem, Sie dürfen nicht vergessen, die Zeitspanne war sehr kurz. Das erste Buch, das drüben erschienen ist, war das Hegel-Buch, 1951. Und dann kam «Prinzip Hoffnung», der erste Band 1954. Alles in kleinen Auflagen, die sofort vergriffen waren, so dass gar nicht ein grosser Teil der Bevölkerung dazu kommen sollte. Wie mir mal ein Buchhändler sagte: Die haben schon einen Riecher gehabt, dass der Bloch nie so ganz linientreu war. Und die Bücher wurden unter der Theke verkauft. Aber, wenn er einen Vortrag irgendwo hielt, wie zum Beispiel zum 125. Todestag von Hegel, da war das Audimax in der Humboldt-Universität von Berlin überfüllt. Da kamen nicht nur Philosophen, sondern auch Mediziner und andere. Zuletzt hast du, glaub' ich, in der Anatomie gelesen?

Ernst Bloch: Ja.

Karola Bloch: Der Bloch verkörperte eben einen andern Sozialismus, nicht einen solchen, der Leitartikel von sich gibt. Davon hatten die Leute genug.

Ernst Bloch: Wir haben jetzt genug Mühle gespielt, sagte ich damals. Wir sollten jetzt beginnen, Schach zu spielen. Mühle, wissen Sie, was das ist? So ein kleinbürgerliches Spiel.

(Das Gespräch fand statt in der Blochschen Wohnung in Tübingen zur Feier des 90. Geburtstages von Ernst Bloch, im Sommer 1975.)

Überwachen & Bestrafen (I)

Es ist immer wieder zum Staunen, wie wenig die brillanten, penetranten, umstürzlerischen und genussreichen Schriften des berühmten Historikers* Michel Foucault im deutschen Sprachraum durchgedrungen sind. Hängt's am Französischen, dessen Kenntnis mehr und mehr vom Englischen verdrängt wird? Hängt's an den deutschen Übersetzungen**, die sehr wenig von Foucaults «Lust am Text» verstrahlen? Da hat mir kürzlich ein bekannter Psychiater, den die Foucaultschen Untersuchungen über die Geschichte des Wahnsinns nicht kaltlassen dürften, kopfschüttelnd gesagt: «Foucault? Nie gehört. Kenne die Pariser Szene nicht.» Und ein notorischer Linguist, voll mit Roman Jakobson beschäftigt, heller Kopf, aber ziemlich auf den angelsächsischen Raum fixiert, hatte auch noch keine Zeile des französischen Professors und Agitators zu sich genommen. Und ach, sogar ein Historiker, etabliert, renommiert und installiert auf einem Lehrstuhl für Geschichte an der Universität Zürich, ein Mann in den besten Forschungsjahren und scharf auf alle erklecklichen Neuerscheinungen seiner Domäne, hatte den Namen des grossen Kollegen F. weder in sein Bewusstsein noch in seine Kartei aufgenommen.

Bei manchen Philosophen hierzulande gilt Michel Foucault als Historiker und deshalb als Unphilosoph, und bei manchen Historikern als Philosoph und deshalb als Unhistoriker. Man kann ihn nicht richtig in die bestehenden Schubladen versorgen, diesen

---

* Foucault möchte, wie er mir in einem Gespräch 1971 versicherte (TAM Nr. 12/1972), ausdrücklich nicht als Philosoph gelten, obwohl er in Frankreich meist als solcher betrachtet wird. Auf die Frage, worin die «Arbeit der Philosophen» bestehe, sagte er: «Ich glaube, dass die Philosophen nicht arbeiten» und «Die Philosophie ist eigentlich schon abgeschafft, sie ist nur noch eine kleine, vage Universitätsdisziplin, wo die Leute von der Totalität der Entität sprechen, von ‹écriture›, von der ‹materialité du signifiant› und so ähnlich.»

** Foucaults kartesianische und zugleich barocke Sprache ist kaum übersetzbar, schon gar nicht von Übersetzern, die im Akkordsystem und schlecht bezahlt sich abrackern müssen. Die Irreführung des deutschen Lesers beginnt schon bei den Titeln. So wurde «Histoire de la Folie» im Suhrkamp-Verlag publiziert als «Wahnsinn und Gesellschaft» – ein Titel, der nach Soziologie und nicht mehr nach Geschichte riecht wie das französische Original.

Herrn Professor, der zwar anspruchsvolle und eindringliche Bücher schreibt und mit fünfundvierzig Jahren auf der Spitze der akademischen (und damit gesellschaftlichen) Pyramide angelangt ist, gibt er doch seit 1970 Vorlesungen am «Collège de France», wo einige der besten Köpfe aus ganz Frankreich und aus allen Fächern zentralisiert sind (Lévi-Strauss, Jacques Berque, Le Roy Ladurie usw.) – und der trotzdem auf die Strasse geht, agitiert, Flugblätter verteilt, von der Polizei abgeführt wird, am Rande oder jenseits der bürgerlichen Legalität funktioniert, der den Justizminister Pleven öffentlich einen Lügner genannt hat, weil er die Zustände in den Gefängnissen verschleierte, dieser Foucault, der höhnisch und wütend auf seinen Staatspräsidenten losging: Pompidou habe eine «guillotine électorale», eine Wahlguillotine, betätigt, als er Buffet und Bontemps* aufs Schafott schickte, er habe sich Wählerstimmen sichern wollen, indem er den Blutdurst der aufgeputschten Kleinbürger stillte. (Wer kann sich einen solchen Professor bei uns vorstellen?)

Dabei wird man, vor allem seit dem Erscheinen von «Surveiller et punir», aber auch schon seit «Histoire de la folie» und «Pierre Rivière» ohne Übertreibung sagen dürfen: Das Gefängnissystem in den industrialisierten Gesellschaften, die Mechanismen der subtilen oder grobschlächtigen Dressur des Menschen begreift man so wenig, wenn man Foucault nicht liest, wie man den Klassenkampf kaum versteht, wenn man Marx nicht studiert, oder wie man vom Unterbewusstsein keine rechte Ahnung hat, wenn man Freud ignoriert. Es gibt solche Bücher, um die man gar nicht herumkommt, Brenngläser, welche die Strahlen einer Epoche bündeln und im morschen Gebälk der Humanwissenschaften (wie sagt man «sciences humaines» auf deutsch?) zündeln. Jeder Filmer, der Gefängnisse filmt, jeder Journalist, Künstler, Gefangene, Politiker, der mit Käfigen und verwandten Institutionen und mit der Käfighaltung von Menschen zu tun hat und die Zerstörung aller Käfige und käfigähnlichen Einrichtungen wünscht, wird sich im Werkzeugkasten von Michel Foucault seine Instrumente holen müssen.

---

* Buffet und Bontemps wurden nach der Gefängnisrevolte und dem Geiselmord von Clairvaux zum Tode verurteilt. Präsident Pompidou lehnte die Begnadigung ab. Dazu das Buch von Buffets Anwalt Thierry Lévy: «L'animal judiciaire».

Das ist jetzt ohne weiteres möglich, denn sein letztes Buch ist äusserst leserlich geraten, nicht wie das neunmalkluge «Les mots et les choses» oder das hochgestochene «Naissance de la clinique», welche (für mich) in einem undurchdringlichen Stil geschrieben und ohne einen Diktionär des Strukturalismus nicht zu entziffern waren. Damit ist nicht gesagt, dass diese hermetischen Bücher keinen Sinn abgäben, doch waren sie so grausam hochkonzentriert, dass nur noch die Eingeweihten drauskamen. Übrigens will Foucault sich heute nicht mehr «Strukturalist» nennen lassen, er hat etwas gegen Etiketten. Wie Sartre, der auch kein Existentialist mehr sein wollte, als dieser Begriff sich abgewetzt hatte.

«Surveiller et punir» beginnt mit Bildern. Zwanzig Bildtafeln aus ganz verschiedenen Bereichen, manches scheint weit hergeholt. Es werden gezeigt: eine Anleitung für militärische Handgriffe aus dem «klassischen Zeitalter», anno 1666. Grundrisse einer Kaserne, 1719. Anleitungen für die korrekte Hand- und Körperhaltung beim Schreiben, 1760. Grundrisse von Spitälern. Anleitung für die korrekte Körperhaltung in den Schulen, 1818. Grundriss der Menagerie von Versailles. Zahlreiche Grundrisse, Aufrisse, Ansichten, Flugaufnahmen von Gefängnissen (seltsam verblüffende Ähnlichkeit zwischen der Struktur einer Menagerie und der Gefängnisstruktur!). Abbildung eines Erziehungsheims, etwa 1840, wo die Zöglinge rechts sich eben in Reih und Glied aufgestellt haben, um auf ein Zeichen des Erziehers hin sich militärisch-sträflingsmässig-spitalhaft-schulisch-fabrikartig, auf eine genau regulierte, normierte, kodifizierte Weise, in die Hängematten zu schwingen, während die Zöglinge links aussen schon alle auf Befehl schlafen.

Damit sind wir mittendrin im Foucaultschen Generalthema, in der «grossen Einschliessung», «le grand renfermement». Die Geburt des Gefängniswesens aus dem Geist der Industrie hatte Foucault schon in seiner «Geschichte des Wahnsinns» trefflich-unübertrefflich analysiert, und in «Surveiller et punir» bohrt er weiter im gleichen Loch. Gefängnisse und gefängnishafte Einrichtungen werden von ihm als Resultat und zugleich als Bedingung der Frühindustrialisierung beschrieben. Während im Mittelalter die Bettler, Kranken, Vagabunden und Wahnsinnigen frei in der

Gesellschaft zirkulierten, werden diese nichtproduktiven Elemente Ende 16./Anfang 17. Jahrhundert, bei Beginn des «klassischen Zeitalters», alle zusammen rübis und stübis eingeschlossen in Häusern, welche man je nach der Gegend «hôpital général» (z.B. die «Salpêtrière» in Paris), «Zuchthaus» oder «working house» nannte.

Gegen Ende des 18. Jahrhunderts entstehen spezialisierte Einrichtungen; im Namen der angewandten Aufklärung trennt man jetzt die Wahnsinnigen, die Bettler, Kriminellen, Kranken voneinander und interniert sie gesondert in Absonderungshäusern: in Asylen, Armenhäusern, Gefängnissen, Spitälern. Nur noch verbrecherische Leute werden jetzt in eigentlichen Gefängnissen versorgt, aber zugleich beginnt sich nun der Organisationsmodus der Gefängnisse auf alle Institutionen zu erstrecken, «l'esprit carcéral», der Geist des Karzers, regiert und reguliert nebst den schon erwähnten Einrichtungen jetzt immer deutlicher auch die Fabriken, Schulen, Kasernen, Internate, Erziehungsheime. Die warenproduzierende Gesellschaft diszipliniert ihre Mitglieder, bringt ihnen genau abgezirkelte Handgriffe und Denkgriffe bei und macht den Menschen im Hinblick auf Funktionen rentabel, die er im undressierten Zustand nicht übernehmen würde. Die nicht arbeitenden Vagabunden kommen in Besserungsanstalten, die ungebärdigen Jünglinge in die Kaserne und anschliessend, flott abgerichtet, in die Fabriken usw. Den freiheitsdurstigen Kindern in der Schule, welche sich dort unschulisch-frech benehmen, kann man mit einer Verschärfung des Schulsystems drohen: «Du kommst in ein Erziehungsheim, wenn du nicht folgst», und im Erziehungsheim heisst es: «Du kommst ins Gefängnis, wenn du nicht parierst.» In der Schule kann es aber auch heissen: «Wenn du nicht genügend lernst, kannst du nicht promoviert werden, dann musst du in die Fabrik.»

So wirkt die oberste Stufe aller Einschliessungen, das Gefängnis, als regulativ-organisatorisches Prinzip auf alle unteren Stufen zurück, und so ist das Gefängnis nur die letzte Sprosse einer Leiter, nur ein Glied aus der Serie verwandter Institutionen und also nicht qualitativ verschieden von Kasernen, Heimen, Asylen, Schulen. Gefängnis als verschärfte Schule, Schule als gemildertes Gefängnis. Die Schraube kann beliebig angezogen werden, fast übergangslos mündet eine Institution in die andere, je nach Fügsamkeit oder Widerborstigkeit des zu dressierenden Erziehungsobjekts. (Wer je in einem Internat lebte, hat das besonders deutlich gespürt.) Hier liegt das Verdienst von Michel Foucault: er hat das Gefängnis historisch begriffen, nicht nur punktuell als einen isolierten Skandal, den man mit gutem Willen und ein bisschen Reformeifer abschaffen könnte, und schon ist die Gesellschaft wieder in Ordnung. Foucault denkt diachron durch fünf Jahrhunderte, und zugleich denkt er synchron im Kontext der Institutionen. Deshalb ist er auch kein oberflächlicher Reformist, der ein paar kosmetische Verschönerungen am Gefängniswesen anbringen möchte. Denn was nützt es, wenn die Gefängnisse in ihrer heutigen, relativ brutalen Form verschwänden und trotzdem in andern Institutionen etwas subtilere, aber um so perfidere Formen der Einschliessung und des «esprit carcéral» ins Kraut schiessen? Diese Überlegung hindert ihn übrigens nicht daran, sich heftig im Kampf gegen das französische Gefängnissystem zu engagieren, er arbeitet und agitiert in der «Groupe d'information sur les prisons» (GIP), welche Bewegung vor allem darauf abzielt, den Gefangenen wieder zu jener Sprache zu verhelfen, die es ihnen im Gefängnis verschlagen hat. Die Sprache der Gefangenen aber heisst Revolte, bekanntlich. Debout, les damnés de la terre! Foucault will nicht die Interessen der Gefangenen vertreten, aber er freut sich, wenn die Gefangenen ihre eigenen Interessen vertreten*. Das geschieht in Frankreich (und vielleicht auch anderswo) immer dann, wenn die Gefangenen ihre Wärter einschliessen und auf die Dächer steigen. Dann gibt es

---

4 Foucault: «Was die Intellektuellen unter dem Druck der jüngsten Ereignisse entdeckt haben, ist dies, dass die Massen sie gar nicht brauchen, um verstehen zu können; sie haben ein vollkommenes, klares und viel besseres Wissen als die Intellektuellen; und sie können es sehr gut aussprechen. Aber es gibt ein Machtsystem, das ihr Sprechen und ihr Wissen blockiert, verbietet und schwächt. Ein Machtsystem, das nicht nur in den höheren Zensurinstanzen besteht, sondern das ganze Netz der Gesellschaft sehr tief und subtil durchdringt. Die Intellektuellen sind selbst Teil dieses Machtsystems; die Vorstellung, dass sie Agenten des ‹Bewusstseins› und des Diskurses sind, gehört zu diesem System. Heute kommt es dem Intellektuellen aber nicht mehr zu, sich an die Spitze oder an die Seite aller zu stellen, um deren stumme Wahrheit auszusprechen. Vielmehr hat er dort gegen die Macht zu kämpfen, wo er gleichzeitig deren Objekt und deren Instrument ist: in der Ordnung des ‹Wissens›, des ‹Bewusstseins›, des ‹Diskurses›.»

Überwachen & Bestrafen (I)

jeweils Reformen, die es vorher trotz allen Eingaben, Petitionen und Resolutionen nicht gegeben hat.

Was macht die Lektüre von «Surveiller et punir» so spannend? Dieser Stil, der gefangennimmt und zugleich befreit, bald warm und bald kalt, präzis und expressiv? Das ist Literatur, Wissenschaft, Pamphlet, Vergangenheitsreportage, Historiographie in einem. Der Stil kommt vom Inhalt, und den hat der Historiker Foucault zu einem guten Teil aus Dokumenten oder fast verschollenen Büchern gepflückt: Archivarbeit bringt sinnliche Sprache und hohe Anschaulichkeit, wenn sie einer praktiziert, der den lebendigen Kontakt mit Gefangenen hat. Der Klappentext, von Foucault geschrieben, lautet:

«Vielleicht schämen wir uns heute unserer Gefängnisse. Das 19. Jahrhundert war im Gegenteil stolz auf diese Festungen, die es am Rand und manchmal im Herzen der Städte erbaute. Es begeisterte sich an dieser neuen Milde, welche die Schafotte ersetzte. Das 19. Jahrhundert war beglückt, weil jetzt nicht mehr die Körper bestraft, sondern die Seelen korrigiert wurden. Diese Mauern, diese Riegel, diese Zellen versinnbildlichen ein Unternehmen der sozialen Orthopädie.

Wer stiehlt, wird eingekerkert; wer vergewaltigt, wird eingekerkert; wer tötet, ebenfalls. Woher kommt diese seltsame Praxis und das eigenartige Projekt: Einschliessung zwecks Erziehung, welches die Strafgesetzbücher der Neuzeit in sich tragen? Ein altes Überbleibsel der mittelalterlichen Verliesse? Eher eine neue Technologie: Die Vervollkommnung, vom 16. bis ins 19. Jahrhundert, eines ganzen Arsenals von Prozeduren, mit denen man die Individuen überwachen, kontrollieren, messen, dressieren, sie zugleich gefügig und nützlich machen kann.

Überwachung, Übungen, Manöver, Noten, Ranglisten, Klassierungen, Examen, Registrierungen – eine ganz bestimmte Art der körperlichen Unterwerfung, eine Beherrschung der menschlichen Vielfältigkeiten und eine Manipulation ihrer Kräfte hat sich im Laufe des klassischen Zeitalters in den Spitälern, in der Armee, in den Schulen, Internaten und Manufakturen entwickelt: die Disziplin. Das 18. Jahrhundert hat ohne Zweifel die Freiheiten erfunden; aber es hat ihnen ein tiefes und solides Fundament gegeben – die disziplinäre Gesellschaft, zu der wir immer noch gehören. Das Gefängnis muss man wieder innerhalb der Entstehung dieser Überwachungsgesellschaft sehen. (...)»

Eine «ganz bestimmte Art der körperlichen Unterwerfung»? Das Kennzeichen der neuzeitlichen Zucht, sagt Foucault, besteht in der Unterwerfung der Körper, in der körperlichen Dressur, ohne dass die Körper von den Zuchtmeistern berührt oder gar beschädigt werden. Die Körper müssen ganz bestimmte Verrichtungen lernen, um rentabel zu sein, und weil der Körper ein Produktionsmittel geworden ist, wird er jetzt nicht mehr gezwackt und verstümmelt wie auf den Folterstätten des Mittelalters, sondern abgerichtet und dressiert. Via körperliche Dressur wird eine Fügsamkeit der Seele bewirkt, und die gefügige Seele wiederum macht auf die Länge sogar jede körperliche Dressur überflüssig.

Die Todesstrafe an sich betrachtet Foucault in diesem Zusammenhang als atypisch in der modernen Gesellschaft, ihre zivilisierte Form jedoch als typisch: während bis etwa zur Französischen Revolution die Hinrichtung oft eine Steigerung der vorgängigen Folterung war und den Höhepunkt der körperlichen Vernichtung darstellte (welche etappenweise vor sich ging), worauf dann eventuell noch die Verbrennung des toten Delinquenten und die Zerstreuung seiner Asche in die vier Winde folgte, ist die Todesstrafe seit dem 19. Jahrhundert in den industrialisierten Gesellschaften ein schneller, relativ schmerzloser Akt geworden: der Körper des Exekutanden wird bis zum letzten Moment und sofort nach dem letzten Moment respektiert, und die Exekution selbst ist ein möglichst kurzer Schnitt (wie bei der Guillotine) oder ein rascher Sturz (wie beim modernen Galgen). Der Körper des 1757 hingerichteten Mörders Damiens hingegen wurde noch langsam, festlich, öffentlich und grausam getötet: vier Pferde, eines pro Bein und Arm, rissen ihn auseinander, bis er zerrissen war, die Henkersknechte mussten mit Beilen und Messern noch etwas nachhelfen und die Gliedmassen anschneiden, welche nicht ohne weiteres nachgeben wollten – Foucault beschreibt's auf beinahe lustvolle Weise, d.h., er zitiert einen Augenzeugenbericht. Der Körper des Untertans gehörte im Ancien régime seinem König, und dieser konnte darüber verfügen, öffentlich: deshalb die eklatanten Hinrichtungsaufführungen vor dem ganzen Volk, ein blutiges Fest, welches die Gesellschaft für den ihr zugefügten Schaden entschädigte. Foucault nennt das «l'éclat des supplices», Glanz der Hinrichtungen.

Moderne Hinrichtungen passieren hingegen in aller Heimlichkeit, zur Stunde des Milchmanns in der Umfriedung von Gefängnissen oder abgelegenen Wäldern, im Beisein eines genau reglementierten und hierarchisierten Personenkreises, und gar nicht festlich, sondern amtlich-korrekt-reglementär. Man will dem Delinquenten nicht weh tun, man will ihm nur ganz schnell das Leben entziehen – eine Steigerung des Freiheitsentzugs. Der Körper des industrialisierten Menschen gehört dem Gesetz, ist etwas Abstraktes geworden. In ähnlicher Weise wird auch mit weniger gefährlichen Delinquenten verfahren: ihre Körper werden heute abstrakt durch ein Reglement verwaltet, in aller Heimlichkeit in Zellen eingeschlossen, abgesondert vom Volk, und nicht mehr öffentlich-konkret an den Pranger gestellt wie im Mittelalter. Der «éclat des supplices», die ins Auge springende Bestrafung des Mittelalters, wird ersetzt von totalen und nüchternen Einrichtungen der Neuzeit, «des institutions complètes et austères», wie eine Kapitelüberschrift lautet.

Surveiller et punir, überwachen und bestrafen, möglichst viel überwachen, damit möglichst wenig bestraft werden muss, Ökonomie der Mittel in der politischen Vereinnahmung der Körper, im «investissement politique des corps». Die «Ecole Militaire» in Paris, diese pädagogische Maschine zur Erziehung der Offiziersaspiranten, war so strukturiert:

«*Es mussten kräftige Körper, gehorsame Militärmenschen, kompetente Offiziere produziert und dabei (in dieser Männergesellschaft) die Homosexualität und das Laster vermieden werden. Also ein vierfacher Grund, um abgedichtete Trennwände zwischen den Individuen zu errichten, aber auch ein Grund, zwecks Überwachung einen kontinuierlichen Einblick in die Zellen zu garantieren.*» (*Foucault nennt das an einer anderen Stelle den «Panoptismus»: die Zöglinge, Häftlinge, Fürsorgeobjekte sind voneinander isoliert, können miteinander nicht kommunizieren, aber die Aufsichtsperson hat von einem zentralen Punkt aus die Einsicht in alle Zellen. Das Aufsichtssubjekt weiss alles über die Fürsorgeobjekte,* hat ein Machtwissen, «pouvoir-savoir», während die Objekte nichts voneinander und vom Subjekt wissen oder möglichst wenig.) «Das Gebäude der Militärschule war selbst ein Aufsichtsapparat, die Zimmer waren entlang einem Korridor angeordnet wie eine Serie von kleinen Zellen; in regelmässigen Abständen war ein Offizierslogis eingebaut, und zwar so, dass immer zehn Offiziersaspiranten je einen Offizier links und rechts von sich hatten. Die Aspiranten waren in den Zellen die ganze Nacht eingeschlossen. Die Türen der Zellen waren verglast. (...) Man hatte Latrinen eingerichtet, mit halben Türen, damit die Aufsichtsperson die Beine und die Köpfe der Aspiranten sehen konnte, doch die seitlichen Trennwände waren so hoch, dass die Latrinenbenützer einander nicht sahen.»

Ähnlich gebaut war die berühmte landwirtschaftliche Schule (Besserungsanstalt) von Mettray, wo «kräftige und tüchtige» Landwirte ausgebildet wurden. Die Vorgesetzten in dieser Anstalt waren ein bisschen Richter, Professoren, Vorarbeiter, Unteroffiziere, Eltern in einer Person. Es waren Techniker des Betragens, Ingenieure der Seele, Orthopädisten der Individualität. «Beim Eintritt in die Anstalt unterwirft man den Zögling einer Art von Verhör, um über sein Herkommen, das familiäre Milieu, sein Vergehen, das ihn in die Anstalt gebracht hat, Klarheit zu gewinnen. Diese Auskünfte werden auf einer Tafel notiert, wo man sukzessive alles aufschreibt, was das Individuum betrifft, wie er sich in der Anstalt aufführt.» Die Anstalt erzielte befriedigende Resultate: Die Zöglinge begannen ihre (unsichtbaren) Ketten zu lieben, und einer, der im Sterben lag, soll kurz vor dem letzten Schnauf gesagt haben: «Wie schade, dass ich die Anstalt so früh verlassen muss.» Foucault nennt das den «Tod des ersten heiligen Sträflings». 1843, als «das revolutionäre Fieber die Einbildungskraft überall leidenschaftlich erregte, als sogar die Anstalten von Angers, von La Flèche, von Alfort sich auflehnten, waren die Zöglinge von Mettray noch ruhiger als in normalen Zeiten». Der Apparat hatte sie vollkommen in den Griff bekommen, man kannte ihre Seelen, erforschte ihre Regungen und konnte dank diesem Macht-Wissen («pouvoir-savoir») vorbeugen. Foucault ist eben jetzt damit beschäftigt, das «pouvoir-savoir» der psychiatrischen Expertisen und ihre Bedeutung im Strafprozess zu untersuchen, er wird bald entsprechende Dossiers veröffentlichen, vielleicht werde ich ihm die Expertise des Psychiaters Dr. Hans-Oscar Pfister zeigen, bis vor kurzem Stadtarzt und Aushebungsarzt von Zürich, der den Landesverräter Ernst S. im Gefängnis untersucht hat, welche Untersuchung mit der Zerknirschung und dem Todeswunsch des Delinquenten S. endete.

Das Gefängnissystem als grosses Projekt der sozialen Orthopädie. Gefängnisse waren nicht einfach «als Depot für Kriminelle» geplant, sondern man glaubte Anfang des 19. Jahrhunderts ehrlich und wirklich an eine Besserung und deshalb neue ökonomische Verwendbarkeit der Delinquenten. Und doch war der Misserfolg «fast so alt wie das Projekt», sagt Foucault. «Man konstatierte seit 1320, dass die Gefängnisse nur neue Kriminelle produzieren, anstatt die alten zu korrigieren, oder dass sie die Kriminellen nur noch weiter kriminalisierten. Und da hat, wie immer in den Machtmechanismen, eine strategische Verwendung dieser ursprünglich als negativ empfundenen Tatsache stattgefunden. Man hat gemerkt, dass die Kriminellen nützlich sein können, im ökonomischen wie im politischen Bereich. Zum Beispiel kann man dank ihnen Profit machen mit der Ausbeutung der sexuellen Lust: Jetzt wird, im 19. Jahrhundert, das grosse Gebäude der Prostitution errichtet, und das war nur möglich dank den Kriminellen (Zuhälter usw.), welche ein Scharnier wurden zwischen der teuren täglichen sexuellen Lust und ihrer Kapitalisation.» (In Marseille z.B. spielt das von der Polizei genau kontrollierte korsische Gaunermilieu eine wichtige politökonomische Rolle: als Detailhändler von Heroin, als Zuhälter und als Schlägertrupps für die Regierungspartei.) «Wie jedermann weiss, hat Napoleon die Macht ergriffen dank einer Gruppe von Kriminellen. (Auch Giscard hat seine Wahlkampagne teilweise mit Kriminellen bestritten.) Und wenn man sieht, wie sehr die Arbeiter die Kriminellen immer gehasst haben, dann begreift man, dass diese gegen die Arbeiter eingesetzt wurden, in den politischen und sozialen Kämpfen, als Streikbrecher, Schlägerbanden, Spitzel usw. Das Gefängnis wurde zum grossen Rekrutierungsinstrument. Das Gefängnis professionalisierte die Kriminellen. Wenn einer entlassen wurde, war er infam und geächtet, er konnte nichts anderes tun als wieder delinquieren, und das System machte notwendigerweise einen Polizisten, einen Zuhälter oder einen Spitzel aus ihm. Anstatt wie im 18. Jahrhundert, wo nomadisierende Räuberbanden mit oft grosser Wildheit über Land zogen, hatte man jetzt dieses ganz abgeschlossene Delinquentenmilieu, von Polizeispitzeln durchsetzt, ein wesentlich städtisches Milieu.» Zur gleichen Zeit beginnen die Kriminalromane zu florieren und die Ausschlachtung von «Unglücksfällen und Verbrechen»; die Untaten müssen dem Volk möglichst drastisch vor Augen geführt werden, um die arbeitsamen Leute ganz scharf vom Delinquentenmilieu abzugrenzen und um den Armen zu erklären, dass die Verbrecher auch für sie und nicht nur für die Reichen gefährlich sind.

Des Philosophen Grabesstimme

Zwei Männer schreiben eine Biographie. Der berühmte Philosoph und Papst des französischen Marxismus und Mörder seiner Frau, Louis Althusser, seine eigene; und der Historiker Moulier-Boutang die von Louis Althusser. Beide sind jetzt erschienen. Dabei werden uns zwei verschiedene Lebensläufe vor Augen geführt, auch wenn sie streckenweise deckungsgleich sind. Beiden entsteigt man nach der Lektüre wie einem Säurebad, also ziemlich aufgelöst. Die lebenslange Verzweiflung und allgegenwärtige Düsternis des Louis Althusser «*lassen Sartres ‹Ekel› [la nausée] wie einen Pennälerwitz und ‹Die Pest› von Albert Camus wie eine harmlose Epidemie erscheinen*» (Moulier-Boutang).

Althusser? Bisher als Verfasser von ebenso knochentrockenen wie scharfsinnigen Traktaten, als langjähriger Professor des Elitetreib- und Triebhauses *Ecole Normale Supérieure* und Mitglied der Kommunistischen Partei bekannt. Elegant hat er zwar immer geschrieben, ausgefeilt und präzis, ein schmales Werk («Pour Marx», «Lire le Capital» usw.), sein Einfluss in Frankreich war eminent, er hat die philosophische Debatte in Sachen Reformkommunismus oder Eurokommunismus dominiert. Er hat sich gegen die Instrumentalisierung der Philosophie gewehrt, gegen das «*enorme theoretische Vakuum der französischen Marxisten, welche, meist kleinbürgerlichen Ursprungs, zur Partei gestossen sind und, weil sie nicht Proletarier waren, ihre imaginäre Schuld abzutragen glaubten, indem sie einem reinen Aktivismus verfielen*» («Pour Marx»). Dass er aber als Person existierte, 1918–1990, dass er litt, verzweifelte, etwa die Hälfte seines Lebens in psychiatrischer Behandlung und/oder Irrenhäusern verbrachte, ständig, schon als Kind, von Selbstmordgedanken geplagt war, hat er nie beschrieben: bis er jetzt, als Toter, seine Autobiographie publizieren liess. Sie wirft den Leser um. Er steht wieder auf, und Moulier-Boutang boxt ihn nochmals um. *So war das also!* Er hat die Rolle als Guru mit seiner Selbstzerstörung erkauft. Althusser, manisch-depressiv, als Schriftsteller grossartig, tot und sehr lebendig, und man sieht, wie sein philosophisch-marxistisches Über-Ich, früher sein katholisches, den Schriftsteller Althusser abgemurkst hat, so wie er am

16. November 1980 seine Frau Hélène erwürgt hat, in der Umnachtung.

Ist die Mutter an allem schuld, ein bisschen auch der Vater? Wenn man Althusser glaubt: ja; wenn man Moulier-Boutang liest: nur bedingt. Althusser über seine Mutter (Kindheitserinnerungen): *«Wir fuhren damals oft in jene Gegend namens Fougères, (...) und der Wagen wurde von einer fetten, ruhig dahintrottenden Stute gezogen. Ich sass neben dem Kutscher und sah, wie der dicke Arsch der Stute sich bewegte. In der Mitte hatte es einen schönen feuchten Spalt, der mich interessierte, ich wusste damals nicht, weshalb. Aber meine Mutter vermutete es an meiner Stelle, denn sie hiess mich hinten Platz nehmen, von wo aus ich die Stute nicht mehr sehen konnte, aber am Strassenrand sah man jetzt Hähne, welche die Hühner bestiegen. Ich zeigte sie meiner Mutter lachend, es war komisch, aber sie fand das nicht lustig und schimpfte: Lach doch nicht vor Monsieur Faucheux, er wird denken, dass du ein Ignorant bist. Wovon? Ich habe es nie erfahren.»*

Die Mutter hatte bekanntlich einem Louis Althusser die Ehe versprochen oder war diesem von ihren/seinen Eltern versprochen worden. Louis stürzte im Ersten Weltkrieg mit seinem Flieger über Verdun ab, worauf sie von dessen älterem Bruder geheiratet wurde. Darauf idealisierte die Mutter den Verstorbenen, welchen sie fleischlich nie kennengelernt hatte, perhorreszierte ihren wirklichen Mann, weil er dem Idealbild nie genügen konnte, nannte ihren Sohn LOUIS und übertrug ihm die Rolle des toten Verlobten. Der Vater war Bankangestellter, dann Direktor, senkrecht, aber zu Hause schweigsam, erst im Freundeskreis auftauend. Wenig Kultur zu Hause; Althusser liebäugelt offensichtlich mit dem Kindheitsmilieu von Sartre, wie es in *«Les mots»* erscheint: riesige Bibliothek und *kein Vater*. Die späteren Schwierigkeiten mit den Frauen, seine Angst vor der Sexualität, schliesslich die Ermordung seiner Frau, sieht er, explizit oder implizit, als Folge des mütterlichen Liebesvakuums. Nachdem er z. B. das erste Mal mit seiner Zukünftigen geschlafen hatte, sei er sofort krank geworden, der beste Psychiater auf dem Platz Paris habe eine «dementia praecox» diagnostiziert. Die Therapie: *«Damals wurden die Elektroschocks ohne Narkose oder Curare verabreicht. Wir waren alle in einem grossen hellen Saal versammelt, Bett an Bett,*

Des Philosophen Grabesstimme

und der Vorsteher von untersetzter Gestalt und schnauzbärtig, weshalb die Kranken ihn Stalin nannten, bugsierte seinen elektrischen Kasten von einem Kunden zum andern und setzte allen Konsumenten sukzessive den Helm auf. Man sah, wie der Nachbar sich reglementär in einer epileptischen Krise aufbäumte, man konnte sich vorbereiten und das berühmte zerkaute Tuch zwischen die Zähne nehmen, welches mit der Zeit nach Strom schmeckte. Es war ein schönes kollektives Schauspiel und sehr erhebend.»

Das war zur Zeit, als Althusser seine Neigung für Stalin entdeckte, dessen Praxis er lange verteidigte. Es sieht aus, als ob Stalin ihm philosophische Elektroschocks verabreicht hätte. Im Kampf *gegen* die verhasste Bourgeoisie (sein eigenes Milieu), welche mit Hitler kollaboriert hatte, und im Engagement *für* die Habenichtse (zu denen er nicht gehörte) war ihm zeitweise jeder Verbündete recht. Althusser sah Stalin als neuen «*motorisierten Weltgeist*», sozusagen. Der Weltgeist hat immer recht, er kennt das Ziel der Geschichte und nimmt, im Hinblick auf das künftige Goldene Zeitalter, alle Grausamkeiten der Gegenwart in Kauf. Hegel sah in Napoleon, als dieser nach der Verwüstung von Jena durch die französischen Soldaten unter seinem Fenster vorbeiritt, den «Weltgeist zu Pferde» verkörpert, und der hegelianische Althusser lokalisiert den Weltgeist in Stalins Panzern, welche Osteuropa befreien und besetzen. Augen zu und durch! Und er träumte anscheinend von einer paulinischen Rolle. Paulus hatte das Christentum aus der jüdischen Kultur in die römische verpflanzt, Althusser wollte das Christentum dem neuen Rom, also Moskau, aufpfropfen, und zu dem Behuf hätte es zuerst den atheistischen Marxismus übernehmen sollen: negative Theologie. Erst nach dem Sieg des «Königreichs der Armen» (Sowjetunion) sei auch ein Triumph des erneuerten Christentums möglich. Seine Depressionen, so glaubte er, würden mit dem untergehenden Spät(!)-Kapitalismus verschwinden (Moulier-Boutang), und damit seine unerträgliche Angst: «*Ich habe so viele Depressionen erlebt seit dreissig Jahren, dass man mir gestatten wird, nicht davon zu sprechen. Wie soll man übrigens von dieser Angst reden, die wirklich unerträglich ist, an die Hölle grenzt und an die fürchterliche und unergründliche Leere?*» (Althusser) Man möchte den «General der Philosophie» (Moulier-Boutang) postum umarmen und ihm zurufen: Hätten Sie das nicht früher schreiben können, Monsieur, und von ihrem Papst-Thron hinuntersteigen zu uns anderen, die sich ihrer Depressionen schämen? Hätte manchem (mancher) geholfen: zu wissen, dass die Halbgötter umnachtet sind und es ihnen sterbenselend ist.

Später liess er sich in die chemische Zwangsjacke stecken (Neuroleptika), hat Schlafkuren ertragen (mit Penthothal-Spritzen), Lithium geschluckt, das Bogomolev-Serum eingespritzt bekommen, sich in Hochsicherheitstrakten einschliessen lassen (Klinik von Soisy), jede Art von Antidepressiva konsumiert: alles für die Katz.

Seine Biographie ist die Geschichte der Psychiatrie der letzten fünfzig Jahre. Nur Deckelbäder hat er nicht abbekommen. Er war eine ambulante Apotheke und zeitweise so mit Medis vollgepumpt, dass er, wie Moulier-Boutang mir sagte, welcher ihn oft im depressiven Zustand gesehen hat (da konnte er jeweils nicht mehr reden und war völlig bewegungslos, vor-tot), nur noch einen Schluck Alkohol hätte nehmen müssen, und er wär' hinübergewesen.

Seine Schüler haben kaum etwas von den Verzweiflungen des Meisters mitbekommen, wenn er wieder interniert wurde, liess die Direktion der «Ecole Normale Sup» (sogenannte «Grande Ecole», eigentlich höheres Lehrerseminar) verlauten, er sei in den Ferien. War er ja auch, gewissermassen. Er soll ein vorbildlicher Lehrer gewesen sein, habe zuhören können und hat den Schülern, welche die fürchterlich strenge, nur mit härtestem Büffeln zu bestehende «Agrégation» nicht bestanden (Michel Foucault, Jacques Derrida u. a. m), über ihre Depressionen hinweggeholfen und ihnen das Repetitionsjahr schmackhaft gemacht oder erträglich. Konnte sich selbst unter Depressionen etwas vorstellen ...

Ein Lichtpunkt: seine Geliebten. Man wird die schönste Prosa des Louis Althusser nie, oder erst in unabsehbarer Zeit, lesen können. Befindet sich nämlich in den siebenhundertfünfzig Briefen, die er an Claire Z. geschrieben hat; sie hat ihm fünfhundert zurückgeschrieben. Es war aber nicht nur eine Liebes-Brief-Beziehung, sondern eine ausgeflippte, echt erotische, zugleich spirituelle Leidenschaft (Moulier-Boutang hat die Briefe gesehen und bringt ein Zitat). Auch mit Franca X. war er glücklich.

Des Philosophen Grabesstimme

Die Ehe mit Hélène hingegen – da haben sich zwei Unglücksraben vereinigt. Hélène Ratman-Légotien kam aus einer verwüsteten Kindheit, wurde von ihrer Mutter verabscheut, hat ihrem krebskranken Vater, auf Anraten des Arztes, der das selbst nicht zu tun wagte, im Alter von 13 Jahren die tödliche Spritze verabreicht, ein Jahr später dann auch grad noch der Mutter. Verständlich, dass die Kommunistische Partei ihr ein Familienersatz wurde (wie für Althusser – beide waren in derselben Familie, als sie sich heirateten: Inzest?). Hélène wurde, aus nie genau geklärten Gründen, von der Partei, die ihr das Leben bedeutete, 1950 ausgeschlossen und Althusser von der Partei aufgefordert, sich von ihr zu trennen. Ein regelrechter Prozess à la Moskau war dem vorangegangen. Der kommunistische Dichter Paul Eluard *(«Sur mes cahiers d'écolier j'écris ton nom: Liberté»)*, der grosse Freiheitsspezialist, wird von Althusser um Hilfe gebeten, wendet sich indigniert ab. Althusser ist der Partei trotzdem treu geblieben. Die beiden leben dann, eine höllische Ehe, jahrzehntelang zusammen in der Amtswohnung der «Ecole Normale Sup» (ein Internat, in dem übrigens erst seit kurzem auch Frauen zugelassen sind). Hélène wird, ménage à trois, vom gleichen Psychiater wie Louis, René Diatkine, behandelt, der es auch sonst mit der Berufsethik nicht so genau nimmt, er lässt Louis auf sein Verlangen, nach einer Suiziddrohung, internieren, analysiert ihn face-à-face. Althusser soll allerdings kein einfacher Kunde gewesen sein, habe jeweils, schon nach den ersten Sitzungen, seine Analytiker zu analysieren begonnen und sie mit diabolischen Psychotricks zur Verzweiflung getrieben, so wie er auch den Leser manchmal fast zum Überschnappen bringt: Er hat in einem Buch (Bestseller) zwei Autobiographien veröffentlicht, eine kürzere, 1976 geschriebene («Les faits»), eher leichtfüssig bis zynisch, brillant und lustig; und eine längere, «L'avenir dure longtemps» (Zitat von de Gaulle), fünf Jahre nach dem Erdrosseln seiner Frau produziert; die erste verhält sich zur zweiten wie die Komödie zur Tragödie. In der ersten erzählt er u.a., skurril, aber komisch überzeugend, wie er ein atomares Unterseeboot gestohlen hat und von Papst Johannes XXIII. in die vatikanischen Gärten eingeladen worden ist und de Gaulle, der ihn um Feuer bat, auf dem Trottoir begegnet ist: alles Mumpitz, sagt Moulier-Boutang; aber damit wolle er vielleicht sagen, dass es sich bei seiner Autobiographie um Fiktion handle (obwohl sie andererseits von nachprüfbaren Daten strotzt).

Moulier-Boutang seinerseits hat Althusser, in seiner minutiösen, spannend geschriebenen, an Richard Ellmanns oder Jean Lacoutures Methode erinnernden Biographie, die auf Tausenden von unpublizierten schriftlichen und mündlichen Quellen fusst, erst bis zum Jahre 1956 behandelt (manchmal wie ein Psychiater: 505 Seiten). Man wartet gespannt auf den zweiten Band. Einen Abschnitt der französischen Geistes- und Politgeschichte muss man jetzt schon anders lesen.

PS: Warum tötete Louis Althusser?

Das Rätseln um den französischen Philosophen Louis Althusser geht weiter. Zwei Psychiater aus Bordeaux haben an einer medizinischen Fachtagung eine neue Hypothese vorgelegt, warum Althusser 1980 seine Frau Hélène erwürgt hat.

Nicht aus Mitleid habe der berühmte Philosoph getötet, auch nicht getreu einem Selbstmord-Pakt zwischen Opfer und Täter, meinen Michel Bénézech und Patrick Lacoste, die beiden Psychiater: «Vielmehr weist alles darauf hin, dass es sich um ein Drama der Leidenschaft handelt, einen Konflikt von Liebe und Hass.»

Die beiden auf Kriminalfälle spezialisierten Psychiater stützen sich, wie die Zeitung «Le Monde» berichtet, vor allem auf die letztes Jahr erschienenen autobiographischen Schriften von Althusser (TA vom 25. September). Der marxistische Philosoph habe enorme Angst gehabt, seine Frau verlasse ihn, wofür sich die Anzeichen in den letzten Wochen vor der Tat verstärkt hätten: «Wir haben es hier mit einem Typ von Beziehung zu tun, wie sie Mutter und Baby verbindet. Wenn eine solche Beziehung zu zerbrechen droht, besteht eine existentielle, vitale Gefahr und das Risiko, dass es zu einer mörderischen Tat kommt», glauben die Psychiater. Um der Trennungsangst zu entgehen, habe Althusser es vorgezogen, «das Objekt seiner Emotionen zu vernichten und so im Tod unbeschränkt zu besitzen».

Althussers Tat hatte in der französischen Öffentlichkeit ungläubiges Entsetzen ausgelöst. Da der Philosoph für nicht zurechnungsfähig erklärt wurde, kam es zu keinem Prozess. Althusser wurde in einer Klinik interniert und später freigelassen. Er starb 1990.

Althusser litt während Jahrzehnten an Depressionen und wurde immer wieder in Kliniken behandelt. Mit seiner Frau Hélène lebte er zurückgezogen in einer Dienstwohnung in der berühmten Pariser Ecole Normale Supérieure, an der der Philosoph unterrichtete. Althusser, dessen Bücher international Aufsehen erregten und viel diskutiert wurden, kannte Hélène seit 1946. Von der Ehehölle des Paars wussten selbst Freunde und Schüler nichts.

Forschen

Quellen und wie man sie zum Sprudeln bringt*

«*Die Reformazzen memen immer, nur die schriftl. Überlieferung sei gültig. Ha!, sagten die Katholen, es gibt auch noch die mündliche. Das ist ein alter Religionskrieg. Und siehe da, deswegen ist die Tradition und ihre Schreibung, die Geschichts-Schreibung, bei K. Urner und G. Kreis und bei der* NZZ *so fad und so schal, so lau und so schmal, weil sie nicht schöpfet aus dem lebendigen Wasser der Mündlichkeit. Dich aber will ich ausspucken aus meinem Maul, sprach der* HERR GOD ZEBAOTH, *weil Du mir Langweile erregest unter der Zunge, unter meiner armen lingua, hinter dem Gaumensegel wird es mir so trocken hierzuland, heilantonner, und will Dich verpfeien bis Dir Dein Hendli verdorret, hui bis es tör ist. Und vom gregorianischen Koran verstehen sie auch nichts & haben ein ganz lüggenhaftes Weltgebewde! Gib mir die verlorne Zounge wieder pange lingua gloriosum corporis mysterium, und jetzt, Körperlichkeit in die Sprache sus tätschts.*»
Thomas von Aquin, 1983

Es gibt also noch ein liberales Bürgertum, oder wenigstens liberale Bürger. Die Erklärungen von Edgar Bonjour gegenüber der LNN bilden einen hübschen Kontrast zu den Verunglimpfungen, Unter-

---

* Eine Antwort auf Äusserungen von Professor Edgar Bonjour in den LNN vom 16. Juli 1977. Bonjour erklärte u. a., mündlichen Quellen könne man weniger vertrauen als schriftlichen, Dokumente seien also in jedem Fall vertrauenswürdiger als Interviews, die ein Historiker mit den betroffenen Personen der Zeitgeschichte führt. Ausserdem müsse der Historiker, also er z. B., «untendenziös» sein und arbeiten. Bonjour: «Der Historiker kommt – unvoreingenommen – aufgrund der Fakten zu einer Wertung. Meienberg hat eine – vorgefasste – Meinung und unterlegt sie mit Interviews und solchen Fakten, die seine These stützen. Das nennt man Tendenz.» Andrerseits müsse es «einem jungen Filmautor durchaus erlaubt sein, eine Tendenz zu haben, eine selbständige, von der offiziellen Meinung unabhängige, kritische Auffassung der Zeitgeschichte zu vertreten. Ein tendenziöser Film braucht keineswegs ein schlechter Film zu sein.» (Film von R. Dindo und N. Meienberg über den Landesverräter Ernst S.)

stellungen und Anschwärzungen, die man im Zusammenhang mit Buch und Film über den Landesverräter Ernst S. seit zwei Jahren aus dem konservativ-verstockten Teil des Bürgertums schallen hört.

Man durfte von dorther wirklich viel Schrilles vernehmen: Professoren der Universität Bern beklagen sich beim Oberbürgermeister der Stadt Mannheim über die Auszeichnung, welche «Die Erschiessung des Landesverräters Ernst S.» am Festival von Mannheim gekriegt hatte; es handle sich dabei, so schrieben die 18 Professoren, von denen 17 den Film gar nicht gesehen hatten, um «neomarxistische Zusammenarbeit über die Grenzen hinweg». Und in der NZZ unterstellt uns am 7.7.77 ein gewisser Georg Kreis, wir hätten die historische Auseinandersetzung mit «unlauteren Mitteln» geführt (jeder Kaufmann, dem angelastet wird, er führe den Konkurrenzkampf mit «unlauteren Mitteln», würde notabene sofort einen Prozess anstrengen); ausserdem hätten wir unsere Interviewpartner «manipuliert» (eine Frechheit: alle von uns befragten Personen können das Gegenteil bestätigen) und stünden wir insgesamt unter «neolinkem Faschismusverdacht» und würden Elemente einer «totalitären Ideologie» verbreiten.

Der Kontrast zwischen dem aufgeklärten und dem verunklärten Flügel des Bürgertums ist enorm: Hier der suchende, offene Edgar Bonjour, der trotz (oder wegen?) seines hohen Alters immer noch forscht und weiterdenkt, mit einer gewissen Altersradikalität und ohne Rücksichten auf eine Karriere, die hinter ihm liegt, dort die sauertöpfisch-eifernden Ideologen der blockierten Bürgerlichkeit, heftige Streber, die trotz ihrer Jugend nicht mehr suchen müssen, sondern schon alles gefunden haben. Hier der Forscher, dort die Forschen. Hier die Gewissheit von Edgar Bonjour, dass die Schweiz eine unbewältigte Vergangenheit hat; dort die Behauptung, dass Vergangenheitsbewältigung nur ein Vorwand für Agitation sei.

Aber «dort» gibt es betreffs Vergangenheit und ihrer Bewältigung so viele Verrenkungen, Verstockungen und Verstopfungen, dass ein spezieller Artikel diesen Erscheinungen gewidmet werden muss. Hier nur ein paar Gedanken zur Geschichts-Konzeption von Edgar Bonjour. Das Schöne bei Bonjour liegt nämlich darin, dass man ihm widersprechen kann, ohne dass er beleidigt ist. Man kann debattieren mit ihm. Ein Liberaler, von denen die meisten heute ausgestorben sind.

Bonjour schreibt Geschichte aufgrund von schriftlichen Quellen, weil er die Geschichte der Aussenpolitik schreibt, und die kann man natürlich in klassischer Weise aufarbeiten: mit Dokumenten. Bonjour ist skeptisch gegenüber mündlichen Quellen: «Ein von mir dreimal – zum gleichen, wichtigen Gegenstand – befragter Staatsmann beispielsweise hat mir diesen Sachverhalt in drei verschiedenen Versionen geschildert.» Es ist normal, dass «Staatsmänner» ihre mündlichen Erklärungen taktisch dosieren. Ein Pilet-Golaz zum Beispiel, der die Angleichung der Schweiz ans Dritte Reich aktiv betrieb, hätte je nach politischen Umständen und Gesprächspartnern verschiedene Antworten gegeben. Nach dem Sieg der Alliierten über Hitler hatte er alles Interesse, seine Zusammenarbeit mit Nazi-Deutschland zu vertuschen. Wäre aber Hitler siegreich geblieben, hätte Pilet-Golaz seine Pionier-Rolle triumphierend hervorgehoben, und die dankbare Heimat hätte ihm Denkmäler errichtet, und nicht dem General Guisan das nette Reiterstandbild.

Mit schriftlichen Quellen hingegen kann nicht gemogelt werden, da steht auch nach 35 Jahren noch schwarz auf weiss, wenn auch leicht vergilbt, dass Pilet-Golaz zum Beispiel den deutschen Gesandten um Nachsicht gegenüber diesen «Bergbewohnern» bittet, welche die neuen Verhältnisse noch nicht ganz kapiert hätten, während die Regierung doch schon alles vorkehre, um die Schweiz dem «Neuen Europa» einzugliedern. Was man schwarz auf weiss besitzt, kann man getrost nach Hause tragen – aber man besitzt halt nicht mehr alles.

Bonjour erwähnt Akten, die frühere Bundesräte «kofferweise» mit nach Hause genommen haben. Und laut NZZ wurden zum Beispiel sämtliche Akten des militärischen Nachrichtendienstes nach dem Krieg im Gaswerk Fribourg verbrannt. Und Jürg Wille, zur Zeit Hausherr im Willeschen Familiengut Marienfeld, antwortete mir 1974 auf die Frage, ob nicht vielleicht doch Dokumente, die seinen Vater, den Oberstkorpskommandanten Ulrich Wille, belasten könnten, aus dem Familienarchiv verschwunden seien: «Im Prinzip nicht, aber es wäre möglich, mit allem Vorbehalt möchte ich das sagen, dass die zweite Frau meines Vaters, die enorm rein-

lich war und immer viel geputzt hat, einiges zufällig vernichtete»
(Jürg Willes Äusserungen wurden vom Schweizer Fernsehen ausgestrahlt).

Die Nachfahren umstrittener Persönlichkeiten sind bekanntlich immer sehr putzfreudig, oder dann schliessen sie die Nachlässe ein und lassen nur solche Historiker darin «forschen», die ihre Vorfahren in einem lieben, familiären Licht beschreiben. So hat die Familie Wille zum Beispiel einem Herrn Röthlisberger Zutritt zu General Ulrich Willes Korrespondenzen mit seiner Frau (eine der äusseren Form nach private, dem Inhalt nach hochpolitische Korrespondenz) gewährt, und Herr Röthlisberger hat dann auch wirklich allerliebste Sachen über das echt demokratische Wesen des bekanntlich höchst selbstherrlichen Generals geschrieben.

Die Familie Weizsäcker (pardon, von Weizsäcker), das heisst die Nachfahren des ehemaligen Nazigesandten in der Schweiz (er hat auch nach seiner Beförderung zum Staatssekretär die Befehle Ribbentrops treu und bieder ausgeführt), dessen Sohn mit einer Tochter des Oberstkorpskommandanten Wille verheiratet wurde, hat die sogenannten «Weizsäcker Papers» einem kanadischen Historiker exklusiv überlassen, welcher den Papa weissgewaschen und bewiesen hat, dass der kultivierte Herr in seines Herzens Grunde nie ein Nazi gewesen war. Wie hätte er auch können, der Aristokrat!

Manche von diesen privaten Nachlässen sind übrigens nicht so ganz privat: Es befinden sich meist auch Staatspapiere darin, die bei der Pensionierung «kofferweise» mitgenommen wurden. Es fragt sich also, ob man «keiner Familie vorschreiben kann, was damit zu geschehen hat» (Bonjour). Vielleicht könnte mal der Herr Bundesarchivar Gauye, sozusagen als eidgenössischer Kommissar, in diesen Archiven spazierengehn und – sofern noch etwas zu finden ist – konfiszieren beziehungsweise rückverstaatlichen, was dem Staat gehört: bei Sprechers, Wetters (Bundespräsident 1941), Pilet-Golaz' etc. Denn bei uns ist die Geschichte mächtiger Familien immer auch Geschichte des Staates, und umgekehrt sind die Grundlagen des öffentlichen Bewusstseins, nämlich wichtige Archivalien, auf weite Strecken privatisiert.

Eine solche Verstaatlichung angeblich privater Dokumente böte den unschätzbaren Vorteil, dass nicht nur bürgerliche Historiker, die sich fast untertänig ins Vertrauen der herrschenden Familien einschmeicheln, Zugang zu wesentlichen Dokumenten haben. Hingegen bessert sich die lamentable Quellenlage auch dann nicht, wenn «darauf hingewirkt wird, dass solche Nachlässe möglichst unversehrt als private Deposita in öffentliche Archive gelangen» (Bonjour) und dabei die betreffende Familie immer noch selbst entscheiden kann, wer die Dokumente sehen darf: Auf diese Weise entsteht zum Beispiel die burleske Situation, dass die Familien von Wattenwyl und Egli (Abkömmlinge der in den sogenannten «Oberstenhandel» verwickelten Militärs) noch ein halbes Jahrhundert nach den Ereignissen die Archive sperren können. Der Historiker Schoch, Spezialist auf diesem Gebiet, weiss davon ein Liedlein zu singen, oder zwei.

Es leuchtet also nicht ganz ein, dass, wie Bonjour sagt, «vieles von dem, was so verborgen werden sollte, mit ein bisschen Spürsinn rekonstruiert und anderswo aufgetrieben beziehungsweise erfahren werden kann» (Bonjour). Wie denn? Durch Hausfriedensbruch und Sachbeschädigung? (Einbruch in private Archive). Durch Rekonstruktion der Aschenteilchen der verbrannten Dokumente? Oder indem man die «Fähigkeit des Historikers zu warten» kultiviert (Bonjour)? Die «Fähigkeit zu warten» kann auch eine «Unfähigkeit zu trauern» verdecken und kann die Bewältigung der Vergangenheit auf den Sanktnimmerleinstag verschieben.

Nun muss man allerdings fragen, für wen der Historiker schreibt und «bewältigt». Für seine Historikerkollegen? Im Hinblick auf die Erklimmung eines Lehrstuhls? Um ein Nationalfonds-Stipendium zu ergattern? In der Schweiz herrscht, im Gegensatz zu Frankreich, ausgerechnet bei jungen Historikern die Ansicht, dass nur garstig-langweilig geschriebene Darstellungen als wissenschaftlich zu betrachten sind. Die zeitgeschichtliche Literatur (Ausnahme: Bonjour) ist denn auch entsprechend: In kleinen Auflagen kommt sie nicht unters Volk, sondern unter die Spezialisten, wird kurz von «Fachleuten» diskutiert und schnell vergessen, hat keine Folgen, ausser eben das Nationalfonds-Stipendium oder ein Lehrstühlchen.

Man hat ein bisschen übersehen, dass die bedeutenden Historiker immer auch brillante Stilisten waren, Toynbee, Mommsen, Michelet, und dass sie eine politische Massenwirkung hatten. Das waren keineswegs «unvoreingenommene» (Bonjour) Wissenschaftler, sondern tendenziöse Kämpfernaturen, welche von ihrer Leidenschaft aufgefressen wurden. Sie würden heute, weil sie Massenwirkung anstrebten, eine Geschichtsschreibung auch durch Film und Radio versuchen, welche laut Bonjour «heikel» ist. Heikel, jawohl! Man kommt nämlich unter die Leute damit und muss sich der öffentlichen Debatte stellen, es gibt ein «Feed-back» und vielleicht auch einen Streit. Historisch exakt kann man trotzdem sein, man muss es sogar ganz besonders. Was öffentlich von vielen kontrolliert werden kann, ist zu einer grösseren Exaktheit gezwungen, muss härter und umfassender recherchiert sein als die heimlichen Seminararbeiten im Spezialistenghetto.

Eine solche Geschichtsschreibung, ob durch Buch, Radio oder Film, kann nicht auf mündliche Quellen verzichten, welche Bonjour «problematisch» findet. (Sind es die lückenhaften, manipulierten, zum Teil gesperrten schriftlichen Quellen etwa nicht auch?) Wer nämlich Sozialgeschichte erhellen will, der hat mit anderen Leuten zu tun, als ein Historiker der Aussenpolitik, welcher bei abgebrüht-routinierten Diplomaten und Politikern seine Auskünfte holt, die je nach politischer Konjunktur verschieden tönen können.

Wenn man also bei der Erforschung der Biographie von Ernst S. sich nur auf schriftliche Quellen stützen wollte, hätte man zum Beispiel nie erfahren, dass Oberst Birenstihl seine Offiziers-Freunde zur Hinrichtung eingeladen hat, um sie zu unterhalten. Diese Einladung war nämlich reglementswidrig und hat offenbar keine Spuren in den Akten hinterlassen, jedoch präzise Erinnerungen im Kopf von beteiligten Offizieren, die allesamt schockiert waren und von denen keiner ein Interesse hatte, die Armee schlechter zu machen, als sie ist: alles Leute, welche die Hinrichtung des Ernst S. «sonst» ganz in Ordnung fanden. Wenn nun mehrere mündliche Zeugnisse aus solch unverdächtigen Quellen übereinstimmen, so darf man das betreffende Faktum wohl als erhärtet betrachten.

Auch der Soldat Lamprecht, welcher vor unserer Kamera sich erinnert und diese Erinnerung aufarbeitet; der am Tatort Auskunft gibt über das Ereignis und ausserdem kein politisches Interesse am Frisieren von Tatsachen hat (er ist kein Prominenter, kein Politiker, der seine Worte abwägen muss): Die Erschiessung hat sich seinem Gedächtnis eingebrannt, lag dann tiefgekühlt jahrzehntelang auf dem Grund seiner Erinnerung und taut jetzt vor der Kamera auf: Sie ist frisch und präzis, sie hat ihn geprägt. Sie lässt sich ausserdem kontrollieren und vergleichen mit anderen mündlichen Zeugnissen. Von den Eindrücken der Soldaten steht nichts in den Akten, denn über die Akten verfügen Offiziere, nicht Soldaten. Die Schrift-Gelehrten beherrschen das Schriftliche, und ein Historiker, der die schriftlichen Quellen fetischisiert (was man von Bonjour nicht sagen kann) und zur einzigen Auskunft erhebt, schreibt bald automatisch eine Geschichte der Herrschenden, und die wird bei uns im Handkehrum zur herrschenden Geschichte (auch «objektive Geschichte» genannt).

Ein weiteres Beispiel, um bei Ernst S. zu bleiben: Im Bericht des Psychiaters Hans-Oscar Pfister heisst es von der Familie S., sie habe «einen Hang zum Vagantentum» gezeigt. Die Geschwister des Hingerichteten wechselten nämlich alle paar Monate die Stelle. Diese Tatsache ist in den Akten unbestritten. Wenn man sich nun auf die Socken macht und mit den überlebenden Brüdern spricht, so bestätigt sich auch mündlich, dass tatsächlich ein häufiger Stellenwechsel vorkam. Aber man erfährt dann auch, weshalb: In den dreissiger Jahren konnte manche Fabrik nur Saisonarbeit offerieren, und die Geschwister S. *mussten* die Stelle wechseln. Von psychologisch motiviertem «Vagantentum» keine Rede.

Was die Arbeitsbedingungen in jenen Fabriken betrifft, so steht zum Beispiel in keinem Jahresbericht der Färberei Sitterthal, wieviel die Arbeiter verdienten, in welchen Verhältnissen punkto Hygiene sie gehalten wurden; kein Wort auch über die Unterdrückung der Gewerkschaften. All das ist nur aus mündlichen Zeugnissen erfahrbar. Und man kann sich darauf verlassen, dass die meisten Arbeiter die Hungerlöhne auf den Rappen genau im Gedächtnis behalten haben. (Wogegen die Direktoren davon, wie zufällig, nichts mehr wissen.)

Die Geschichtsschreibung mittels mündlicher Quellen ist also durchaus «problematisch», aber in einem andern Sinn, als Bonjour meint: nicht deshalb, weil sie unpräzise wäre (das sind im Gegenteil oft die Dokumente, welche einen riesigen Teil der Wirklichkeit unterschlagen), sondern weil sie ein neues Geschichtsbild entwirft und das alte relativiert. Problematisch für wen? Geschichte des Volkes, vom Volk selbst verfasst, das ohne Hemmungen frisch von der Leber weg erzählt, kann recht problematisch werden für alle Arten von Machthabern.

Der Intellektuelle hat bei dieser «Schreibung» nicht mehr die Funktion des allmächtigen, einsamen Interpreten und Schreibtisch-Strategen, er spürt nur die Leute auf, die sich genau erinnern, und überlässt ihnen das Wort. Er ist eine Art von Mikrophon, funktioniert vor allem als Zuhörer, wie der Psycho-Analytiker. Durch geduldiges Zuhören bringt er die widerborstige Wahrheit an den Tag. Natürlich montiert er die verstreuten Aussagen schlussendlich zu einem Ganzen. Aber wenn diese subjektive Montage im Widerspruch steht zur Grundströmung der objektiv geäusserten Meinungen, dann blamiert er sich selbst vor dem Leser (oder Zuschauer).

Übrigens sei natürlich nichts gegen die Verwendung von schriftlichen Quellen gesagt: Sie dürfen nur keine Exklusivität beanspruchen, sollen in einem dialektischen Verhältnis zu den mündlichen Zeugnissen stehen.

«Ein tendenziöser Film braucht keineswegs ein schlechter Film zu sein.» Ich finde es – wenn ich an die Reaktion bürgerlich-konservativer Kreise denke – sehr bemerkenswert, wenn ein Historiker vom Rang Bonjours eine solche Feststellung macht. Bemerkenswert ist allerdings auch das hier deutlich werdende Verständnis von «Tendenz». Jeder Historiker – auch einer, der das Volk reden lässt – hat bekanntlich eine Welt-Anschauung, eine politische Farbe, welche abfärbt auf seine Produktion, eine Tendenz. Aber die Produktion kann umgekehrt auch die politische Farbe verändern. Ich kenne einen bürgerlichen Zeitgeschichtler im Bundesarchiv von Bern, Spezialist für die Beziehungen zwischen Deutschland und der Schweiz, der mir kürzlich sagte: Bei der Entdeckung von gewissen Dokumenten, die eine schlimme Nazifreundlichkeit unserer einheimischen Wirtschaftsführer verraten, sei es ihm oft kalt den Rücken heruntergelaufen und der Gedanke an das Schicksal der Schweiz, das zum Teil in den Händen dieser problematischen Leute gelegen habe, könne einen schon tüchtig radikalisieren.

Ich habe meine Meinung ebenfalls durch Faktenzwang revidiert und eine Entwicklung durchgemacht im Laufe der Recherchen über Ernst S. Eine gewisse Radikalisierung war nicht aufzuhalten, wenn man das haarsträubende Gutachten des Psychiaters Hans-Oscar Pfister durchgeblättert hat und mit den Geschwistern des Erschossenen viel und gründlich diskutierte. Ich habe dann dank dieser Tendenz, die von Fakten geschaffen wurde, wieder neue tendenziöse Fakten gefunden, das Verhalten des nazifreundlichen Industriellen Mettler zum Beispiel.

Bonjour hat ebenfalls eine Tendenz, er tendiert unter anderem auf eine, wenn auch gemässigte, Armee-Gläubigkeit. Wenn er zum Beispiel schreibt: «Korpskommandant Wille war durch unzweifelhafte Meriten als militärischer Erzieher zu sehr mit der Schweiz verbunden, als dass man in seiner Handlungsweise landesverräterische Motive sehen dürfte», dann liegt seinem Gedankengang eine deutliche Tendenz zugrunde: a) die Armee ist in jedem Fall ein Teil des Volksganzen und handelt im Interesse der Nation, b) Wille hat für die Ausbildung dieser Armee in der Zwischenkriegszeit viel geleistet, c) also *kann* er keine Handlungen begehen, welche das Land sabotieren und eventuell landesverräterisch sind. (Es kann nicht sein, was nicht sein darf.)

Man mag jedoch in guten Treuen über diese Armee tendenziell auch anders denken: die Büezer, welche den unsäglich preussischen Drill im Militär erdulden mussten, werden Oberstkorpskommandant Wille kaum einen «Soldatenerzieher» genannt, sondern vermutlich einen wüsten, eventuell juristisch fassbaren Ausdruck gebraucht haben. Und es ist auf dem Hintergrund von neueren geschichtlichen Erfahrungen durchaus möglich, dass eine Offizierskaste vor allem ihre Spezialinteressen vertritt, welche mit dem Nationalinteresse nicht identisch sind. So waren die französischen Generäle Challe, Salan, Jouhaud, Zeller, die kurz vor dem Ende des Algerienkrieges gegen die Republik putschten, bestimmt auch gute «Soldatenerzieher» (das heisst Soldatenschleifer) mit unzweifelhaften Meriten gewesen – und trotzdem musste de Gaulle sie dann als Verräter einsperren. Bei Ulrich Wille sehe auch ich keine landesverräterischen Motive. Aber ich sehe sie nicht deshalb nicht, weil der Korpskommandant Soldatenerzieher gewesen ist ...

In jedem Adjektiv, das ein Historiker benützt, spiegelt sich also die Tendenz, und auch in den Substantiven. Und die wollen wir ihm nicht ankreiden und halt nur hoffen, dass er die andern Historiker nicht im abwertenden Sinne «tendenziös» nennt.

PS: Weitere Notizen zur schriftl. und mündlichen Überlieferung: «Frau Arnold reist nach Amerika», siehe Band 2.

Die beste Zigarette seines Lebens

Schläpfer ist als fünftes von sieben Kindern einer Familie im Aargauischen geboren, im schönen Bauerndorf Oettingen*. Die Gemeinderatskanzlei von Oettingen gibt folgende Auskunft zuhanden des Grossrichters der 8. Division: «Obgenannter Schläpfer Johann ist bei seinen Eltern wohnhaft. Bis heute ist über dessen Lebensweise nichts Nachteiliges bekannt. Dessen Eltern besorgen das Schulhaus, und Vater Schläpfer ist nebst dem Strassenarbeiter. Dieselben wie auch der Sohn Johann sind vermögenslos und sind unbedingt auf ihren Verdienst angewiesen. Die Familie ist finanziell immer etwas knapp. Immerhin ist bei denselben in dieser Richtung nie etwas Unregelmässiges vorgekommen. Bei Johann Schläpfer handelt es sich um einen Mann, der bestrebt ist vorwärtszukommen. Schliesslich ist noch zu bemerken, dass der Angefragte gerne viel redet, so dass man seinen Aussagen nicht immer vollen Glauben schenkt. 3. März 1942. Die Gemeinderatskanzlei.»
Johann Schläpfer war bestrebt vorwärtszukommen. Er besuchte zwei Jahre lang die Sekundarschule in der nahen Kantonshauptstadt, machte ein Welschlandjahr, beides war für den Sohn des Strassenputzers nicht selbstverständlich. Dann musste er verdienen, um Eltern und Geschwister zu unterstützen. Für eine richtige Zahnpflege war in der Familie nicht genügend Geld vorhanden, Johann hatte mit 21 Jahren schon ein künstliches Gebiss. Ein Gefängnisaufseher erinnert sich an dieses Detail, weil er ihm am Abend vor der Hinrichtung sagte: Morgen musst du auf die Zähne beissen, worauf Johann sagte: Das kann ich leider nicht. Weil Johann Schläpfer sofort verdienen musste, war er immer in untergeordneten Stellungen tätig, Hilfsbuchhalter, Hilfsmagaziner, Hilfsbürolist, Hilfsarbeiter. Eine Lehre lag nicht drin. Kurze Zeit arbeitete er als Bürokraft in der Chemikalienhandlung Zuppinger in Oettingen. Der alte Zuppinger sagt heute über Johann Schläpfer: Er war nicht einmal fähig, einen Frachtbrief korrekt auszufüllen, der Johann war sicher kein grosser Spion, aber irgendwann hat man ja anfangen müssen mit den Erschiessungen, obwohl man

* Orts- und Familiennamen wurden in den meisten Fällen verändert.

vielleicht auch an einem andern Ort hätte anfangen können, der Bundespräsident von damals war auch nicht der Sauberste gewesen. Im Dorf habe das Todesurteil nicht besonders viel Aufsehen erregt, in der struben Zeit damals sei das Ereignis in den Kriegsmeldungen untergegangen.

Kurz vor dem Krieg wurde Schläpfer stellungslos, von Zuppinger wegen mangelhafter Leistungen entlassen. Deshalb habe er Freude am Militär gehabt, sagt die Schwester Frieda, die noch heute in Oettingen lebt. Das Militär bot ihm Aufstiegsmöglichkeiten und eine Sicherheit, die er im Zivilleben nicht hatte. Er rückte in eine Verpflegungsabteilung ein und konnte die Fourierschule besuchen, allerdings nur als Magazinfourier. Die Schwester lebt in sehr bescheidenen Verhältnissen in der alten Schläpferschen Wohnung, wo sich seit dem Aktivdienst nicht viel verändert hat. Sie bittet inständig, in Oettingen um Himmels willen nicht nach ihrem verstorbenen Bruder zu forschen, sie würde es nicht ertragen, wenn wieder «davon» gesprochen würde, sie sei sonst mit den Nerven schon ganz unten. Der Vater sei damals aus Gram über die Schande gestorben, bald nach der Erschiessung. Er habe den letzten Rappen dem Advokaten Sonderegger gebracht. Es sei ihnen damals vorgekommen, als ob der Johann mit einem Stein am Hals im Meer versenkt worden sei, er sei einfach verschwunden. Die Familie habe keine Akten gesehen und gar nicht richtig gewusst, was eigentlich passiert sei. Sie seien gänzlich ohne Protektion dagestanden, und die Richter werden gedacht haben: Das ist nur ein Arbeitersohn, den nehmen wir jetzt.

Es gibt einen Brief von Johann aus dieser Zeit, der in der Untersuchungshaft geschrieben wurde: «Meine lieben Eltern und Geschwister! Ich muss zur Feder greifen um einige liebe Worte mit Euch meine Lieben zu berichten. (...) Wie geht es Euch? Ich hoffe gut und es seien alle gesund. Die Behandlung und die Kost hier sind gut, aber wisst ich habe immer so ein furchtbares Heimweh nach Oettingen. Ich bin durch einen Kameraden in eine sehr unangenehme Sache verwickelt. Ich kann Euch nicht schreiben was es ist. (...) Ich weiss nur dass es überhaupt keine Kameraden gibt, auch im Militärdienst nicht. Jeder schaut den andern wenn möglich ins Unglück zu stürzen. Ja nun, es ist jetzt schon so. Hoffen wir dass die ganze Sache doch nicht zu schlimm werde. Ich habe Gott-

Die beste Zigarette seines Lebens

vertrauen und bete viel und ich bitte Euch betet recht viel für mich damit die Sache gut gehe. Ich wünsche Euch allen meine Lieben eine schöne Ostern und ganz besonders meinem lieben Mueti und dem lb. Vater und bitte Euch nochmals betet für mich, damit ich nicht ganz unglücklich werde. Jetzt eine Bitte. Sendet mir Wäsche und zwar: 1 Hemd (nur ein älteres), 2 Paar Socken, und ein Nastuch. Damit ich Euch die schmutzige Wäsche bald wieder zustellen kann, so sendet mir alles in einem Schachteli. Sendet mir noch einen alten Kamm, wenn es auch nur ein Stück ist von einem Kamm. Ich musste meinen bei der Verhaftung abgeben und habe jetzt keinen, ich habe mich noch nie gekämmt. Johann.»

Vor seiner Verhaftung war Schläpfer im Militär recht glücklich gewesen, er hatte endlich eine feste Stelle und blühte auf. Nur der Urlaub machte ihm Sorgen, da war er arbeitslos. Deshalb verdingte er sich in den Militärferien im Zivilverhältnis als militärische Bürohilfe, bezog vom 3. Armeekommando einen Monatslohn von 320 Fr., wovon er den Eltern 150 Fr. ablieferte und ausserdem für seine Geschwister etwas Sackgeld beisteuerte. Sein Urlaubsvorgesetzter war mit «seinen Leistungen und seiner Führung ausserordentlich zufrieden, und können wir auf Grund dieser Tatsache Herrn Schläpfer für jede einschlägige Stelle, die sein Fach betrifft, nur bestens empfehlen». Als Schläpfer später in den Geruch des Landesverrats kam, lautete das militärische Führungszeugnis seines Kompaniekommandanten Rupp ganz anders: «Charakter: Jung und unfertig. Dienstliche Führung: Unzuverlässig. Eignung: Unselbständig. Disziplinarstrafen: 1941 drei Tage scharfen Arrest wegen Alkoholgenusses während der Arbeitszeit. Signiert: Hauptmann Rupp, Verpflegungsabt. 9.» In der Verpflegungsabteilung 9 hatte Schläpfer bei seinen Kollegen einen guten Ruf, er war als hilfsbereit bekannt.

Schläpfer befreundete sich schon in den ersten Monaten des Aktivdienstes mit dem Fourier Zaugg. Dieser sei immer «gut bei Kasse» gewesen, was auf den bedürftigen Schläpfer Eindruck machte. Auch habe er immer sehr hübsche Freundinnen gehabt, während Schläpfer auch in dieser Beziehung nicht viel Erfolg hatte. Als nun Schläpfer wieder einmal Dienst hatte im Minenbüro, wo die Pläne für alle Sprengobjekte der Innerschweiz ausgearbeitet wurden, fragte Zaugg ihn beiläufig: Wenn es jetzt «klöpfen» würde, ob dann die Sprengobjekte geladen seien? Schläpfer antwortete, seines Wissens nicht. Im Laufe der Zeit kam Zaugg dann noch mit weiteren Fragen betreffend Munitionsdepots, Sprengobjekte und Truppenstandorte, auch die Zusammensetzung der Sprengstoffe Trotyl und Chlorat interessierte ihn. Die gewünschten Informationen lagen offen herum auf den Pulten des Minenbüros, und Schläpfer wollte seinem Freund den Gefallen gern tun. Er überreichte ihm einige handgeschriebene und maschinengeschriebene Zettel, ohne Geheimnistuerei, manchmal in einem Restaurant, manchmal auf dem Bahnhofperron, jedenfalls ziemlich naiv. Dafür bezog Schläpfer von Zaugg insgesamt 150 Franken, die er aber später zurückzahlen wollte. Er habe das Geld lediglich bei Zaugg gepumpt, gab er zu Protokoll. Manchmal habe er die Informationen auch Zauggs Braut übergeben, als Belohnung durfte er dann ein wenig mit ihr ausgehen. Diese schöne Begleitung für einen Abend hat ihn immer ganz aufgestellt. Jedenfalls habe er bei der ganzen Sache nicht recht gewusst, dass es um Spionage gegangen sei, er habe gar nichts dahinter vermutet. Unter Fourieren, die ja öfter unterwegs waren, habe man sich gern mit Angaben über Truppenstandorte und andern geographischen Hinweisen ausgeholfen. Wenn es ihm ums Geld gegangen wäre, so hätte er vielleicht 4000 bis 5000 Franken verlangt, und dann wäre ihm finanziell geholfen gewesen. Politische Interessen habe er auch nicht, die diesbezügliche Einstellung des Zaugg sei ihm unbekannt gewesen. Jedoch «jetzt ist mir klar, warum Zaugg ein so guter Kamerad zu mir war, damit er mich ins Unglück stürzen konnte und unser liebes schönes Vaterland verraten. Nie hätte ich an einen Verrat meines schönen Vaterlandes gedacht. Meine finanziellen Verhältnisse sind nicht so gross …, aber nicht im geringsten habe ich an Landesverrat gedacht.» Nachdem Schläpfer vom routinierten Untersuchungsrichter lange genug verhört worden und «weinend zusammengebrochen war und vor sich hin sinniert hatte», gibt er zu Protokoll: «Ich wusste, dass ich einen Verrat militärischer Geheimnisse mit der Abgabe der Auskünfte an Zaugg begangen habe. Ich habe einfach zu wenig überlegt …» Dieses Geständnis wurde später vom Divisionsgericht so interpretiert, dass Schläpfer «objektiven und subjektiven Landesverrat» betrieben habe. Schläpfer hat dieses Geständnis widerrufen, was aber keinen Eindruck auf das Gericht machte. Der Auditor (= Staatsanwalt) beantragte, ihn zum Tode und zu den Kosten zu verurteilen; eventuell zusätzlich zur Degradation, zum Ausschluss aus dem Heer und zu zehn Jahren Einstellung in der bürgerlichen Ehrenfähigkeit ...

Die Meinung der militärischen Experten über den Stellenwert der verratenen Objekte war geteilt. Major Vontobel, im Zivilberuf Bauingenieur, sagte: «... Menznau ist ein Armeedepot, von dem übrigens jedes Kind Kenntnis hat ... Das Chlorat ist zusammengesetzt aus 90 Prozent Kalium oder Natriumchlorat und 10 Prozent Parafin ... Jeder Mineur sollte die Zusammensetzung wissen. An der Instruktion wird das mitgeteilt. Das gehört zu Waffenlehre und Sprengstoffkenntnis.» Der Oberstleutnant Troxler war anderer Ansicht: «Der Landesverrat beginnt mit der unbekümmerten ersten Diskussion über militärische Belange mit unbekannten Dritten, er steigert sich zur bewussten Bekanntgabe gleicher Tatsachen an Drittpersonen, die als Agenten oder Vertreter fremder Nachrichtendienste erkannt sind, und gipfelt in der Entgegennahme von Entschädigungen für solche Dienstleistungen ... Versetzen Sie sich einen Augenblick in den Gedankenkreis des Objektchefs, dessen Name nebst andern auf einer Liste gegen ein paar lumpige Franken verschachert wurde, damit ihn gegebenenfalls irgendein anderer verräterischer Schurke vor Erfüllung seiner soldatischen Aufgabe hinstrecken könne aus Deckung und Hinterhalt, dann werden Sie leicht ermessen können, was er von Ihrem Richtspruch erwartet.»

Das Divisionsgericht 9 «erkannte mit Urteil vom 25. Sept. 1942 Schläpfer der wiederholten Verletzung militärischer Geheimnisse schuldig und verurteilte ihn, gestützt auf Art. 2 Ziff. 1 und 8, 3 Ziff. 1, 218, 86, 106, 27, 49 MStrG, Art. 6 der Verordnung des Bundesrates vom 28. Mai 1940 betr. Abänderung und Ergänzung des MStrG, 1. zum Tode durch Erschiessen, 2. zu den Verfahrenskosten, inbegriffen eine Gerichtsgebühr von 100 Fr., zusammen 549.75 Fr.» In der Urteilsbegründung heisst es unter anderem: «... Aber auch subjektiv wiegt das Verbrechen nicht weniger schwer: Schläpfer hat als Fourier eine vermehrte militärische Ausbildung genossen, und er hat den von ihm geleisteten Fahneneid auf das schändlichste gebrochen. (...) Zu diesem Entscheide gelangt das Gericht nicht etwa, um einer vorhandenen Strömung im Volke zu willfahren, sondern weil es der Auffassung ist, dass die Ausfällung der Todesstrafe im Interesse der Armee und Unabhängigkeit des Landes nicht umgangen werden kann.»

Dem Zivilverteidiger Schläpfers, Kuno Sonderegger, wurden zwei Tage eingeräumt zur Begründung der Kassationsbeschwerde. In einem Brief, der an den Grossrichter der 9. Division gerichtet ist, begründet Sonderegger die Beschwerde. Erstens sei ihm nur ein Auszug aus den Akten freigegeben worden, damit würden wesentliche Vorschriften des Verfahrens verletzt. Zweitens sei Schläpfer offensichtlich der Verführte gewesen, seine Kenntnisse über die Verwendung der von ihm gemachten Angaben seien völlig unabgeklärt, und er habe sein Geständnis aus glaubhaften Gründen widerrufen. Eindeutig stärker belastete Angeklagte seien zu milderen Strafen verurteilt worden. Eine Verletzung der gesetzlichen Gleichheit beweise auch der Fall eines Hauptmanns, dessen Name der Öffentlichkeit nicht bekannt wurde. Drittens habe Schläpfer in einer unklaren Ideologie gehandelt, wie solche im politischen Leben häufig seien. Viertens könne Schläpfer höchstens nach Kenntnis der Tatbestände, die ihm erst in der Untersuchung klar geworden seien, einsehen, dass seine Handlungen in Wirklichkeit Landesverrat waren.

Die Kassationsbeschwerde ging mit einem Schreiben des Grossrichters, der Nichteintreten empfahl, an den Oberauditor der Armee nach Bern und von dort mit einem Schreiben des Oberauditors, der Nichteintreten empfahl, an den Präsidenten des Militärkassationsgerichts. Der Oberauditor schrieb unter anderem: «... Vergleiche mit den Straftaten anderer Verurteilter können im Kassationsverfahren, das lediglich Rechtsüberprüfung ist, keine Berücksichtigung finden. Die Beschwerde des Fouriers Schläpfer ist aus diesen Gründen in vollem Umfang abzulehnen.»

Das Kassationsgericht lehnte die Beschwerde in vollem Umfang ab. Jetzt musste Schläpfer in vollem Umfang den Tod erwarten. Nur die Bundesversammlung stand noch zwischen ihm und den Henkern. Aber sie war eben in die Sommerferien gegangen, als das Urteil eingetroffen war. Also musste Schläpfer auf die Herbstsession warten, wo er auf der Traktandenliste stand. Auf Antrag der Begnadigungskommission der Vereinigten Bundesversammlung lehnte die Vereinigte Bundesversammlung in einer Geheimsitzung

Die beste Zigarette seines Lebens

(geheim wie die Militärgerichtsverhandlungen) das Gnadengesuch Schläpfers ab. Es war soweit. Nach der Vereinigten Bundesversammlung kommt nichts mehr.

*

In seiner Villa über dem Vierwaldstättersee sitzt der pensionierte Staatsanwalt Dr. Schoch und erklärt bei einem kühlen Bier, wie korrekt und sorgfältig er damals richtete, zusammen mit den sechs andern Divisionsrichtern. Schoch war damals Sekretär der Staatsanwaltschaft in einem innerschweizerischen Kanton, im Militär Wachtmeister. Die Divisionsgerichte waren stets aus drei Offizieren und drei Unteroffizieren zusammengesetzt, dazu der Grossrichter. Fünf von den Richtern waren gelernte Juristen, damit habe eine besondere Garantie bestanden für ein sachgemässes Urteil. Die Voruntersuchung sei sehr speditiv erledigt worden von Hauptmann Mahler, im Zivilleben Bezirksanwalt in Zürich. Die polizeilichen Ermittlungen seien bei der Heerespolizei auch in guten Händen gewesen. Die Vorakten sind nur dem Grossrichter, dem Auditor und den Anwälten, nicht aber den sechs übrigen Divisionsrichtern bekannt, damit sie unbefangen bleiben. Da es im Militärgerichtsverfahren keine Appellation, sondern nur die Nichtigkeitsbeschwerde gebe (wenn z. B. Begriffe zu eng oder falsch gefasst wurden), hätten sie ihre Aufgabe besonders ernst genommen. Vier Tage hätten sie gebraucht bis zum Todesurteil. Am ersten Tag instruierte der Grossrichter den Prozess, legte Akten vor, vernahm Zeugen. Am zweiten Tag konnten die sechs Divisionsrichter durch den Mund des Grossrichters Fragen stellen lassen. Am dritten Tag kamen die Verteidiger zu Wort (Schläpfer und Zaugg wurden gemeinsam abgeurteilt, dazu noch einige leichtere Fälle mit langjährigen Zuchthausstrafen, alles in vier Tagen erledigt). Am vierten Tag war Urteilsberatung, am fünften Tag die Urteilseröffnung. Von sieben Richtern müssen sechs für den Tod stimmen, damit ein Todesurteil zustande kommt. Dr. Schoch, ein «ausgesprochener Strafrechtler», wie er sagt, hat in beiden Fällen für den Tod gestimmt. Das würde er auch heute wieder tun. Die Schwere des Falles sei ausschlaggebend gewesen, aber auch die «Schimpflichkeit des Delikts». In jener historisch-konkreten Situation sei kein anderes Urteil möglich gewesen. Das Urteil habe den Zweck der allgemeinen Abschreckung und der Sühne gehabt. Schweres Urteil, aber notwendig. Die heutige Tendenz gehe darauf, nur den Angeklagten zu sehen, damals habe es aber noch ein Staatsethos gegeben. Beim Ausbruch eines neuen Krieges würden dieselben Strafen wieder verhängt, und das sei richtig. Die Gerechtigkeit solle nicht emotional vor sich gehen. Im ganzen Prozess habe alles gut funktioniert, exakte Anklage des Auditors, prima Verteidigung, ein Musterprozess. Die Angeklagten? Zaugg ein vitaler Typ, intelligent, aber niedergeschlagen. Schläpfer eher ein Männchen als ein Mann, eine halbe Portion. Hätte Schoch auch für den Tod gestimmt, wenn er anschliessend selbst auf Zaugg und Schläpfer hätte schiessen müssen? Das sei eine dumme Frage, meinte Dr. Schoch.

*

Im Bahnhofbuffet Solothurn ein Gespräch mit Alt-Ständerat Dr. Pfenninger, der damals zur Begnadigungskommission der Bundesversammlung gehörte. Vierzehn Mitglieder hatte die Begnadigungskommission, und etwa die Hälfte davon war auch im Zivilleben für die Todesstrafe. In normalen Zeiten war das keine wichtige Kommission, deshalb wurden auch immer junge Frischlinge hineingewählt. Sie hatte meist Schmuggler zu begnadigen, die zu hohen Geldstrafen verurteilt waren. Dann plötzlich der Bundesratsbeschluss über die Todesstrafe, und über Nacht waren sie zu einer wichtigen Kommission geworden. Pfenninger war überdies in einem Divisionsgericht tätig, welches Urteile gegen Spionage fällte, aber nie über zwanzig Jahre Zuchthaus hinausging. Im Militär führte er als Oberst eines der neugeschaffenen Flabregimenter. Pfenninger hat die Mutter eines Landesverräters gut gekannt, dessen Fall ihm zur Begutachtung vorgelegt wurde.

Wie in allen Fällen hat er auch damals die Begnadigung abgelehnt, hingegen hat er den Delinquenten zwei Tage vor der Hinrichtung noch in der Festung Thorberg besucht. Bundesrat Kobelt habe ihm zu diesem Zweck eigens sein Dienstauto mit Chauffeur zur Verfügung gestellt. Der Sohn dieser Mutter, einer Gemüsefrau, bei der er jeweils nach der Arbeit eingekauft habe, sei ins Besuchszimmer der Festung geführt worden, der Direktor habe sie einen Moment allein gelassen, und der damals dreissigjährige Mann habe sofort zu heulen begonnen und immer wieder gesagt: Ich möchti

Die beste Zigarette seines Lebens

läbe, ich möchti läbe, er sehe ja seine Dummheit ein und sei reuig. Pfenninger habe aber kein Hehl daraus gemacht, dass er seine Begnadigung bereits abgelehnt habe und die Vereinigte Bundesversammlung in Kürze dem Kommissionsantrag folgen werde. Der junge Mann habe immer nur wieder gesagt: *Ich möchti läbe*, er höre heute noch seine Stimme, das Wasser sei ihm heruntergelaufen, er war ein etwas beschränkter Bursche, es habe überhaupt eine Mehrheit von einfachen Burschen unter den 17 Erschossenen gehabt. Pfenninger habe ihm nur gesagt, er hätte sich vorher besinnen sollen, statt solche Sachen zu machen, und auf der Schwelle habe er sich nochmals umgedreht und ihm geraten, jetzt müsse er halt tapfer sein. Dieser Delinquent war übrigens ein Zivilist, die Militärgerichte hatten auch Jurisdiktion über landesverräterische Zivilisten.

Die Begnadigungskommission habe jeweils knapp einen Tag gebraucht für die Beurteilung der einzelnen Fälle, ab 9 Uhr morgens konnten sie die Akten einsehen, die Sitzung war dann um 4 Uhr nachmittags. Sie hätten die Akten aber oft kaum mehr richtig studiert, weil sie sich sagten: Wir müssen kein Urteil fällen, sondern nur begnadigen oder nicht.

Da die Grossrichter ihre Sache immer sehr ernst nahmen und man sich auf ihre Urteile verlassen konnte, sagt Pfenninger, war die Arbeit der Begnadigungskommission dadurch sehr erleichtert. Während der sehr kurzen Sitzungen im militärisch bewachten Zimmer 3 sei die Diskussion kaum benützt worden, der Präsident habe jeweils referiert und die Begnadigung immer abgelehnt, und dann hätten sie sich immer fast einstimmig seinen Ausführungen angeschlossen. Manche hätten Skrupel gehabt, zum Beispiel er selbst und auch Nationalrat Killer, weil sie vor dem Krieg noch Vorträge gegen die Todesstrafe gehalten hätten, aber die harte Zeit habe einfach ein Umdenken verlangt, es wäre noch viel mehr Landesverrat vorgekommen ohne diese Abschreckung. Weshalb soll die Todesstrafe im Krieg eine abschreckende Wirkung haben, wenn sie die im Frieden nicht hat? Darauf kann Pfenninger auch nicht antworten, und er räumt schliesslich ein, dass es mehr um die Vernichtung des räudigen Schafes, um den radikalen Familienausschluss und um Rache gehe als um Abschreckung. Man habe einfach eine verdammte Wut gehabt gegen diese Verräter, die den aufopferungsvollen Wehrmännern quasi in den Rücken schossen.

Gewiss, von einer bestimmten gesellschaftlichen Stufe an aufwärts nenne man dieselbe Handlungsweise nicht mehr Landesverrat, sondern Politik, zum Beispiel der Anpassung der Schweiz ans Dritte Reich, aber diese Überlegungen habe man damals viel zu wenig angestellt. Und er gebe ja zu, dass die öffentlich verlesene Anpassungsrede des Bundesrates Pilet-Golaz die Demokratie viel gründlicher unterwandert habe als ein heimlich begangener Verrat. Aber Pilet-Golaz sei eben juristisch nicht zu erfassen gewesen.

Pfenninger, der zur «Aktion Nationaler Widerstand» (eine Résistance-Bewegung) gehörte, glaubt, dass die Deutschen die Schweiz auch ohne Landesverrat innert kürzester Zeit überrannt hätten, wenn sie wirklich gewollt hätten. Aber damals hätten alle die Hinrichtungen gebilligt, Soldaten, Offiziere, Zivilisten, durchs Band habe Zustimmung geherrscht im Volk*, man habe die Hinrichtungen «gebraucht». Und man habe damit demonstriert, dass die Zeiten halt ernst waren. Die Landesverräter hätten übrigens immer ihre Vergehen gestanden, zur Entschuldigung hätten sie etwa gesagt: Diesen oder jenen verratenen Flugplatz habe jeder Zivilist von der Strasse aus sehen können. Die Offiziere unter ihnen hätten es mehr aus ideologischen Gründen getrieben (ein Leutnant, ein Oberleutnant, ein Major), die Soldaten mehr für die Aufbesserung des Taschengeldes. Pfenninger würde heute eher zur Begnadigung neigen, in manchen Fällen. Übrigens die Gemüsefrau habe die Erschiessung ihres Sohnes besser als erwartet aufgenommen, er habe weiterhin bei ihr eingekauft.

*

Im zugerischen Baar geht in einer Studierstube der Kaplanei der Pfarr-Resignat und weiland Feldprediger Stapfer auf und ab mit dem Brevier in der Hand. Ein Stich von Dürer im Treppenhaus: Ritter, Tod und Teufel. Der pensionierte Feldprediger geht schon recht gebückt und eingefallen, aber wenn er von der Armee spricht, gibt er seiner Gestalt einen Ruck, dass es knackt. Wenn er von seinen Feldpredigerkollegen spricht, sagt er: Kamerad Müller, Kamerad Meier, Kamerad, Kamerad. Das tönt fast wie «Genosse»

---

* Das stimmt nicht ganz. Wie mir Hans Oprecht erzählte, waren die Sozialisten der welschen Schweiz immer dagegen.

Die beste Zigarette seines Lebens

auf französisch: camarade. Er hat nicht mit Zaugg und Schläpfer zu tun gehabt, sondern mit zwei Vierundzwanzigjährigen, die im Zürcher Oberland erschossen wurden. Aber es komme nicht drauf an, die feldpredigerische Betreuung sei immer dieselbe. Die beiden wurden 1944 erschossen, als die Schweiz nicht mehr bedroht war. Für den einen der beiden hat sich ein sozialdemokratischer Ständerat eingesetzt: Er sei ein bisschen jung zum Sterben.

Stapfer hat nach der Exekution in den Feldpredigerschulen Vorträge gehalten über die seelsorgerische Betreuung von Todeskandidaten, welche Vorträge immer auf ein lebhaftes Interesse seiner Kameraden gestossen seien. Es seien dumme Buben gewesen, die von den Deutschen eingewickelt wurden, beide aus einfachen, zerrütteten Familien. Er als Feldprediger habe über die Berechtigung dieser Todesurteile nicht zu urteilen, sondern nur dafür zu sorgen gehabt, dass die beiden anständig aus der Welt gingen. Die beiden hätten dann ihre Sache recht gemacht, es sei eine saubere Exekution gewesen. Zwar hätten sie bis zum letzten Moment gehofft, eine deutsche Invasion werde sie kurz vor der Exekution befreien, aber dann assen sie ruhig ihre Henkersmahlzeit, nämlich Habersuppe, ein Stück Chäs und gschwellti Härdöpfel. Darauf die Sterbegebete, laut rezitiert: Befreie, o Herr, die Seele deines Dieners, wie du Lot befreit hast aus Sodoma und aus den Flammen des Feuers; und wie du die selige Jungfrau und Märtyrin Thekla von drei schrecklichen Peinen befreit hast, so befreie gnädig die Seele dieser deiner Diener, amen. Sie seien übrigens früher Messdiener gewesen, Ministranten. Darauf haben die beiden Kandidaten Abschiedsbriefe an ihre Schätze geschrieben. Die Exekution fand abends vor Sonnenuntergang statt, während gewöhnlich das Morgengrauen bevorzugt wird. Stapfer legt zwei Dokumente auf den Tisch, einen dienstlichen Befehl seines damaligen Obersten Thoma: «Sie haben sich mit den Angehörigen in Vbg. zu setzen und abzuklären, ob Sie die Leichen übernehmen wollen. Die Leichen werden in plombierten Särgen transportiert, welche nicht geöffnet werden dürfen.» Ein anderer Brief, zwei Tage nach der Exekution geschrieben: «Herr Hauptmann! Die Tatsache, dass die beiden Verurteilten ihren Tod ruhig und gefasst erwarteten, hat bewiesen, dass es Ihnen gelungen ist, ihre schwere Aufgabe voll befriedigend zu erfüllen. Ich spreche Ihnen dafür meinen Dank und meine Anerkennung aus. Oberst Thoma. PS: Ihre Dienstleistungen wollen Sie sich bitte von meinem Büro auszahlen lassen.» Zwischen den beiden Briefen liegt die Exekution. Eine der Mütter sei am Tag der Hinrichtung nach Einsiedeln wallfahrten gegangen, und ein Vater habe die Öffnung des plombierten Sarges verlangt, weil er die neuwertigen Schuhe seines Sohnes haben wollte. Daraus kann geschlossen werden, sagte der Feldprediger, dass es komische Leute waren.

Nach dem Besuch bei Stapfer ein Telefongespräch mit Frau Pfarrer Hürlimann. Ihr Mann, der Zaugg und Schläpfer betreute, ist vor zwei Jahren gestorben. Er habe die Gerechtigkeit des Urteils nicht erwägen müssen, sondern ihnen beim Hinübergehen behilflich sein. Pfarrer Hürlimann hat nie Politik gemacht, stand aber auf dem Boden von Luther und Zwingli. Es sei nicht leicht gewesen für all die Herren, die der Hinrichtung beiwohnen mussten. Ihres Mannes Haare wurden damals innert kurzer Zeit weiss. Es habe ihn furchtbar mitgenommen, aber er musste es so annehmen, wie es ihm von der Obrigkeit gegeben war. Der Mann hat nie Ferien genommen, seine Erholung war das Militär. Er musste die beiden dazu bringen, ihre Schuld zu akzeptieren, sagt sie wörtlich. Wenn einer Krebs hat oder einen Unfall, muss der Pfarrer ja auch Trost bringen und die Verzweiflung abwehren. Ihr Mann hat immer zu den geistlichen Verrichtungen Gedichte gemacht, oft Mundartgedichte. So hat er auch die Hinrichtung im Gedicht aufgehoben. Das Gedicht darf sie nicht bekannt machen, sie ist ans Pfarrergeheimnis gebunden, aber es stehe etwas drin vom Wald, der im ersten Morgenlicht lag (es war eine Morgenexekution), und wie die ersten Vögel gepfiffen hätten und alles von der barmherzigen Natur verklärt worden sei.

*

Es war eine saubere Hinrichtung, sagt auch Dr. Rupp in Sarnen, damals Hauptmann und Kompaniekommandant von Zaugg und Schläpfer. Wir hatten einfach Vertrauen in die Gerechtigkeit des Urteils, obwohl wir die Akten nicht kannten. Was von oben kam, war richtig. Unterdessen habe er Zweifel bekommen. Als praktizierender Freimaurer und Humanist hat er eine 23seitige Denkschrift über das Erlebnis aus dem Aktivdienst verfasst, die so an-

Die beste Zigarette seines Lebens

fängt: «Am Mittwoch, dem 11. November, wurde Hauptmann Rupp vom rasselnden Wecker jäh aus dem Schlaf gerissen ... Es war noch dunkel, kalt, und aus einem schweren, tiefen Nebel rieselte es leise.» Die unveröffentlichte Denkschrift hat er kürzlich an einer Sitzung seiner Freimaurerloge vorgelesen, aber nur mässigen Erfolg damit gehabt. Rupp war im Zivil Restaurateur in einem sehr renommierten Gasthof, wo auch Frölicher verkehrte (Schweizer Gesandter in Berlin während des Aktivdienstes), der für eine radikale Anpassung der Schweiz an Nazi-Deutschland eintrat. Er hat öfter für das leibliche Wohl Frölichers gesorgt, wenn dieser Diplomat wieder einen Schweizer Aufenthalt einschaltete. Die Situation der Schweiz sei damals mit einer belagerten Festung zu vergleichen gewesen, sagt Rupp, und Landesverräter seien ihm vorgekommen wie Leute, die den Festungsschlüssel dem Feind auslieferten. In seiner Verpflegungsabteilung hatte er 50 Metzger unter sich, die für die ganze Division schlachteten, 3000 bis 4000 Stück Vieh im Aktivdienst. Insubordination und Meuterei seien im Aktivdienst kaum vorgekommen, nur einmal hätten seine Mannen gegen den Feldwebel gemurrt, darauf habe er einen bäumigen Strafmarsch organisiert, und die Ruhe sei wieder eingekehrt.

Am Abend vor der Hinrichtung, einige Stunden nach Ablehnung des Gnadengesuchs durch die Vereinigte Bundesversammlung, habe er seine Kompanie feldmarschmässig heraustreten lassen und ihr die «kleine Morgenübung» vom nächsten Tag erklärt. 40 Mann für die Absperrung des Richtplatzes, 40 Mann für die Erschiessungspelotons, fast lauter Metzger. «Es ist dies eine Aufgabe, vor der sich keiner der Anwesenden drücken kann. Es gibt keine Freiwilligen, aber es gibt auch keine Dispensierten», sagte Rupp der Mannschaft. «Leider sind zwei Angehörige unserer Einheit, zwei Unteroffiziere, das Opfer der nazistischen Propaganda geworden, und unserer Einheit ist der Befehl erteilt worden, das Todesurteil innerhalb von 24 Stunden zu vollstrecken. Einzelheiten ihrer Verfehlungen kennen wir nicht, denn aus Sicherheitsgründen muss der Tatbestand geheimgehalten werden.»*

---

* Laut Militärstrafrecht muss die Einheit, zu der die Delinquenten gehören, diese erschiessen.

Im nahen städtischen Schlachthaus «wurden anschliessend die Befehlstechnik und die Schussabgabe einexerziert». Hauptmann Rupp und ein Oberleutnant Meinhold hatten sich als Zielobjekte zur Verfügung gestellt, denn die Mannschaften hatten nicht die Gewohnheit, auf lebende Objekte anzulegen. Es wurde ohne Munition geprobt. Die Offiziere stellten sich einfach vor die Mannschaft und befahlen, auf Kopf und Brust anzulegen, je zehn Mann auf Brust, je zehn auf Kopf.

Dank dem gründlichen Training am Vorabend habe dann am nächsten Morgen auch alles geklappt, der Oberst und Grossrichter Santschi habe das Urteil verlesen, das Kommando sei vom Obersten an den Hauptmann und vom Hauptmann an einen Leutnant übergeben worden, der mit scharfer Stimme befahl: «Rechts um, kehrt», «zum Schuss fertig», «ein Schuss Feuer». Der Bataillonsarzt stellte den sofortigen Tod der beiden fest, so dass sich ein Gnadenschuss erübrigte.

Beim Entladen allerdings ergab sich, dass von einem Peloton drei Mann, vom andern vier Mann nicht geschossen hatten. Rupp überlegte sich, ob diese Befehlsverweigerung bestraft werden sollte. Aber «die Aufgabe der Truppe war einwandfrei erfüllt worden, warum jetzt noch einen Fall aufziehen», überlegte Rupp «instinktiv», und statt einer hochnotpeinlichen Untersuchung dankte er den Soldaten für ihre schwere Pflichterfüllung mit einigen Worten und einem Handschlag. Er habe dann die nicht abgefeuerten Patronen zu sich genommen und im Hosensack verschwinden lassen. Plötzlich, als die Aufgabe der Truppe auf diese einwandfreie Art erledigt war, «hörte man wieder einen Schuss fallen, und ein Wachtmeister der Kantonspolizei sank zusammen. Er hatte eine geladene und entsicherte Maschinenpistole, die er zur Sicherung der Eskortierung mitnahm, auf den Führersitz des Transportautos gelegt und wollte sie nun entladen. Diese sehr sensible Waffe löste bei dieser Manipulation einen Schuss aus, der den Polizisten im Bauch schwer verletzte. Ein dreimonatiger Spitalaufenthalt war die Folge.» Am meisten Eindruck hätten ihm die Schnelligkeit der Exekution und die absolute Ruhe der Beteiligten gemacht, abgesehen vielleicht vom Grossrichter, der in seiner aufgeregten Stimmung vergessen hatte, die Gamaschen anzuziehen. Die Leichen hätten vorne bleistiftgrosse Einschusslöcher aufgewiesen, hinten hätten sie aber wüst ausgesehen. Allerhand Weichteile seien im Gras gelegen, Blut und andere Überreste, so dass ihm der Oberförster, übrigens ein Freund von ihm, am nächsten Tag sagte: *Ihr hetted au no chönne suuber uufputze.* Die Exekutionsbäumchen seien dann vom Oberförster gefällt worden. Im Tagebuch des Bataillons hat dieser Tag (es wurde sofort die normale Routine wieder aufgenommen) folgende Spur hinterlassen: «07.12 Uhr Füsilierung der Fouriere Zaugg und Schläpfer durch ein Detachement von 40 Mann der Nachschubkompanie 9.09.00 Uhr Übergabe der Pferde und Fuhrwerke der Geb Tf Ko V/4 an die Kol III/3. Durchmarschfassung für das komb Inf Rgt 21 (4. Division) ab Magazin Luzern 11.00–13.00 Uhr und für das Rgt 22 ab 16.00–18.00 Uhr.»

Rupp interessiert sich heute für Geschichte und Poesie, auf dem Schreibtisch ein Buch von Rilke, dann auch einige kommerzielle Aktivitäten, er arbeitet noch halbtags. An die Gesichter und Namen der kommandierten Füsiliere kann er sich nicht erinnern. «Ich habe vieles vergessen, das kommt von der Arterienverkalkung, darum habe ich auch aufgeschrieben, was ich noch wusste.» Er fährt mit mir zum Richtplatz, der sehr idyllisch in einem Tälchen liegt, sehr ruhig in der Morgensonne. Er heisst mich stillstehen, nimmt sieben Schritt Abstand, grosse ausgreifende Schritte, macht rechts um, kehrt, sagt: Hier sind die Füsiliere gestanden, dort der Grossrichter; wo Sie jetzt stehen, waren die Delinquenten angebunden. «Das Kommando war noch nicht verklungen, als ein einziger Knall die bedrückende Stille durchschnitt und die Körper von Zaugg und Schläpfer in die haltenden Stricke sackten», heisst es in Rupps Denkschrift. An diesem Sonntagmorgen ist die Stille gar nicht drückend. In weiter Ferne hört man Schüsse, aber sie kommen aus einem Schiessstand.

*

«*Schüssed Si los*», sagte Oberst Koller, der ehemalige Vorgesetzte Rupps, damals Sekundarlehrer im Zivil, der in seiner Wohnung in L. sitzt und Auskunft gibt.[*] Koller ist ein bekannter Politiker im Ruhestand, alt Stadtpräsident, Vorsitzender eines Kulturvereins,

---

[*] Vgl. auch «Sprechstunde bei Dr. Hansweh Kopp», in «Der wissenschaftliche Spazierstock».

hat sich um die Förderung der schweizerischen Bühnenkunst verdient gemacht. Er hat alle Exekutionsakten in einem Ordner aufgehoben. Unaufgefordert übergibt er mir die Kopien einiger Vollzugsakten, auch einen Originalzettel mit dem Exekutionsprogramm, den er an jenem Morgen in der Hand hielt. Stolz erklärt Oberst Koller die «minuziöse Vorbereitung» und die «reibungslose Abwicklung». Auch er sagt: *Es war eine saubere Exekution.* Er habe sich noch lange mit dem Sanitätsoffizier darüber unterhalten, wo gegebenenfalls der Fangschuss erfolgen müsse: in den Mund, in die Schläfe, den Nacken oder die Stirn. Man habe die Frage offengelassen, und es sei dann auch alles gutgegangen. Koller befürwortet auch im Zivilleben die Todesstrafe: Wohin kommen wir sonst mit unserer Humanitätsduselei? Nach der Exekution von Zaugg und Schläpfer, als alles gutgegangen war, die Mannschaften den Platz schon verlassen hatten und er mit einigen Offizieren zurückgeblieben war, hat er aufgeschnauft und eine Zigarette geraucht. Die beste Zigarette meines Lebens, sagt er. Während er rauchte, hörte er gedämpften Soldatengesang, es war das Lied «Eine Kompanie Soldaten, wieviel Freud und Leid ist das». Oberst Koller muss man keine Fragen stellen, es sprudelt freiwillig hervor.

Im Ordner die Protokollakten: Der Regierungsrat X. von Zauggs Heimatkanton und der Regierungsrat Y. des Erschiessungskantons, welche protokollarisch das Recht zur Anwesenheit auf dem Richtplatz haben, verzichteten auf diese Anwesenheit. Auch die Verteidiger wollten nicht beiwohnen. Dann die pathologisch-anatomische Diagnose (die Leichen wurden sofort seziert): Hinrichtung durch Erschiessen. 17 Treffer. 6 Kopfschüsse, 11 Brustschüsse, Sprengung der Schädelkapsel, Schädelbasisfrakturen, weitgehende Zertrümmerung des Gehirns, Schädelschwartenriss, Abriss des linken Ohrläppchens, Zertrümmerung der Brustwirbelsäule, Paravertebrale Frakturen der 2. bis 6. Rippe, 3 Herzdurch- und -streifschüsse, Zerreissung des Herzbeutels, beider Lungenoberlappen und des linken Lungenunterlappens, mehrfache Durchtrennung der Brustschlagader. Hämothorax duplex, zwei Rachenwanddurchschüsse, Zertrümmerung des rechten Humeruskopfes, vacuoläre Depression der Leber.» Signiert: Professor K., eine Kapazität auf dem Gebiet der Pathologie. Dann ein

Brief vom protestantischen Pfarrer der Heimatgemeinde Zauggs (eines Dorfes im Emmental): «... dass verschiedene Geschwister nicht einverstanden sind, dass man die Asche Ferdinands ins Grab der Eltern lege, denn das würde dieses Grab der Eltern schänden. Sie können sich gar nicht auf die Tatsache stellen, dass es eine göttliche Vergebung gibt, unter die wir uns selbst dann zu beugen haben, wenn eine weltliche Gerichtsbarkeit keine Gnade mehr geben kann, wie es in diesem Fall wohl geschehen muss.» Die Asche Zauggs und die Leiche Schläpfers kamen dann, weil die Angehörigen sie nicht haben wollten, auf einen Friedhof der Innerschweiz.

*

Kurt Holliger in Burgdorf ist Schützenkönig und Metzgermeister. Eine Mietwohnung am Stadtrand, ähnlich eingerichtet wie die Wohnung der Frieda Schläpfer, ziemlich einfach. Holliger sagt: Wir haben nicht gesungen, das hat sich der Oberst eingebildet. Das sei wieder typisch für Koller. «Üseri Offiziere sy komischi Type gsy», der Koller ein richtiger Protz, ein bissiger Hund. «Mir händ si ghasst wie Pescht.» Die waren nicht wie Menschen, immer kaltschnäuzig. Am Abend, als sie die Erschiessung im Schlachthaus trainieren und auf den Oberleutnant Meinhold anlegen mussten, hätte er am liebsten auf diesen geschossen, um diesen Hund wäre es weniger schade gewesen als um den Johann Schläpfer.

Einer aus dem Peloton habe bei dieser Zielübung im letzten Moment gemerkt, dass eine richtige Kugel im Lauf sei, und habe sie leider entfernt, sonst wäre der Meinhold abgekratzt, da er ihnen so schön die Brust hinstreckte. Gott sei Dank habe er nicht auf den Johann Schläpfer zielen müssen, der ein lieber Kerl gewesen sei, sondern auf die Brust vom Zaugg, der weniger sympathisch war. Auch war Zaugg in der Kompanie als deutschfreundlich bekannt, und damals habe man die Deutschen und ihre Freunde wahnsinnig gehasst, weil sie ihretwegen die Geschäfte zu Hause im Stich lassen mussten. So sei das Schiessen leichtergefallen. Aber trotzdem habe er sich oft gefragt, ob das damals richtig gewesen sei und ob man nicht auf ganz andere Leute hätte schiessen sollen, da waren noch ganz andere Vaganten herum. Nur eben, damals hat der Staat einfach über die Leute verfügt, man führte die Befehle aus. Holliger hat nicht gewusst, dass bei einigen der Schuss nicht losging, sie haben nie darüber gesprochen, sie mussten Geheimhaltung versprechen und wurden von der Heerespolizei nachher bespitzelt. Keiner vom Peloton habe geschlafen in der Nacht vorher. Er habe von Jahr zu Jahr mehr Zweifel, ob es die Richtigen getroffen habe, schliesslich, was könne so ein Fourier schon für wichtige Geheimnisse verraten, verglichen mit einem Obersten.

Eine saubere Exekution? Das könne man eigentlich nicht sagen. Auf jeden Fall nicht sauber für die Soldaten, die Schläpfer und Zaugg einsargen mussten. Die Gesichter aufgedunsen, wie von vielen Wespenstichen. Man habe den beiden ihren Ceinturon etwas höher als sonst gegürtet, damit die Soldaten genau 10 Zentimeter weiter oben visieren konnten, wo sich das Herz befand. Die vordere Schützenlinie hingegen musste auf den Mund zielen. Als sie schon die schwarze Binde über den Augen hatten und ihnen alle Knöpfe an der Uniform abgeschnitten waren, damit das Abprallen der Kugeln vermieden wurde, taten die Feldprediger ihren letzten Zuspruch. Zaugg habe keinen Mucks gemacht, also sagte Pfarrer Hürlimann an seiner Stelle: Herr, ich sühne meine Sünden. Der katholische Feldprediger hingegen habe noch gemeinsam mit Schläpfer ein Vaterunser gebetet. Dann habe es geklöpft. Gleich nachher sei es ans Härdöpfelrüsten gegangen. An jenem Tag gab es Brätkügeli, Härdöpfelstock und Randensalat, das weiss er noch genau.

Man nannte es das Exekutionsmenü.

Hptm. Hackhofers
mirakulöse Kartonschachtel
Eine Fundbeschreibung

Die Kartonschachtel, überquellend von Altpapier, war vor etwa zwei Monaten in den Räumen der woz deponiert worden, mindestens zehn Kilo schwer, unansehnlich, und an den Überbringer konnte sich niemand mehr genau erinnern, und da stand sie nun, und Dringliches schien sie nicht zu enthalten, die vergammelte Schachtel. Zuoberst lag ein Zettel mit der Botschaft: *«Lieber Niklaus Meienberg. Ich habe diese Papiere in einem alten Haus, das leer ist, gefunden. Es handelt sich um die Akten eines gewissen Hauptmann Hackhofer aus dem 2. Weltkrieg. Leider ist ein völliges Puff, denn es war offenbar schon vor mir jemand da. Du warst der einzige, der mir in den Sinn kam, der mit dem Zeugs etwas anfangen könnte. Ich weiss nicht vielleicht ist es auch völlig wertlos, mach damit, was Du willst. Wenn Du was Interessantes findest, würde es mich schon interessieren, von Dir zu hören. Also tschau. Rolf Vetterli, Badenerstrasse 58, 8004 Zürich.*

*

Militärakten werden einem Journalisten selten so nett aufs Pult geschneit, und gleich zehn Kilo auf einen Schlag: das ist doch wirklich neu. Militärakten aus dieser Zeit liegen in den *Archiven*, wo man sie nach langwierigen Demarchen sehen kann, wie Gefangene, oder auch nicht, falls etwas Geheimzuhaltendes, Staatsgefährdendes, Interessantes darin enthalten ist, und manchmal liegen sie auch nicht mehr dort, sondern sind vom Papierwolf vernichtet worden, weil sie unbequem waren oder weil Platz geschaffen werden musste für neue Akten; und weil der Zweite Weltkrieg in der Schweiz als Papierkrieg stattgefunden hat beziehungsweise ungeheure Aktenberge von der Armee produziert worden sind, kann nur der kleinste Teil aufbewahrt werden; versteht sich. Akten können aus entgegengesetzten Gründen verschwinden oder dem Forscher unzugänglich bleiben: weil sie zu wichtig oder weil sie zu unwichtig sind. Die Menüpläne oder Wachrapporte oder Soldabrechnungen des Regiments XY werden vom Bundesarchiv *nicht* und die Dokumente der Bundespolizei werden *besonders gut* – das heisst meist unerreichbar – aufbewahrt.

In Hauptmann Hackhofers mirakulöser Kartonschachtel wird dieser Unterschied zwischen grosser und kleiner Geschichte, zwischen Geschichten und Geschichte, nicht gemacht, da sind die Spuren des Alltags ebenso konserviert wie die schönen ideologischen Dokumente, und alles wunderbar zugänglich. Urlaubsgesuche und Anweisungen für das korrekte Anbringen der Hufbrandnummern bei Armeepferden und Feldgottesdienstreglemente und Impfreglemente und sanitarische Untersuchungsberichte und Befehle für den Augenuntersuch und Anweisungen zum Latrinenbau und Rapporte über Wachvergehen und vertrauliche Führungszeugnisse und veterinärdienstliche Weisungen und persönliche Beförderungsreferenzen und Meldungen betr. die Kriegshunde und Schiessanzeigen und Tagesbefehle für Skipatrouillen liegen neben patriotischen Neujahrsansprachen des Regimentskommandanten Huber, politischen Lagebetrachtungen, Anweisungen für die Kommunistenbekämpfung und Merkblättern für die Fallschirmjägerabwehr. Der Alltag des Hauptmanns Hackhofer Karl und seiner Füsilier-Kp. 1/82 ist hier aufbewahrt, in seiner ganzen Breite. Er hätte diese Akten eigentlich dem Militärdepartement übergeben oder sie irgendwann vernichten müssen, nach dem Aktivdienst; hat das aber, vielleicht aus nostalgischen Gründen, nicht getan und sie im Estrich aufgehoben bis zu seinem Tod. Dort wurden sie im Winter 1983 von den jungen Arbeitslosen, die Estriche und Keller ausräumen, nachdem die letzten Mieter ausgezogen sind und bevor die ersten Bauarbeiter kommen und die Häuser renoviert oder abgerissen werden, gefunden. (Wir gedenken jetzt kurz des Hptm. Hackhofer und seiner Verdienste für die militärische Alltagsgeschichte. Kurzes militärisches Schweigen.)

*

Hauptmann Hackhofer war 65 Kilo schwer und 163 cm gross, röm.-katholisch und Mitglied der Studentenverbindung «Bodaner» (St. Gallen) und «Berchtoldia» (Bern), gebürtig von St. Gallen-Bruggen, dipl. Kaufmann der Handelshochschule St. Gallen und Dr. rer. pol. der Universität Bern. Dass er 65 Kilo schwer und

Hptm. Hackhofers mirakulöse Kartonschachtel

163 cm gross war, wissen wir dank eines Briefes, den er an die Eidg. Pferde-Regieanstalt in Thun geschrieben hat, um ein Regiepferd zu bestellen (Militärpferd); dazu musste er seine Körpermasse angeben. Gleichzeitig mit dem Pferd war ihm eine Pferdeordonnanz zugeteilt worden (ein Soldat, welcher ihm sein Pferd besorgte). Das Pferdewesen war damals in der Armee hochentwickelt, im Merkblatt für Pferdedienst, zusammengestellt von Leutnant H. Marugg, Geb. Mitr. Kp. IV/47, heisst es: «*Die Kriegstüchtigkeit hängt in hohem Masse vom Zustand der Pferde ab; gutgepflegte Pferde und saubere Stallungen sind der Stolz jeder Einheit.*» Dieser Leitsatz hatte auch in der *polnischen* Kavallerie gegolten, bevor sie gegen die deutschen Panzer angeritten war. Die delikaten Tiere waren allerdings oft kränklich, im Oktober 1939 war zum Beispiel ein ansteckender Respirationskatarrh, genannt Skalma, sehr stark verbreitet. «*Wo hustende Pferde mit gestörter Fresslust und Fieber festgestellt werden, müssen sie im Stall bleiben, dürfen nicht mehr ausrücken und sind sie dem Pferde-Arzt zu melden*», befahl der Bataillons-Kommandant, und am 20. November wurde verordnet: «*Scheeren der Pf.: Pf., die mit einem dichten Haarkleid behaftet sind, können geschoren werden. Solche Pf. sind vorerst an der jeweiligen Vet. Visite vorzuführen. Of. Pf. dürfen nur mit Zustimmung des betr. Eigentümers geschoren werden. Die Of. holen diese vorerst selbst ein. Das Scheeren wird nach Feststellung der Anzahl Pf. gesamthaft von hierzu geschultem Personal ausgeführt. Der Zeitpunkt wird vom Pf. Az. festgelegt.*»

Sechs Monate später, Deutschland war gerade damit beschäftigt, fast ohne Pf. die französische Armee zu besiegen, erliess Oberstlt. Sulser, Bataillonskommandant, eine Verordnung im Hinblick auf die *Soldaten*, die mit einem dichten Haarkleid behaftet waren: «*Die Einrichtung von Haarschneidestellen in den Kp. ermöglicht eine rasche Durchführung dieses Geschäftes auch während der Arbeitszeit. Ich verlange nicht von jedermann einen 3-mm-Schnitt. Dagegen soll das Kopfhaar bis über die Ohren hinauf sehr kurz geschnitten sein. Mähnen, wie sie heute noch vielfach anzutreffen sind, müssen verschwinden. Sofern diesem Wunsche nicht innert kürzester Frist nachglebt wird, werde ich anordnen, dass Leuten mit zu langen Haaren das Abnehmen des Helmes verboten ist.*»

Einen Monat später, Frankreich war besiegt, erliess Oberst G.

Huber, Kommandant Inf. Rgt. 33, folgende Proklamation: «*An mein Regiment. Zuletzt war es mit dem Klang der Weihnachtsglocken, als ich mich an Euch gewendet habe. Seither ist ein halbes Jahr verflossen, während jeder an seinem Ort und an seinem Platze im Dienste der Heimat seine Pflicht erfüllte. Die letzten Ereignisse an unserer Grenze haben eindeutig gezeigt, wie es kommen kann, wenn der innere Halt fehlt; auf der andern Seite haben sie aber auch gezeigt, dass unsere Ausrüstung und unsere Waffen zu den besten aller Staaten gehören. (...) Seien wir dem ganzen Schweizervolk Beispiel und Vorbild, damit wir stolz und erhaben in dessen Augen schauen können. Noch sind wir hier und halten treu zur Fahne. Mein Vertrauen habt Ihr, meine 33-er, und auch unsere Kantons-Regierung weiss um Euren Geist, Euer Können und baut darauf. So, meine Kameraden, wollen wir bleiben, ein braves, stolzes Rgt.*» Am Schluss der Proklamation die Anmerkung: «*a) Geht an: alle Of. des Rgt. b) dieser Appell ist der Trp. am Hauptverlesen des 26. 6. 40 vollinhaltlich zu verlesen und zu erläutern.*»

Was gab es da noch zu erläutern? Die Deutschen waren nicht gekommen: also gehörten *unsere* Ausrüstung und *unsere* Waffen zu den besten aller Staaten, wie auch der Staat zu den besten Staaten gehörte.

*

Hauptmann der Infanterie Hackhofer war damals Ortskommandant von Wattwil im Toggenburg, Kt. Sankt Gallen, und er hatte es nicht leicht. Was machten seine Soldaten tagsüber? Die Deutschen wurden erwartet, kamen aber nicht. Die Gewehre wurden geputzt, schossen aber nicht (auf den Feind). Die Truppe hielt Ausschau nach feindlichen Fallschirmjägern, sah aber keine. Auf der Ruine Iberg waren Flakgeschütze in Stellung gebracht, Tankfallen waren gebaut worden, Bunker und Maschinengewehrstellungen in grosser Anzahl, Unterstände und Gräben – aber der Feind kam nicht. Er wollte einfach nicht kommen. Hingegen kam periodisch der Oberst i. Gst. Frick, d.h. wurde von seinem Chauffeur durch die Gegend chauffiert, und war nicht zufrieden. Am 21. Juni 1940 erliess der Oberst ein Zirkular: «*GRUss DER TRUPPE. Auf meinen bisherigen Fahrten durch den Unterkunftsraum der Gruppe Linth habe ich die Beobachtung gemacht, dass aus Mangel an Aufmerk-*

samkeit oft nicht gegrüsst wird, wenn ich im Auto vorbeifahre. Ich stelle dazu fest, dass Militärautos an den Nummern von weit her erkennbar sind. Die Truppe hat also auf diese Wagen besonders aufzupassen und sich zu bemühen, zu erkennen, ob jemand darin sitzt. In der Mehrzahl der Fälle werden ja Personenwagen nur von Offizieren benützt. Das bewusste Aufpassen auf durchfahrende Militärautos, um zu erkennen, ob Offiziere darin sind, bildet eine vorzügliche Aufmerksamkeitsübung Der Gruss ist ein Merkmal der soldatischen Willensbereitschaft. Durch die Art, wie der Mann grüsst, zeigt er seinem Vorgesetzten, dass er ein ganzer Kerl ist, auf den man trauen kann, oder aber er erweist sich als ein schlapper, nachlässiger und unbrauchbarer Geselle, vor dem niemand Achtung haben kann.»

Mit dem Grüssen war es schlecht bestellt, ganz allgemein. Dutzende von Aktenstücken beschäftigen sich in dieser für Europa entscheidenden Zeit mit dem Grüssen im Toggenburg. Nachdem Oberstdivisionär Flückiger, Kommandant der 7. Division, in bezug auf das Grüssen seines Personenwagens im Januar 1940 einen Befehl erlassen hatte, wonach die aufgesteckte Kommandoflagge das Zeichen dafür sei, dass er *im Wagen sitze* und dass demzufolge *die Ehrenbezeugung dem anfahrenden Wagen gegenüber* zu erfolgen habe, musste er am 12.2. per Runderlass an alle unterstellten Kommandostellen feststellen, dass es in letzter Zeit WIEDERHOLT vorgekommen sei, dass sogar der Pw. des Herrn Kommandanten des 4. Armeekorps, *trotz aufgesteckter Kommandoflagge, nicht gegrüsst worden sei.* Oberst i. Gst. Frick zog aus der Qualität des Grüssens seine Schlüsse, ob er es «*mit einer frischen, zur Aufmerksamkeit erzogenen Truppe zu tun habe, oder mit einer schläfrigen, lahmen Gesellschaft. Was den einzelnen Mann betrifft, der nicht grüsst, muss er stets riskieren, von mir als verschlafener, geistig wenig regsamer Geselle angesehen zu werden, auch wenn er mich vielleicht einmal wirklich nicht hat sehen können.*»

Wie aber grüsst der korrekte Kutscher? Es ist nicht einfach, besonders, wenn man auf dem Wagen sitzt und die Pferde im Auge behalten muss. Diesbezüglich gibt es einen klaren Regimentsbefehl:

Die Trainsoldaten und Fahrer grüssen mit energischem Kopfnicken. Sattelfahrer Zügelhaltung mit der linken Hand, kurze Peitsche aufrecht getragen, mit Handzügel in der rechten Hand. Leitseilfahrer lange Peitsche mit Schlingenende in der rechten Hand, leicht nach links geneigt; Zügelhaltung mit der linken Hand, mit Unterstützung der Rechten. Stramme, aufrechte Körperhaltung. Im Rgt. befohlener Gruss, Ruck & Geradeaussehen, f. Führer & Fahrer bleibt bestehen, bis dies abgeklärt ist, übriges nach P. 1.

Für Soldaten, welche dem korrekten Gruss keinen Geschmack abgewinnen konnten, wurde von Oberstleutnant Sulser mit Zirkular vom 13. 3. 40 ein Gruss-Lager in Aussicht gestellt: «*Um nun nicht die flotten Soldaten für die Vergehen der liederlichen Elemente entgelten zu lassen, hat der Herr Divisions-Kommandant verfügt, dass ein Divisions-Ausbildungslager gebildet wird zum Weiterbilden von Leuten, die die Grussform noch nicht beherrschen, nicht melden können und auch zum Marschtraining für Wagenwachen etc, die ohne ausdrücklichen Befehl auf Fuhrwerken aufsitzen.*» Dreieinhalb Monate vor diesem Erlass hatte Oberst Huber festgehalten: «*In wenigen Stunden werden alle Glocken unserer lieben, schönen Heimat das neue Jahr einläuten. Dann wollen wir Einkehr halten und uns erinnern an die grosse Geschichte unseres Landes. Die Kriegsgeschichte der Schweiz ist eine Geschichte der Opferbereitschaft und des Heldentums.*»

Der Krieg wollte und wollte nicht kommen, aber die Bereitschaft war da, und das Heldentum bestand in der Selbstüberwindung, und das Grüssen war ein Teil davon, und erst, wenn es von innen kam, gleichsam aus der Seele, ohne Strafandrohung, wenn die körperliche Disziplin die Seele gefügig gemacht hatte und die fügsame Seele den Körper des Soldaten definitiv gehorsam machte, war das Ziel der Soldatenerzieher erreicht, in etwa. Oberst Gustav Däniker hatte das in seiner Wegleitung für Offiziere, WERDENDES SOLDATENTUM, ganz richtig gesehen. Auch dieses Papier – maschinengeschriebene Kopie – findet sich in den Akten von Hpt. Hackhofer:

Oft lässt sich sogar feststellen, dass nur dann soldatische Haltung vorhanden ist, wenn äussere Formvorschriften dazu zwingen. In Achtungstellung steht der Mann hoch aufgerichtet, mit Blick auf den Vorgesetzten und spricht überlegt, frisch und soldatisch kurz, in Ruhestellung dagegen lässt er sich gehen, verliert seine männliche Haltung, seinen offenen Blick, verfällt in einen zivilen Plauderton und gestikuliert mit den Händen. Solange unsere Untergebenen nicht selbst Freude an soldatischem Wesen empfinden, solange sie nachlässig einherschlendern, die Hände in den Hosentaschen vergraben oder schlampig grüssend, fehlt ihnen inneres Soldatentum. Soldatische Haltung ist noch immer ein Müssen, anstatt ein Wollen oder sogar ein Dürfen.

Oberst Gustav Däniker, Kommandant der Schiess-Schule Walenstadt, verübte, als er von General Guisan wegen seiner Deutschfreundlichkeit abgesetzt wurde, Selbstmord.

*

Politische Bildung? «*Rundblicke*», wie die Zirkulare betitelt sind, gibt es auch in Hackhofers Kartonschachtel. Dabei handelt es sich um teils wöchentliche, teils monatliche Zusammenfassungen der Depeschen der Schweizerischen Nachrichtenagentur. Die Adressaten, ausschliesslich Offiziere, erfahren in den «*Rundblicken*», dass Warschau gefallen ist, der U-Boot-Krieg von Deutschland forciert wird, und andere heisse *news* des Landessenders Beromünster. Politische Aufklärung ist darin nicht enthalten; die Begriffe «*Faschismus*», «*Nazis*» oder «*Kampf der Demokratien*» sind ungebräuchlich. Hingegen gibt es einen politischen Befehl (14.10.39).

Neutralität der Schweiz. – Es ist wiederholt vorgekommen, dass Angehörige der Armee an öffentlichen Orten (Eisenbahn, Restaurants) sich über ausländische Regierungen und ausländische politische Persönlichkeiten in einer Weise geäussert haben, welche sich mit der offiziellen neutralen Haltung der Schweiz nicht vereinbaren lässt. Der Herr General befiehlt daher, dass Offiziere, Unteroffiziere und Soldaten an öffentlichen Orten sich diejenige Zurückhaltung auferlegen, welche als Voraussetzung für die Aufrechterhaltung korrekter Beziehungen mit ausländischen Staaten zu betrachten ist.

Jedermann wusste, welche «Persönlichkeit» (singular) in den Restaurants, wenn auch nicht unbedingt in den Erstklass-Eisenbahnabteils, am meisten bemotzt wurde. Die meisten Soldaten wussten nicht sehr viel von der Politik; aber wem sie den lästigen Aktivdienst zu verdanken hatten, wussten fast alle.

Einige Wehrmänner hatte das Bataillonskommando besonders im Auge. Etwa Füs. Bommer Erwin, Gipser, I/82. Lämmlisbrunnstr. 41, St. Gallen, und Füs. Wagner Walter, Hilfsarb. II/80, Langgasse 63 a, St. Gallen, «welche aus dem Mannschafts-Dep. nach Hause entlassen wurden und seither vergeblich Arbeit suchen». Die beiden waren in der Terminologie der Akten «*Spanienfahrer, welche infolge langjähriger Arbeitslosigkeit in fremde Kriegsdienste getreten sind*», und werden zum Dienst aufgeboten, «*gleichzeitig jedoch verwarnt, dass irgendwelche politische Agitation unter keinen Umständen*» geduldet wird.

Was die beiden «Spanienfahrer» (waren sie vielleicht aus finanziellen Motiven in «*fremde Kriegsdienste*» getreten?) von der Grusspflicht und dem Drill überhaupt hielten, nachdem sie aus einem wirklichen Krieg zurück gekommen waren, verschweigen die Dokumente. Immerhin:

Es ist in unserer Div. unvorsichtigerweise vorgekommen, dass ein in Moskau ausgebildeter Kommunist, nachheriger Spanienfahrer und somit vom Div. Gericht zweimal verurteilt, zum Gefr. befördert worden ist. Das ist eine Sache, die nicht hätte vorkommen sollen. Bei solchen Beförderungen ist vermehrte Vorsicht am Platze (12.4.40).

*

Hauptmann Hackhofer war kein Leuteschinder. Er dachte sozial karitativ, christlich-sozial. Er gewährte Urlaub, soviel er konnte und durfte (mehr als 10 % des gesamten Kompaniebestandes sollte nie abwesend sein – Armeebefehl), kämpfte dafür, dass seine Soldaten Lohnausfallentschädigung von ihren knausrigen Arbeitgebern kriegten (der Militär-Sold war lächerlich klein), schrieb an den Feldprediger Hasler betr. Notunterstützung für seine Pferdeordonnanz, Mauchle Alois, geb. 1911, wohnhaft in St. Gallen, Mauchle war in Stellung als Pferdewärter und Fahrknecht bei

Hptm. Hackhofers mirakulöse Kartonschachtel

Eugen Steinmann, Kohlenhandel A.G. in St. Gallen, hatte einen Wochenlohn von Fr. 60.– und erhielt dazu das nötige Brennmaterial für den Haushalt, seit dem 15. September 1939, Einrückungstag, erhielt er keinen Lohn mehr, seine Frau war im 8. Monat, der Mietzins allein beträgt Fr. 60.– im Monat, es muss dieser Familie unbedingt geholfen werden, schreibt er an Feldprediger Hasler, (der später Bischof von St. Gallen geworden ist).

Ein anderer Soldat namens Odermatt, arbeitslos, möchte unbedingt befördert werden: «*Warum ich den Grad möchte wegen meiner neuen Stelle die ich anzutreten habe auf Militärschneiderei da auch diese auf solche Sachen grosser wert drauf legt, und hoffe nun gerne das was ich dahin gebe meinen Willen mich auch dies zu geben was einem solchen Soldaten gehört. Beobachten Sie mich nur noch diese Tage, aber ich glaube Sie haben gesehen dass dieser Wille da war und hoffe nun auf den Grad des Gefreiten. Achtungsvoll J. Odermatt Füs. 1. Zug.*»

Ob Hackhofer ihm die Gefreitenschnüre geschenkt hat, geht aus den Akten nicht hervor. Vielleicht ein Risiko für den Hauptmann, bei dieser Grammatik?

Trotz Hauptmann Hackhofers mildtätiger, liebreich-väterlicher Art gab es manchmal Rabatz. Aus dem Aktenwust ragt insbesondere die Episode mit Feldweibel Meier und der Katze heraus. Feldweibel, das ist der Inbegriff von Drill und Disziplin; Katze das Inbild der Freiheit und der Undressierbarkeit, und Feldweibel *mit* Katze: die Aufhebung des Feldweibeltums. Am 10.2.40, 17 Uhr 20, kam dieser Fw. Meier im «Schäfle» in Wattwil, wie gesagt, mit einer Katze auf dem Arm, in Hackhofers Kompaniebüro. Hackhofer war gerade beim Diktat und schätzte das nicht und befahl dem Meier, das Büro zu verlassen, worauf dieser verschwand, nicht ohne Hackhofers Büro von aussen abzuschliessen. Später trampte er wieder hinein und leistete der Aufforderung, den Raum zu verlassen, trotz mehrfacher Wiederholung keine Folge. Nun verliess Hackhofer seinerseits das Büro und befahl dem Feldweibel, dort zu bleiben, damit er ihn dergestalt los würde. Meier leistete jedoch auch diesem Befehl keine Folge, sondern verliess das Büro mit dem Hauptmann. «*Seit ich die Uniform trage*», schreibt Hackhofer in seinem Rapport, «*ist mir noch kein Fall derart krasser Disziplinlosigkeit und unsoldatischen Verhaltens passiert wie der geschilderte.*

Offenbar spielte starker Alkoholgenuss mit eine Rolle für das unqualifizierbare Verhalten von Fw. Meier.»
Drei Wochen scharfen Arrest.

*

Gesoffen wurde viel im Militär, der Alkohol taucht ständig in den Akten auf, es muss wirklich ganz enorm gesoffen worden sein. «Betr. Alkoholausschank an die Truppe. Das Armeekommando erlässt unterm 27.4.40 folgenden Armeebefehl: Die Gastwirte sind darauf aufmerksam zu machen, dass am Tag während der Arbeitszeit an Uof. und Soldaten, und nachts nach dem Abendsverlesen, d. h. nach 22.30 h, alkoholische Getränke nicht abgegeben werden dürfen, sowie dass es ihnen untersagt ist, zu irgendwelcher Tages- oder Nachtzeit an bereits angetrunkene Wehrmänner alkoholische Getränke zu verabfolgen.» Wirtschaften, die trotzdem verabfolgten, wurden für die Truppe gesperrt. Militärische Greifkommandos machten nach 23.00 h (Polizeistunde in Wattwil) die Runde und schleppten Betrunkene ab, wer dann noch in der Wirtschaft sass, bekam vorerst scharfen Arrest. Rückfälligen wurde mit der Trinkerheilanstalt gedroht. Am 3.6.40 grölte Mitrailleur Renz in der Bahnunterführung Wattwil, mit andern, vermutlich Trainsoldaten, und Hackhofer bemerkte, dass mehrere der Gröler stark angetrunken waren, und als der Hauptmann das Wort an Renz richtete, habe dieser jede seiner Bemerkungen mit höhnenden Schnödereien quittiert, und im Rest. «Erlenbräu» in Glarus hatte, wie das Kommando der 7. Division mitteilte, ein Trainsoldat vorerst die Serviertochter beschimpft und dann, mit dem Faschinenmesser in der Hand, Drohungen ausgesprochen und einem Korporal mit der Faust ins Gesicht geschlagen.

Nachdem in einzelnen Fällen sogar Unteroffiziere die Wattwiler Polizeiorgane anlässlich der Polizeistunde tätlich bedroht hatten, griff der Bataillonskommandant Sulser durch. «*Ich werde, so bedauerlich das ist, die Gaststätten durch Ronden überwachen lassen. Soldaten, die nach 22.00, und Unteroffiziere, die nach 23.00 ausserhalb des Kantonnements angetroffen werden, haben nach jeweiligen Anordnungen meinerseits in voller Ausrüstung unter Führung Nachtmärsche von mindestens 6 Stunden Dauer auszu-*

führen, damit sie die Wohltat der Nachtruhe in Zukunft besser zu schätzen wissen.»

Den Offizieren gelang es, die Polizeistunde zu umgehen. Militärisch gesehen war das kein Problem, sie konnten sich die Erlaubnis zum Aufbleiben selber geben, aber in den Wirtschaften unterstanden sie im Prinzip den gleichen Gesetzen wie alle andern Bürger. Am 2. Dezember 1939, in Polen war es ziemlich ruhig geworden, an der Maginot-Linie regte sich nichts, startete Hackhofer einen Frontalangriff auf den Gemeinderat von Gommiswald, (vielleicht schien ihm Gommiswald strategisch günstiger als Wattwil, zugänglicher), schrieb dem Gemeindeamman G. Hüppi einen Brief, «*zu Handen des löblichen Gemeinderates von Gommiswald»*, und am 9. Dezember, also nach reiflicher Überlegung und demokratischer Debatte im Gemeinderat, antwortete Hüppi:

Sie stellten das Gesuch, der Gemeinderat möchte den Offizieren der Kp. II/82 für die Wirtschaften «Post» und «Frohsinn» eine Toleranz bei der Handhabung der Polizeistunde gewähren in dem Sinne, dass sie nicht der Polizeistunde verfallen, wenn sie sich auch nach der Polizeistunde noch in diesen beiden Lokalen aufhalten. Der Gemeinderat hat dieses Gesuch in s. Sitzung vom 6. d. Mts. in wohlwollende Behandlung gezogen unter folgenden Erwägungen:

1. Grundsätzlich kann es der Gemeinderat, um nicht ein Präjudiz für die Privatgäste zu schaffen, nicht gestatten, dass Offiziere sich nach der Polizeistunde noch in Wirtschaftslokalen aufhalten, was auch in dem in unseren Händen befindlichen Armeebefehl niedergelegt ist.

2. Dagegen ist der Gemeinderat bereit, um das bisher gegenseitig gute Einvernehmen zwische Offizieren und Behörde in keiner Weise zu stören, Ihnen in der Weise entgegenzukommen, dass Ihnen das Sitzungslokal des Gemeinderates im 1. Stock der Wirtschaft «z. Post» zum Aufenthalt auch über die Polizeistunde hinaus zur Verfügung gestellt wird.

3. Die Wirtschaft «z. Frohsinn» kann nicht in Frage kommen, aus dem Grunde, weil dort kein Nebenlokal zur Verfügung steht.

4. Hat der Gemeinderat in entgegenkommendem Sinne beschlossen, die am 25. Nov. in der Wirtschaft «z. Frohsinn» der Po-

lizeistunde verfallenen 4 Offiziere der gesetzlichen Busse zu entheben.

Und dann zeichnete der Gemeinderat «in der Annahme, dass Sie mit dieser Lösung befriedigt sind, mit aller Hochachtung G. Hüppi & A. Bernet».

*

Manchmal gab es auch für die Soldaten etwas Schönes, zum Beispiel im September 1940, als die Kompanie-Gotte zu Besuch kam bei der Kompanie, nämlich Frau Kobelt, die Frau des sanktgallischen Bundesrates (Vorsteher des Eidg. Militärdepartmentes), welche mit Brief vom 25. September 1940 dem Hauptmann Hackhofer bekannte, dass sie ihm recht herzlich danke für die Ernennung zur Kompanie-Gotte, und mit Freuden ihre Pflichten erfüllen werde als Kompanie-Gotte, und es sie mit Freude erfülle, wenn sie bei ihren Soldaten sehen dürfe, dass sie ihnen *etwas sein könne*, und vielleicht ein bisschen Freude bringen könne, und möchte sie also diese Fr. 10.– in die Kompanie-Kasse legen, zur beliebigen Verwendung.
Und dann noch ein Wunsch:

Herr Hauptmann, wenn ich darf, werde ich sehr gerne einmal Ihr Interniertenlager ansehen. Am 28. September, so das Wetter schön oder sagen wir einmal ordentlich ist, würde ich gerne kommen. Sollte es gerade an jenem Tage nicht möglich sein, eines zu besichtigen, so macht's auch gar nichts.

Hackhofer war einen Monat lang mit seiner Kompanie zur Bewachung des Interniertenlager Märwil detachiert, es gibt ein paar französische Briefe aus dieser Zeit, korrektes Französisch, weil er mit den internierten französischen Offizieren schriftlich verkehren musste, aber auch mit einer Besucherin aus Paris, die er barsch abgewiesen hat, weil ihre Lager-Besuchsgenehmigung verfallen war. Hin und wieder musste ein französischer Soldat, der den Sperrbezirk unerlaubterweise verlassen hatte, arretiert werden. Die hätten sonst noch in den Wirtschaften gesoffen. Hackhofer besass eine Bildertafel, wo alle französischen Gradbezeichnungen verzeichnet waren, damit die schweizerischen Wachmannschaften die gefangenen Offiziere auch richtig grüssten, weil «*den Offizieren erweist das schweiz. Militär die vorschriftsgemässen Ehrenbezeugungen*» (Befehl No. 25 betr. Ehrenbezeugung gegenüber Internierten), wogegen den frz. *Soldaten selbstredend nicht.* Das war wie bei den schw. Soldaten. Die Hierarchien verstanden sich über die Landesgrenzen hinweg.

Ob das Wetter dann noch schön oder sagen wir einmal doch so ordentlich war, dass Frau Kobelt das Interniertenlager besichtigen konnte, und vielleicht das eine oder andere Zwänzgernötli abgeben, ist nicht bekannt. Wenn nicht, so macht's auch gar nichts.

*

Tagwache null fünf null null. Morgenverpflegung null sechs null null, 1. Zug Exkleider waschen 07.00, null acht drei null zweiter Zug Exkleider waschen, erster Zug Gewehr reinigen, dritter und vierter Zug Decken und Schlafsäcke sonnen usw. bis zum Hauptverlesen. Oft kamen Schanz- und Grabarbeiten dazu, Gefechtsausbildung, Sprengausbildung, Befestigungsarbeiten auf dem Ricken. Nachtmärsche. Am 20. Mai 1940 z. B. wandte sich ein Korporal von der Ortswache Wattwil mit der Bemerkung an Hauptmann Hackhofer:

… nach reiflicher Überlegung habe ich mich zur Ansicht durchgerungen, dass es fast unmöglich ist, einen Mann alle Tage acht Stunden Wache stehen zu lassen, der bei Nacht, Nebel und Regen auf dem Posten aushalten muss.

Daran wurde aber nichts geändert. Für die Freizeit blieben immerhin die Religion, auch die Wirtschaften, im Kantonnement stand ein russisches Billard, und die Blechmusik wurde auch praktiziert. Zu Fronleichnam 1940 frug der Ortskommandant Gommiswald an, ob das Bataillons-Spiel für die Fronleichnamsprozession zur Verfügung gestellt werden könne, was aber Schwierigkeiten machte, weil die protestantischen Mitglieder des Bataillons-Spiels zögerten, für das katholische Fest zu blasen, und solle der Stabskorporal melden, ob das Spiel mit den Katholiken allein *spielfähig* sei. Für die Freizeit der Offiziere war etwas besser gesorgt. Zur

Sylvester-Feier 1939 verschickte Oberleutnant Frei folgendes Zirkular:

Mit Einwilligung des Herrn Bat. Kdt. wird am 31.12. im Hotel «Schäfle», Wattwil, Beginn 1915 eine Feier für die Of. des Bat. 82 veranstaltet. Es ist ein gemeinsames Nachtessen mit anschliessend gemütlichem Zusammensein vorgesehen. Ich ersuche Sie um Meldung bis 29. Dez. 12.00, ob und wie viele Of. Ihrer Kp. teilnehmen. Die Of. sind gebeten, ihre Damen mitzunehmen. In Ermangelung einer solchen würde der Unterzeichnete für eine Gespanin sorgen, sofern die Meldung ebenfalls rechtzeitig erfolgt.

Den Mannschaften wurde ab und zu ein Anlass mit partriotisch gestimmten Mädchen geboten. Freiwillige aus der ganzen Schweiz besuchten einen Nachmittag lang, wenn möglich übers Wochenende, die Kompanie, aber nicht den Dienstbetrieb, und bei dieser Gelegenheit zeigten die Offiziere sich von der leutseligsten Seite. Armee und Volk; Landesausstellung.

Bremgarten. 6. Januar 1940. Werter Herr Hauptmann. An alle lieben Soldaten. Unbedingt möchte ich nochmals recht herzlich danken für die netten Stunden die wir alle zusammen verlebten. Dieses fabelhaft sympathische Verhältnis zwischen Offizier & Soldaten hat mir einen unvergesslichen Eindruck gemacht. Es ist einfach sehr schön wenn man sich so gegenseitig gut versteht & besonders im Dienste des Vaterlandes. Wir Zurückgebliebenen wissen genau um was es sich handelt & freuen sich deshalb sehr, solche liebe & gute Männer als Beschützer zu wissen. Nun freue ich mich recht sehr & grüsse Sie Herr Hauptmann Hackhofer & alle Soldaten recht freundlich, Friedeli Hüsser.

Auch Olga Hübscher, Trottenstrasse, Wohlen, hatte einen ähnlichen Brief geschrieben. Herzlich grüsst Sie und all die liebe grosse Schar, Olga Hübscher.

*

Die Sprache der militärischen Metaphysik. Die Soldaten werden zur Fahrhabe gemacht durch die Aktensprache, entsinnlicht, ver-

Hptm. Hackhofers mirakulöse Kartonschachtel

dinglicht, verdampft, versaftet. Es wird von Ihnen abstrahiert. Fahrhabe, mobil gemachte Ware. Ihr Fleisch und Blut wird chiffriert, zu Chiffren reduziert. «Sie werden verschlankt und skelettiert.» Nur die Gräten bleiben übrig, die gehorchen aufs Wort. Hauptmann Hackhofer in der militärischen Metasprache (er konnte auch anders), die sich über ihn stülpt wie ein Taucherhelm, ihn so vergewaltigt wie die Adressaten: «*Da mein Fourier vom W. K. 1938 dispensiert wurde, habe ich Herrn Hptm. Zollikofer gebeten, mir mit einem überzähligen Fourier auszuhelfen*» (21.3.38). Hauptmann Zollikofer an Hauptmann Hackhofer: «*Auf Deine Anfrage vom 14. ds. teile ich Dir mit, dass ich bereit bin, Dir meinen überzähligen Fourier für den W.K. 1938 abzutreten. Mit kameradschaftlichem Gruss.*» Hackhofer an Zollikofer: «*Du hast mir freundlicherweise Deinen Four. W. Iseli, Pratteln, zur Verfügung gestellt. Ich danke Dir nochmals für dieses Entgegenkommen. Zufolge verschiedener Umstände brauche ich nun Four. Iseli nicht. Ich habe ihm heute befohlen, sich bei dir zurückzumelden.*»

Oder:

«*Kommando Füsilier Bat. 82 an Kommando Kompagniestab. Betrifft die noch fehlenden Wehrmänner des Rgt. 33: Das Regt. meldet diesbezüglich: Ein schöner Teil wurde zu Hause gefunden. Der Rest wird noch intensiv gesucht. Eine erste Zuwanderung erhalten Sie Montag, den 12.2.40.*»

In dieser Sprache werden z.B. von der Postverwaltung Pakete beschrieben, die verloren waren und wieder gefunden werden.

Zahl nünt, du bist nünt scholdig

Man konnte sich den Fürstäbten von St. Gallen und ihren Monumenten kaum entziehen, wenn man in St. Fiden, im östlichen Teil der Stadt, aufwuchs, gegenüber dem ehemaligen Land- und Lusthaus der Fürstäbte, wo sie ihre Sommerfrische zu verbringen pflegten – im 18. Jahrhundert war die Gegend noch ländlich-erholsam; und lustwandelten die Fürsten, so stelle ich mir das vor, im französischen Garten ihres Landhauses, und murmelten ihr Brevier, und die Fontäne des Springbrunnens plätscherte in ihr Gebet, und sannen darauf, wie den Intrigen der Mönche, welche ihre Herrschaft bedrohten, ein Riegel zu schieben und der GÄHRUNG – so schrieb man es damals –, die unter den Bauern um sich gegriffen hatte, vor allem in der Gegend von Gossau, ein Ende zu setzen sei: Wobei nicht ganz klar ist, was die Äbte mehr fürchteten, das Komplott der Mönche in der eigenen Abtei oder den Aufruhr der Untertanen im *Fürstenland,* wie man die Gegend zwischen Rorschach und Wil noch heute nennt. Neben dem Lusthaus von St. Fiden stand die fürstäbtliche Zehntenscheune, wo die Bauern des Bezirkes Tablatt jährlich ihre Naturalien ablieferten, bis sie die dann nicht mehr ablieferten, weil jene vom Postboten und Tumultuanten Johannes Kuenzle (Gossau) geförderte *Gährung* die Mentalität verändert und die Köpfe aufgeklärt hatte. Die Scheune ist ca. 1946 abgerissen worden, der riesige, wurmstichige Kasten – heute würde er unter Denkmalschutz gestellt – verschwand in einer Staubwolke, und als diese sich verzogen hatte, sah man eine Ratten- und Mäuseprozession gewaltigen Ausmasses durchs Quartier streifen und verschwanden die Nager des *ancien régime* nach und nach in den Kellern der gutbürgerlichen Nachbarschaft oder auch in der Kanalisation. Man liess die Tiere laufen, es gab keine Rattenbeschwörung mehr wie im rattenreichen Sommer des Jahres 1770. Damals kam, wie der sanktgallische Chronist Pater Franz Weidmann berichtet, *auf Verlangen, Pater Ignaz, ein Benediktiner aus dem Kloster Fuessen, im Allgäu, mit dem Stabe des heiligen Abtes Magnus, um Felder Weinberge, Heerden u.s.w. damit zu segnen. Dieser Stab soll nämlich die Kraft haben, Mäuse, Ratten, Würmer und andere schädliche Insekten zu vertreiben.*

Zahl nünt, du bist nünt scholdig

Der Magnusstab hat die in ihn gesetzten Erwartungen aber nicht erfüllt, er vermochte damals die drohende Hungersnot nicht mehr zu bannen, 1770.

*

Im späten 18. Jahrhundert war das Regiment der sanktgallischen Fürstäbte recht milde geworden, verglichen mit früher. Sie waren keine Despoten, herrschten mehr durch Prachtentfaltung und einen zivilen Beamtenapparat, barocken Pomp und ideologische Beeinflussung von der Kanzel als durch Polizei und Armee. Es gab keine blutige Unterdrückung von Volksaufständen – wenn auch vielleicht nur deshalb, weil die fürstäbtliche Armee dazu nicht stark genug war. Politisch motivierte Todesurteile wie in Zürich, Bern, Fribourg, im Fürstbistum Basel etc. sind nicht zu verzeichnen, die ca. 100000 fürstäbtlich-sanktgallischen Untertanen wurden etwas weniger drangsaliert als andere Bewohner der Alten Eidgenossenschaft. Drangsalieren war auch gar nicht nötig, denn *«das Volk war lange argwöhnisch (gegenüber neuen Ideen), finster und schwermüthig; es trug in seinen Sitten, Gebräuchen und Kleidern ganz den Stempel ungebildeter Vorzeit; in seiner religiösen Denkungsart war es bigott, frömmelnd und für Schwärmerei mehr empfänglich»* (Franz Weidmann, 1834). So dass die äbtische Justiz auf die alten Formen der Unterdrückung zusehends verzichten konnte. Natürlich gab es auch im ausgehenden 18. Jahrhundert noch Hinrichtungen, aber nie ohne Mitwirkung des beliebten Pater Berchtold, *«der sich auszeichnete durch das Zutrauen, welches jede Art von Verbrecher ihm bewies, und in der Regel begleitete er alle Übelthäter zur Hinrichtung, daher man ihn den Galgen-Pater hiess. Noch in hohem Alter reiste er nach Rom, und starb in St. Gallen den 25. Nov. 1797»* (eines natürlichen Todes). Die alten Folter-Rituale waren verschwunden. Wenn einer Vielweiberei getrieben hatte, wurde er nicht mehr in der Mitte entzweigeschnitten und seinen zwei Frauen je eine Hälfte des Leibes zugestellt; einem Gotteslästerer wurde nicht mehr die Zunge aus dem Hals gerupft vor der Enthauptung; der Mörder eines nahen Verwandten wurde nicht mehr zusammen mit einem Hund in einen Sack eingenäht und ins Wasser geworfen; die wegen Diebstahls zum Tode verurteilten Juden wurden nicht mehr *«an einem nie-*

deren Galgen an den Füssen aufgehängt, um ihren Kopf und Hals von zwey unten an Ketten angebundenen beissenden Hunden abnagen zu lassen»; und es wurde nicht mehr *«vor den Augen einer der Nothzucht überwiesenen Mannsperson ein Grab geöffnet, ihn gebunden darein gelegt, ein Pfahl auf dessen Herz gesetzt»* und dieser, nachdem die geschändete Frau die drei ersten Hammerschläge hatte tun dürfen, vom Scharfrichter vollends durch den Leib des Delinquenten getrieben.*

Solche Torturen und andere, welche im TOGGENBURGER CRIMINALPROTOKOLL noch als theoretische Möglichkeiten aufgeführt sind, waren nicht mehr im Schwange. Die körperlichen Strafen verloren langsam ihren metaphysischen Aspekt, der «Glanz der Hinrichtungen», wie Foucault das nennt, verblasste, die Körper der Untertanen waren nicht mehr Exerzierfeld und Acker für den Willen des Fürsten, der die durch das Delikt verletzte Weltordnung wiederherstellte, indem er diese Delinquentenkörper nach allen Regeln der Marterkunst zerpflügen liess, und die weltliche Strafe hatte jetzt nicht mehr so sehr den Vorgeschmack der höllischen Pein. Zwar wurde noch mit Kirchenstrafen operiert, z.B. mit der Exkommunikation (feierlicher Ausschluss aus der kirchlichen Gemeinschaft). Aber auch hier war die alte Aggressivität der weltlich-kirchlichen Herrscher etwas erlahmt –

Es ereignete sich, dass dem Hrn. B. –, Kaplan zu Mörschweil, auf seiner Heimkehr von Roschach zwei Bauern begegneten, die sehr betrunken waren. Sie fingen den Priester mit Stichreden zu necken an und stiessen ihn auch von ungefähr mit den Ellbogen. Dieser hingegen vergalt Gleiches mit Gleichem, und da er noch jung und rüstig war, warf er den einen zu Boden. Es war ein komischer, und wenn er sich unter seinesgleichen ereignet hätte, ein lächerlicher Kampf. Der Auftritt hätte verschwiegen werden können, weil er Niemand nachtheilig war, auch zur Nachtzeit und ohne Zeugen statt gehabt hatte. Aber der Kaplan drohte den Bauern und brachte eine Klage bei dem geistlichen Offizium in St. Gallen an. Hier

---

* «Der Scharfrichter soll ein spitzig Pfahl auf die Brust gegen sin unküsch Herz setzen, daruf die Beleidigte, wen sie eine unverloümt Magd war, wen sie will, die ersten drey Streich nach iren Kräften thun mag, ihn pfählen und begraben, und die bezwangt Wibsperson von niemand böser, oder ärger geschätzt werden.»

stand sogleich das Haus in Flammen. Der Offizial Iso, ein kräftiger Anwald und Hort der Geistlichen, hielt augenblicklich dafür, das Ansehen des Priesterstandes sei durch ein grässliches Verbrechen verletzt worden, welche nur durch eine exemplarische und aller Strenge der kanonischen Strafen angemessene Züchtigung könnte ausgesöhnt werden.

Nun war unterdessen einer der beiden Verbrecher gestorben und auf dem Friedhof von Rorschach begraben worden (welches damals noch Roschach hiess), und so verlangte der Eiferer Iso zuerst die Bestrafung der Leiche: Sie sollte ausgegraben und jenseits der Friedhofsmauern verscharrt und dergestalt der besudelte Gottesacker wieder purifiziert werden. Davon wollte aber der Pfarrer des Ortes, Pater Anton Gehrig, nichts wissen; der tote Bauer blieb im Gottesacker. Der Pfarrer habe den Offizial Iso «vernunftsgemäss» an der Ausgrabung gehindert, heisst es in der Chronik: ein Kampf des von der aufklärerischen Vernunft berührten Geistlichen mit dem dunkelmännischen Offizial Iso.

Da also der Todte frei blieb, so dachte der Offizial auf die Bestrafung des noch Lebenden, und er brachte es durch seine Überredungskünste bei dem Fürstabten Beda dahin, dass ihm eine öffentliche Kirchenbusse zu thun auferlegt wurde. Der Auftritt sollte feierlich und nach kirchlichen Gebräuchen vorgenommen werden.

Die Kirchenbusse war als eine öffentliche Demütigung des Bauern angesichts der versammelten Kirchengemeinden konzipiert: seelische Zerknirschung statt körperliche Züchtigung. Der Angeklagte musste vor der Türe der Pfarrkirche auf den Knien den Kaplan um Verzeihung bitten, dann die Lossprechung vom Kirchenbann *«von einem eigens dazu Bevollmächtigten, der sich in einen Armsessel zu setzen hatte, erhalten»*, dann, mit einer brennenden Kerze in der Hand, die Kirche betreten und noch ein paar andere Untwerfungsgesten exerzieren. Der Bauer glaubte an den Hokuspokus und war seelisch ganz zerschmettert, während der «Bevollmächtigte», ein Pater aus dem Kloster St. Gallen namens Gerold Brandenberg, etwas weniger daran glaubte:

Er vollzog den ihm unangenehmen Auftrag human und gelinde, und ermunterte den Beschuldigten, welcher bebte und weinte, als wenn er nach Menschengedenken die schrecklichste That verübt hätte. Seine Zerknirschung oder Beschämung gieng so weit, dass er unter der Kirchenporte vor Schluchzen nicht imstande war, ein Wort zu sprechen. Der Kaplan bot ihm auf den Wink des Bevollmächtigten freundlich die Hand, mit der Versicherung gänzlicher Aussöhnung. Sehr geschickt lenkte mehrbesagter Bevollmächtigter seine Rede von der Kanzel dahin: der Priesterstand *sei allerdings ehrwürdig; aber die Geistlichen sollen sich befleissen, dass auch sie persönlich Ehre verdienen (Tagebuch P. Gerold Brandenberg, den 10. Brachmonat 1770).*

Dieses historisch Detail aus dem Jahre 1770 spiegelt den Zustand der äbtisch-klerikalen Herrschaft im Fürstenland und ihre Härtegrade. Der Chef (Abt Beda) ist nicht mehr so ganz vom eigenen Gottesgnadentum überzeugt, er muss vom höheren Kader (Offizial Iso), einem echten Dunkelmann, dem der Muff von tausend Jahren unter dem Talar hervorwabert, zur strengen Massnahme getrieben werden, mit allerhand Überredungskünsten; dem niederen Kader (Pater Brandenberg) sind die archaischen Rituale peinlich, aber weil man Gehorsam gelobt hat – eines der drei Benediktinergelübde –, muss exekutiert werden, woran der Abt selbst nicht mehr ganz glaubt; ganz unten jedoch, im Volk, ist noch Heulen und Zähneknirschen und tiefer Glaube. Die Herrschaft ist in den Köpfen der Herrschenden, wenn man so sagen darf, teilweise zusammengebrochen, wird aber von den Beherrschten gestützt. Noch ...

*

Beda Angehrn, der 67. und zweitletzte Abt des Klosters St. Gallen, hatte noch andere Sorgen. Drei Jahre nach seinem Amtsantritt war anno 1770, durch Misswuchs und anhaltend kalte Witterung in den Sommermonaten, eine Hungersnot im Anzug. Im oberen Toggenburg, im Eggersrieth und im Gaiserwald fingen die Leute Katzen zu essen an.

Die Theuerung und Noth griff bald in einem furchtbaren Grade um sich und das Volk fieng zu murren an. Es äusserte seinen Unwillen zuerst gegen die fürstlichen Beamteten, den Statthalter und Obervogt zu Roschach, und tadelte bald die Person des Fürsten selbst, weil nicht kräftige Massregeln gegen die heranziehende Geisel der Hungersnoth sogleich getroffen wurden, und so hatte der Abt, wenn er sich die Herrschaft über die Bäuche erhalten und keine Hungerrevolte riskieren wollte, nicht die Wahl: Er musste Geld aufnehmen und also das Stift in Schulden stürzen; wodurch er eine Revolte seiner Mönche riskierte, bei denen die pingeligen Buchhalterseelen in der Mehrzahl waren. Die nämlich hätten eher das Volk krepieren lassen, als Schulden zu machen, und hatten überhaupt wenig Ahnung von der Not auf dem Lande. Später, in den achtziger Jahren, werden diese Herren Konventualen beim apostolischen Nuntius intrigieren und beim Papst sich beschweren – nach der Devise: mehr Sparen, weniger Staat –, weil Abt Beda in durchaus moderner Art Schulden gemacht hatte, um öffentliche Ausgaben zu finanzieren: die neue Strasse von St. Gallen nach Wil, das Salz- und Waaghaus in Rorschach, die Brücke in Oberbüren, welche er, in einer sechsspännigen Kutsche sitzend, einweihte, nach allen Seiten huldreich grüssend. (Hätte es eine *vierspännige* Kutsche nicht auch getan, murrten die Konventualen – aber die weltfremden Joggel hatten nun wirklich keine Ahnung davon, was das Volk sehen will). Manche fanden sogar, er hätte auch *reitend*, wie es sonst seine Art war, die Brücke einweihen können. Da hätte er aber keine gute Figur gemacht (Hämorrhoiden)! Die hatten keine Ahnung von der Feierlichkeit, welche ein guter Politiker braucht, um sich seinem Volke darzustellen (Vergegenwärtigung).

Noch nie etwas von Repräsentation gehört und von produktiven Spesen.

Immerhin, in Sachen Hungersnot gelang es dem Abt, den Konvent vorläufig auf seine Linie zu bringen:

Beda, als Vater seines Volkes, entschloss sich zu einem grossen, ungewöhnlichen Mittel, dem Brodmangel in seinem Lande zu steuern. Er versammelte am 17. Christmonat das Kapitel und eröffnete seine Absicht, Früchte um jeden Preis *aus Italien kommen zu lassen. Einmüthig stimmte das Kapitel diesem grossherzigen Vorhaben bei, und sogleich wurde Hr. Lorenz Salvini, aus dem Tridentinischen gebürtig, damals Buchhalter des Handelshauses von Bayer in Roschach, nach Welschland* geschickt, der eine hinlängliche*

---

* Damals war Italien damit gemeint.

Menge von Korn, sogar ägyptisches, dort fand, ankaufte und über die Alpen nach St. Gallen schickte. Dieses kostete die grosse Summe von 200 000 fl. (Gulden), welche Beda zu borgen gezwungen war; aber er rettete dadurch sein Volk von der Gefahr des Hungertodes! War das Opfer wohl zu theuer? (Franz Weidmann)

Im Appenzellischen, wo das sorglose Völklein nichts vorgekehrt hatte, «fielen gar manche der Theuerung zum Opfer, und die Geburts- und Sterbelisten bewiesen ihr Folgen. So starben in den äusseren Rhoden, im J. 1771, 4238 Personen, da hingegen bloss 899 geboren wurden.» Im Sankt Gallischen starb niemand an der Hungersnot, und so wurde denn der Fürst zum Liebling seines Volkes, man nannte ihn «den guten Beda» oder «Beda den Guten». *Noch* beliebter beim Volk und *noch* verhasster bei seinen Mönchen im Konvent wurde der Abt, als er in den neunziger Jahren den Forderungen, welche das rebellische Volk stellte, in seiner netten Art nachgab. Im Fürstenland wurden Loblieder und viel Juhui auf ihn gedichtet und gesungen, umgebaute Kirchenlieder und Hymnen –

> Erfreue Dich St. Gallisch Land
> Fürst Beda siegt
> Der Konvent erliegt;
> Ertönt Triumphgesang,
> Ruft Pauken, Trompeten,
> Schallmeien, Klarinetten.
> St. Gallisch Männer schlagt Hand in Hand,
> Fürst Beda macht frei unser Vaterland!
> Opfert ihm jauchzende Lieder,
> Tönet dem würdigsten Beda,
> Singet ihm Lob und Dank.
> (Etc.)

Etwas weniger beliebt war der gute Beda bei den Laienbrüdern des Klosters. Die waren sozusagen das Proletariat der Abtei, ohne Sitz und Stimme im Konvent; und während die Herren Konventualen die Priesterweihe hatten und sich mit geistiger Arbeit verlustierten, waren die Laienbrüder der körperlichen Arbeit geweiht. Beim Bau der neuen, überaus teuern, die äbtische Herrschaft bekräftigenden, heute noch die Kunsthistoriker enthusiasmierenden Klosterkirche, die Abt Coelestin II. Gugger von Staudach, Bedas Vorgänger, hatte aufrichten lassen, dadurch das Stift in Ausgaben stürzend, wurden die Laienbrüder wohl als Maurer, Gipser, Schreiner, Maler, Poliere, Hilfs-Stukkateure u. dergleichen eingesetzt, aber eine Mitbestimmung im Konvent hatte ihnen diese Mehrarbeit nicht gebracht; und hätten doch auch sie gerne im Konvent intrigiert und komplottiert wie die Priester-Mönche. Im Jahre 1775 kam es dann zu beinahe gewerkschaftlichen Vorkommnissen:

Der neue Kirchenbau im Stifte St. Gallen war 1767 vollendet. Kühn erhoben sich zwei nach den Regeln der schönsten Symmetrie erbaute majestätische Thürme weit über die Zinnen des herrlichen Tempels nach dem Äther; aber erst Fürstabt Beda schmückte sie mit einem harmonischen Geläute, das ernst und feierlich über Gefilde und Thäler hin bis zu den glänzenden Fluthen des Bodensees die Stunden der Andacht zur höheren Weihe des Geistes verkündete –

Das heisst, der Fürstabt lässt seine Stimme über das Fürstenland tönen: hört mich, ich bin noch da, ich bringe mich in Erinnerung, der gute Beda tönt Euch in die Stube, wenn er kann – (und übrigens, wie still muss diese Landschaft damals gewesen sein, dass man die Glocken von St. Gallen bis an den Bodensee hören konnte) –

Die Ordnung dieses Geläutes zu bestimmten Zeiten zu beobachten, lag in St. Gallen einer nicht geringen Anzahl von Laienbrüdern ob. Die vermehrte Menge der Glocken erforderte mehrere Arme als vorhin, und es war desshalb eine eigene Verordnung erschienen, die vom Fürstabten selbst die Gutheissung erhalten hatte. Wer hätte nun glauben sollen, dass dieses Anlass zu Missvergnügen und einer Art von Revolution unter den Laienbrüdern geben könnte?

Diese, aufgebracht über die neue Läuterordnung, gaben vor, der Abt habe keine Gewalt, ihnen durch eine neue Bestallung etwas vorzuschreiben, was in der alten nicht enthalten wäre; das Konvent esse von den Gütern der Laienbrüder und verzehre ihr Eigenthum. (...)

Es waren der Missvergnügten nur vier. Einer von ihnen hatte sich nicht gescheut, öffentlich zu sagen: es sei gut, dass der König von Frankreich noch Soldaten vonnöthen habe; er würde die Gelübde nicht abgelegt haben, wenn er gewusst hätte, dass er läu-

ten müsste. Ein anderer äusserte sich, er möchte einen (den Abt vermutlich) mit dem Messer, das er in der Hand hielt, erstechen, indem er zugleich das Messer mit Wuth auf den Boden warf, dass es darin stecken blieb. Eben dieser erklärte, er wolle fort, er wolle nach Rom und Dispensation vom Orden verlangen. Ein dritter erfrechte sich zu behaupten, die Herren im Konvent «fressen und saufen» dasjenige, was für die Brüder gestiftet worden sei, u.s.w.

Es gelang aber dem Abt in seiner milden Art, den Aufruhr abzuschmettern, so dass bald wieder ordnungsgemäss von den Zinnen des herrlichen Tempels herab geläutet werden konnte:

Unterm 27. Jenner 1775 beschied der Fürstabt die Missvergnügten und auch die andern Laienbrüder in Gegenwart mehrerer Konventherren zu sich, verwies ihnen in einer kräftigen Strafrede ihr pflichtwidriges Benehmen, entfernte drei von ihren Plätzen und Arbeitsboutiquen und legte allen vieren eine Züchtigung auf, die nach Bedas gutem Herzen gelind ausfiel.

Karzer? Wasser und Brot für vierzehn Tage? Eine kleine Flagellation? Wallfahrt nach Maria Einsiedeln, mit Erbsen in den Schuhen? Jedenfalls «*Damit hatte die Sache ein Ende*», schreibt Franz Weidmann, der es als ehemaliger Mönch ja wissen muss.

*

Noch nicht zu Ende war die Sache mit den rebellischen Konventualen, die ständig an der Finanzpolitik des Abtes herumnörgelten. Einige wurden schliesslich von Beda, dem sie das Leben vergällten, auf die Herrschaft Ebringen im Breisgau verbannt, wo das Kloster ein Territorium (mit Schloss) besass. Die vier misanthropischen Süderi sollten sich dort ganz in die Landwirtschaft, resp. in deren Verwaltung, versenkt haben, und einer von den Verbannten besang das Exil:

Vier sind der Brüder, von verschiedener Neigung geleitet;
Pferde erfreuen den ersten, schwer wandelnde Rinder den andern,
Hunde den Dritten, nichts durchaus liebet der Vierte,
sondern er ist ein Feind und Hasser der Menschen und Tiere.

Der Liebhaber der schwer wandelnden Rinder, Pater Pankraz Vorster, war dem Fürstabt Beda schon lange auf die Nerven gegangen. Er galt als Anführer der klösterlichen Opposition: tüchtig,

Zahl nünt, du bist nünt scholdig

kalt, diszipliniert, ein harter Rechner und Organisator, ein Law-and-order-Mönch, dem die Rechtstitel der Fürstabtei alles bedeuteten; für neue Ideen und politische Faxen aus Paris hatte er kein Verständnis. Knallharter Jurist und gelernter Mathematiker. Die beiden Männer konnten sich nicht riechen. Beda fürchtete die Härte des Pankraz, dieser verachtete Bedas Weichheit und Nachgiebigkeit. «*Man erinnerte sich lebhaft der Worte Bedas über Pankrazen*», schreibt Weidmann, «*als jener einst befragt wurde, von wem er wohl glaube, dass er sein Nachfolger sein würde? ‹Hm, Hm!› antwortete Beda, ‹wer anders als Pankraz; aber er ist ein Streiterlein, ein Streiterlein!›*»

*

Im Juli 1790, ein Jahr nach der Erstürmung der Bastille, schrieb Abt Beda in sein Tagebuch, nachdem er Wind von den Unruhen im Solothurnischen und Bernischen bekommen hatte: «*... unsere Gotteshausleute sind noch ziemlich ruhig, ich glaube auch nicht, dass etwas zu befürchten sei; sie sind viel zu katholisch, als dass sie etwas unternehmen würden.*

Am 6. Januar 1792 unternahmen sie etwas, in Gossau. Katholisch waren sie trotzdem noch. An jeder Türe klebte ein Flugblatt mit dem Spruch: «Zahl nünt, du bist nünt scholdig», und das war ein Aufruf zur Steuerverweigerung. Als die Steuereintreiber in den Häusern erschienen, wurden sie von den Leuten hinauskomplimentiert mit dem Hinweis, die Quittung wäre an den Türen angeschlagen: eben das Flugblatt. Die Steuereintreiber machten rechtsumkehrt, denn eine schlagkräftige Polizei gab es nicht, und die Gossauer schickten dem Fürsten in St. Gallen eine Denkschrift *oder Memorial*, wie sie das nannten, und darin baten sie um die Erlaubnis, Landesausschüsse bestellen zu dürfen. Diese sollten mit dem Abt Verhandlungen aufnehmen. Der Abt äusserte ein gelindes Missfallen, weil er gar nicht sah, was es zu verhandeln gab, bat die Landesheiligen Othmar & Gallus um Erleuchtung und erlaubte schliesslich die Bildung der Landesausschüsse.* Diese, beraten

---

* Was hätte er auch tun sollen? Seine trainierten Söldner-Regimenter standen im Ausland, und die Miliz-Armee konnte er nicht aufbieten, sie bestand zum Teil aus jenen Leuten, gegen die sie hätte kämpfen sollen.

und inspiriert vom Postboten Johannes Kuenzle (Gossau) und seinem Schwiegervater Contamin – schöner Name für einen, der von französischen Ideen *angesteckt* ist, frz. *contaminé,* und der die Mitbürger damit ansteckt –, reichten dem Abt 61 Bitt- und Klagepunkte ein: Ablösung von Abgaben wie Fastnachthenne, Vogthuhn, fliegender Henne, Hühnli, Eiergeld, Gottshausgäbli, Blutzehenten, Stauffwein, Kälbli- und Füllengeld; überhaupt Abschaffung der Zehnten und der Leibeigenschaft; Wahl der Ammänner und Richter durch die Gemeinden; Zugang zu den fürstlichen Konferenzen; Ernennung der Offiziere durch die Landesausschüsse; keine Güterkonfiskation mehr «*in dem traurigen Falle der Selbstentleibung*» (die Habe von Selbstmördern war bisher konfisziert worden); – und was der frechen Postulate mehr sind, Kraut und Rüben durcheinander. Und dann verlangten die Landesausschüsse die Abberufung von besonders verhassten äbtischen Beamten wie z.B. Baron Müller von Friedberg, Landeshofmeister Iso Walser, Offizial und Statthalter von Rorschach; welche auch stracks demissionierten, auf einen Wink des Abtes hin. Dann schloss der Abt, unter heftigem Grollen des Konvents, mit den Landesausschüssen den «Gutlichen Vertrag», der die wichtigsten Postulate aus den 61 Bitt- und Klagepunkten kodifizierte – «*während der Unterhandlungen hatte sich eine starke Rotte von Tumultuanten im Stiftshofe gelagert, die durch Gewalt das erzwingen zu wollen schienen, was ihren Führern nicht gutwillig verheissen würde*» (Franz Weidmann); woraus der Leser unschwer ableiten kann, wie schwierig es ist, eine Demokratie ohne Gewalt einzuführen. Auf einer feierlichen Landsgemeinde in Gossau wurde 1795 der «Gütliche Vertrag» beschworen, am 23. November, in Anwesenheit des halbwegs entmachteten und von Rheumatismus, Chiragra, Podagra, Zipperlein geplagten Fürsten:

Der Anblick einer ungeheuren, um ihren Landesvater in tausendfachen bunten Reihen versammelten Volksmenge machte bei Jedermann einen tiefen Eindruck. Altersschwäche hinderte den guten Beda, an sein liebes Volk zu sprechen; aber seine sanfte Miene, der ihm ganz eigene heitere Blick voll Güte, zeugte laut genug von seinen herzlichen Gesinnungen; dankbar brachten ihm die Anwesenden durch allgemeines Frohlocken und Vivatrufen den Tribut öffentlicher Huldigung. Dieser Tag gewährte ihm von war-

Zahl nünt, du bist nünt scholdig

men Volksfreunden die Apotheose. *Aber ein Teil des Kapitels, welcher die Landsgemeinde für ein Auto-da-Fé der weltlichen Herrschaft des Stiftes ansah, war sehr übel auf seinen Fürstabten zu sprechen. Man nannte seine Erscheinung an jener Versammlung eine öffentliche Beschimpfung des Stiftes, eine pöbelhafte Fraternisierung mit den Rottenhäuptern, eine ärgerliche Farce u.s.w., ihn selbst aber einen treulosen Verräter!* (Franz Weidmann)

*

Das wäre ein Film:

Wie der Abt, begleitet von seinen achtundzwanzig berittenen Leibgardisten und dem Hofmarschall, vierspännig von St. Gallen nach Gossau fährt, auf den Kutschentüren sein Hoheitszeichen. Wie der Leibdiener ihm aus der Kutsche hilft. Exzellenz, bitte immer Richtung Freiheitsbaum. Das nahende Brausen des Volkes. Die Erklimmung des Podiums, wo er sich dem Volk zeigt wie eine Monstranz. Und jetzt ein Winken seiner lieben Patschhändchen, Richtung Freiheitsbaum (gab es den schon anno 1795?). Wollen noch den Segen geben. Die Brillanten des äbtischen Brustkreuzes glänzen in der Sonne, eine Winterbrise bläht die Pontifikalsoutane glockig auf. Beim Abstieg vom Podium bietet J. Kuenzle, der Postbote und Tumultuant, dem absteigenden Fürsten galant die Hand. Dann Volksgesang: Erfreue Dich St. Gallisch Land / Fürst Beda siegt / Der Konvent erliegt / Ertönt Triumphgesang / Ruft Pauken, Trompeten / Schallmeien, Klarinetten. *Schnitt.* Rückfahrt nach St. Gallen. Schritt gefahren, weil starker Rheuma-Anfall. Bei Dämmerlicht Einfahrt in den Klosterhof. Totenstille. Kein Mensch zur Begrüssung, weder Mönche noch fürstäbtliche Beamte, weder Dekan noch Subprior zu sehen, alles tot. *Schnitt.* Beda schlurft, sehr langsam, zu seinen Gemächern. Keine Spur vom Laienbruder, der ihm sonst jeden Abend das Nachthemd bereit legt und in die hohe Bettstatt hilft. Beda läutet der Bedienung; niemand kommt. Dann schläft Beda auf dem Lehnstuhl ein. Langsam knarrend öffnet sich die Türe, Konventualen versammeln sich um sein Bett, mit aschfahlen Gesichtern und rollenden Augen zischeln sie, leise beginnend, dann an- und abschwellend: Verräter, Verräter, Verräter, treulos, treulos, Sa-tans-bra-ten. *Schnitt.* Beda wacht schweissgebadet auf. Es war nur ein Traum.

Forschen

*

Johannes Kuenzle von Gossau. Möchte es sich nicht der Mühe lohnen, einen Versuch zu machen, von ihm ein kleines Gemälde in gedrängten Umrissen hier zu entwerfen?

Wem ist nicht der Name des Mannes in frischem Andenken, der als kühler Volksmann gegen die tausendjährige Dynastie der Abtei St. Gallen – ein abgewelktes Institut des Mittelalters mit einigen neuern Zuwüchsen, das wie ein nerv- und markloses Gerippe schon lange den Keim der Auflösung in sich trug und endlich vor dem stärkeren Hauch des Geistes jüngerer Zeit in Trümmer zerfallen musste – siegreich auftrat, der bei einigen im Sonnenlichte hohen Ruhmes strahlte, von andern in die Klasse der Empörer gesetzt wurde, dessen Bildnis die Wand so mancher stillen Wohnung auf dem Lande deckte, und der als Held des Tages in Volksliedern besungen wurde?

Ob Ehrgeiz, oder angeborene Neigung zur Freiheit, oder Grundsätze, oder irgendeine andere Triebfeder ihn bewogen, sich ohne amtliche Stellung aus der Mitte des Volkes als Gegner zum Kampf wider das Stift St. Gallen, seinen Landesherrn, zu erheben und das Haupt der Missvergnügten zu werden, kann hier nicht bestimmt werden. Es scheint, dass er als Bote nach dem benachbarten Flecken *Herisau* im Umgang mit den heitern Appenzellern *freisinnige** Ideen angenommen habe, die nach und nach in seiner Brust einen starken Hang nach reiner Demokratie anfachten. Aus dem Mund von Kuenzle erscholl nun der an dem Ufer der Seine allgewaltig gewordene Name und Wille des Volkes, und unter dieser Ägide begann die Revolution von *Roschach* bis *Wyl* siegreich ihren Gang, der zur vollkommenen Demokratie führte. – Sein bisweilen unstäter Blick, das öftere Hin- und Herschaukeln des Kopfes, ein plötzliches Stillschweigen in der Unterhaltung, und dann wieder ein gewisses sich Ermannen und in die Brust werfen, zeugten von innerem Kampfe und Unruhe. – Kuenzles Gegner warfen ihm vor, dass er bei zahlreichen Zusammenkünften durch gewisse, verabredete Zeichen unter einem Trosse von 40–50 Männern, der ihn auf

---

* Bedeutete damals etwas anderes als heute, nämlich freiheitsdurstig.

seinen Wink begleitete, sooft etwas durch Lärm und Wühlen durchgesetzt werden sollte, absichtlich Gährung zu erwecken und zu stillen pflegte. So soll, wenn er beim Auftreten sich bedenklich die Stirne rieb, dies die Losung zum Schreien und Tumultuieren gewesen sein; schwang er zwei bis drei Male seinen Hut, den Dreispitzer, und salutirte damit die Versammlung, so soll dies Aufforderung zur Ruhe und Stillschweigen, was bald erfolgte, bedeutet haben. (Aus einem Kuenzle-Porträt, Verfasser unbekannt; abgedruckt im Dokumenten-Anhang von Franz Weidmanns hier öfters zitiertem Buch «Geschichte des ehemaligen Stiftes und der Landschaft St. Gallen unter den zween letzten Fürstäbten», St. Gallen 1834.)

*

Am 19. Mai 1796 starb Abt Beda. Sein Rivale Pankraz, der von Ebringen aus weiter gegen ihn komplottiert hatte, mit anstachelnden Briefen an die Mitbrüder, kehrte aus dem Exil zurück. Am 1. Juni wurde er im ersten Wahlgang mit 55 von 68 Stimmen gewählt. Ein brillantes Resultat, und der päpstliche Nuntius Gravina, der die Wahl leitete, «*witterte nach ultramontanischer (römischer) Sitte eine Art höherer Einwirkung, und rief erstaunt: ‹Der Finger Gottes ist hier›* – aber die Kapitularen, meistens aus Helvetiens kälteren Zonen, wo man sich nicht so leicht auf den Flügeln der Imagination in die Regionen der Mysterien emporschwingt, sahen alles für sehr natürlich an», schreibt Weidmann. Tatsächlich. Die Mönche hatten nämlich am Vorabend des Wahltages die Sache bereits in einer geheimen Versammlung abgekartet, was nach kirchlichem Recht verboten war.

Der herrische, verhärtete, einsame Mann war im Alter von 43 Jahren ans Ziel seiner Wünsche gelangt. Aber statt sich zu freuen, soll er, wie von einem elektrischen Schlag getroffen, unbeweglich dagestanden und tief schluchzend die ihm zugedachte Würde zunächst abgelehnt, wie das auch Päpste gelegentlich tun, schliesslich aber doch angenommen haben mit den Worten: «*Was wollt ihr mit mir? Ferne sei mir dieser Kelch; ich würde in einem halben Jahr eine Leiche sein.*» Das war übertrieben, erst 1829 war er eine Leiche.

Die Feindschaft von unten kam sofort. Man wusste, wie er Beda bekämpft hatte; das machte ihn verdächtig. Bei der feierlichen Proklamation des Neugewählten, etwa 4000 Leute warteten in der Klosterkirche, die Kirche war ein politischer Raum, *las man Betroffenheit auf allen Gesichtern; das Volk senkte seine Blicke und man sah endlich starr, ohne ein Wort zu äussern, einander an. Die dumpfe Stille, die nun im Lande herrschte, ging aber bald in lautes Missvergnügen über; keine sonst bei Abtswahlen gewöhnliche Freudenfeste fanden statt; man seufzte und fluchte vielmehr und es schien, als wenn jedermann zum Voraus eine Ahnung der Fehde gehabt hätte, die Pankraz mit der Landschaft bestehen würde.*

Das wäre noch ein Film: (rushes) Wie der halsstarrige Pankraz die weltliche Herrschaft des Stiftes retten wollte und damit auch die geistliche Macht verliert; wie die Grafschaft Toggenburg vom Stifte abfällt; wie das Fürstenland sich eine demokratische Verfassung gibt; wie die politische Welt immer mehr brodelt und Pankraz immer mehr versteinert; wie schliesslich auch die Mönche, die ihn gewählt haben, Distanz zu ihm halten und nicht mehr an die Wiederaufrichtung der weltlichen Stiftsherrschaft glauben mögen; wie er vor dem Volkszorn aus dem Fürstenlande fliehen muss, die ehemaligen Untertanen randalierend durch die Klostergänge ziehen und sich zusammenrotten mit dem Ruf: «A dem Boom muess de Pankrazi hange.» Und dann der kurze Triumph im Mai 1799. Die Franzosen, die St. Gallen besetzt hatten, weichen den heranrückenden Österreichern, und wer zieht im Gefolge der kaiserlich-königlichen Armee, von Rorschach kommend, in feierlicher Prozession nach St. Gallen, die Huldigung der Behörden entgegennehmend? Und versucht ein paar Monate lang, im Schutze der österreichischen Bajonette, die absolute Herrschaft wieder einzuführen? Pankraz, das Streiterlein. Nichts gelernt und nichts vergessen, nostalgisch wie ein heimatvertriebener Schlesier. Einer, der neben seiner Zeit geboren ist. Aber wie er mit den Österreichern gekommen war, so räumt er mit ihnen das Feld, fegt dann jahrelang wie ein Irrwisch durch Europa, Pankraz-ohne-Land, versucht Napoleon, dann den Zaren und den Kaiser für die Restauration der Fürstabtei zu erwärmen, reist auch zum Papst, der ihn nett empfängt und trotzdem abfahren lässt, und nimmt schliesslich als Zaungast am Wiener Kongress teil, *le prince-abbé de Saint-Gall* steht noch immer auf seinen Visitenkarten. Dort am Kongress wird die Welt frisch restauriert, aber nicht einmal Metternich ist so reaktionär, an die Restauration der sanktgallischen Stiftsherrschaft zu glauben. Schliesslich zieht er sich, Pankraz-der-Schmoller, von allen verlassen, nicht einmal Feinde hat er jetzt noch, in die Abtei Muri zurück, wo er 1829 in der Überzeugung stirbt, gegen eine ganze Welt im Recht gewesen zu sein: als letzter Fürstabt von St. Gallen, der zwei Jahre regierte und 31 Jahre lang von der Regierung träumte, während sein Territorium nur noch aus ihm selbst bestand.

*

Vielleicht eine Romanfigur?

Die Schonfrist

Eine Vergangenheitsbewältigung sei bei uns nicht nötig, sagte kürzlich, während eines Podiumsgesprächs an der Universität Zürich, ein stellvertretender Chefredaktor (NZZ).
 Richtig!
 So wollen wir auf diesen Luxus doch lieber verzichten. Vergangenheitsbewältigung ist nämlich, wie jeder Luxus, sehr teuer, fast unerschwinglich. Sie würde uns psychische und gesellschaftliche Kosten aufbürden. Denn erstens gibt es bei uns nichts zu verbergen, und zweitens kaprizieren sich herrschende Familien trotzdem darauf, ihre Archive unter Verschluss zu halten – die wissen anscheinend noch gar nicht, wie harmlos ihre Vergangenheiten sind.
 Leider!
 Wie aber kommt der Historiker an solche Archive heran? Nicht etwa durch eigene Anstrengungen, Drängeln etwa oder gar durch Zwängerei und andere unorthodoxe Methoden. Nein, der Historiker hat zu warten, bis er gerufen wird. Wie der frisch emeritierte Hans Conrad Peyer, Professor der Geschichte, Zürich, jüngst am Schweizer Fernsehen erklärte: Man müsse nett sein mit diesen Familien, ansonsten sie halt Feuer an ihre Archive legen täten.
 Verschwindibus!
 Wie lange nun hinwiederum muss man nett sein? Prof. Dr. Walter Schaufelberger, Militärhistoriker, Zürich, ist der Meinung, dass diese Herrschaftsfamilien Anrecht auf eine – von ihnen selbst festgelegte – SCHONFRIST hätten; und die mag so lange dauern, wie sich ein Enkel, Urenkel, Cou-Cousin durch die Beschreibung der Taten des Grossvaters (etc.) betupft fühlen kann; auch wenn es sich dabei um die öffentliche Wirksamkeit des Vorfahren handelt, um seine im Staatsdienst begangenen Taten.
 Immer zu Diensten, Herr General!
 Bei der Zähigkeit und Langlebigkeit der schweizerischen Familientraditionen darf also wohl damit gerechnet werden, dass manch ein Patrizier von heute seine Sippengeschichte bis ins 18. Jahrhundert hinauf unter Verschluss halten möchte. Man wird ja auch wirklich sehr alt in diesen Familien, und bei manchem kalkigen Väterchen weiss man nicht so genau, ob es nun 80 oder

180 Jahre alt ist, so antiquarisch mutet seine Denk- und Sprechweise an.

Mes respects, Sire!

Da bleiben uns immerhin noch die staatlichen Archive, dort darf erforscht werden, was länger als 50 Jahre zurückliegt: falls es vorhanden ist. Manchmal fehlen ein paar Dokumente, Bundesräte etwa nehmen bei der Pensionierung ganze Wagenladungen mit nach Hause (Philipp Etter z. B.), und heisse Papiere bleiben durch Regierungsbeschluss gesperrt. Wie vertraute mir doch Hans Conrad Peyer, der frisch emeritierte, an? Er war früher, vor seinem Professorenleben, Staatsarchivar des Kantons Zürich gewesen; und wenn ihm damals von seiten der Regierung jeweils nahegelegt worden sei, dass dieses oder jenes Dokument nicht zu existieren habe, dann habe es eben nicht existiert und der Forscher es nicht zu Gesicht bekommen.

Achtung, steht!

Das sei in jedem Staat so, sagt Peyer, und jeder Staat betreibe Staats-Schutz. So leben wir glücklich und stets unbeschwert von Reminiszenzen in den Tag hinein, und weil wir bereits nicht mehr daran denken, dass Bundesrat von Steiger während des Zweiten Weltkrieges mit den Worten: «Das Boot ist voll» die Abweisung der Flüchtlinge an unsern Grenzen motivierte, können wir uns heute in Basel auf dem Rhein ein Boot nicht im übertragenen, sondern im eigentlichen Sinne leisten, und darauf werden Asylbewerber heute provisorisch kaserniert, bis es voll ist.

Ruhn.

Bonsoir, Herr Bonjour

Vor etwas mehr als einem Jahr ist der IV. Band der «Geschichte der Schweizerischen Neutralität» erschienen, im Volksmund Bonjour-Bericht genannt. Historiker, Politiker, Journalisten haben ihn besprochen, meist nett, ein bisschen milde Kritik kam auch zum Vorschein, Kritik an einzelnen Aspekten (zum Beispiel von Marcel Beck formuliert). In der Westschweiz wurde vor allem die negative Charakterisierung des Aussenministers Pilet-Golaz bemängelt, in der Deutschschweiz waren die Guisanverehrer bestürzt, dass ausgerechnet der General die Beziehungen zum Dritten Reich verbessern und den ehemaligen Völkerbundkommissar Burckhardt nach Berlin schicken wollte...

Die Reaktion auf den Bericht war derart freundlich, dass sogar Edgar Bonjour sich darüber gewundert hat. Auch die Nachwuchshistoriker haben sich gewundert, dass sich die Kaste der etablierten Historiker (= Inhaber von Lehrstühlen) nicht kollektiv erhoben hat gegen Methode und Resultat der Bonjourschen Forschung. Dieser Verwunderung konnten die jungen Historiker aber nur privat Ausdruck geben, denn systematische Kritik war bisher in keiner der grossen Schweizer Zeitungen und Zeitschriften gefragt (Ausnahme: der eingehende Artikel von Elisabeth Alder in «Profil»). Die Solidarität der Historiker-Zunft war stärker als die Lust an der Wahrheitsfindung. In der sehr überschaubaren Schweiz mag es kein Historiker riskieren, dass sich Kollega Bonjour eventuell mit einer scharfen Kritik an kollegialen Publikationen für eine Bonjour-Kritik revanchiert. Man ist aufeinander angewiesen und wird sich am nächsten Historikerkongress wieder gegenübersitzen. Und hätte einer noch gewollt, er hätte nicht gekonnt: Es wäre ihm als Neid ausgelegt worden, als «invidia professoralis» («... der will sich wohl dafür rächen, dass der Bundesrat nicht ihm den Auftrag erteilt hat!»).

So wurde denn nicht ex cathedra, sondern nur im Unterholz der historischen Seminare kritisiert. Dort aber kräftig – und folgenlos. Begreiflich, weil kein aufstrebender Historiker sich mit einer Kritik am tabuisierten Bonjour die Karriere versauen will. Den

Nicht-Historikern aber wird bedeutet, dass sie mangels Fachwissen zur Auseinandersetzung nicht befugt sind.

Bleiben noch die betagten Politiker und Journalisten, welche die von Bonjour geschilderten Ereignisse miterlebt und -geformt haben und also einen Teil der Wahrheit kennen. Sie gehören unterdessen wie Bonjour zu den Spitzen der Gesellschaft und haben kein Interesse, einer Schilderung zu widersprechen, in der sie gut bis glimpflich wegkommen. (Die wenigen, welche ganz schlecht wegkommen, die patenten Sündenböcke, sind praktischerweise schon tot.) Die Arrivierten pflegen sich nicht gegenseitig zu verunsichern, schon gar nicht in der schweizerischen Konkordanzdemokratie – ein Herz und eine Seele; man lebt nicht nur vom politischen, sondern ebensosehr vom intellektuellen Kompromiss. Harte Auseinandersetzung gilt als unfein, man sitzt immer schon beieinander, im selben Boot. Seid nett zueinander! Auch wenn die historische Wahrheit dabei den kürzeren zieht. Denn die Wahrheit ist abstrakt, Ärger mit Personen aber ist konkret.

Hätte Edgar Bonjour irgendein Buch über das Basler Armenwesen im 19. Jahrhundert oder über den Saubannerzug geschrieben, so könnte man die Kritik getrost der sogenannten Fachwelt überlassen. Er hat aber eine Periode untersucht, welche für das Selbstverständnis unserer Institutionen (vor allem der Armee) entscheidend ist. Ver-Heer-ende Folgen zeigen sich bereits: Die Anhänger von Neutralität und Armee können ihren Standpunkt seit Bonjours Bericht wissenschaftlich verbrämen. Es handelt sich also um eine historische Arbeit mit politischen Folgen, aber auch mit politischen Voraussetzungen. Das ist bei jeder zeitgeschichtlichen Arbeit völlig normal. Anormal ist, dass der Historiker Bonjour glaubt, «weder Staatsanwalt noch Fürsprecher zu sein», weder «anklagen noch verteidigen» zu wollen. Das ist der Mythos des objektiven Historikers, der sich selbst über den Ereignissen schweben sieht, ohne Zorn und Eifer, unabhängig von seiner Klasse, unbefangen in Vorurteilen, besessen nur vom «unerbittlichen Streben nach immer strengerer Unvoreingenommenheit» (Vorwort).

Bonjour hat seinen Bericht nicht aus eigenem Antrieb geschrieben, sondern auf Bestellung des Bundesrates, der sich Sorgen machte über die zunehmende Kritik an der schweizerischen Aussenpolitik im Zweiten Weltkrieg. Der Basler Historiker und Neutralitätsspezialist hat sich mit einer Arbeit über die Vorgeschichte des Zweiten Weltkrieges für diesen Job qualifiziert – in den Augen des Bundesrates. Es wurde ihm «Zutritt zu sämtlichen Dokumenten der zivilen und militärischen Behörden» gewährt, mit andern Worten: Einige Tonnen Papier waren zu durchforsten. Diese übermenschliche Arbeit hat Edgar-Hercule Bonjour ganz allein unternommen, von keinem Historiker-Team unterstützt, nur ein paar wissenschaftliche Hilfskräfte gingen ihm an die Hand (von denen er nur drei namentlich erwähnt, seine «treuen Mitarbeiter»). Bonjour war damit in derselben Lage wie der Harvard-Historiker William L. Langer, bei welchem Präsident Truman einen Bericht über die amerikanische Vichy-Politik im Zweiten Weltkrieg bestellte, die von der amerikanischen Öffentlichkeit scharf kritisiert worden war («Our Vichy Gamble», New York 1947, 423 Seiten). Auch Langer hat auf herkulische Art die Dokumente selbständig exzerpiert. Auch Langer war überzeugt, die historische Wahrheit als solche darzustellen – im Auftrag der Macht. Und auch William L. Langer versichert, er hätte völlig frei forschen können und der Auftraggeber hätte nicht die geringsten Abstriche an seinem Bericht vorgenommen. Er ist im selben Vokabular gefangen wie Edgar Bonjour. Und wie wir Langer zu vertrauen gezwungen sind, so müssen wir auch Bonjour glauben, in bezug auf die «völlig freie Forschung». (Wir können nur glauben, nicht wissen, denn die Quellen sind dem gewöhnlichen Historiker nicht zugänglich.) Nur hat sich E. Bonjour nicht gefragt, warum denn die politische Macht gerade ihn auserlesen hat. Ihn, den staatstreuen Historiographen, der mit festen Neutralitäts-Kategorien ans historische Material herantritt, ausgerüstet mit dem konventionellen Besteck des Quellenforschers, unbeschwert von neuen Erkenntnissen der Politologie und Soziologie, worauf zum Beispiel die führenden Historiker vom «Institut für Zeitgeschichte» in Deutschland oder vom «Comité d'histoire de la deuxième guerre mondiale» nicht verzichten mögen. Warum wurden nicht andere gewählt? Warum nicht Roland Ruffieux, der einen Abschluss in *sciences politiques* (Paris) und in Nationalökonomie aufweist und dazu in den internationalen Beziehungen beschlagen ist? Warum nicht Herbert Lüthy, eine Kapazität in Wirtschaftsgeschichte («La banque protestante en France»)? Warum nicht ein Team von Spezialisten (nicht Fachidioten!), das eine vernünftige Arbeitsteilung vorgenommen hätte, geleitet von einem überlegenen Zeitgeschichtler?

So viele Fragen und keine Antworten. Der Bundesrat ist ganz spontan auf Bonjour verfallen, wahrscheinlich auf Vorschlag von Bundesarchivar Haas. Wurden andere Historiker überhaupt nicht angefragt? Oder wollten sie nicht die Rolle des Hof-Historikers spielen?

Die bestellten Berichte à la Bonjour sind keine Seltenheit in der Zeitgeschichte, sie entsprechen dem natürlichen Bedürfnis der Machthaber nach Rechtfertigung (= im Falle der politischen Kontinuität, also zum Beispiel in den USA) oder dem ebenso natürlichen Bedürfnis neuer Machthaber nach Verdammung ihrer Vorgänger (= im Fall der politischen Diskontinuität, also zum Beispiel im Frankreich von 1945, wo einer parlamentarischen Untersuchungskommission auch alle Dokumente zugänglich waren, damit der Zusammenbruch von 1940 «erklärt» und aufs Konto einer wurmstichigen Republik gebucht werden konnte). Solche Berichte pflegen aber im Ausland kurz nach den kontroversen Ereignissen zu erscheinen und nicht 30 Jahre später wie der Bonjour-Bericht. Nach 30 Jahren könnte ein Staat, der sich demokratisch nennt, seine Archive allen interessierten Forschern vorbehaltlos öffnen. Denn die Politiker, deren Treiben in Frage steht, haben (vor 30 Jahren) nicht als Privatleute gehandelt, sondern im Interesse der Nation. Die Öffentlichkeit hat ein Recht auf Information über diese öffentliche Wirksamkeit. In den USA hat man das gemerkt, dort veröffentlicht das State Department nicht nur einwandfrei edierte Aktenpublikationen (Dokumente, nicht Ansichten über die Dokumente!) über die Zeit des Zweiten Weltkrieges, nämlich die aufschlussreiche «U.S. Foreign Relations Series», sondern dort dürfen im Archiv des Aussenministeriums von jedem qualifizierten Forscher die «heissesten» Papiere konsultiert werden. Die deutschen Dokumente zum Zweiten Weltkrieg kann man sich sogar auf Mikrofilmen aus dem Dokumentationszentrum kommen lassen, dort gibt es überhaupt nichts mehr zu verheimlichen, weil die ganzen Archive des Dritten Reiches von den Siegermächten systematisch ausgeweidet wurden.

Deshalb ist es grotesk, wenn Bonjour im Vorwort schreibt: «Es ist wohl einzigartig, dass ein Staat es sich leisten kann, offen darzulegen, was er getan hat.» Einzigartig ist vielmehr, dass Bonjour meint, die zugeknöpfte schweizerische Archivpolitik sei offenherzig. Denn erstens hat der schweizerische Staat nicht offen, sondern nur Herrn Bonjour dargelegt, was er getan hat; und zweitens wäre die offene Darlegung nichts Einzigartiges. Quod erat demonstrandum, am amerikanischen Exempel.

Edgar Bonjour hat den 488 Seiten seines Berichtes keine «Einführung in die Problematik», keinen methodologischen Teil vorangestellt, sondern nur ein zweieinhalbseitiges «Vorwort». Die Methode versteht sich anscheinend von selbst. Er tritt mit dem Anspruch des «Historikers» auf, der «sich in einem weiten Bezirk mit Sicherheit bewegen kann, indem er mit seiner vom Verstand geleiteten Methode Richtiges eindeutig feststellt» (Vorwort) – als ob es eine Methode gäbe, die nicht vom Verstand geleitet ist. Das «Vorwort» wimmelt von Gemeinplätzen («die hier besprochenen Fragen werden so bald nicht zur Ruhe kommen. Noch ist über manche Begebenheit kein Gras gewachsen ... Gestriges ist im Heutigen wirksam, ob wir es nun fortsetzen oder bekämpfen»). Gestriges ist vor allem in der Problemstellung wirksam, und die Problemstellung bestimmt die Gestrigkeit des Berichtes. Wenn die Fragen irrelevant gestellt werden, dann sind keine relevanten Antworten zu erwarten, trotz allem Fleiss und interessanten Teilerkenntnissen auf 488 Seiten. Bonjour bekennt sich freimütig zu den Kriterien, welche bei der Auswahl und Interpretation der Dokumente ausschlaggebend waren: «In den drei vorliegenden Bänden wird zu beschreiben und zu begründen versucht, wie und warum die Schweiz während Jahren schwerster äusserer Bedrohung und Anfälligkeit für die nationalsozialistische Ideologie sich den dauernden Willen zur Behauptung bewahrte, wie und warum sie durchhielt und die Kriegszeit heil überstand.» Es ist a priori ausgemacht, sine ira et studio, dass sich die Schweiz diesen dauernden Willen bewahrt hat, schliesslich wurden wir ja nicht angegriffen, das Territorium blieb intakt. Dass wir wirtschaftlich mit den Faschisten kollaborierten, dass wir im «Neuen Europa» ökonomisch integriert waren und dem Dritten Reich mit unserer formalen Schein-Souveränität bessere Dienste leisteten als im besetzten

Zustand (auch in Frankreich gab es ja neben der besetzten Zone eine «zone libre» ... von Hitlers Gnaden), das scheint Bonjour nicht zu beschäftigen. Das kommt davon, wenn man die Politik künstlich von der Wirtschaft abtrennt. Die Ökonomie wird gesondert in einem folgenden Band behandelt, das Fundament wird als Anhängsel nachgeliefert, nachdem man den freischwebenden Überbau zuerst behandelt hat. Man muss nicht Marxist sein, um diese «vom Verstand geleitete Methode» inkommensurabel zu finden, sondern nur die wirtschaftsgeschichtlichen Methoden der «Ecole des Annales» kennen (die in Frankreich einer weniger spiritualistischen Betrachtungsweise Bahn gebrochen hat). Nachdem die Schweiz 1940 von den Achsenmächten eingeschlossen war, konnte ihr jederzeit der Hahn zugedreht werden. Diese katastrophale Versorgungsabhängigkeit hat die Politik des Bundesrates determiniert, wie zum Beispiel Jean-Baptiste Mauroux in «Le Bonheur d'être Suisse sous Hitler» nachweist (Paris 1968, 205 Seiten). Mauroux' Untersuchung wurde in der Deutschschweiz kaum zur Kenntnis genommen und, wenn überhaupt, dann beiläufig/abfällig besprochen, weil Mauroux zu viele heilige Kühe schlachtet. Im «Le Monde Diplomatique» hingegen wurde das unorthodoxe Büchlein vom Deutschland-Spezialisten Franceschini sehr wohlwollend beschrieben: ... «Le Monde Diplomatique» ist eine bürgerliche Zeitung. Ein Ressentiment gegen die Schweiz ist ihr nicht nachzuweisen.

Doch gehen wir nun von Bonjours eigenen Voraussetzungen aus, messen wir den Bericht an Bonjours rein formal-politischem Massstab: Bonjour-immanente Kritik. Er hat sich also «durch das Dickicht dieser Papiermassen einen Weg gebahnt», was «zeitraubend» war, auch konnten «mündliche Aussagen von Schweizern ... einige Vorgänge erhellen»; ausserdem: «Eine unerschöpfliche Fundgrube bedeuteten namentlich die Zeitungen, Zeitschriften und Broschüren jener bewegten Jahre.» All die Fundgruben, Dickichte, Aussagen, all die Quellen, die da kreuz und quer durchs Buch sprudeln, hätte man gern klassifiziert in einem bibliographischen Anhang gehabt, damit man weiss, woher Bonjour was hat, was exklusiv ist und was von andern abgeschrieben wurde. Da Bonjour aber ein «Volksbuch» schreiben wollte, hat er asketisch

Forschen

auf jede Bibliographie verzichtet. Man kann also nicht kontrollieren, wieviel Literatur er verarbeitet hat. Er vertrödelt die Zeit auch nicht mit unnötig langen Zitaten, sondern resümiert und verkürzt in einem fort.

Unausgesprochen liegt dem Bonjour-Bericht das einfache Gedankenschema zugrunde: Wir wurden im Zweiten Weltkrieg nicht besetzt, weil wir a) eine ausreichende Abschreckungsmacht besassen und b) die innern Wühler unschädlich machten (wenn auch zögernd).

Dass die Schweiz rein militärisch für das Dritte Reich von allerkleinstem Interesse war; dass irredentistische Konvulsionen für Hitler niemals Grund, sondern nur Vorwand für eine Invasion waren, scheint Bonjour dabei wenig zu beachten. Hitler hatte auch kein «sentimentales Interesse» für uns wie für sein Geburtsland Österreich (wir auch nicht für ihn), das sich dem Dritten Reich nicht ohne Begeisterung anschloss. In der Geschichtsschreibung des Zweiten Weltkrieges hat sich die Erkenntnis durchgesetzt, dass gegenüber der Eroberung von Lebensraum im Osten (polnischer und russischer Feldzug) alle übrigen Operationen nur Entlastungskriege waren. Frankreich und England wurde nur deshalb der Krieg erklärt, weil sie dem deutschen Imperialismus im Osten nicht untätig zusahen und ihren Bündnisverpflichtungen schliesslich (Gewehr bei Fuss) nachkamen.

In diesem Globalkonzept blieb die Schweiz aus deutscher Sicht völlig unerheblich. Nicht nur lag sie abseits der Stossrichtung nach Osten; nicht nur stellte sie für Grossdeutschland keine Bedrohung dar; nicht nur unterhielt sie mit Russland keine diplomatischen Beziehungen und verbot die schweizerische KP: Die Schweiz lieferte auch bereitwilligst alles kriegswichtige Material an die Nazis, das sie zu liefern imstande war. Zu allem Überfluss schloss sie sich auch der nazistischen Judenpolitik an. (Rückweisung an der Grenze.) Nur eine nationalistische Nabelschau kann deshalb die territoriale Unversehrtheit der Schweiz den eigenen Anstrengungen zugute halten, anstatt sie aus deutschem Desinteresse zu erklären (was immer Goebbels Propagandaministerium trompetet haben mag). Bonjour hätte vielleicht doch betonen müssen, wie unendlich unwichtig die Schweiz im deutschen Gesamtkonzept war. Statt dessen erweckt sein Bericht oft den Eindruck, als habe der Zweite Weltkrieg in einer gigantischen Auseinandersetzung zwischen Deutschland und der Schweiz bestanden. Der historische Kontext fehlt allzuoft. (Dem hilft auch die «Zeittafel» nicht ab: ganze zwei Seiten!)

Wenn die Schweiz «an sich» auch uninteressant war für die deutsche Armeeführung, so kam sie doch vorübergehend als Durchmarschland in Frage: Bevor im Frankreichfeldzug 1940 die Maginotlinie im Norden umgangen wurde (bei Sedan), wurde ein Stoss durchs Mittelland befürchtet. Wie war die Schweiz darauf vorbereitet? Bonjour: «... Auch im Zeitalter der Panzer und Fliegerbomben hatte der bewegliche und harte Einzelkämpfer nichts von seiner Bedeutung verloren. Deshalb musste seine Kampfmoral gestärkt, musste er besser ausgebildet werden ...» Bonjour zitiert einen Armeebefehl vom 15. Mai 1940: «Die Schützentrupps, ob überholt oder umzingelt, kämpfen in ihrer Stellung, bis keine Munition mehr vorhanden ist. Dann kommt die blanke Waffe an die Reihe ...» Oder den Armeebefehl vom 3. Juni 1940: «... Die Bodenbeschaffenheit unseres Landes ist für uns ein erstklassiger Verbündeter. In enger Zusammenarbeit mit der ganzen Armee will das heissen: Hier kommt niemand durch! ...» Ob Bodenbeschaffenheit und blanke Waffe bewirkt hätten, dass «hier niemand durch kam», damit beschäftigt sich der Historiker nicht; er beschreibt nur, was war. Man hätte aber doch gern gewusst, wie das konkrete Kräfteverhältnis war. Daraus kann man extrapolieren, was geschehen wäre, wenn die Alliierten bei Sedan standgehalten hätten. Da die Wehrmacht für die gegen die Schweiz gerichtete «Operation Tannenbaum» genaue Operationspläne ausgearbeitet hatte, wäre es für Bonjour ein leichtes gewesen, die Abwehrmöglichkeiten der schweizerischen Armee mit dem Aggressivpotential der Deutschen zu vergleichen. Er tut es nicht. Wie viele Schweizer Panzer waren einsatzfähig? Welche Modelle? Hatte der schweizerische Generalstab den massierten Einsatz von Panzerverbänden vorbereitet (so wie de Gaulle es vorgeschlagen und Guderian gehandhabt hatte?). Wie war die Koordination zwischen Panzern/Flugzeugen/Infanterie? Wie stand es mit dem Schutz der Zivilbevölkerung? Welchen militärischen Wert hatten die sogenannten Panzersperren? Wie war der Schweizer Soldat auf den Blitzkrieg vorbereitet, im Vergleich zum deutschen Soldaten?

Über all das hätte Bonjour genaue Angaben machen können, mit Hilfe eines Militärhistorikers; und aus diesen Angaben könnte der Leser die Verteidigungschancen der Schweiz ersehen. Man darf vermuten: Sie waren gleich null. Vielleicht ein paar «barouds d'honneurs», vierzehn Tage hinhaltendes Geplänkel, ein paar heroische Akte für die Geschichtsbücher und dann die grosse Panik der Zivilbevölkerung (welche sich zum Teil schon ohne deutschen Einmarsch hysterisch verhielt) und die Verdatterung ganzer Armeekorps durch die deutschen Terrorangriffe. Der Heldenkampf der Nidwalder gegen die Franzosen ... St. Jakob an der Birs ... Wie schlimm die Lage war, kann man nur aus einem metaphysischen Armeebefehl General Guisans indirekt ableiten: «Wenn bis heute unter den europäischen Kleinstaaten die Schweiz fast allein von den Schrecknissen einer Invasion verschont geblieben ist, so haben wir das vor allem dem Schutze Gottes zu verdanken. Das Gottesbewusstsein muss in allen Herzen lebendig bleiben.» («Wir stehen in Gottes Hand», sagte der Kapitän zu den Passagieren. «Steht es so schlimm?» sagten die Passagiere und erbleichten.) Und Bonjour fügt mit unfreiwilliger Ironie hinzu: «Damit hatte der General auf eine Quelle des Trostes hingewiesen, zu der damals viele Bedrängte zurückkehrten, wie der vermehrte Kirchenbesuch zeigte.» Gern hätte man aus den Militärstatistiken erfahren, ob noch andere Trost-Quellen flossen. Bonjour liefert hierzu keine Unterlagen oder Vergleichszahlen. Waren wir proportional auch nur annähernd auf dem Rüstungsstand Frankreichs – dessen Armee innert vier Wochen liquidiert wurde?

Höchst unwahrscheinlich also, dass die schweizerische Armee effektiven Widerstand hätte leisten können. Wollte die politische Führung das Land überhaupt auf diesen Widerstand vorbereiten? Bonjour widmet der «sibyllinischen» Radioansprache des Bundespräsidenten vom 25. Juni 1940 ein ganzes Kapitel – ohne diese Ansprache aber strukturell zu analysieren, ihr Vokabular zu untersuchen und den Zusammenhang mit Mottas aussenpolitischen Vorlieben zu sehen. Bekanntlich hatte Pilet-Vorgänger Motta eine Schwäche für autoritäre Regierungsformen und rechte Diktatoren

(«Der Faschismus ist ewig; der Kommunismus wird bald zusammenbrechen») und eine Vorliebe für den Ständestaat, wie viele schweizerische Konservative der dreissiger Jahre (z.B. der Fribourger Bundesrat Musy). Motta war auf dem rechten Auge blind, und entsprechend war die schweizerische Aussenpolitik: Mit faschistischen Diktaturen wie Spanien, Portugal, Italien und Deutschland bestanden die besten Beziehungen, während Russland diplomatisch nicht anerkannt wurde. Dass die Ansprache ein defätistisches Vokabular aufweist und die Schweizer auffordert, sich auf die «neuen Verhältnisse» nach dem Zusammenbruch Frankreichs und auf die Einordnung ins «Neue Europa» einzustellen, scheint Bonjour auch zu ahnen. Jedoch: Es war nur einer von sieben Landesvätern, der hier ein bisschen auf Abwege kam, denn «Wie sich die oberste Landesbehörde zu diesem auch sie teilweise überraschenden, hochpolitischen Akt einstellte, bleibt ungewiss» (Bonjour, Seite 116). Dabei verlas Etter (Philipp Etter, auch ein Konservativer mit ständestaatlicher Färbung) die deutsche Version der Rede und Enrico Celio die italienische Version am Radio ... Also entweder haben sich Etter und Celio als reine Sprachrohre Pilet-Golaz' missbrauchen lassen und damit in einer entscheidenden historischen Situation gegen das Prinzip der bundesrätlichen Kollektivverantwortung verstossen, oder Pilet-Golaz sprach im Namen des Gesamtbundesrates. In diesem Fall ist das nationalmasochistische Vokabular der fatalen Radioansprache repräsentativ für unsere Exekutive. Dieses Vokabular gleicht auffällig dem Wortschatz, welcher in den gleichzeitigen Reden Philipp Pétains dominiert: «Opfergeist», «Hingabe», «Cela ne se fera pas sans douloureux renoncements et sans durs sacrifices», «Das ist die wahre Solidarität ... kraft Arbeit und Ordnung» (= Pétain: Travail-Famille-Patrie). «An Euch ist es, Eidgenossen, dem Bundesrat zu folgen wie einem Führer.»

Wie kann Bonjour behaupten, «es bleibe ungewiss, wie sich die oberste Landesbehörde zu diesem Akt (= Radioansprache) einstellte», da doch im «dürren» Protokoll der Bundesratssitzung vom Nachmittag «bloss» ausgesagt wird, «der Rat stimme der Ansprache des Bundespräsidenten zu und beschliesse deren Wiederholung am Abend» (Bonjour Seite 116)? Da bleibt überhaupt nichts ungewiss: Drei Bundesräte haben den fatalen Text verlesen, und der Gesamtbundesrat beschliesst «bloss» die Wiederholung. Der Versuch Bonjours, zwischen einem leicht ausgeglittenen Pilet-Golaz und sechs standhaften Bundesräten einen Trennungsstrich zu ziehen, muss als gescheitert betrachtet werden.

Pilet-Golaz' Rede ist übrigens nicht allzu «sibyllinisch», sondern auch von der politischen Konzeption her (nicht nur vom Vokabular) auf der Linie des in rein kontinentalen Kategorien denkenden Pétain. Für diesen war der Krieg entschieden, nachdem Deutschland auf dem Kontinent gesiegt hatte. So erwähnt auch Pilet-Golaz das weiterkämpfende England nur mit einem einzigen Satz. Dass es ein Weltkrieg war, entging dem Bundesrat (nur wenigen entging es nicht, unter anderem dem General de Gaulle, der genau eine Woche vor Pilet-Golaz in einer etwas anders gearteten Radioansprache verkündet hatte: «Rien n'est perdu, parce que cette guerre est une guerre mondiale. Dans l'univers libre, des forces immenses n'ont pas encore donné. Un jour, ces forces écraseront l'ennemi.»). Pilet ist darüber «erleichtert, dass unsere drei grossen Nachbarn sich auf dem Weg zum Frieden befinden», das heisst auf dem Weg zum Sieg-Frieden, der von Deutschland diktiert wurde und nur noch ein Rumpf-Frankreich hinterlässt. Deutlicher konnte der Bundesrat sein Einverständnis mit den neuen Zuständen nicht kundgeben. Wo bleiben da «Verschwommenheit» und «Zwielichtigkeit seiner Worte« (Bonjour)? In der damaligen Situation riefen solche Worte ganz eindeutige Assoziationen herauf. Es waren die Worte aller «starken Männer» (des décisions prises d'autorité), welche sich mit der neuen autoritären Ordnung in Europa arrangieren wollten.

Kein Wunder, dass da «Verzagtheit und Kapitulationsbereitschaft» «hier und dort in der Schweiz wie eine Seuche» um sich griffen (8. Kapitel). Hier und dort! Doch die «Zahl der Mitläufer, Verirrten, Haltlosen, Verstiegenen scheint nie beunruhigend gross gewesen zu sein». Bonjour erklärte uns nicht, was er als eine «beunruhigend grosse Zahl» betrachtet. Er nennt keine Zahlen. «Sie waren nur vereinzelt in den obern Rängen der zivilen und militärischen Behörden zu finden» (wie viele einzelne?), «etwas zahlreicher in der Grossindustrie und Hochfinanz.» (Wie zahlreich? Wer? Darf man sie nicht beim Namen nennen?) Bonjour erklärt das Anpassertum dieser Kreise mit ihrer «traditionellen Deutschfreundlichkeit». Man kann es auch anders erklären: Die herrschende Klasse der Schweiz war gezwungen, aus wirtschaftlichen Gründen mit der herrschenden Klasse des faschistischen Auslandes zu kollaborieren. Das ergab sich ganz natürlich aus der Interessenlage des Bürgertums. Die Radioansprache des Bundesrates (welcher, unter Ausschluss der Sozialisten, ein exklusiv bürgerliches Kollegium war!) spiegelt diese Interessenlage. Edgar Bonjour scheint mit seiner Methode, welche immer darauf tendiert, die wenigen Böcke von den vielen Schafen abzusondern, diese Zusammenhänge nicht aufspüren zu können. Statt Strukturen herauszuschälen und Interessenvertretungen zu zeigen, postuliert er «Gutes» und «Böses», «Licht» und «Schatten» – meist mehr Licht. Wo die «Schatten» überhandnehmen, wird er unpräzis und verschwommen. Der Zusammenhang zwischen Wirtschaft und Politik scheint ihn nicht zu beschäftigen. Er personalisiert die Probleme, anstatt Sachzwänge zu erklären.

Und er wird gern poetisch, zum Beispiel, wenn er von den Anstrengungen des Generals spricht, dem Defätismus zu begegnen: «Vielen Teilnehmern des Rütlirapports ist die weihevolle Stunde als die schönste patriotische Erhebung ihres Lebens in die Erinnerung eingegangen ... Als der General beim Landungsplatz in Luzern erschien, grüssten ihn die Offiziere und eine jubelnde Menge von Zivilisten. Bei der Abfahrt des Dampfers soll man im Publikum mit Bangnis bemerkt haben: ‹Alle Eier im gleichen Korb.› Das mit über fünfhundert Offizieren beladene, von Polizeibooten begleitete Schiff erreichte gegen 11 Uhr das Rütli. Die Schweiz hatte wieder einmal Glück: der vaterländische Akt blieb ungestört» (Bonjour Seite 134). Wieviel hingegen die Réduit-Konzeption nach streng militärwissenschaftlichen Gesichtspunkten wert war, verrät uns Edgar Bonjour nicht (wie wäre es der Zivilbevölkerung im preisgegebenen Mittelland ergangen? Waren die Festungen Sargans und St-Maurice ein Hindernis für Luftlandetruppen, welche das Réduit reduzieren sollten?). Hingegen erfährt man, dass «durch Guisans Wort ein säkulares Besinnen» ging ... «Eine Welle alten Schweizergeistes lief durch das Land», und der General gab «seinen Landsleuten rechtzeitig und deutlich Antwort auf die Schicksalsfrage, die ihnen nach Wochen quälender Unsicherheit auf den stummen Lippen brannte». Und die Armee erwies sich – wie auch anders? – «als das Rückgrat der Nation. Auf sie richteten sich die vaterländischen Hoffnungen, ihr flogen alle Herzen zu».

Sie war allerdings auch das Rückgrat des Bürgertums. Pilet-Golaz erklärte dem deutschen Gesandten Köcher auf die Frage, warum denn die Schweiz nach dem Zusammenbruch Frankreichs nicht demobilisiere: Die Verhältnisse im unbesetzten Frankreich gäben dem Bundesrat zu denken. Zur Zeit sei die Regierung Pétain noch in der Lage, einigermassen Ordnung zu halten. Man könne aber nicht voraussehen, was im Herbst und Winter geschehe, wenn der Mangel an Lebensmitteln und Kohle sich noch weit stärker bemerkbar machen werde. Die bolschewistische Flut steige in Frankreich bedenklich, und es sei durchaus möglich, dass Sturmwellen auch in die Schweiz hinüber schlügen. Nicole und Schneider, die linksextremen Nationalräte, würden sicherlich keine Gelegenheit vorübergehen lassen, um in der Schweiz die Fahne des Bolschewismus aufzupflanzen. Wegen der sozialen Wirren, denen man möglicherweise entgegengehe, könne man nicht ganz demobilisieren ...

Also war der Armee wieder eine ähnliche Funktion zugedacht (wenigstens im Kopf von Pilet-Golaz) wie zu Ausgang des Ersten Weltkriegs: Wenn schon ihre Abwehrfunktion nach aussen bestritten ist, dann doch nicht ihre Ordnungsfunktion nach innen.

Bonjour widmet im Kapitel 13 (Widerstand des Volkes) der gut schweizerischen Presse ganze vier Seiten. In diesem Sektor war alles eitel Wonne: Widerstand und nochmals Widerstand. Keine Zeile über all die Leitartikel und Lageberichte in konservativ-katholischen Zeitungen, welche den «Kreuzzug Hitlers gegen den Bolschewismus» und den neuen christlichen Geist, der unter Pétain in Frankreich eingezogen war, feierten. Kein Wort über die faschistoiden Äusserungen des konservativen Paradepferdes Gonzague («zigzague») de Reynold, der am 5. Januar 1941 im «Courrier de Genève» geschrieben hatte: «Wir dürfen nicht warten, bis sich dieses Europa bildet, wir müssen dabei mitwirken. Weder angesichts Europas noch der neuen Zeiten, noch der Schweiz haben wir das Recht, auch nur passiven Widerstand gegen jede ernsthafte Anstrengung im Hinblick auf eine neue europäische Ordnung zu leisten.» Bonjour hat auch alt Bundesrat Musy ganz vergessen (einen konservativen Fribourger wie Gonzague de Reynold), welcher eine enge Zusammenarbeit unseres Landes mit Deutschland wünscht, weil die «Schaffung einer europäisch-kontinentalen Wirtschaft die einzige Möglichkeit sei, den Sieg Stalins zu verhindern». Auch die «Thurgauer Zeitung» wird nicht erwähnt, welche in unüberbietbarer Naivität geschrieben hatte: «Wir müssen dem Chef der italienischen Regierung unsere Bewunderung dafür ausdrücken, dass er unsern Staat so sehr schätzt. Für uns bedeutet der Faschismus überhaupt keine Gefahr.» (Auch die Österreicher hatten einmal geglaubt, Mussolinis Wertschätzung für ihren Staat würde Hitler am Einmarsch hindern ...)

Und selbstverständlich «reihte sich auch die Kirche beider christlicher Konfessionen in die Abwehrfront ein». Darüber liest man bei Bonjour eine einzige Seite, und dreiviertel davon sind Karl Barth gewidmet. Es wird nicht die Spur eines Beweises erbracht, dass sich die katholische Kirche einfach so in die Abwehrfront einreihte. Eine Kirche, die sich noch immer nicht mit der Französischen Revolution versöhnt hatte und in ihren Sozialenzyklen den Ständestaat als Ideal postulierte (es war noch unter Pius XII.!), fühlte sich im «Neuen Europa» eher zu Hause als in den Demokratien. Wie haben sich die Schweizer Bischöfe, Prälaten und kirchlichen Organisationen konkret verhalten? Man hätte zum Beispiel die Hirtenbriefe der Bischöfe studieren müssen, um Aufschluss zu bekommen. Bonjour hat's vergessen. War ausgerechnet die katholische Kirche der Schweiz ein Ausnahmefall unter allen katholischen Kirchen Europas? In Frankreich zum Beispiel war die katholische Hierarchie nach der «Libération» derart kompromittiert, dass de Gaulle von Nuntius Roncalli die Entfernung von dreiviertel aller Bischöfe von ihren Posten verlangte.

Auch mit den Parteien verfährt E. Bonjour summarisch (3 Seiten). Trotz Vollmachtenregime waren die Vorgänge in den Parteien nicht völlig bedeutungslos. Auch hier wieder kein Wort über die Konservativen und ihre Ideologie.

Von den Interessengruppen wird einzig der Schweizerische Gewerkschaftsbund kurz erwähnt: «... die schweizerische Arbeiterschaft sei fest entschlossen, alles einzusetzen zur Verteidigung der Unabhängigkeit und Freiheit des Landes.» Gab es auch eine entsprechende Verlautbarung der schweizerischen Arbeitgeber? Bonjour schweigt. Diskretion Ehrensache. Wie gern hätte man gewusst, wie sich die besitzenden Klassen die Zukunft vorstellen! Anders als zum Beispiel in Frankreich, wo die Besitz- und Bildungsbourgeoisie in ihrer notorischen Feigheit kollaborierte, bis sich 1943 der Wind drehte, und die bürgerlichen Windfahnen damit? Da es aber für Bonjour keine Klassen mehr gibt, sondern nur «eine Welle alten Schweizergeistes», die durch das ganze «Land» gleichmässig hindurchgeht, kann er auch das Klasse-Verhalten nicht untersuchen.

Während dergestalt «die Schweiz» oder doch der grösste Teil davon sich «den dauernden Willen zur Behauptung bewahrte, ... durchhielt und die Kriegszeit heil überstand» (Vorwort), während der Kern also gesund blieb, gab es einige politische und militärische Randgruppen, welche angekränkelt waren: die «Zahl der Mitläufer, Verirrten, Haltlosen, Verstiegenen». Indem Bonjour sich intensiv auf diese individuellen Sündenböcke konzentriert, lenkt er vom Kollektivverhalten der grossen Körperschaften ab (Behörden, Parteien, Kirchen, Interessenverbände). Geschichte wird bei Bonjour von grossen Individuen gemacht – je nach «Charakterfestigkeit» gut oder schlecht gemacht. Deshalb auch keine Statistiken, fast keine Vergleichszahlen; dafür viele psychologisierende Porträts grosser Männer, deren Charakter die Geschichte entspringt. Das ergibt eine pointillistische Historienmalerei ohne gesellschaftlichen Hintergrund und eine Auflösung des geschichtlichen Ablaufs in einzelne Episoden. Da steht die Landesverräter-Episode beziehungslos neben der Frontisten-Empfang-Episode beim Bundespräsidenten, und der militärisch «verstiegene» Wille neben dem militärisch «verirrten» Däniker. Wille war immerhin Oberstkorpskommandant, und er hatte immerhin dem deutschen Gesandten Köcher Anfang Oktober 1940 «im kleinen Kreis» erklärt: «Es wäre überhaupt das Beste, wenn ganz demobilisiert würde.» (Wille war der Sohn des Ersten-Weltkrieg-Generals Ulrich Wille, welcher dem Bundesrat im Ersten Weltkrieg empfohlen hatte, auf seiten Deutschlands gegen die Alliierten in den Krieg einzutreten ...) Was hatte Wille, dieser «ausgezeichnete Soldatenerzieher wie sein Vater» (Bonjour), im kleinen Kreis beim Gesandten Nazi-Deutschlands zu suchen? Bonjour hat eine psychologische Erklärung parat: «... Verärgert darüber, dass er in diesen bedrohten Jahren seiner Heimat nicht an verantwortungsvoller Stelle dienen durfte und im Schatten des öffentlichen Geschehens verbleiben musste, geriet er in eine gefährlich frondierende Haltung, welche seine staatsbürgerliche Loyalität in ein zweideutiges Licht rückte.» So zweideutig, dass «Willes Ratschläge alle auf ein weiteres Entgegenkommen gegenüber dem Hitlerreich hinausliefen, letzten Endes auf Einordnung in das Neue Europa». Doch die staatsbürgerliche Loyalität Willes war beileibe nicht zweideutig, nur das Licht, das auf sie fiel! Bonjour nennt den Grund. «Wille war durch unzweifelhafte Meriten als militärischer Erzieher zu sehr mit der Schweiz verbunden, als dass man in seiner Handlungsweise landesverräterische Beweggründe sehen dürfte.» Mit andern Worten: ein tüchtiger Berufsoffizier aus guter Familie kommt als Landesverräter nicht in Frage ... Dazu eignen sich nur die 33 zum Tode verurteilten anonymen Landesverräter; 17 wurden erschossen. Bonjour nennt die Namen nicht. Daraus kann man schliessen, dass es keine «Persönlichkeiten» waren. Es handelte sich dabei um «schwache, anfällige Charaktere, ... die sich zum Schergendienst für eine Vergewaltigung des Vaterlandes bereit finden liessen».

Zimperlich geht Bonjour auch mit den 173 «Persönlichkeiten» um, welche 1940/1941 die berühmte Eingabe an den Bundesrat unterzeichnet hatten, worin verlangt wurde: «Massnahmen gegen die Presse, Entfernung von Deutschland unerwünschten Funktionären und Eingriff in die Strafrechtspflege und in den strafrechtlichen Staatsschutz» (wie der Bundesanwalt 1946, zur Zeit der Säuberung, die Eingabe charakterisierte ...).

Bonjour erscheint die «Eingabe zwar auch aus historischer Distanz mehr als bedenklich. Beim Eindringen in alle Untiefen des gefährlichen Schriftstücks erkennt man, dass hier staatsstreichartige Eingriffe verlangt wurden ... Ausschaltung von Chefredaktoren, Ausmerzung von bestimmten Presseorganen, Entfernung von gewissen Persönlichkeiten ...» Indes, die Eingabe war ein «Produkt der Zeit»! (Hitler war auch ein Produkt der Zeit.) Non ex nunc, sed ex tunc: das historische Relativitätsprinzip kommt Bonjour sehr gelegen: «Jedoch muss der Historiker versuchen, die Episode aus ihrer Zeit heraus zu verstehen und zu erklären.» Jedoch, zur selben Zeit haben ungebeugte Antifaschisten wie der Berner

Regierungsrat Robert Grimm geschrieben: «... Diese Diktaturen stellen in ihrer Gesamtheit einen Rückfall in die Barbarei dar. Sie bedeuten die Methoden des Massakers, die Methoden der brutalen Vernichtung des Gegners ...» Vielleicht könnte man also versuchen, die Eingabe der 173 nicht aus «ihrer Zeit», sondern aus ihren klassenbedingten Interessen zu erklären. Doch Bonjour forscht nicht nach objektiven Bedingungen, er betreibt patriotische Motiv-Forschung. Denn diese 173 Produkte der Zeit, «Akademiker, Industrielle, Finanzleute, Berufsoffiziere, Bauern» (Bergbauern oder Grossgrundbesitzer?), «darunter Mitglieder eidgenössischer Räte – waren bestimmt keine Landesverräter, wie eine überbordende Presse 1946 behauptete, sondern anständige, ehrliche Patrioten, die aber eine andere als die geltende politische Auffassung vertraten ...». Weiss Bonjour wirklich nicht, dass Landesverrat genau eine Frage der «geltenden politischen Auffassung» ist? Pétain hat de Gaulle nach den geltenden pétainistischen Auffassungen zum Tode verurteilt, später hat de Gaulle nach den geltenden gaullistischen Auffassungen Pétain zum Tode verurteilt (weitere Hinweise bei Enzenbergers «Theorie des Verrats»). Quisling, Darnand, Laval, Degrelle, Seyss-Inquart waren nach ihren eigenen Kriterien allesamt «anständige, ehrliche Patrioten». Sie waren ehrlich überzeugt, das Wohl ihrer Länder bestehe in einer möglichst engen Kollaboration mit Deutschland. Patriotismus ist ein Gummiartikel, der die verschiedensten Formen annehmen kann. (Damit seien die 173 nicht auf die Stufe von Quisling gestellt.)

Von den 173 Unterschriften führt Bonjour 7 namentlich auf. Damit diskriminiert er die 7 und salviert die 166 übrigen. Eine genaue Aufstellung aller Unterzeichner mit Berufs- und Altersangabe, Parteizugehörigkeit und Einkommen, militärischem Grad usw., usw. hätte gezeigt, ob die 173 repräsentativ waren fürs damalige Establishment. Vielleicht hat Bonjour auf die Reproduktion dieser Namen verzichtet, weil er nicht den Vorwurf der Kopfjägerei hören will? Doch dann hätte er der Fairness halber auch die sieben Erstunterzeichneten (Amman, Grob, Rieter, Friedrich, Jenny, Sprecher, Frick) nicht nennen dürfen. Die Wege Bonjours sind unerforschlich ... Wie viele von den 173 leben noch?

Auf 74 Seiten behandelt Bonjour diplomatische Beziehungen im engen Sinn. Berichte der Schweizer Gesandten in Berlin, Paris, Rom, London ans politische Departement werden zitiert (ausserdem die Beziehungen zur Exilregierung Polens). Da die USA dem Vernehmen nach am Zweiten Weltkrieg auch ein wenig beteiligt waren, und zwar schon vor ihrem offiziellen Kriegseintritt (mit den Lend-and-lease-Lieferungen an England), hätte Bonjour eventuell auch die Schweizerische Gesandtschaft in Washington erwähnen dürfen. Denn in Washington hatten wir eine Gesandtschaft (nicht wie in Moskau, wo wir dank Motta keine hatten). Aber Bonjour wird uns sicher in einem kommenden Band über diese Lücke hinwegtrösten. Dafür geht Bonjour feinfühlend auf die Persönlichkeitsschattierungen unserer Gesandten ein. Von Paravicinis (London) Berichterstattung schreibt er: «In diesen Berichten wehte ein Wind aus weiteren Horizonten.» Von Stucki (Paris, später Vichy): «Die scharfgeschnittenen Gesichtszüge des hochgewachsenen Mannes verrieten unbeugsame Entschlossenheit.» Nur Hans Frölicher (Berlin) hatte einen mediokren Charakter: «... Ergibt sich von Frölicher das Bild eines gewandten Diplomaten der alten Schule und eines anständigen, aber ängstlichen, sehr beeindruckbaren Menschen ...» Weil Frölicher einen beeindruckbaren Charakter hatte, schrieb er beeindruckende Berichte nach Bern, was wiederum den Vorsteher des Politischen Departements beeindruckte und seinen definitiven Eindruck in der schweizerischen Aussenpolitik hinterliess ... So führt bei Bonjour ein direkter Weg vom Charakter eines Gesandten zur aussenpolitischen Praxis. Frölicher war ein Spezialist in Fehlprognosen. Im August 1939 machte er Ferien in Pontresina, weil er von der Unmöglichkeit des Kriegsausbruchs durchdrungen war (am 1. September wurde Polen überfallen). Unmittelbar vor dem deutschen Einmarsch in Dänemark und Norwegen war er überzeugt, «dass den skandinavischen Ländern keine Gefahr drohe». Dieselbe Blamage bei Holland/Belgien. Frölicher war derart nazifreundlich, sein «Glaube an den deutschen Endsieg» derart unbedingt, seine «Willfährigkeit» so offensichtlich, dass «sogar ein angesehener Deutscher einem Beamten des Politischen Departements erklärte, es wäre angezeigt, dass die Schweizer Gesandtschaft in Berlin nicht der deutschen Regierung nachlaufe». Unter den Auslandschweizern in Deutschland zirkulierte das «bittere Witzwort» (Bonjour): «In Deutschland wären die Schweizer fröhlicher, wenn Frölicher Schweizer wäre.»

Bonjour ist voll Unmut über diesen «anständigen, aber ängstlichen Diplomaten der alten Schule», der «offenbar auch von einer kleineren Gruppe Schweizer Industrieller in Berlin, die für Anpassung eintraten, beeinflusst wurde». Wie erklärt Bonjour, dass dieser Fehlprognostiker und Kollaborateur nicht abberufen wurde? «Dass sein Urteil all die Jahre hindurch im Bundeshaus so schwer wog, ... und er sich auf dem überaus wichtigen Posten unentwegt halten konnte, zeigt deutlich, wie weit leitende Stellen im Politischen Departement seine Ansichten teilten.» Sind mit den «leitenden Stellen» Motta und Pilet-Golaz gemeint? Doch der Bundesrat war auch hier kollektiv verantwortlich, und es ist noch nie gehört worden, dass ein Botschafter nicht abberufen wurde, wenn er seine Instruktionen laufend verletzte. Es darf also angenommen werden, dass Frölicher nicht ein unfähiger, sondern ein sehr fähiger Botschafter jener Politik war, welche die Schweiz gegenüber Nazi-Deutschland führen wollte. Ihn als Sündenbock absondern und gesondert verurteilen (oder auch zusammen mit «leitenden Stellen» des Politischen Departements) bedeutet: das Wesen des diplomatischen Dienstes zu verkennen und die politische Grundfrage auszuklammern.

Leider ist der ganze Bonjour-Bericht von dieser Methode geprägt: Sündenböcke brandmarken statt Kollektiv-Verhalten erklären. Einzelne Episoden statt allgemeine Tendenzen darstellen. Probleme personalisieren statt Strukturen erklären. Gefühle statt Fakten. Patriotische Aufschwünge und Depressionen heraufbeschwören, statt gruppenspezifische Zwänge erläutern. Verschleiern statt aufklären. Und all das in einer Sprache, die sich besser für eine 1.-August-Rede als für Geschichtsschreibung eignet.

Bonjour Monsieur

Nach einem reicherfüllten Leben ... Die Ernte seines Historikerlebens in die Scheune gefahren ... Blickt von der Höhe seiner 85 Jahre auf die eigene Biographie hinunter: So könnte eine Besprechung der Bonjourschen «Erinnerungen»[1] beginnen. Geht aber nicht, weil es nach Abdankung tönt; und möchte man ihn ja noch lange unter den Lebenden wissen. Dann vielleicht so: Edgar Bonjour hat ohne allzu viele Tergiversationen[2], ohne Calcul, ohne sinuösen[3] Stil, manchmal ein bisschen solenn[4], aber unter Vermeidung von Imbecilitäten[5], und durchwegs ohne médisant[6] zu werden, seine memorable Vita beschrieben, und ist dabei nie pastos[7] oder gar mesquin[8] geworden.

Edgar Bonjour *wälschelet* des öftern, und das macht einen nicht geringen Teil des Charmes des Buches aus – heute, da niemand mehr so recht Französisch kann. Fast antiquarisch wirkt das, ein wenig preziös und distanzierend. Das *Wälschele*, wie er es selbst nennt, fällt ihm nicht schwer, sein Vater, ein Bauernsohn, kam aus dem Neuenburgischen, wurde Contrôleur général des Postes in Bern. Zu Hause sprach man französisch, und dem jungen Historiker war die Sprache derart eingefleischt, dass er lange zögerte, ob er nun auf deutsch oder französisch discurrieren bzw. publicieren solle. Bonjour neigte schliesslich zur Mutter, welche deutsch sprach, aber den Vater hat er nicht ganz aus der Muttersprache vertreiben können, und das ergibt eine recht kokette Mixtur. Bonjour hat Stil, das heisst Persönlichkeit. Man kann sich an ihm reiben, sich eventuell aufregen über den patriotisch-gravitätischen Unterton, aber man wird seine Diktion nicht übersehen. Sie fordert her-

---

[1] Edgar Bonjour, Erinnerungen. Basel 1983
[2] Lavieren
[3] gewunden
[4] feierlich
[5] Dummheiten
[6] Bösartigkeiten von sich gebend
[7] dick auftragend / wichtigtuerisch
[8] kleinlich

aus und zwingt den Leser, ein paar eigenständige, eventuell gegenläufige Gedanken zu produzieren. Im Gegensatz zur Mehrzahl seiner Zunftgenossen hat Bonjour nämlich den Ehrgeiz, auch von Nicht-Historikern verstanden zu werden. Seine «Geschichte der schweizerischen Neutralität» zum Beispiel ist ausdrücklich als «Volksbuch» konzipiert, und man kann sie denn auch wirklich lesen, ohne einzuschlafen. Bonjour *erzählt* in den schönsten Farben, mit vielen Nuancen, wo andere nur ihre Forschungsergebnisse ausbreiten; aber er erzählt nie, ohne geforscht zu haben. Und jetzt erzählt er ausserdem noch, in seinen «Erinnerungen», was ihm während des Forschens zugestossen ist, zum Beispiel in Bern.

Bonjour hat es nicht einfach gehabt, als er, dank einer Spezialbewilligung des Bundesrates, ab 1962 in mehr als zehnjähriger Arbeit, quasi als einsamer Maulwurf und «lonely rider», die Bundesakten sich zu Gemüte führte. Ein paar Tonnen Papier mussten durchwühlt werden. Edgar Bonjour bezog ein Mansardenzimmer im Bundesarchiv, Schreibutensilien waren nicht vorhanden. Eine Sekretärin oder einen Assistenten durfte er nicht beschäftigen, da seine Arbeit «streng vertraulich war», und im ganzen Archiv war kein Kopierapparat vorhanden, er musste alle Akten von Hand exzerpieren. Als er mit seiner Arbeit begann, wusste er noch nicht, ob seine Forschungsresultate nur für die Augen des Bundesrates oder auch für die profane Öffentlichkeit bestimmt sein würden, denn die Regierung behielt sich das Recht vor, den Bonjour-Bericht als bundesrätliche Privatlektüre zu geniessen. Diese ganze gewaltige Arbeit für sieben Leser! Schliesslich wurde der Bericht dann doch publiziert, unter anderem auf Betreiben von Nationalrat Willy Bretscher, Chefredakteur der NZZ, welcher diese Geheimhaltungspolitik als «undenkbar» bezeichnete.

Hat Bonjour alle Akten gesehen? Er ist überzeugt, dass man nie – «ausser in zwei gravierenden Fällen» – Akten vor ihm verbarg. Diese beiden Gravamina[9] würde der Leser gerne kennenlernen, wäre doch wirklich aufschlussreich. Wer kommt dazu, wer hat das Recht, Dokumente aus dem Weg zu schaffen? Aus welchen Grün-

9 Schwerwiegendes

den? Und wie verbirgt man sie? Indem man Akten aus dem 20. Jahrhundert provisorisch in den Beständen des 19. Jahrhunderts «einordnet» und, nachdem Bonjour nicht mehr im Archiv ist, wieder zurückversetzt an den alten Standort? Sie im Estrich oder Keller versteckt? Oder indem ein Archivar sie mit nach Hause nimmt? Ein hochpolitisches, lustiges Gaunerstücklein, Bonjour beschreibt es nicht näher, schade.

Dann gab es auch Bundesräte, welche «*schubladenweise*» Akten nach Hause nahmen anlässlich ihres Rücktritts, zum Beispiel Marcel Pilet-Golaz (aber auch Philipp Etter, den Bonjour nicht namentlich erwähnt) und nicht mehr herausrückten. Darf man das? «*Das Eidgenössische Departement des Innern, dem dieser Fall und ein ähnlicher eines früheren Bundesrates vorgelegt wurden, erklärte, es bestehe keine rechtliche Grundlage, um entführte Papiere wieder herauszuverlangen*», schreibt Bonjour. Aber sind die Akten nicht Bundeseigentum? Nähme einer beim Rücktritt eine bundeseigene Pendule oder einen bundeseigenen Teppich mit nach Hause, so würde die Öffentlichkeit lebhaft aufschreien. Zwar ging auch Bonjour den verschwundenen Dokumenten nach und machte die Witwe Pilets «*auf diesen Sachverhalt aufmerksam. Sie teilte mir zögernd mit, es befänden sich viele Akten in ihrem Landhaus. Als ich anerbot, selber dort nachzuforschen, winkte sie ab.*» Immerhin erschien dann ein halbes Jahr später aus eigenem Antrieb «*der sehr einsichtige Sohn Pilets*», wie Bonjour schreibt, mit zwei Koffern voll Papieren im Bundesarchiv, ein Gepäckträger der Historie, und stellte sie Bonjour für seine Forschungen zur Verfügung. Aber hatten die zögernde Witwe und der einsichtige Sohn nicht, um das Andenken des Gatten und Vaters zu schützen, einiges in den Koffer zu packen vergessen?

Pilet ist die Zentralfigur der schweizerischen Aussenpolitik in dieser Zeit, und eigentlich sollten *alle* ihn betreffenden Dokumente verfügbar sein. Hat nicht der britische Gesandte in Bern, David V. Kelly, am 10. August 1940 nach London berichtet: «*Der Bundespräsident gab mir gegenüber am 5. August eine lange Erklärung ab, wonach die Verteidigung der Schweiz jetzt unnütz geworden sei und nur unnötige Verwüstungen herbeiführen würde. Er hinterliess den Eindruck, ohne es ausdrücklich zu formulieren, dass er sich der bewaffneten Abwehr einer Invasion widersetzen werde (that he would oppose armed resistance to invasion).»* Der Bundespräsident wollte demnach nicht den Nazis Widerstand leisten, sondern der eigenen Armee, welche den Nazis Widerstand leisten wollte. Dieses Dokument, von Bonjour in London ausgegraben, figuriert leider nicht im Bonjour-Bericht, ist nur einem sehr beschränkten Personenkreis im Fachblatt der Historikerzunft vorgestellt («Schweizerische Zeitschrift für Geschichte», vol. 31, 1981) und von der Öffentlichkeit nicht bemerkt worden. Man kann sich, mit diesem englischen Dokument vor Augen, ohne weiteres vorstellen, wie die von den Angehörigen dubioser Politiker zurückbehaltenen oder verbrannten Dokumente beschaffen sein mögen bzw. gewesen sind.

Friede ihrer Asche!

Bonjour zeigt, dass man sich als Historiker in einem Archiv vergraben und trotzdem erlebnisfähig, erlebnishungrig sein kann. Er zieht ganz calvinistisch seine Lust aus der Arbeit. Ist aber kein Stachanow geworden. *«Was man nicht con amore tut, ist zweifellos Zeitvergeudung. Aber, dabei bleibe ich, aus Arbeit fliesst Glück und Gesundheit.»* Kann man wohl sagen; mit 85 gibt er immer noch Vorlesungen an der Universität Basel, auch an der Volkshochschule und der Seniorenhochschule, und keine langweiligen. Senil ist er nicht, nur *«steinalt»*, wie er immer wieder unterstreicht (mündlich). Wie bewältigt man so ein Pensum, ohne oberflächlich, nervös, krank oder ein Gschaftlhuber zu werden? Indem man sich den Glauben an den Sinn der Geschichte und der Geschichtsforschung nicht nehmen lässt? Er hat ja nicht nur dicke und lesbare Bücher geschrieben und ganze Generationen von Historikern ausgebildet; er sitzt und arbeitet in Gesellschaften, Akademien, Vereinen, Kommissionen, Körperschaften, Gremien, wie das wohl für einen Vertreter der beamteten Intelligenz unumgänglich ist. Man muss auch an den Staat glauben können, um so eng mit den staatlichen Stellen zu kooperieren, als Intellektueller. Aber der Stadt-Staat Basel ist dem Historiker Bonjour nie als Leviathan erschienen, sondern als freundlicher Humus für die wissenschaftliche Existenz seiner Kollegen Jaspers, Muschg (Walter), von den Steinen, Kaegi, Imboden, Béguin, Portmann, und immerhin hatte diese Universität einen linken Theologen wie Karl Barth engagiert und gehalten, der vom Bürgertum wütend verbellt worden ist. Das war eine Universität, die sich – damals – sehen lassen konnte, eine sehenswerte Gelehrtenrepublik, überschaubar und etwas verschmockt und elitärhumanistisch; der Rektor wurde in den Fakultätssitzungen mit «*Vir magnificus*», der Dekan mit «*Vir spectabilis*» angesprochen. Jeder konnte dort studieren, wenn er nur Latein konnte, und Bonjour war immer gegen den Numerus clausus, aber wenn sich allzu viele Studenten in seine Seminarien drängten, hat er jeweils Übungen mit lateinischen Quellen durchgeführt, und da waren es sofort weniger Studenten. Halten zu Gnaden, Ihro Magnifizenz, wir möchten Ihro Spektabilität darauf hinweisen, dass es exakt aufs gleiche herauskommt, ob man mit lateinischem Strafexerzieren oder mit Numerus clausus das Volk von der Universität fernhält.

Bonjour hat Glück gehabt im Leben, und er weiss es: «*Dass ich nie um des Geldes willen, das heisst für mein Auskommen, schreiben musste, betrachte ich als eine Gnade des Himmels.*» Er hat sich mit unablässiger Arbeit, ganz im Sinne der calvinistischen Prädestinationslehre, für diese Gnade revanchiert, und die beruflichen Erfolge, welche aus der Arbeit flossen, sind ihm wahrscheinlich wiederum wie das Markenzeichen der Prädestination vorgekommen. Als eine rechte Himmelsgnade darf auch das jurassische Landgut bezeichnet werden, welches seine begüterte Frau, eine geborene Kocher, in die Ehe eingebracht hat. Dort oben auf der Rottmatt pflegt er jeweils die Sommerfrische zu verbringen, dort schreibt, forscht und schaut er auf die Natur, welche ihm nicht nur in Form von Pflanzen, Tieren und Mineralien, sondern auch in der Gestalt seiner katholischen Pächtersleute aufscheint – «*ein seltsamer Schlag, noch kräftig aus dem Instinkt lebend, sanftmütig und wild zugleich, abgehärtet, langer Entbehrungen fähig, aber oft gegen den Staat rebellierend, wenn er zuviel Steuern verlangt*». Und die Amseln bieten eine andere gesangliche Qualität als in der Stadt. «*Der Zoologe Adolf Portmann, der uns im Jura mehrmals besuchte, erklärte uns, dass die Amseln als onomatopoetische (schallnachahmende) Vögel in der Stadt allmählich die hässlichen Verkehrsgeräusche in ihren Gesang aufnehmen, wovor die hier oben lebenden Amseln gefeit sind.*» Amseln, die in der Nähe von Historikern leben, scheinen ganz allgemein noch den Naturgeräuschen verpflichtet zu sein; ein Klangvergleich der auf Schloss Brunegg (Jean-Rodolphe von Salis) und auf der Rottmatt gesungenen Töne wird onomatopoetische Gemeinsamkeiten ergeben.

Das Verhältnis des Historikers Bonjour zur staatlichen Macht und zur guten Gesellschaft: Wenn er allzu kritisch ist und den Staat permanent in Frage stellt, werden dem Historiker die Archive, das Gedächtnis des Staates, vom Staat gesperrt (einen Vorwand findet man in der Schweiz immer). Wenn er allzu staatsfromm ist, wird er von der kritischen Öffentlichkeit und den intelligenten unter den Kollegen nicht mehr ernst genommen; dann ist er als Wissenschaftler tot. Historiker sind keine freischaffenden Künstler, sie brauchen eine Infrastruktur: Kongresse, Kredite, Kolloquien, Seminarien, Forschungsgruppen, Lehrstühle. Und einen Lehrstuhl der Geschichte bekommt nicht, wer sich von der herrschenden Meinung allzuweit entfernt, jedenfalls nicht in Zürich – man erinnert sich an den Fall des sozialdemokratischen Historikers Valentin Gitermann, der den Kollegen an der Universität deutlich überlegen war und trotzdem sein Leben lang Gymnasiallehrer bleiben musste. In Basel war man grosszügiger. In Basel musste man nicht staatsfromm sein, aber es ziemte sich für einen Professor, in der guten Gesellschaft kräftig mitzumischeln: *«Auch die Angehörigen des akademischen Lehrkörpers pflegen unter sich die Geselligkeit. Jeden Winter veranstalten sie das Professorium, ein solennes Nachtessen mit nachfolgendem Tanz. Ursprünglich sollte es wohl den Professoren, die gewöhnlich ein einfaches Haus führten, Gelegenheit geben, sich für die Einladung in alten Basler Familien zu revanchieren.»* Ein einfaches Haus führen, ein grosses Haus führen – wer führt denn heute noch ein Haus? Aber alles mit Mass: *«Man muss darauf achten, Bekanntschaften und Freundschaften auf mittlerer Temperatur zu halten, ohne das Auf und Ab der Emotionen, dann bleiben sie angenehm und dauern an.»* Bei diesen geselligen, wohltemperierten Anlässen werden denn auch *«Universitätsfragen vertraulich erörtert und oft besser gefördert als im Plenum der Fakultät oder Regenz»*[10], und es gibt auch Zusammenkünfte,

10 Fakultätsausschuss

Bonjour Monsieur

wo man Churchill begegnet und mit seiner Tochter Mary conversieren kann oder vertraulich mit General Guisan plaudert oder mit Paul Valéry oder mit Nato-Generalsekretär Luns oder mit Paul Sacher, dem wahnsinnig selbstlosen Inhaber von Hoffmann-La Roche, der sein sauer verdientes Geld millionenfach in die Musikförderung steckt, u.a.m.

Nach den «Erinnerungen» muss man den Bonjour-Bericht nochmals lesen. Eine Frage drängt sich auf: Wie verhält sich der mit tausend Fäden in die gute Gesellschaft verflochtene Edgar Bonjour, wenn er in den Archiven entdeckt, dass ein Teil dieser Gesellschaft zur Kriegszeit sehr viel aktive Sympathie für die Nazis entwickelte? Er hat eine doppelte Strategie entwickelt. Auf der einen Seite legt er recht offen dar, was passiert ist, fährt auch höchsten Würdenträgern an den Karren und nimmt kein Blatt vor den Mund, wenn er zum Beispiel die Mauscheleien von Oberstkorpskommandant Wille mit dem deutschen Gesandten schildert (welche darauf abzielten, General Guisan von seinem Kommando zu entfernen) oder die nazifreundliche Politik von Pilet-Golaz. Solche Tatsachen schockieren ihn, er findet sie ungehörig. Als selbstbewusster bürgerlicher Historiker sagt er deutlich seine Meinung dazu, deutlicher als kleinbürgerlich-aufsteigende Historiker wie Georg Kreis und Klaus Urner, die noch Karriere machen wollen und mancherlei Rücksicht nehmen müssen. Bonjour kann sich die Freiheit leisten, er ist schon ganz oben. Er muss sich nirgendwo anbiedern, das liegt seinem Temperament ganz fern. Auf der anderen Seite hat er eine Tendenz, nazifreundliches Verhalten als Einzelfall abzusondern und damit die Strukturen zu übersehen, welche dieses Verhalten ermöglichen. Er will es nicht wahrhaben, dass eine wichtige Fraktion des Bürgertums, und nicht nur ein paar verirrte Individuen, damals auf politische Abwege gekommen ist. In seiner ungebrochenen Bürgerlichkeit, in seinem ethisch-patriotisch geformten Staatsbewusstsein, traut er das einer bedeutenden Gruppe von Schweizern einfach nicht zu. Vielleicht deshalb, weil er das Bürgertum in seiner *baslerischen* Ausprägung als ziemlich naziresistent erlebt hat und von dort auf die übrige Schweiz schliesst.

PS 1989: *Bonjour kam mir, wie man sieht, 1984 etwas anders vor als 1971 (vgl. «Bonsoir, Herr Bonjour»). Man wird halt auch alt und schraubt seine Erwartungen zurück, stärnesiäch und heiterefahne. Anno 1971, mit Wohnsitz in Paris, französisches Mass auf den baslerischen Historiker applizierend, und in der selbstverständlichen Hoffnung auf eine neue, umwerfende, unbefangene, mutige, wortgewaltige (wortmächtige) Schweizer Historiker-Generation, ist mir Edgar Bonjour wie die Nachhut eines untergehenden saeculums vorgekommen. Später, nach längerem Aufenthalt in der* CH, *und vergeblich Ausschau gehalten habend nach dieser neuen, umwerfenden (etc.) Generation von Historikern, mussten wohl Bonjours Qualitäten, die sich vom real existierenden schw. Historikeruniversum des öftern vorteilhaft abheben, ästimiert werden – zähneknirschend, und ein bisschen zerknirscht. Das Neue ist nicht gekommen, oder nur ganz vereinzelt (etwa Hans Ulrich Jost), und das Alte ist überaus zäh, gebiert immer wieder alte Alte oder junge Alte oder alte Junge (Hans Conrad Peyer, Georg Kreis, Urs Bitterlin und wie sie alle heissen mögen), und die Geschichtsbücher gehen teilweise hinter Bonjours Erkenntnisse zurück. Ausserdem konnte man erleben, wie Bonjour politischem Druck standhielt. Im Film «Die Erschiessung des Landesverräters Ernst S.» hatte er sich dahingehend verlauten lassen, dass bekanntlich immer die Kleinen hängen und die Grossen ungeschoren davonkommen, und ist darauf von einem Bundesrat aufgefordert worden, diese Äusserung zurückzunehmen (im Interesse der Staatsräson). Auf diesen obrigkeitlichen Wunsch ist er nicht eingegangen. – Man kann Ihnen den Respekt nicht versagen, Sire!*

Vorwärts zur gedächtnisfreien Gesellschaft!
Schuldzuweisung und Unschuldsvermutung

Je mehr man verdrängt, desto weniger leidet man. Der gedächtnisfreie Mensch ist der glückliche Mensch. Je weniger man weiss, desto leichter lebt sich's. Gedächtnis ist Beschwernis. Wir leben für morgen (und man darf sich, mit einem Rest von Gedächtnis beschwert, gar nicht ausdenken, was morgen sein wird). Das Heute ist schon verdampft, was soll da das komische Gestern. Wir sind, waren, werden sein: unschuldig. Und natürlich harmlos. Wir haben den Zweiten Weltkrieg nicht verschuldet, vom Ersten wissen wir schon gar nichts mehr. Der Faschismus kümmert uns einen Pfifferling: bei uns hat er offiziell nicht Eingang gefunden. Antisemitismus gibt es vor allem in Österreich (Wa-Wa-Waldheim!). Die Apartheid haben wir nicht zu verantworten, und wenn es sie schon gibt: warum nicht davon profitieren? Wir werden auch vom nächsten Regime profitieren. Gedächtnisverlust gibt es vor allem in Österreich (Wa-Wa-Waldheim!). Der Fall des Asylanten Musey, der brutal nach Zaire zurückspediert wurde, ist bedauerlich, aber zu einem Kommentar (auf der ersten Seite der Zeitung) können wir uns nicht entschliessen. Der Fall des Asylanten Maza ist bedauerlich, aber zu einem Kommentar ... Klassenkampf gibt es bei uns nicht, aus dem einfachen Grund, weil es keine Klassen mehr gibt und schon lange nicht mehr gegeben hat. Und da wir nicht über ihn schreiben, gibt's ihn erst recht nicht.

Ein paar Erlebnisse.
a) Nach abgeschlossener Veröffentlichung der Serie über den Wille-Clan («Weltwoche», Sommer 1987) telefoniere ich mit Dr. Jürg Wille, derzeit Clan-Chef und Archivar auf Mariafeld. Dem Herrn Wille klappt offensichtlich, oder doch hörbar, der Kiefer herunter, dass *dieser* da ihm, nach all dem Geschriebenen, nun noch zu telefonieren wagt; aber ich *muss* ihn treffen, einige Personen auf den historischen Fotos, die im Buch erscheinen sollen, kann ich nicht identifizieren. Jürg Wille macht dann, bei einem

Rendezvous in der von ihm geleiteten Galerie Sotheby, die sachdienlichen Mitteilungen. Auf die Frage, wie ihm denn die Wille-Serie gefallen habe, blickt Wille bekümmert zur Decke, seufzt kurz und sagt: Gar nicht; und am meisten habe ihn geärgert, dass sein Grossvater, der General, als Antisemit geschildert worden sei. Antisemitismus habe es nämlich in seiner Familie nie gegeben. Und dann erzählt er mir, anschliessend, einen antisemitischen Witz: Es war einmal in Warschau ein Flickschneider namens Moische Piss, hebt Wille gemütlich an, und dessen Familiengeschichte werde mir vor Augen führen, wie gut sich die Juden überall einnisten konnten. Dieser *Moische Piss* nämlich sei nach Königsberg ausgewandert und habe sich dort nach einiger Zeit *Moses Wasserstrahl* genannt, nachdem er eine Schneiderei eröffnet hatte. Der Sohn des Wasserstrahl hinwiederum sei später nach Frankfurt gezogen und habe nach der Eröffnung eines Herrenkonfektionsgeschäfts nun *Maximilian Zumbrunn* geheissen, und der Sohn des Zumbrunn seinerseits, nach Paris emigriert, habe schlussendlich, als Direktor einer Textilfabrik, den Namen *Raymond La Fontaine* getragen – (kurzes Lachen). Da sehen Sie, wie raffiniert sich diese Juden überall anpassen und eingliedern können, betonte Wille und lachte noch einmal. (Und da komme einer und sage: vom Einzelnen könne man nicht aufs Ganze schliessen und ein vereinzelter Spruch beweise nicht, dass Antisemitismus in diesen Kreisen vorherrschend sei. – Wie schrieb doch der deutsche Gesandte in der Schweiz, Ernst von Weizsäcker, seiner vorgesetzten Stelle nach Berlin? In der Schweiz gebe es im allgemeinen keinen sichtbar formulierten, wohl aber einen praktizierten, diskreten Antisemitismus, indem nämlich die Juden keinen Zugang zu den Schlüsselstellen in Industrie und Staatsverwaltung hätten, vermerkt der Nazi-Gesandte mit Befriedigung.)

b) Ein Telefon mit Gewerkschaftssekretär x (Gewerkschaft Textil-Chemie-Papier). Ob er mir nicht Adressen von Arbeiterinnen vermitteln könne, die in der unterdessen verschwundenen Schwarzenbach-Textilfabrik (Thalwil) gearbeitet haben? Weil es keine brauchbare Beschreibung dieser Fabrik gibt – sie wurde bisher nur aus der Herrensicht, nämlich von James Schwarzenbach, geschildert –, bin ich auf mündliche Quellen angewiesen. Solche Adressen habe er, sagt der Gewerkschaftssekretär, gebe sie aber

Vorwärts zur gedächtnisfreien Gesellschaft!

nicht heraus, da mir ja doch an einer objektiven Schilderung nicht gelegen sei und ich nur immer die Verhältnisse, d.h. die Schwarzenbachs, anprangern wolle, und das UMENODERE in der Vergangenheit bringe nichts, und die Arbeiterinnen solle man in Ruhe lassen. Ich finde sie dann auch ohne Gewerkschaftssekretär, und sie prangern an, ganz ruhig, indem sie einfach erzählen. – Die Schwarzenbachschen Fabriken, die grössten Textilfabriken der Schweiz, haben also hundert Jahre lang existiert, ohne je in einer Reportage vorgekommen zu sein. Macht nichts, sind ja ohnehin nicht mehr da. Aber es gibt noch Schwarzenbachfabriken in Ecuador? Auch da kann sich Fam. Schwarzenbach darauf verlassen: sie werden nicht beschrieben.

c) Der «Schwyzer Demokrat». So hiess eine sozialdemokratische Zeitung, das einzige SP-Organ der Innerschweiz. Vor kurzem ging eine Mitteilung durch die Presse: Sie werde eingestellt. Mein Freund Roland Gretler, der die Geschichte der schweizerischen Arbeiterbewegung in seinem (immer noch viel zu wenig bekannten) Archiv aufbewahrt, erkundigt sich bei der Redaktion, ob er die Archivalien übernehmen könne. Leider nicht, wird ihm geantwortet, man habe einen Teil vor ein paar Tagen vernichtet, während der andere, grössere Teil bereits vor drei Jahren, als die eigene Druckerei einging, verbrannt worden sei, einschliesslich aller gebundenen Jahrgänge des «Schwyzer Demokraten». Immerhin sei die Nummer 1 des Blattes noch vorhanden. – Souvenir, Souvenir.

Wir leben in einem netten Land: das Land lebt vom Gedächtnisverlust. Mit etwas mehr Gedächtnis lebten die Regierungen etwas weniger bequem, aber auch die Regierten. Ein Regierender, z.B. Bundesrat Koller, sagt allen Ernstes (Antwort auf Kleine Anfrage Mäder im Parlament), es sei Aufgabe der *künftigen* Geschichtsschreibung, eine historisch ausgewogene Darstellung von General Willes Tätigkeiten zu liefern. (Was würde der Deutsche Bundestag sagen, wenn Verteidigungsminister Wörner verkündete, es sei «Sache der *künftigen* Geschichtsschreibung», eine historisch ausgewogene Darstellung von Feldmarschall Hindenburg zu liefern?) General Wille ist seit dreiundsechzig Jahren tot, und es gibt immer noch keine Biographie von dieser Person; und damit finden sich die Regierten ab. (Es gibt bisher nur eine *Wille-Hagiographie* von Herrn Helbling.) Der Mann war nicht ganz unbedeutend, immerhin vier Jahre lang Oberbefehlshaber, Initiator des Landesstreiks, «Schöpfer» der modernen Schweizer Armee, Autokrat, Antidemokrat, senil und trotzdem General, man konnte ihn nicht absetzen, weil der Bundesrat ihn fürchtete (Bananenrepublik: Primat des Militärischen über die Politik). Sein Generalstabschef hiess Theophil von Sprecher, auch über ihn gibt's keine Biographie (die entsprechende Hagiographie wurde von Herrn Hartmann geschrieben). Er ist aber ein interessanter Mann, Aszet und Fanatiker, Pietist und Berserker zugleich, Kriegstreiber, Sozialistenfresser, Italienhasser, zerknirschter Christ, Donaumonarchist, *«der letzte bündnerische Junker»*, wie er sich selbst gern nannte. Ein ganz un-neutraler Mensch, und die Archivalien, etwa sein «Privat-Journal», schlummern wohlverwahrt im Familienarchiv zu Maienfeld. Mariafeld und Maienfeld, Wille und Sprecher, das ist ein weites Feld, und wir wollen es lieber nicht bestellen. Da könnten so unangenehme Pflänzchen spriessen, und wir müssten darüber nachdenken, wie unsere Armee entstanden ist, nämlich weitgehend ausserhalb des demokratischen Empfindens und Denkens.

Die Armee. Auch sie ist halt interessant und existiert in ihrer modernen Form nun doch schon seit 1907 (neue Armeeordnung). Es gibt keine *Geschichte* der Schweizer Armee, welche diesen Namen verdient, nur Aktivdienst-Erinnerungskitsch oder dürre Strategie-Papiere, ein paar Organisations-Schemata und Manöver-Verherrlichungen. Aber keine Geschichte der Disziplin, will sagen der Verpreussung, null Sozialgeschichte der Armee, keinen historisch geschärften Blick auf die Hierarchien, auch nicht den Ansatz einer etwa von Foucault inspirierten Armee-Geschichts-Schreibung. Die meisten entscheidenden Dokumente sind noch unpubliziert: Angst, Un-Neugier, Ignoranz oder Staatsverbundenheit (= Hörigkeit) der Historikerkaste sind vermutlich der Grund. Und die Schlafmützigkeit unserer Journalisten, welche nichts riskieren wollen.

Noch ein Erlebnis.

a) In der Landesbibliothek schlummert der Nachlass *Gonzague de Reynold*. Dieser rechtsextreme Fribourger Intellektuelle war

Vorwärts zur gedächtnisfreien Gesellschaft!

mit General Wille befreundet und leitete 1914–1918 in seinem Auftrag im Welschland (das war nötig, weil Wille dort sich verhasst gemacht hatte) ein Armee-Propagandabüro. In der Landesbibliothek liegen nun also die Briefe des Generals an Gonzague de Reynold, und die sind interessant: Der General schreibt seinem Propagandisten z.B., dass man die Welschen behandeln müsse *«wie Frauenzimmer oder Kinder»*, nämlich *«die Hosen strammziehen und eins hintendrauf»*. Die Briefe sind wirklich ein Bijou, aber nicht für jemanden, der die Erinnerung an den General hochhalten will, und darum wurden sie noch nie publiziert. Wenn man sie exzerpieren will, muss man zuerst einen Revers unterschreiben, womit man sich verpflichtet, vor einer etwaigen Publikation die Witwe von Gonzague de Reynold anzufragen ob ihr die Publikation genehm sei; falls die Witwe schon das Zeitliche gesegnet hat, muss man die Tochter anfragen, oder die Cousine usw. Mit andern Worten: Die Verwandtschaft dieses Gonzague kann 1988 ganz privat darüber entscheiden, ob – nicht etwa die Briefe ihres Vorfahren, sondern die an ihren Vorfahren in seiner amtlichen Eigenschaft gerichteten Briefe des Generals Wille aus den Jahren 1914–18 heute publiziert werden dürfen. Ich habe den Revers unterschrieben, aber mit einer RESERVATIO MENTALIS: wenn man zu einem Akt gezwungen wird, der in sich unmoralisch ist, darf man – wussten schon die hochmoralischen Jesuiten – das unmoralische Versprechen brechen.

b) Radio DRS, Bern. Die Schlafmützigkeit der Journalisten. Ein Herr Haefliger, yuppig anzusehen, will mich im Studio Bern interviewen (Thema Wille-Buch). Es stellt sich heraus, dass er knapp ein Drittel des Buches gelesen hat; den Dokumentenanhang schon gar nicht. Er freue sich aber, sagt Haefliger, am Abend *im Bett* noch den Rest des Buches zu lesen (nach dem Interview). Und falls ich dann ausrufe und den Hörern erkläre, dass er eben nur ein Drittel des Buches gelesen habe, werde er die ärgerlichen Stellen herausschneiden, sagt Haefliger im Vorgespräch (Mikro zu). Und warum es mir eigentlich eingefallen sei, *«solche Nichtigkeiten»* zu notieren und ein Buch daraus zu machen, verglichen mit dem Fall Waldheim sei doch die Geschichte des Wille-Clans gar unbedeutend. (Nichtigkeiten wie der Hitler-Besuch bei Fam. Wille 1923, das Anwerben von Schweizern für die Waffen-ss durch Wille II. und ähnliches kommen im Buch vor.) Dieser Haefliger – Mikro auf – macht dann ein «*Interview*» von 12 Minuten. Auf die Frage, ob solche journalistischen Techniken im Hause normal seien, antwortet Haefligers Vorgesetzter Peter Bühler: Wir, Haefliger und ich, hätten vermutlich «*ein Kommunikationsproblem*» miteinander gehabt. – *Gschpürsch mi?* Wir haben einander vermutlich nicht richtig gespürt (gefühlt). Ich muss zum Therapeuten. Ich möchte den Haefliger so gern spüren, kommunizieren mit ihm (ohne Hostie), Wille habe ich ja auch gespürt. Und habe ich nicht ein *Gschpüri* für Peter Bühler?

In der Schweiz gilt das Normale als frech, das Gesunde als krank, das Wissenschaftliche als Pest. Neugierde hat ein Schwefelgerüchlein, und die untertänigste Liebedienerei und Stümperei in Sachen Geschichtsschreibung wird vom Nationalfonds gesponsort. Familie Wille stellt in Feldmeilen öffentlich ihre Familienerbstücke aus, unter anderem ein Buch, welches die Briefe des Generals an seine Frau enthält – einer geht hin, kopiert ganz legal, in Anwesenheit der Aufsichtsperson, von minimaler Neugierde getrieben, einen Teil der Briefe – – – «*gehörige Portion Frechheit*», schreibt Karl Lüönd im «Sonntagsblatt», und «*literarische Freibeuterei*», meint Herr Cattani in der NZZ. Ach nein! Nur eine verspätete, längst überfällige Quellenerschliessung (ohne Quellen keine Wissenschaft), völlig ohne Wallraff-Methoden. Was wäre wohl passiert, wenn diese Briefe zufällig etwa 1922 an die Öffentlichkeit gekommen wären? Wenn diese sackgroben Meinungen des Generals, diese Demokratie- und Arbeiterverachtung, die totale pro-deutsche Verblendung, dieser rasende, in den Präfaschismus hinüberschillernde Wilhelminismus den Opfern der Geschichte, den von Wille und Armee geschurigelten Büezern, damals unter die Nase gerieben worden wären? Das hätte vermutlich einen kleinen Aufstand gegeben, mindestens einen Polit-Skandal. Es ist bedauerlich, dass kein Historiker und/oder Journalist 1922 einen Einbruch im Archiv von Mariafeld riskiert hat – *entwenden zum Gebrauch*, nicht mal stehlen hätte er müssen. Wäre das nicht eine Aufgabe gewesen für Jean-Rodolphe von Salis, den damals strotzenden Jüngling (der heute, als renommierter Historiker, ausrichten lässt, er lehne es ab, mit mir am Radio öffentlich über Wille etc. zu diskutieren, weil er mit der Familie von Sprecher verbandelt sei)?

Vorwärts zur gedächtnisfreien Gesellschaft!

Man ist halt immer verbandelt, versippt, verbunden, man will der Tante Josephine und dem Onkel Andreas Theophil Luzius nicht weh tun, man hat (für von Salis trifft das nicht zu) eine Stelle zu verteidigen oder erstrebt eine, man ist als staatlicher Angestellter betriebsblind, wenn es um die Verbrechen des Staates geht, man hat als Universitätsprofessor Rücksicht zu nehmen auf den Staat und die Kollegen, den Studenten will man auch nicht zuviel zumuten – die Dokumente, welche die Senilität des Generals Wille betreffen, wurden erst 1988 veröffentlicht, obwohl sie allgemein zugänglich sind; Edgar Bonjour etwa erledigt diese kapitale biologische Frage (politbiologisch) mit einem kurzen, kleingedruckten Satz in einer Fussnote, andere verschweigen sie ganz (nur der gewissenhafte Gautschi widmet ihr dreiviertel Seiten).

Die Schlafmützigkeit der Journalisten oder *ein paar kandierte Lesefrüchte*.

a) Vor einigen Jahren schreibt der gelernte Historiker Peter Stahlberger, damals St. Galler Korrespondent des «Tages-Anzeigers», in St. Gallen gebe es noch keine Kantonsgeschichte der neuesten Zeit; und es sei auch nicht anzunehmen, dass, wenn es diese Geschichte gäbe, dabei so pfundige Sachen herauskämen wie in der von Historiker Gautschi geschriebenen Aargauer Kantonsgeschichte; in St. Gallen habe es nämlich keine bedeutenden Nazi-Sympathisanten gegeben wie im Aargau (Bircher etc.). Ach nein, in St. Gallen gab es nur den gewaltigen Textilindustriellen Mettler-Specker, im Volksmund Hitler-Specker genannt, der die faschistische «Basler Zeitung» finanziell unterstützte und seinen Sohn ermunterte, in die Waffen-ss einzutreten; und eine ganze Reihe ähnlich gelagerter Figuren gab es auch noch in den obersten Kreisen. Aber Stahlberger – heute bei der NZZ angestellt – wollte da nicht *umenodere*. Wohin käme man! Wäre er gekommen!

b) Mitte August 1987 stirbt Rudolf Hess, des Führers Stellvertreter. Wie es so geht, macht der «Tages-Anzeiger» dazu einen Kommentar; diesmal darf er von Emanuel La Roche sein, einem der vier *«Bereichsleiter»* des TA. Er schreibt: «... dabei ist es keine Frage, dass auch andere Nationen Probleme mit ihrer Geschichte haben, mögen die entsprechenden Diskussionen, wie im bescheidenen helvetischen Fall – Stichwort Winkelried und Wille – auch lächerlich wirken, doch nirgends werfen sie so lange Schatten wie in Deutschland.» Lächerlich! Ausgerechnet Rudolf Hess ist einer, der uns *hierzulande* nichts angeht; dabei hat er doch Adolf Hitler im August 1923 bei Familie Wille-Rieter eingeschleust, worauf Hitler dann im zürcherischen Familien- und Industriellenkreis Geld sammeln durfte, mit dem er seinen Münchner Putsch teilweise finanzierte (davon schreibt La Roche natürlich nichts). Frage: Welches Bürgertum ist nun das verruchtere, abgeschmacktere: das deutsche, welches sich mit einigem Grund von links bedroht vorkommen konnte und deshalb Hitler inthronisierte; oder das schweizerische, welches 1923, wie auch immer sonst, keiner echten Bedrohung ausgesetzt war – und trotzdem Hitler, den Ausländer, nach Zürich eingeladen und ihm Geld gespendet hat, in seiner hysterischen Verblendung? Aber dem Grossbürgertum will man im kleinbürgerlichen TA nicht an den Karren fahren; das wagt man nicht, weil man, als Spiessbürger oder *ewiger Spiesser*, wie Horváth sagen würde, nur immer das eigene Milieu kennt und nicht über die Nase hinaussehen kann; und vielleicht auch wagt man es nicht, weil man dumpf ahnt, dass der Laden (TA) einem Bourgeois gehört, der es nicht gerne sieht, wenn seine Standesgenossen zutreffend beschrieben werden (Fam. Coninx ist Alleinbesitzerin). Nur so kann man es auch erklären, dass der TA seit Jahren nicht mehr den kleinsten Beitrag zur Erhellung des faschistischen Verhaltens unseres Grossbürgertums, bzw. einer wichtigen Fraktion davon, geleistet hat; nichts über Sulzer, Bally, nichts über Bircher, Däniker (über den *fils*, Oberstdivisionär und Mitbesitzer der PR-Agentur Farner, schon gar nichts), kein Wort über Wille I. und II., keine Schwarzenbach-Story (als Roger Perret, der beste Schwarzenbach-Kenner weit und breit, dem TA-Magazin vor zwei Jahren eine Geschichte über Annemane S. anbot, wurde er abgewimmelt; in der NZZ erschien das dann, zur Hälfte gekürzt). Über Bührle radibutz gar nichts – und als dann ein kenntnisreiches Buch über den Waffenhändler und seine Familiengeschichte erschien, publizierte der TA eine windige Kürzestbesprechung von wenigen Zeilen. Wohin käme man! So genau will man's nicht wissen! Andrerseits hat man für die vier Chef-Redaktoren (Unter-Chef-Redaktoren) die Bezeichnung «Bereichsleiter» eingeführt und ist also sprachlich so unsensibel geworden, dass man nicht mal merkt, wie

Vorwärts zur gedächtnisfreien Gesellschaft!

sehr dieses fatale Wörtchen nach nazideutschem Usus riecht («Reichsleiter» etc.).

c) Im Herbst 1987 hat Werner Höfer zum letzten Mal öffentlich gepiepst. Wie es so geht, macht der TA dazu einen Kommentar, diesmal darf er von Peter Studer sein. Pst! Pieps! Aufgepasst! Höfer ist natürlich ein *deutsches* Phänomen, bei uns war alles ganz anders. Oberstleutnant (unterdessen Oberst) Studer, dieser unser publizistischer Gesamtleiter, schreibt: «Wir 50jährigen, die wir uns jetzt über Höfers Nazi-Prosa beugen, sollten vielleicht Zurückhaltung üben.» Warum? Weil es bei uns auch solche Pflaumen gab? Weil wir auch ein bisschen braun eingefärbt waren? Ach nein. Studer: «*Druck und Versuchung des totalitären Meinungsklimas blieben uns erspart; weder führten uns Schriftleiter von Goebbels Gnaden, noch verpflichteten uns amtliche Tagesparolen.*» Ach ja! Aber 1931 haben wir trotzdem auf der ersten Seite des TA ohne redaktionelle Distanzierung einen Leitartikel des Adolf Hitler publiziert (und 1933 einen von Benito Mussolini), einen Schriftleiter brauchte es dazu nicht; und trotz Ausgewogenheit brachten wir nie einen Leitartikel von Josef Stalin (der stand vielleicht nicht mehr auf dem Boden der publizistischen Grundhaltung des TA; und eventuell war er auch stilistisch nicht so brillant wie Hitler). Und was ist dem TA zur Judenvernichtung eingefallen? Zur Reichskristallnacht? Zu den Asylanten? Zu den Konzentrationslagern (vor 1945)? Zum antibolschewistischen Kreuzzug gegen die Sowjetunion? Natürlich gibt es keine Geschichte des TA, welche diesen Namen verdient; man will gar nicht wissen, der Ahistoriker Studer schon gar nicht, was die Zeitung damals alles gebracht und, vor allem, was sie verschwiegen, unter den Boden geschwiegen hat.

Tatsächlich. Derselbe Studer, welcher vor kurzem noch den tüchtigen Rechercheur Erich Schmid daran gehindert hat, in Sachen Alex W. (Winterthurer Ereignisse) der Wahrheit nachzuspüren; derselbe pst., welcher via Chefredaktor Schlumpf seiner Redaktion den Befehl gibt, gesamtpublizistisch, dass die Grausamkeiten seiner Freundin Elisabeth Kopp und ihr blindes Wüten gegen Musey, Maza und andere Asylanten nicht kommentiert werden sollten; derselbe Oberst und Gesamtleiter bringt es fertig, die mickrige Vergangenheit seines Organs auszublenden und so zu tun, als ob es nicht auch, und sogar heute, im TA gewissermassen *«amtliche Tagesparolen»* gäbe, welche den Journalismus (und die Selbsterforschung) verhindern.

PS: Zwei Leserbriefe im «klartext» (2/88 und 3/88):

Niklaus Meienberg, der als Historiker firmierende Polemiker, müllert wieder.

1. Entgegen Meienbergs unbelegter Behauptung habe ich Erich Schmid nie daran gehindert, «in Sachen Alex W. (Winterthurer Ereignisse) der Wahrheit nachzuspüren». Schmid hat ja auf eigene Verantwortung ein Buch verfasst und schreibt seit längerem nicht mehr für den «Tages-Anzeiger» (TA).

2. Entgegen Meienbergs unbelegter Behauptung habe ich nie «via Chefredaktor Schlumpf» der TA-Redaktion «befohlen», die Asylpolitik von Frau Kopp nicht zu kritisieren. Viktor Schlumpf würde sich bedanken. Unter seiner Verantwortung hat der TA die amtliche Asylpolitik mehrmals kritisch beleuchtet (auch schon vorher).

3. Fotokopien entnehme ich, dass Adolf Hitler tatsächlich einen Text im TA abdrucken konnte. Ich war 1931 noch nicht geboren, geschweige denn mitverantwortlich für den Textteil. Ich kenne auch niemanden, der damals im TA redigierte.

Der Historiker M. würde mir das nachsehen; der Polemiker M. natürlich nicht.

PETER STUDER, *Publizistischer Leiter*
«Tages-Anzeiger»

Studer hat den Begriff der «Müllerei» offensichtlich nie begriffen, wenn er Niklaus Meienberg vorwirft, er müllere wieder.

Peter Studer hat nicht nur meine Recherchen über die Hintergründe des Gefängnistodes von Gabi S. (Winterthurer Ereignisse) behindert, Studer hat mir während der Buchrecherchen zudem in deren Zusammenhang gedroht, Aufträge aus dem Hause «Tages-Anzeiger» zu entziehen (Brief vom 10.12.85), und mit Brief vom 5.9.86 hat Studer seine Drohung in Form eines faktischen Schreibverbots auch noch wahrgemacht. Seither sind im «Tages-Anzeiger» keine Zeilen mehr von mir erschienen – ausser man schreibt sie wörtlich aus der «Wochen-Zeitung» (WOZ) ab, wie jüngst wieder einmal im «Tagi» vom 18. April 1988.

Geflunkert hat vielmehr die Chefredaktion (unter Studer), als sie in der TA-Rezension meines Buches den Klammersatz hineinmanipulierte, der TA hätte das Arbeitsverhältnis mit mir Ende September 1984 aufgelöst.

Mit Fixum und Minimumgarantie (Honorar) war ich bis Mai 1985 beim «Tages-Anzeiger» festangestellt, und bis zum politisch begründeten Schreibverbot im September 1986 habe ich als offiziell akkreditierter TA-Gerichtsberichterstatter laufend im TA publiziert.

ERICH SCHMIED, *Zürich*

Eidg. Judenhass (Fragmente)
Möglichkeiten u. Grenzen
des selektiven Gedächtnisschwundes

... und muss man ein wenig zurückblenden in die Geschichte des schweizerischen Antisemitismus (ich stütze mich da auf einen Artikel von *Rolf Holenstein*, «Weltwoche» vom 4. Mai 1989): zurückblenden zuerst ins ancien régime: und an Monsieur *de Malesherbes* erinnern, frz. Staatsminister, der von *Louis XVI* zwei Jahre vor der Grossen Revolution damit beauftragt wurde, die Situation der Juden in Frankreich zu studieren und von allen Seiten zu beleuchten. Malesherbes suchte also Philosemiten als Ratgeber, u.a. den Grafen *Mirabeau*, aber auch einen tüchtigen Antisemiten, um unparteiisch zu bleiben, und fand diesen nicht zufällig in der Person des *Albrecht von Mülinen,* letzter Mit-Schultheiss, zusammen mit *Friedrich von Steiger,* der Republik Bern. Die Republik Bern war, wie die ganze Alte Eidgenossenschaft, von der aufklärerischen Juden-Diskussion gänzlich unberührt geblieben, *Lessings* «Nathan der Weise» z.B. hatte hierzulande kaum jemanden erleuchtet. So antisemitisch wie in Bern, wo sogar das Betreten des Territoriums den Juden verboten blieb, war man allerdings sonst nirgends in der Alten Eidgenossenschaft – in den andern Ständen war es den Juden lediglich untersagt, Wohnsitz zu nehmen, ausser in ganz wenigen, sozusagen stigmatisierten Ortschaften, und am Ende des 18. Jahrhunderts lebte denn auch die gesamte jüdische Bevölkerung der Schweiz, nämlich 553 Personen, in den zwei aargauischen Ortschaften Lengnau und Oberendigen.

Während die Grosse Revolution den französischen Juden die Gleichberechtigung bringt mit dem Dekret vom 27. September 1791, ist es in der Schweiz auch später, trotz Helvetischer Republik und französischen Drucks, noch lange nicht so weit. Immerhin werden die schweizerischen Juden jetzt für kurze Zeit den in der Schweiz tätigen französischen Juden gleichgestellt, welche, wie alle französischen Bürger, in den Genuss der freien Niederlassung und der freien Berufsausübung kamen; und weniger Rechte als den französischen Juden, so dachten sich die Regenten der Helvetischen Republik, konnte man den einheimischen Juden nicht gewähren, und so stellte man den einheimischen Juden das Patent der in der Schweiz ansässigen Fremden aus. Die Juden als fremde, aber nicht mehr rechtlose Subjekte. Rolf Holenstein:

Nach diesem Schrittmass vollzieht sich von nun an die gesamte rechtliche Gleichstellung der Schweizer Juden. Auch nicht der kleinste Fortschritt ist möglich, wenn Frankreich nicht drückt und nachhilft. Und wenn Frankreich Rückschritte macht wie 1808 unter Napoleon, zieht die Schweiz augenblicklich nach, um das Rad zurückzudrehen, die Juden erneut in Lengnau und Oberendingen zu gettoisieren und ihre wirtschaftlichen Möglichkeiten zu beschneiden. 1810 steht man an diesem Punkt – am selben Ort etwa wie vor der Revolution.

Während der Restaurationsperiode verfestigt sich der altbewährte Antisemitismus noch weiter, und auch die wunderbar liberale Bundesverfassung von 1848 gewährt die freie Niederlassung und die freie Ausübung des Gottesdienstes nur den Katholiken und Protestanten. Die Kantone beeilten sich, von der Bundesverfassung ermuntert, ihrerseits antisemitische Gesetze zu erlassen, Baselland z.B. verbot den Juden das Hausieren, die Handels- und Gewerbeausübung, und Basel ging 1851 sogar so weit, *elsässische* Juden auszuweisen. Frankreich protestierte, das von den Schweizer Superdemokraten oft verhöhnte Frankreich des *Napoleon III.*, jedoch vorerst ohne grossen Erfolg, obwohl das Aussenministerium mit einem Abbruch der diplomatischen Beziehungen droht und eine geharnischte Note nach Bern schickt:

Die gewaltsame Ausschaffung unserer Staatsangehörigen macht es uns zur Pflicht, energisch zu protestieren und im Namen der heute allgemein anerkannten Prinzipien des öffentlichen Rechts in aller Form die Änderung einer untoleranten Gesetzgebung, die den Prinzipien einer freien Zivilisation widerspricht, zu verlangen.

Auch die USA intervenieren, um die Freizügigkeit ihrer jüdischen Staatsangehörigen in der Schweiz zu sichern. In einem Staatsvertrag aus dem Jahre 1855 akzeptieren die USA vorerst diskrimirende Bestimmungen für die amerikanischen Juden, in den meisten Kantonen wird ihnen die Niederlassung verweigert. Der amerikanische Präsident *Buchanan* kritisiert die Schweiz aber mit harten Worten, als die konkreten Auswirkungen des Staatsvertrages sichtbar werden, und der US-Gesandte schreibt in einer Denkschrift zuhanden des Bundesrates:

Der Amerikaner kömmt zum Beispiel in England an, reist vielleicht durch Frankreich und durch Preussen, hält sich etliche Zeit in diesen Ländern auf, miethet Häuser, kauft Waaren, betreibt andere Geschäft, ohne belästigt zu werden. Kömmt er aber in die Schweiz, so ändert sich die Scene. Er wird als ein Schwindler, ein Wucherer, ein Feind und ein Opfer betrachtet, obschon er herkömmt, um keinem Menschen etwas zu Leide zu thun, sondern im Gegenteil sein Gold hier fliessen zu lassen.

Die Denkschrift nützt nichts.

In den sechziger Jahren beginnt es dann brenzlig zu werden, die Geschäfte leiden zusehends unter dem atavistischen Antisemitismus, und unter dem Druck der Geschäftswelt bzw. der Handelsherren beginnt man sich eines Besseren zu besinnen. Das Ausland betreibt immer energischer die Emanzipation der schweizerischen Juden; Holland z. B., wo das Parlament einen Staatsvertrag mit der Schweiz nicht ratifiziert, «mit Rücksicht auf die Stellung der Israeliten in einigen Kantonen der Schweiz».

Und 1864 ist es dann soweit, dass wenigstens allen französischen Juden die freie Niederlassung in der Schweiz garantiert wird, wer hätte das gedacht. Ohne diese Klausel hätte Frankreich den für die Schweizer Industrie kapitalen Handelsvertrag von 1864 nicht unterzeichnet. Zähneknirschend akzeptiert das Parlament und sogar ein Teil der konservativen Parlamentarier die Freizügigkeit der *französischen* Juden in der Schweiz, nachdem der Bundespräsident *Dubs* in einer alarmierenden Rede erklärt hatte, dass die Eidgenossenschaft mit ihrer reaktionären Trotzhaltung definitiv in Teufels Küche kommen werde, handelspolitisch gesehen. Nun ist die Situation aber vollends grotesk geworden, jetzt sind nämlich die französischen Juden privilegierter als die schweizerischen, und man muss nun wohl die Schandartikel der Verfassung nolens volens revidieren. Damit beginnt der Bundesrat nun sofort und unterbreitet dem Parlament einen Revisionsentwurf der Bundesverfassung, betont aber zugleich mit fast rührender Lügenhaftigkeit, dass die Schweiz ihr Grundgesetz ohne jede Beeinflussung von aussen ändere. Am 14. Januar 1865 geben Volk und Stände den neuen Verfassungsbestimmungen ihren Segen, es wurde nun «allen Schweizern» (und nicht wie bisher nur den «Schweizern, welche einer christlichen Konfession angehören») das Recht der freien Niederlassung gewährt, und «sämtliche Schweizer Kantone sind verpflichtet, alle Schweizer-Bürger in der Gesetzgebung sowohl als im gerichtlichen Verfahren den Bürgern des eigenen Kantons gleich zu halten», während bisher nur «alle Bürger christlicher Konfession» gleich gehalten waren.

Die freie Ausübung des Gottesdienstes, d. h. zum Beispiel auch der Bau von Synagogen, war aber immer noch nicht gestattet, dieser letzte Schritt kam erst mit der total revidierten Bundesverfassung von 1874; worauf dann 1893 gleich ein Rückschritt kam. Die erste Volksinitiative auf Bundesebene, das sollte man in diesem auf die Volksrechte so stolzen Land vielleicht nicht vergessen, hatte nämlich eine antisemitische Zielsetzung und betraf das Schächtverbot, welches auch heute noch in Kraft ist, so dass z. B. die Zürcher Juden ihr Fleisch immer noch aus dem Elsass kommen lassen müssen. Das Schächtverbot ist europäisches Unikum, auch wenn es seit 1973 nicht mehr in der Verfassung, sondern unter dem Mantel des eidgenössischen Tierschutzgesetzes präsentiert wird. Eine Umfrage unter den eidgenössischen Tieren hat zwar kürzlich ergeben, dass es ihnen völlig wurst ist, ob sie mit elektrischem Strom, mit Bolzengeräten oder durch Verblutung ihr Leben aushauchen, aber diesen letzten antisemitischen Artikel wollen wir Nostalgiker uns nicht nehmen lassen, er erinnert so schön wie ein Hörnerklang aus vergangenen Zeiten oder als kulturpolitische Versteinerung an das antisemitische Gebirge unserer Vergangenheit.

*

Die verfassungspolitische Gleichstellung hat die Juden aber nicht vor dem Antisemitismus schützen können, hat dem Juden *Louis Bamberger* z. B. nichts genützt. Dass dieser Bamberger in St. Gallen ein Warenhaus eröffnete, wäre ja vielleicht noch angegangen, dass er aber zugleich als Publizist wirkte und im demokratischen «Stadtanzeiger» anno 1883 über die Schweizerische Landesausstellung sich ausliess, schlug dem Fass den Boden aus. An dieser Landesausstellung wurde z. B. ein besonders schöner herrschaftlicher schweizerischer Pferdestall gezeigt, und Bamberger schrieb: «Schön, dieser Pferdestall, eleganter als jede Arbeiterwohnung», und die einzigartigen Produkte der schweizerischen Maschinenindustrie verhohnepiepelte er so: «Hochstehend, diese Maschinenindustrie – alle andern Völker machen es mindestens gleich gut oder besser», und was die Fremdenindustrie betraf, so bezeichnete er die schweizerischen Hoteliers als Könige im Ausbeuten der Gäste.

Da hatte Bamberger aber das letzte Mal im «Stadtanzeiger» geschrieben, zumal er sich auch noch seiner Freundschaft mit *Marx*, *Lassalle* und *Freiligrath* rühmte, er war dreifach stigmatisiert als Jude, Sozialist und Warenhausbesitzer, oder wie man im Dritten Reich sagen wird, als jüdischer Plutokratenbolschewik, und bald rief ein Leser im «St. Galler Tagblatt» zum Verprügeln des Bamberger auf. Drei Tage darauf folgte der erste Krawall. Mit Pfannendeckeln bewaffnet (man konnte damals Pfannendeckelklapperer mieten, um Lärmattacken auf Missliebige zu machen), wälzte sich ein beträchtlicher Volkshaufen durch die Strassen. Die Polizei wollte einen der Pfannendeckelklapperer verhaften, wurde aber verdroschen und zog sich, obwohl 50 Mann stark, in die Wachlokale zurück. Und dann beginnt, am 20. Juni 1883, was man ohne Übertreibung als Pogrom bezeichnen darf:

Die Peitsche schwingend, hetzt ein Thurgauer Schneider zu Sturm und Plünderung. Zwischen Metzgertor und Metzgergasse sammeln sich Tausende. Nicht weniger als 3000, vielleicht gar 6000. Eine Stunde lang wird aufgeheizt; um neun Uhr beginnt die Aktion. Sie gilt dem Warenhaus des Juden Louis Bamberger. Ein St. Galler vom Tablat und ein Innerrhödler wuchten gemeinsam die Türe auf. Hinterher die Menge der Fledderer, darunter viele Schüler. Aus den längst eingeworfenen Fenstern «schneit» es Waren. Zum Glück ist Bamberger selbst nicht da. (…)

Mitten in der Nacht bittet die Kantonsregierung den Bundesrat telegrafisch um Truppeneinsatz – um elf Uhr bereits setzen sich Dragoner und Infanteristen des Rekrutenbataillons in Marsch.

Regierungsrat Zollikofer, Oberst Bruderer und andere sind bereits an den Tatort geeilt. Beschimpft und tätlich angegriffen, bringen sie es doch tatsächlich fertig, die Plünderer zu verjagen; aber der Tumult hält an. Grosses Geschrei; die Truppen rücken an. Schimpfend verziehen sich allmählich die Aufrührer, ohne den Kampf zu wagen. Am vierten Abend ist nur noch ein ganz kurzer Truppeneinsatz notwendig. Indessen treffen immer noch Drohungen bei jüdischen Geschäftsinhabern ein. Man bringt Wertgegenstände in Sicherheit oder stellt gar private Schutzgarden auf.

Das freisinnige «St. Galler Tagblatt» distanziert sich halbherzig von diesen Ausschreitungen, schuld daran seien in erster Linie «minderwertige semitische Elemente», allerdings gebe es auch achtenswerte, rechtschaffene Juden.

Auch!

In der konservativen Presse ergriff man im wesentlichen Partei für die Plünderer. Man verurteilte, so schreibt *Friedrich Külling* in seinem Buch «Bei uns wie überall», die den Juden gegenüber bisher geübte Toleranz. Man schrieb von der «jüdischen Überschwemmung», von «Blutsaugern erster Klasse», vom «semitischen Hang zu Betrug und Beschwindelung» und von ihrer «sprichwörtlichen Frechheit»; von «jüdischer Arroganz». Der superkonservative katholische «Rheintaler» zieht eine lobende Parallele zwischen der Erhebung der Urschweiz gegen die Vögte und dem antisemitischen Krawall, identifiziert sich mit den Plünderern und Fledderern. – Von gerichtlichen Folgen ist nichts bekannt.

*

Das als Streiflicht aufs gesunde Volksempfinden im ausgehenden 19. Jahrhundert. Im 20. Jahrhundert wird's nicht anders sein, da wirft sich vor dem Ersten Weltkrieg ein *Gonzague de Reynold* mit antisemitischen Hetztiraden in die Brust, neben andern *(Hans Ulrich Jost* hat das beschrieben). Die Temperatur der dreissiger Jahre schliesslich kann man am besten messen, indem man an die Berliner Reise von *Felix Moeschlin* und *Karl Naef* erinnert, die als Abgesandte des Schw. Schriftstellervereins im November 1933 zu *Goebbels* reisten, wo sie mit dem Ministerialrat *Heinz Wismann* ein eigenartiges Abkommen aushandelten. *Charles Linsmayer* ist dieser Reise nachgegangen und schreibt in der «Bündner Zeitung» vom 29. April 1989:

Während deutsche Autoren in Hitlers neuem Reich nur noch publizieren konnten, wenn sie «arischen Blutes» und durch den Beitritt zur sog. Reichsschrifttumskammer als regimetreu ausgewiesen waren, brauchte ein Schweizer hinfort bloss Mitglied des ssv zu sein, um im 3. Reich «seine Bücher vorbehaltlich der allgemeinen staatlichen und polizeilichen Massnahmen ungehindert verlegen und verbreiten» zu dürfen!

So konnte die ab 1933 (Bücherverbrennung) entstandene Lücke im deutschen Buchgeschäft teilweise wieder gefüllt werden. Statt auf *Roth, Döblin, Tucholsky* oder andere Juden stiess man in den Läden auf unverhältnismässig viele schweizerische Autoren wie *Jakob Schaffner,* den bekannten Nazi, aber auch auf gesunde guteidgenössische Schriftsteller wie *Huggenberger, Ernst Zahn, John Knittel, Emanuel Stickelberger* oder *Meinrad Inglin,* und in den Gymnasial-Schulbüchern fand man, nachdem *Heine* eliminiert worden war, den Zürcher Germanistikprofessor und Poeten *Robert Faesi.* Inglins «Schweizerspiegel» wurde z.B. in Will Vespers Hetzzeitschrift «Die neue Literatur» begeistert als «rechter und ungetrübter Deutschenspiegel» gefeiert.

Soviel Begeisterung für die schweizerischen Schriftsteller, Juden natürlich ausgenommen, war nicht ohne Entgegenkommen des Schweizerischen Schriftstellerverbandes zustande gekommen. Linsmayer schreibt, es sei nicht absolut erwiesen, aber doch wohl denkbar, dass Goebbels die Herren Moeschlin und Naef mit den Worten «liebe Landsleute» begrüsst habe. Erwiesen ist aber die prästabilierte Harmonie zwischen diesen Abgesandten der gut schweizerischen Literatur und dem Goebbels-Ministerium. Linsmayer schreibt:

Wie harmonisch Naef und Moeschlin sich dann auch während der eigentlichen Verhandlungen mit ihren Partnern verstanden, beweist das im Zürcher Vereinsarchiv erhaltene ssv-Mitgliederverzeichnis, das sie nach Berlin mitnahmen. In dieser Liste sind nämlich die Namen Werner Johannes Guggenheim, Rudolf Laemmel,

S. D. Steinberg und Regina Ullmann mit einem Strich gekennzeichnet, während sich am Schluss, von Naef handschriftlich eingefügt, eine Addition findet, die ausgeschrieben folgendermassen lautet: «Vier Juden, davon ein Halbjude, zwei getauft.» Nein, denunzieren wollten Moeschlin und Naef die jüdischen ssv-Mitglieder in Berlin vermutlich nicht. Sie wollten bloss statistisch nachweisen, dass ihr Verein «so gut wie judenfrei» sei und deshalb ohne weiteres zum helvetischen Pendant des deutschen Schwestervereins erklärt werden könne. Wie Moeschlin sich in Berlin ja überhaupt als würdiger Vertreter der arischen Rasse aufgeführt haben muss! «Ich sprach ganz offen», meldete er seiner schweizerischen Frau in die Schweiz. «Du hättest dabei sein sollen, als ich mich als nordischer Mensch präsentierte. Sie vernehmen hier wohl nicht viele derartige aus Ernst und Humor gemischte Reden.»

Und als Abschluss dieser kleinen Expedition ins Hinterland oder in die Festungen des Antisemitismus noch ein Dokument des Zivilstandsamtes Herisau aus dem Jahre 1939. Es ist mir nicht bekannt, wie viele andere Gemeindeverwaltungen mit solchen Formularen arbeiteten. Aber Herisau wird wohl keine Ausnahme gewesen sein.*

Sie kamen zur Anwendung, wenn sich ein Schweizer in Deutschland und später im von Deutschland kontrollierten Europa niederlassen wollte, und vermutlich auch, wenn ein Schweizer eine Deutsche oder ein Deutscher eine Schweizerin heiraten wollte. Es ist ein recht verschämter Satz, der da ganz offiziell unten auf dem vorgedruckten Formular steht, und immerhin wird der Nazi-Sprachgebrauch nicht direkt übernommen, es ist nicht von arischer Abstammung die Rede, sondern nur, dass XY, «seine Eltern und Grosseltern nie einer jüdischen Religionsgemeinschaft angehört haben». Die Fremdenpolizei der Stadt Zürich hatte

---

* 1936, als ich eine Studentin aus Berlin, Jüdin, heiraten wollte und im Stadthaus Zürich die erforderlichen Papiere abholte (Geburtsurkunde, Heimatschein usw.), erhielt ich unverlangt einen amtlichen Arier-Ausweis mit dem Stempel der Vaterstadt. Leider habe ich das Dokument damals auf der Stelle zerrissen. Die Schweiz war nicht von Hitler besetzt; sie war, was sie heute ist: unabhängig, neutral, frei usw. (Max Frisch, «Tagebuch 1966–1971», S. 173)

damals der Rubrik *Religion* noch die Frage *(Arier?)* beigefügt. Damit ist die verfassungsmässig garantierte Gleichheit der Juden wieder aufgehoben: Sie sind wieder etwas Besonderes, d. h. Ausgesondertes.

PS 1991:
Was hat 1291 den schweizerischen Juden gebracht? Und was haben sie 1789 zu verdanken?

1798 – Vorschläge für ein Jubiläum

Ein Jubiläumsjahr ist überstanden. 700 Jahre Eidgenossenschaft sind ein Jahr lang gefeiert worden, zur Freude der Fahnentuchindustrie, der Bierindustrie, der Spaziergänger, welche den «Weg der Schweiz», unsern leuchtenden Pfad im Herzen der Schweiz, unsere unversehrte Natur, unsere vom kritischen Denken unberührte Geschichtslandschaft, mit einem guten Durchschnittstempo absolviert haben, die Autopartei spricht von 8,5 km/h, und sich eventuell gefragt haben, ob dieser sorgsam angelegte Weg jetzt nutzbringend ins Dispositiv der Landesverteidigung einbezogen werden kann (ein Réduit für die Radfahrertruppe; Mountainbikes). Auch die anwohnenden Tiere, deren Unfallquote beim Überqueren des Weges der Schweiz viel geringer ist als beim Überqueren der Axenstrasse, haben sich gefreut.

Aber sonst ist nicht viel geblieben. Als dauerhaft hat sich nur der oberste Festveranstalter Marco Solari erwiesen, der uns auch in aller Zukunft beschieden sein wird, 700 Jahre Solari! Man wäre aber gut beraten, wenn man dieses neue Migrosgenossenschaftsbundverwaltungsratsmitglied etwas genauer ins Auge fasste. Denn, wenn einer das Vakuum-Fest oder Fest-Vakuum so erfolgreich verkaufen konnte, wird er uns in Zukunft auch Staubsaugerattrappen, geschmackvoll dekorierte, aber leere Camembert-Schachteln, simulierten Lauch und Plastikäpfel andrehen wollen; was sich die Kunden gern gefallen lassen, wenn nur auf allen Produkten die lächelnden Zähne des neuen Migrosgenossenschaftsbundverwaltungsratsmitglieds abgebildet sind (auf den Waschmittelpackungen noch obendrein seine Frau, welche ihn kürzlich, vgl. «Mann des Jahres» in der «Schweizer Illustrierten», von unten herauf anstrahlte, als ob er schon Bundesrat wäre).

The manager is the message, und Solari ist wahrlich unser Medium. Er ist durchscheinend. Alles scheint durch ihn hindurch, aber auf eine geläuterte Art. Er ist unser Mr. Scheinbar der neunziger Jahre, und er wird der leibliche Schein der harten Migros-Wirklichkeit werden. Ihr Heiligenschein, ihre TV-Wirklichkeit. Aber tun wir ihm nicht voreilig Unrecht!

In sechs Jahren kommt ein neues Jubiläum, und das sollte man seriös vorbereiten. 1998 sind es zweihundert Jahre her, dass die Alte Eidgenossenschaft zusammengekracht ist, und darüber freuen sich alle Demokraten, denn ohne diesen Zusammenbruch hätten wir nie eine Republik bekommen, und wenn es auch nur die unvollkommene Helvetische Republik war. Leider implodierte das alte System des Ancien régime nicht so gewaltlos wie jüngst das realsozialistische; ohne die – darf man sagen brüderliche? – Hilfe der französischen Revolutionsarmeen wären die aristokratischen oder patrizischen Hohlköpfe nicht weggefegt worden, und in Bern würden evtl. noch immer die von Steigers, die de Graffenrieds oder de Gravensteins oder de Gruftis, in Graubünden die von Sprechers, de Salis-Seewis, Salis-Marschlins, Salis-Soglio, in Neuchâtel die de Purys, in Zürich die Bodmers und von Wyss' und von Meyenburgs, in Fribourg die de Wecks und de Diesbachs, im Wallis die de Courtens und Stockalpers und andere Ablagerungen des oligarchischen Kalkes die Landschaft beherrschen. Diese Geschlechter sind nämlich so widerstandsfähig, dass es der damals brillantesten Armee, also der französischen, bedurfte, um sie wenigstens temporär aus dem Verkehr zu ziehen, ihre Pfründen abzuschaffen und die Gleichheit aller Bürger, aber leider nicht aller Bürgerinnen, vor dem Gesetz einzuführen. Einige haben sich während des revolutionären Sturms geduckt und sind, nach dem Abzug der französischen Armeen, auferstanden und schon wieder da: *coucou, me revoilà!*

Ein gewisser de Gravenstein oder de Gruftibus z.B. besitzt, nebst den normalen Bürgerrechten, eine gewaltige Menge von Latifundien und Immobilien, aber auch entscheidende Anteile an Zeitungen; seine Familie hat die Schlachten von Grauholz und Fraubrunnen unbeschadet überstanden (Sieg der Franzosen über die Berner).

Da man immer ersucht wird, für die staatlichen Jubiläen konstruktive Pläne anzumelden und nicht immer nur zu kritisieren, sei hier gleich der erste Vorschlag gemacht: Am 5. März 1998, genau 200 Jahre nach den Schlachten von Grauholz und Fraubrunnen, also nach dem Sieg der Republik über die Oligarchie, werden Grossgrundbesitz und Immobilien des Herrn de Gr. öffentlich versteigert, wobei der Höchstpreis dergestalt festgesetzt wird, dass auch Angehörige der unteren Mittelschicht (*lower middle,* wie

1798 – Vorschläge für ein Jubiläum

man in Bern sagt) sich ein Stück Land oder einen Hausanteil erschwingen können. Parallel dazu würden die Aktien, mit denen Herr de Gr. mehrere Zeitungen regiert, u. a. teilweise auch den «Tages-Anzeiger», zu einem bescheidenen Preis, den auch ein durchschnittlicher Redakteur aufbringen kann, an die Zeitungsmacher verkauft, wobei das technische und administrative Personal unbedingt auch berücksichtigt werden müsste. Eine Utopie? Nicht ganz. Im Mutterland der Revolution gehört die beste Zeitung, der Pariser «Le Monde», zu einem entscheidenden Teil den Mitarbeitern.

Zweiter Vorschlag: diese Zeit bildlich vergegenwärtigen und literarisch zurückholen. 1798 figuriert in den meisten Köpfen und manchen Schullesebüchern noch als «Untergang der Alten Eidgenossenschaft», als «Franzoseninvasion», bestenfalls als «Übergang und Erneuerung» oder «Ende des Ancien régime» (François de Capitani). Man liest wenig von einer «Ankunft der bürgerlichen Freiheiten» oder vom «Beginn der demokratischen Praxis», von der «Einführung der Menschenrechte». Damit ist nicht gemeint, dass die Epoche idealisiert und die Franzosen als reine Glücksbringer dargestellt werden sollten. Aber immerhin haben sie das Landvolk befreit, die Feudallasten und die ständische Ordnung abgeschafft, Rede-, Niederlassungs-, Presse- und Versammlungsfreiheit in einer ersten Phase eingeführt; und die Reparationszahlungen für den Krieg (durch Dekret vom 8. April 1798) den weiland herrschenden Familien, und nicht dem ganzen Volk, aufgebürdet. Nicht ganz zu Unrecht, wenn man bedenkt, wie die reaktionären Aristokraten, u. a. Schultheiss von Steiger, im Verein mit französischen Emigranten, gegen die junge Republik hetzten oder gar, zusammen mit englischen und piemontesischen Truppen, die Revolution in Frankreich abwürgen wollten. Die schweizerische Geschichtsschreibung stand bisher auf der Seite der Gnädigen Herren, mit der Einschränkung: Wenn sie nur nicht verknöchert gewesen wären und ein paar Reformen rechtzeitig durchgeführt hätten und wenn man mehr Geld für eine moderne Armee ausgegeben hätte, wäre die Revolution in der Schweiz überflüssig gewesen.

Nume nid gschprängt!
Die Sprengung des alten Systems konnte man aber wohl nicht

von jener reaktionären Kamarilla erwarten, die von ihm profitierte. Und auch nicht vom Volk, das in der vorrevolutionären Zeit ein paar Aufstände riskierte, welche schnell isoliert und erstickt wurden. Die Armeen des Ancien régime waren sehr effizient, wenn es um die Unterdrückung der eigenen Bevölkerung ging, und sie nahmen schnell den Finkenstrich, als sie es mit einer richtigen Armee zu tun bekamen: der französischen. Die zürcherische Miliz, die noch drei Jahre zuvor die harmlose, gewaltlose Volksbewegung von Stäfa unterdrückt hatte, war gar nicht mehr auffindbar, als 1798 die Franzosen erschienen.

Da fehlt uns die Geschichtsschreibung von unten (wieder einmal). Seit Jakob Bührer und Robert Grimm, welche beide ohne Lehrstuhl auskommen mussten, hat kaum mehr jemand versucht, die Begeisterung des Landvolkes und den Enthusiasmus der aufgeklärten Städtebewohner, ihre Freude über die Zertrümmerung der alten Knechtschaft und die Aufrichtung der Freiheit und der Freiheitsbäume darzustellen. Das schweizerisch-literarische Volksgefühl ist rabiat antirevolutionär. Von Maria Dutli-Rutishauser, welche die Franzosen als geckenhafte Mädchenschänder und wüste Blutsauger schildert, über P. E. de Valliere mit seinem royalistischen «Heldentod des Schweizergarde-Regiments» bis zu den blutrünstigen Bestsellern des Kaplans Achermann, welcher «Die Kammerzofe Robespierres» auf dem Gewissen hat, aber auch einen Schunken mit dem Titel «Der Wildhüter von Beckenried», kann man fast alle derartigen Bücher in die Kategorie des bösartigen pseudopatriotischen Kitsches einordnen.

Aus den Universitäten kommt manchmal etwas Gründliches, aber kaum Lesbares: Arbeiten, mit denen der Verfasser sich die akademischen Sporen abverdient und dem Leser den Magen verdirbt. Es wäre vielleicht einmal den jungen Akademikern beizubringen, wie man eine Liz-Arbeit wissenschaftlich und zugleich spannend schreiben kann. Das würde aber andere Professoren voraussetzen, die selbst *auch* schreiben können und eine tiefe Freude über die Subversion spüren, welche uns die Französische Revolution gebracht hat. Da hält man es an der Uni lieber – und kommt sich dabei modern vor – mit dem französischen Historiker François Furet, welcher von den fortwirkenden Ideen der Revolution nichts wissen will und sie unter dem Motto «*La révolution est*

1798 – Vorschläge für ein Jubiläum

finie» abgehakt hat, anlässlich der Festlichkeiten zum 200-Jahr-Jubiläum von 1789. Ausgerechnet 1989 musste er das behaupten, kurz bevor in Osteuropa wieder die Ideen der Grossen Revolution auftauchten und Furore machten (Menschenrechte, Pressefreiheit etc.).

Also nochmals in die Archive hinabsteigen, liebe junge oder ältere, nicht verknöcherte Kolleginnen und Kollegen, Staub wegwischen, Lust empfinden und wecken, entziffern, kombinieren, in Bildern denken, assoziativ forschen, Gestalten entdecken, aber auch das Alltagsleben der Revolutionszeit. Gab es zum Beispiel in der Schweiz revolutionäre Frauen (wie Olympe de Gouges oder Théroigne de Méricourt in Frankreich)? Oder nur das *letzte Aufgebot*, bernische und nidwaldnerische Bäuerinnen, mit Sensen und Mistgabeln bewaffnete, von Kapuzinern und Landvögten aufgehetzte: die schmerzensreichen Madonnen der Konterrevolution?

Für die Finanzierung dieser Forschungen und die Publikation der Bücher werden doch wohl ein paar Millionen aufzubringen sein im Hinblick auf das Jubiläumsjahr. Der bürgerliche Staat wird sich grosszügig benehmen, denn seine Fundamente stammen aus der Französischen Revolution.

Auch an ein paar Drehbücher sollte jetzt schon gedacht werden. Daniel Schmid würde bestimmt gern die dekadente Ambiance in einem der Salis-Schlösser heraufbeschwören und wie die Damen dort erbleichten, als sie von Marie-Antoinettes Enthauptung erfuhren (und sich dann wieder puderten), während die Dienstboten, kaum sind sie den Blicken der Herrschaft entschwunden, kichernd die Geste des Kopfabschneidens machen, bevor sie die Gänse mit verdoppelter Energie rupfen. Oder die Vertreibung der bündnerischen Vögte aus dem Veltlin gäbe auch etwas her oder die Guillotinierung von ein paar Dutzend Anhängern des alten Systems in Genf, nachdem dort französische Zustände und die Imitation des Pariser Terrors etabliert waren. Diese Tranche könnte vom Filmer Alexander J. Seiler übernommen werden. Was den letzten Schultheissen von Bern, Niklaus Friedrich von Steiger, betrifft, dessen Verwandter in Form eines Bundesrats 1940 plötzlich wieder auftaucht – Eduard von Steiger –, also die Verkörperung des knallharten Aristokraten, so könnte man wohl einen der heute noch herrschenden bernischen De-und-von-Herren nehmen, mit Dreispitz und Zopf dekorieren und ihn als Laienschauspieler auftreten lassen; wie er grimmig zum Krieg gegen Frankreich hetzt, die subversiven Flugblätter einziehen lässt und seine Geheimpolizisten nach Paris schickt, wo sie die revolutionären Schweizer des «Club helvétique» observieren. Dann – Schnitt! – wie er melancholisch, auf seinen Krückstock gestützt, aus geziemender Distanz die bernische Niederlage von Grauholz beobachtet; Pulverdampf à la «Krieg und Frieden». Anschliessend, besonders pittoresk, seine Flucht über den Brünig (Einspänner) nach Augsburg und wie er vorher beinahe Prügel bezieht von den Bauern in Münsingen, denen seine Flucht missfällt.

Ein Thema für Bondartschuk, aber vielleicht auch für Markus Imhoof?

Nach einer *solchen* 200-Jahr-Feier der Revolution könnte man schliesslich im selben Jahr 1998 den 150. Geburtstag der Bundesverfassung von 1848 begehen. Die beiden Ereignisse sind eng miteinander verknüpft: ohne die bürgerliche, wenn auch leider nur importierte Revolution von 1798 keine bürgerlich-liberale Bundesverfassung. Die neue Klasse ist jetzt solid installiert. Anlass zur Freude: Sie ist republikanisch gesinnt mitten im monarchistischen Europa. Wieder haben sich die neuen Ideen und Verhältnisse nicht ohne Gewalt durchgesetzt, was man den Freisinnigen, die sich allen Ernstes als die Erben der liberalen Pioniere gebärden, bei dieser Gelegenheit unter die Nase reiben dürfte. Eine gut geschriebene, spannende Biographie von Alfred Escher, in dessen Person sich alle Widersprüche kristallisieren, oder warum nicht eine gescheite Fernsehserie, müsste vielleicht zu diesem Zeitpunkt produziert werden. (Von der militärischen Gewalt im Sonderbundkrieg zur wirtschaftlichen Gewalt im Eisenbahnbau.) Eine Glorifizierung dieser Verfassung, wie man sie auch im linken Milieu oft antrifft, sollte besser nicht stattfinden, in Sachen Menschenrechte ist sie eher schwach auf der Brust, verglichen mit der französischen «Déclaration des droits de l'homme» oder verglichen mit dem Recht auf Revolte, das in der Präambel der amerikanischen Verfassung garantiert wird (Unabhängigkeitserklärung).

Vielleicht könnte man, nachdem die rücksichtslose Kapitalanhäufung und Industrialisierung, für welche die 48er Verfassung den juristischen Rahmen schuf, heute auch als Anfang der Naturzerstörung gesehen werden darf, bei diesem Jubiläum an einen grossen Vertreter der Wertkonservativen erinnern, der sich Eschers gigantischen Plänen und dem Bundeszentralismus immer widersetzt hat, reaktionär und gescheit, bescheiden und gelehrt, industriefeindlich und menschenfreundlich, verstockt und sozusagen ein Grüner, der die kleinen politischen Einheiten, die Überschaubarkeit dem Kapitalgewucher vorgezogen hat: Philipp Anton von Segesser, Nationalrat, Historiker und luzernischer Regierungsrat, altväterisch und damals ehrenvoll unterlegen im ideologischen Kampf, heute teilweise entstaubt, weil die Folgen des 1848er Industrieliberalismus und sein Machbarkeitswahn uns die Zukunft manchmal verdunkeln.

Und wenn dann, als spezielles Geschenk aus dem Bundeshaus, 1998 kein Festzelt errichtet und kein Festspiel in Auftrag gegeben wird und nur jene Bundesräte sich in öffentlicher Rede ergehen (oder jene Bundesrätinnen), die über ein Minimum an historischer Bildung verfügen, also keiner, dann werden wir ein glückliches 1998 erleben, sofern nicht der Treibhauseffekt, als Spätfolge der Industrialisierung, unsere Städte in den verflüssigten Gletschern hat untergehen lassen.

Die Schweiz als Schnickschnack & Mummenschanz

Darf man einmal nein sagen, ohne sofort wieder ja zu sagen? Einfach herzhaft nein! Schluss!, mit dieser Art von Staat, der uns in die linke Ecke drückt, überwacht, fichiert, bespitzelt, nur weil wir ein paar von der Verfassung garantierte Recht wahrgenommen haben?

Darf man, oh doch, und wird deshalb nicht speziell bespitzelt – nicht mehr als bisher. Die Polizei holt uns nicht ab, wenn wir die Mitarbeit an der komischen 700-Jahr-Feier verweigern; das ist nett. Aber Toni Lienhard verweist uns an denselben Platz, den der paranoide Überwachungsstaat, welcher bekanntlich nur die Linken fichiert, uns zugewiesen hat. Lienhard schreibt («Tages-Anzeiger» vom 14.4.1990), die Boykott-Aktion stamme *aus der politischen linken Ecke*. Das hört man aber gern! Vor allem Herr Solari in Bern! *In die Ecke* stellt man täubelnde Kinder, dort hat man sich zu schämen, mit dem Kopf zur Wand, während die Erwachsenen sich auf den ganzen Raum verteilen.

Nun herrscht allerdings unterdessen ein furchtbares Gedränge von der buntesten Sorte in dieser Ecke, ein Gewimmel von mehr als 700 kreativen Trotzköpfchen, darunter ein paar von den interessantesten der hierzulande antreffbaren. Ob das noch die *linke* Ecke ist? Urs Herzog, Professor an der Universität Zürich, links im landläufigen Sinn? Urs Widmer? Daniel Schmid? Laure Wyss? Gerold Späth? Katharina Kerr? Jürg Federspiel? Alex Sadkowsky? Lauter Signaturen, die man bisher nicht unter jedem linken Manifest gesehen hat, keine Habitués der Protestiererei. (Und den Aufenthaltsort von Max Frisch wird man ja kaum als Ecke bezeichnen wollen.) Die 700 haben ein bescheidenes Postulat, wollen nur Einsicht erhalten in die Fichen und Dossiers, die der Parano-Staat mit ihren Steuergeldern angelegt hat, und verlangen wir keineswegs, die Bundesräte von Moos/Furgler/Friedrich/Kopp, welche die säuischen Schnüffeleien gedeckt haben, gefänglich einzuziehen und auf die Galeeren zu schicken; sogar nicht einmal die Kürzung ihrer Pensionen wegen undemokratischer Umtriebe!

Diese milde Forderung will der Staat nicht erfüllen, und das ist

Die Schweiz als Schnickschnack & Mummenschanz

dumm von ihm. Es gibt jetzt keinen Anlass, ihn zu feiern, schon gar nicht wegen dieses seines angeblichen siebenhundertsten Geburtstags. Was soll uns der Bund jener drei hinter dem Wald gelegenen Stätten aus dem Jahr 1291? Hat sich vielleicht die Schweiz *daraus* entwickelt wie der Baum aus dem Samen? Ganz organisch? Urischwyzundunterwalden hat auch in der *Alten* Eidgenossenschaft abseits gelegen, ganz ohne urbane Kultur, nie eine Kathedrale gebaut, kein Walthari-Lied gedichtet, kein Salve Regina, aber immer führend im Viehhandel und Rauf-Händeln, und die kultivierte Lombardei gepiesackt; unter dem Schlachtruf *Bumpelibum/heiahan/aberdran* (wie Prof. Dr. Walter Schaufelberger uns mitteilt) eingebrochen ins Livinenthal, das Kloster Einsiedeln gebrandschatzt und oft besoffen Krieg geführt. Gewalttätige, oligarchisch organisierte, muskelbepackte Männerbünde mit allerdings handwerklich hervorragend (Heimatwerk!) gearbeiteten Langspiessen, Hellebarden, Morgensternen und mit profitabel exportiertem Käse. Das alte Bern war wichtiger für unsere staatliche Entwicklung und wird nächstes Jahr achthundert Jahre alt; könnte man mit mehr Berechtigung feiern. (Muss aber beileibe nicht sein.) Im Barock dann war die Innerschweiz von einem besonders rückständigen Patriziat aus verknöcherten Familien beherrscht, welche das Volk rücksichtslos ins Feuer schickten gegen die Soldaten der glorreichen Französischen Republik, aus der die Freiheiten kamen, welche die neue Schweiz dann konstituierten.

Also noch acht Jahre warten und dann 1798 feiern, was praktisch wäre: 200-Jahr-Feier des Untergangs der Alten Eidgenossenschaft und 150-Jahr-Feier der Bundesverfassung von 1848. Beide Daten gehen die ganze Schweiz, und zwar die von heute, etwas an, und nicht nur die Innerschweizer Waldmandli. Herrn Solari, den Delegierten des Bundesrates für die 700-Jahr-Feier, könnte man so lange aufs Eis legen, er würde auch 1998 noch blitzgebissig lachen.

*

Wir haben also die Freiheiten, welche uns die Grosse Französische Revolution brachte, benützen wollen (Redefreiheit, Pressefreiheit, Versammlungsfreiheit z.B.): bürgerliche Freiheiten, welche von den vor-bürgerlichen Politikern, den 1291er Rauschebärten, in die linke Ecke gestellt wurden. *Unsere* Freiheiten kamen nicht aus der

Innerschweiz, sondern halt eben leider aus Paris, das hat sich langsam herumgesprochen. Ein Geschichtsbuch auf dem Nachttischchen von Cavio Flotti wäre nicht schlecht! Das Fest ist denn auch schon abverheit, bevor es begonnen hat. Da wird uns ein gigantischer Kitsch eingebrockt oder, wie Andreas Simmen in der woz schrieb: *Ein Fest der Knallfrösche*. Der Mahlstrom der Geschmacklosigkeiten ist derart überwältigend, dass jede ernsthafte kulturelle Anstrengung darin ersöffe. (Aber wir sollten trotzdem den Schlagrahm auf die Torte liefern, die wir nicht gebacken haben?)

Schnickschnack, Mummenschanz & Kinkerlitzchen. Jodeltrubel landauf, landab; Schützen-Bier-Besäufnis-Feste, doofe und freche Armeedefilees bis zum Koma (mit 22000 Mann, 500 Pferden in den vier Landessprachen, 7 Bundesräten, 140 Kampf-Flug-Zeugen – da war doch mal eine Abstimmung, kürzlich?), Sternfahrt der Schweizer Jugend auf das Rütli, aus jeder der 3072 politischen Gemeinden je ein Chind sternförmig auf das Rütli fahrend, und rudernd, wo die kleinen Schnuckepütze je 1 Ex. der Rede des président Cotti in Empfang nehmen und diese dann – auf Pergament? – in die 3072 Gemeinden unter den anfeuernden Rufen von Festbruder Solari zigizagi zigizagi hoi hoi hoi zurücktragen, wo sie von den Gmeindspresidenten verlesen werden –

Juhui!
Luegid!
Vo Bärg!
Und Thal!

Nein, diese Suppe ess' ich nicht, und sind wir auch nicht das Salz in der Suppe, das intellektuelle Alibi. Macht Euren Kitsch alleine! Und dann die historische Heerschau, gesponsert von den Versicherungen (Kasko gegen Morgenstern/Hellebarden/Langspiesse). Und dann die Selbstdarstellung der Obrigkeit, das Defilee der geschwollenen Gnädigen Herren überall, in Schwyz eine Konfettikanone, die das Volk bedienen darf, in Grau-Bünden ein Staatsakt mit Mitgliedern europäischer Königshäuser, Villiger offeriert Prinzessin Anne einen Villigerstumpen und den Waffenplatz Neuchlen-Anschwilen.

*

Die Schweiz als Schnickschnack & Mummenschanz

Ich verlange von meinem Staat ein Minimum an Würde und etwas Grips. Beides hat er gegenwärtig nicht. In Bern wollen sie im Nationalratssaal ein Festspiel unter Leitung des Ringier-Regisseurs Lukas Leuenberger aufführen, geschlossene Veranstaltung exklusiv für die Bundesversammlung – und man soll es nicht traurig finden dürfen, wenn der sonst seriöse Kollege Hansjörg Schneider das Festspiel schreibt? Und Lienhard meint, «der organisierte Boykott schafft einen Solidaritätsdruck und nimmt den Kulturschaffenden ein Stück von dem, was für alle so wichtig ist: persönliche Freiheit». Schneiders persönliche Freiheit ist es, dieses Bundes-Stück zu schreiben; meine persönliche Freiheit, das einen Mumpitz zu finden. Ich kann ihm nichts nehmen, aber der Staat ihm etwas geben (Geld).

So sollen die, welche unbedingt mitmachen wollen, doch offen sagen: Wir brauchen den Stutz; und indem wir etwas für das Jubiläum produzieren, aber nicht daran glauben und trotzdem kassieren, zeigen wir eine lustige Art von Zynismus und eine grössere Unabhängigkeit vom Staat als jene Verweigerer, welche immerhin noch so sehr an der Schweiz hängen, dass sie bei der würdelosen Festerei nicht mitmischeln wollen.

PS:

So haben wir Meienberg bisher nicht gekannt
Prolog: Die Fichenaffäre im Staate Schweiz hat wie wenige Ereignisse in der Bundesstaatsgeschichte ein Gefühl der Entfremdung zwischen staatlichen Behörden und Volk begründet. Das tiefe Misstrauen vieler Bürgerinnen und Bürger findet im Boykottaufruf der Schweizer Kulturschaffenden für die Feierlichkeiten des nächsten Jahres eine seiner schärfsten und beachtenswertesten Ausdrucksformen.

Hauptstück: Auf der «Tribüne» des TA hatte am 27. April der virtuose, sprachgewaltige Niklaus Meienberg einen seiner vielbeachteten, in ihrer gewandten und wendigen Art unnachahmbaren Auftritte. Das Stück, in dem der gewiefte Darsteller Meienberg nolens volens offenbar eine Hauptrolle zu spielen gedenkt, heisst «Die 700-Jahr-Feier der Schweizerischen Eidgenossenschaft 1991». Er mimt darin, dem bärtigen Wilhelm Tell Schillers gleich, den Streiter wider das böse (Fest-)Spiel der Obrigkeiten. Vor diesem Staat möge er seinen Hut nicht ziehen, sagt der Akteur und bereitet sich statt dessen vor, seine Pfeile zu verschiessen. Mit der ihm eigenen Treffsicherheit räumt er auf dem Platz auf, niemand weiss, wie viele Pfeile er nach einem Schuss noch in der Hinterhand behält. Wer sich unvorsichtigerweise in Meienbergs Schusslinie wagt, dem geht es wie den Blechdosen in den Schiessbuden der Kirchweihfeste. Dabei kriegt auch die Schweizer Geschichte ihr Fett ab.

Und hier beginnt Meienbergs Artikel interessant zu werden, wie immer, wenn sich Prominenz bekennt. Die Fichenaffäre rückt als Anstoss zum Boykottaufruf auf einmal in den Hintergrund, und Meienberg öffnet uns in belehrender Rede die Augen dafür, dass es auch ohne Staatsschutzskandal in der Schweiz 1991 im Grunde gar nichts zu feiern gibt. Er mag nicht jenes mittelalterliche Bauernvölklein hochleben lassen, jenen alkoholisierten Haufen von Hinterwäldlern, der nur auf profitablen Käseexport und wilde Schlägereien aus war, Klöster brandschatzte und die kultivierte Lombardei heimsuchte. Meienberg ist sich aber nicht zu schade, uns auch mitzuteilen, worauf er gerne sein Loblied angestimmt hätte: urbane Kultur, Kathedralen, grosse Werke der Dichtkunst und Kirchenmusik, gar die altbernische Staatskunst – alles Hervorbringungen, denen die tumben Bauerntölpel der Innerschweiz natürlich nichts an die Seite zu stellen haben. Soll die Innerschweiz des Mittelalters so recht nach Meienbergs Geschmack riechen, nach ranzigem Käse nämlich, so nimmt er gerne die bildungsbürgerliche Pose ein und pflegt die Preziosen der Geistes- und Kulturgeschichte. Man traut seinen Ohren und Augen nicht, tritt uns Meienberg doch in der hehren Rolle des Beschützers wehrloser Klöster, des Bewahrers christlich-abendländischer Kultur vor alteidgenössischer Barbarei entgegen.

Nicht viel glücklicher hantiert Meienberg aber auch mit seinem Gegenvorschlag. Wünscht er als Alternative zu 1991 für das Jahr 1998 Feierlichkeiten in Erinnerung an den Beginn der Helvetik 1798 und die Bundesstaatsgründung von 1848, so rückt ihn dieser an sich bedenkenswerte Gedanke in gefährliche Nähe zum liberalen Bürgertum, zu welchem er sonst bekanntlich gerne auf Abstand geht.

Die Schweiz als Schnickschnack & Mummenschanz

Epilog: Man kann es drehen und wenden, wie man will: Meienbergs Frontalangriff auf die «Innerschweizer Waldmannli» von 1291 führt ihn uns in bisher unbekannten Rollen vor. Betrüblich für ihn bleibt nur, dass diese aufschlussreichen Bekenntnisse im Grunde gar nicht sein müssten, weiss es doch gerade das Geschichtsbuch, das Meienberg Flavio Cotti zur Nachtlektüre nachdringlich empfiehlt, besser, als Meienberg zu wissen vorgibt.

André Holenstein, Bern
(Leserbrief 5. Mai 1990)

Sehr geehrter Herr Holenstein

es freut mich, dass Ihr Meienberg-Bild durch meinen jüngsten Artikel modifiziert worden ist. Tatsächlich nehme ich mir die Freiheit, mich «in neuen Rollen vorzuführen».

Nur, Hand aufs Herz: Haben Sie jemals etwas von mir aufmerksam gelesen? Dann wüssten Sie, dass ich

– kaum je etwas gegen das *liberale Bürgertum von 1848* geschrieben habe; (im Gegenteil)

– gregorianischen Choral und Kathedralen, aber auch «grosse Werke der Dichtkunst» schätze (aber auch die Literatur darüber, z.B. «Le temps des Cathédrales» von Georges Duby). Die Vorliebe des Bildungsbürgertums für dieselben Produkte kümmert mich nicht;

– nie die tumbe Brachialgewalt verherrlicht habe; schon gar nicht, wenn sie von wildgewordenen Korporationen ausgeübt wird;

– in meinem Artikel keineswegs ein «Loblied auf die altbernische Staatskunst» angestimmt, sondern nur festgestellt habe, das alte Bern sei für die politische Entwicklung der Eidgenossenschaft wichtiger gewesen als die Innerschweiz (und im übrigen von einem Jubiläum ausdrücklich abgeraten habe).

Ihr Meienberg-Bild ist vermutlich von dem, was in der NZZ über mich steht, konditioniert worden. Dort allerdings figuriere ich seit Jahren als Rabauke, bösartiger Polit-Schratt und aggressiver Bürgerschreck und werde also ganz in die Nähe der marodierenden Alten Eidgenossen gerückt. Etwas zutreffender finde ich mich jeweils in «Die Zeit», der «Süddeutschen Zeitung», der «Frankfurter Allgemeinen» und in «Le Monde» beschrieben. Vielleicht greifen

Sie einmal zu den entsprechenden Rezensionen, bevor Sie den nächsten Leserbrief schreiben.

Mit zivilisierten Grüssen, N. M.
(5. Mai 1990)

NB: Können Sie mir erklären, inwiefern die Tugenden der Alten Eidgenossen, ob es nun die sogenannte Kriegskunst, die Bündnis-Gründungs-Kunst, die Käse-Exportations-Kunst oder was auch immer sei, im Europa von 1991 uns weiterbringen?

Sehr geehrter Herr Meienberg,
haben Sie vielen Dank für Ihren herzerfrischenden Brief vom 5. d. M. (...)

– Es ging mir mit meinem Leserbrief, wenn Sie mir erlauben, nun zur Selbstinterpretation zu kommen, keineswegs darum, Sie zu ärgern. Dass Sie den Leserbrief als missratene Kurzstudie über Ihr kulturelles und kulturgeschichtliches Selbstverständnis gelesen haben, tut mir leid, geht aber an meinem Anliegen vorbei. Es darf einem, wie Sie richtig bemerken, nicht zum Vorwurf gemacht werden, an gregorianischen Chorälen, gotischen Kathedralen, mittelalterlichen Stadtbildern etc. seine Freude zu haben. Ich habe sie auch. (...)

Stein des Anstosses war für mich, ich spreche nun von Historiker zu Historiker, Ihr – mit Verlaub – schiefes Urteil über die Innerschweizer Geschichte des Spätmittelalters, das mir allzu sehr von aktuellen taktischen Erwägungen (sprich: 1991) (irre)geleitet scheint. Taktik ist es m. E. auch, wenn Sie als Unterstützung Ihrer Auffassung W. Schaufelberger bemühen, mit dem Sie (wir) das Heu doch nicht auf derselben Bühne haben – oder gibt es in Ihrem Œuvre auch hierzu eine anderslautende Stelle?

Der Käseexport, die Brandschatzung von Klöstern, die ennetbirgischen Eroberungszüge, korporatives (Sie nennen es etwas modernisiert «männerbündlerisches») Handeln von Bauern und Hirten – ich denke, wir brauchen uns nicht darüber zu streiten, dass es sich hier durchaus um einige charakteristische Züge der ländlichen Gesellschaft der Innerschweiz im Spätmittelalter handelt. Aber interregionaler Handel mit Naturmitteln und die Sorge um Absatzkanäle, sodann der politisch-rechtlich, weniger religiös

Die Schweiz als Schnickschnack & Mummenschanz

bestimmte Gegensatz zur feudal-herrschaftlich geprägten Kirche, aber auch militärisch betriebene Territorialpolitik sowie die korporative Organisierung sozial-politischer Gruppen gehören zu den Grundstrukturen und -merkmalen der mittelalterlichen Gesellschaft überhaupt. Ich vermag keine Besonderheit der Innerschweiz zu sehen, die es erlauben würde, besondere Kritik zu üben (vgl. etwa die mitunter sehr aggressive Handelspolitik grosser Städte, der besonders in den Städten virulente Gegensatz zu den geistlichen Immunitäten innerhalb der Stadtmauern, die adelige Fehde bzw. landesherrliche Territorialpolitik im ganzen Reich, die bündischen Organisationen von Städten, Fürsten, Rittern, Universitäten, Zünften etc. etc.).

Es geht m.E. auch nicht an, die sog. Waldmannli in die Pfanne zu hauen – excusez l'expression –, indem man ihnen vorwirft, keine urbane Kultur hervorgebracht, keine Kathedralen gebaut, keine literarischen und musikalischen Werke verfasst zu haben. Was soll dieser argumentative Salto mortale? Vor diesem Anspruch versagen ganze Epochen der Menschheitsgeschichte – wohin mit ihnen? Mit diesem Urteil stellen Sie sich zudem – bewusst oder unbewusst? – in eine, wie mir scheint, unheilvolle, weit ins Mittelalter zurückreichende Tradition: in der hochmittelalterlichen Ständeideologie (vgl. Duby: «Les trois ordres»), in Minnesang und höfischer Epik, in der humanistischen Literatur und in den antieidgenössischen Streitschriften des 14.–16. Jahrhunderts perpetuierten Kleriker, städtische Patrizier und Adelige den Topos vom Bauern als unkultiviertem Tölpel, als irrationalen, magischen und sodomitischen Praktiken ausgeliefertem Wesen, das in seiner Entwicklung auf halbem Weg zwischen Natur und Kultur stehengeblieben ist. Auch die sog. bürgerliche Geschichtswissenschaft des 19. und 20. Jahrhunderts gefiel sich darin, den wirtschaftlichen, kulturellen, geistigen und juristischen Fortschritt des Abendlandes exklusiv in den Städten anzusiedeln.

Ich persönlich halte diesem Bild das Urteil von Bauern und Bürgern aus dem 15. und 16. Jahrhundert entgegen: «Wer meret Schwytz/Der herren gytz» (Titelblatt der Bauernkriegsflugschrift «An die versamlung gemayner pawerschafft» (1525), abgedruckt u.a. in: «Illustrierte Geschichte der deutschen frühbürgerlichen Revolution», Berlin 1982, S. 249). Die frühe Eidgenossenschaft übte aufgrund ihrer antifeudalen, antimonarchischen und republikanischen Politik bzw. Verfassung auf die unruhigen Untertanen der Reichsterritorien in jener Zeit eine hohe Anziehungskraft aus (vgl. zum politischen Modellcharakter der spätmittelalterlichen Eidgenossenschaft für die politischen Aspirationen der Bauern und Bürger im Reich das Buch von Thomas A. Brady, «Turning Swiss», 1986).

Die von Ihnen sogenannte Bündnis-Gründungs-Kunst 1291 ff. etablierte im 13. Jh. ff. in einem feudal-adeligen Umfeld städtische und ländliche Gemeinden als autonome politische Gebilde auf der Basis interner und wechselseitiger *coniurationes*. (Dass die Anfänge der Eidgenossenschaft etwas mit Konspiration und Illegitimität zu tun haben, gefällt mir ganz gut.) Gerade hinsichtlich ihrer inneren Verfassung und Rechtskultur stehen die Innerschweizer Länderorte der von Ihnen angerufenen urbanen (Rechts-)Kultur in nichts nach.

Weshalb sich also 1991 an 1291 erinnern? Zum Beispiel, um angesichts der geläufigen Geschichtsbilder und Gründungsmythen wieder einmal herauszustellen, dass Eidgenossenschaft im Grunde kein Synonym für satte Selbstzufriedenheit und politische Verkrustung darstellt, sondern seit den ersten Anfängen etwas mit Modernität, mit Kampf für Selbstbestimmung, mit republikanischer Gesinnung zu tun hatte und weiterhin noch haben muss. Ich könnte mir vorstellen, dass gerade im Europa von 1991 eine Besinnung auf diese Werte nicht völlig abwegig sein könnte. Nach meiner Einschätzung standen die auch von mir geschätzten helvetischen Anhänger der Revolutionsideale oder die Liberalen und Radikalen von 1848 insofern durchaus in einer geistig-politischen Kontinuität mit 1291 und nicht in scharfem Gegensatz dazu (vgl. dazu allein schon die politische Symbolik der Helvetischen Republik).

Ob wir uns in der Schweiz nun 1991 oder 1998 oder vielleicht gar 1994 über die Angemessenheit solcher Interpretationen unterhalten/streiten/in die Haare geraten (Gewünschtes bitte unterstreichen!), scheint mir unwesentlich zu sein – Hauptsache, wir melden uns zu Wort.

Mit ebenso zivilisierten Grüssen

André Holenstein

Die Schweiz als Staats-Splitter

Als simpler Schweizer und also Bewohner eines Territoriums, das seit Jahrhunderten keine Aufblähung mehr erfahren hat, ist man ja wohl nicht befugt, den Bundes-Republikanern ihre Freude über die wunderbare Landvermehrung zu missgönnen. Wir unsrerseits sind schon lange nicht mehr vom Mantel bzw. Wams der Geschichte gestreift worden, jedoch unser historisches Stammhirn erinnert sich noch schwach an die Zeiten, als die Urner das Livinenthal, heute Tessin genannt, zum Beitrittsgebiet erklärten und dann auch gleich noch Mailand annektierten. Unvergessen die Verschluckung des Waadtlandes durch Bern, 16. Jahrhundert, und die Inkorporation des Veltlins durch Graubünden. Mit Fleiss und Zähigkeit haben wir unser Staatsgebiet im Laufe der Jahrhunderte arrondiert, die bessere Buchhaltung und die höhere Technologie und die strengere Religion haben jeweils gesiegt, und wenn auch der Jubel der unterlegenen Tessiner, Waadtländer, Veltliner über den Sieg der Herren nicht so überwältigend war wie heute die Begeisterung der beigetretenen Ostdeutschen, so bringen wir doch einiges Verständnis auf für die jüngst eingetretene germanische Gefühlslage.

Nicht goutieren hingegen können wir den emotionalen Notstand, die ungemein hurtige Aufblähung des Nationalgefühls in gewissen westdeutschen Zeitschriften, das Besteigen eines allzu hohen Rosses und, von dort herunter gesehen, die vorzeitige Minimalisierung unserer Existenz. Kohl, Tod und Teufel noch einmal! Ein bisschen Überschwang ist ja schon recht, haben wir alles auch empfunden im 15./16. Jahrhundert, aber muss denn die Bestaunung der eigenen Grösse – schon jetzt! – umschlagen in eine Verachtung der Kleinheit? Damit könnte man doch noch warten, bis Elsass-Lothringen auch beigetreten ist oder bis Österreich wieder angeschlossen ist oder bis Lettland, Estland, Litauen, Annaberg und das Sudetenland heimgefunden haben, von Sansibar und dem Bismarck-Archipel ganz zu schweigen. Erst nachdem die Deutsche Bank in jene fernen Ebenen vorgestossen ist, wo die deutschen Panzer seinerzeit hingefunden haben, nämlich z.B. in die Ukraine, lassen wir Schweizer uns ridikülisieren. Und nur wenn der deutsche Wüstenfuchs, anstelle eines Amerikaners, den Oberbefehl im Golfkrieg übernimmt, werden wir, der Übermacht weichend, jene Beleidigung kommentarlos schlucken, welche die deutschen Stammesbrüder uns kürzlich servierten.

Aber vorläufig haben wir noch unsern Stolz, oder Stölzchen, begreifen wir uns noch als Staat, nicht als Staats-Fragment, und wenn eine deutsche Zeitschrift die Schweiz, wörtlich so, als *Staats-Splitter* bezeichnet, im Oktober 1990, dann sagen wir energisch: *Halt!* Oder auf französisch: *Halte-là!* (gleichberechtigte Landessprache). Oder in unserm dritten Idiom rufen wir: *Fanculo!* Und fragen uns: Haben wir das Datum richtig gelesen, spielen uns die Augen einen Streich, halten wir ein Blatt aus dem Oktober 1940 in den Händen? Aber nein, das Papier ist druckfrisch/unvergilbt, und im Zeitungskopf steht nicht *Das Reich,* sondern –

was denn? «*Bild am Sonntag*»? «*Nationalzeitung*»?

Nun sind wir zwar einmal vom Heiligen Römischen Reich Deutscher Nation abgesplittert, haben dann aber die Stirn gehabt, uns zusehends als Staat zu gebärden, und auch die Frechheit, uns lange vor der Gründung des ersten deutschen BlutundEisenReichs ein recht gut funktionierendes Staatsleben zu gestatten, unsere erste demokratische Verfassung, ganz ohne amerikanische Hilfe entstanden, datiert von 1848; haben vier Idiome als mehr oder weniger gleichberechtigte Staats-Sprachen akzeptiert, uns obendrein eingebildet, Staat machen zu können ohne Kaiser und Führer. Wir waren ein multikultureller Fast-Staat. Auch unsere Reisepässe (viersprachig), unsere Bundesbahn, unser zentralistisches Postwesen und vorläufig sogar noch unsere Armee deuten daraufhin, dass wir ein Staat sein könnten; ebenso die Hartnäckigkeit, mit welcher sich Schriftsteller wie Frisch und Dürrenmatt als Schweizer zu bezeichnen pflegen. Ausserdem hat man noch nie davon gehört, dass ein Splitter Steuern erhebt; im Normalfall ist das einem *Staat* vorbehalten.

Mag ja sein, dass wir demnächst in Grossdeutschland aufgelöst werden wie eine Brausetablette im Wasser, oder wie die DDR in der Bundesrepublik, erste Anzeichen sind vorhanden – ein beträchtlicher Teil der Schweizer Literatur wurde bereits von Suhrkamp/Deutschland annektiert, und Siegfried Unseld bringt uns von Frankfurt aus bei, was als Schweizer Literatur zu gelten hat

Die Schweiz als Staats-Splitter

(cf.: Weisses Programm Schweiz). Aber im Vertrauen: Nach der erfolgreichen Absplitterung vom Deutschen Reich anno 1648 (Westfälischer Frieden, Verträge von Münster und Osnabrück) und nach einer weiteren Verselbständigung anno 1815 (Wiener Kongress) ist es uns in der Splitterform immer noch ganz wohl, und möchten wir vorläufig noch nicht eingesplittert werden in Kohls *own country*, und der Thurgau (ein Splitter des Staats-Splitters, Grenzregion) geben wir nicht her, sondern, im Gegenteil, wenn wir weiterhin in der «Zeit» lesen müssen: *Die Bundesrepublik steht neben Staats-Splittern (Monaco, Liechtenstein, Schweiz) mit ihrer sozialen Leistung an der Spitze* («Die Zeit» vom 19. Oktober 1990, Gerd Bucerius scripsit), dann werden wir uns Waldshut, Konstanz und Breisach einverleiben und auch die deutschen Ferienhäuser im Tessin und werden zu unserer und der «Zeit» Strafe nur noch die «Neue Zürcher Zeitung» lesen. Übrigens, was ich den Buceriussen nicht verzeihe: dass sie mich zwingen, nach langer Pause wieder Patriot zu werden – schweizerischer.

PS:
Sehr geehrter Herr Meienberg, schon seit langem lese ich die Beiträge von Herrn Bucerius mit Befremden, aber nun hat er mit seinen «Staatssplittern» doch eine merkwürdige Mentalität offengelegt, die ganz im Gegensatz zum Stil der «Zeit» steht. Na, und was heisst hier schon Staatssplitter; wenn man im Stadtstaat Hamburg wohnt! Da kann die Schweiz allemal mithalten.
    Es gibt nur ein Rezept: Einreise und Konten in Zürich sperren!
                        Herzlichst, Werner Beibst, Bielefeld

Sehr geehrter Herr Meienberg! Lieber Eidgenosse!
    (...) Der Ausdruck «Staatssplitter» zeugt von unverfrorener Dummheit. Da kann einem schon das Messer in der Tasche aufgehen; eidgenössisch gesagt: «... dem Tell der Pfeil von der Armbrust schnellen!» Andererseits finde ich Ihre Anspielungen – wohl auch im Spass gemeint? – auf Elsass-Lothringen, Österreich und die deutschen Panzerspitzen in der Ukraine, gelinde gesagt, bedenklich; es entsteht nämlich der Eindruck, als seien manche Eidgenossen geistig im Jahre 1940/41 stehengeblieben. Was Banken in der Ukraine angeht, könnte es Bankleute aus Deutschland durchaus

passieren, dass sie mit «Grüezi» begrüsst werden, wenn sie dort eine Niederlassung eröffnen wollen. Kenner der Szene zwinkern mit den Augen...

Dr. Jörg Mauz SJ, Sophia-Universität, Abt. für deutsche
Studien, Chiyodaku, 102 Tokyo/Japan

Sehr geehrter Herr Meienberg,
   mit grossem Vergnügen habe ich Ihren splitternden Beitrag in der «Zeit» gelesen und mich dabei an unseren Meinungsaustausch, betreffend Innerschweizer Bauern, Schweizersein etc., erinnert.
   Es scheint mir in Ihrem Fall sehr darauf anzukommen, wer sich woher mit der Schweiz anlegt. Solange es darum geht, innenpolitisch für die Sache des Kulturboykotts CH-91 zu werben, kann man, als Schweizer selbstverständlich, über die frühen Eidgenossen und deren Kulturbanausentum herziehen, erfrecht sich aber ein hochfahrender Hanseat wie G. Bucerius, unser Land, zudem in einem Nebensatz bzw. sogar in einer Klammerbemerkung, nebenbei als «Staatssplitter» zu bezeichnen, dann – potz! – gilt es sich zur Wehr zu setzen.
   Zwei Seelen – ach! – in meiner Brust...
Bern, 25. Nov. 1990
Immer noch mit zivilisierten Grüssen

A. Holenstein

Das eigene Leben

Aufenthalt in St. Gallen (670 m ü. M.)
Eine Reportage aus der Kindheit

Aus wirtschaftlichen Überlegungen in die Schweiz getrieben, unter anderem nach St. Gallen, wo ich aufgewachsen bin, denn ein Motorrad kostet in der Schweiz ein Drittel weniger als in Frankreich, weil die Mehrwertsteuer wegfällt, aber wirklich nur gekommen, um diese Maschine zu kaufen und dann sehr schnell zu verzischen hinunter ins Pariserbecken, wurde ich im vergangenen April durch die anhaltend schlechte Witterung und ein für die Jahreszeit unverhältnismässig heftiges Schneetreiben in meiner Vaterstadt länger als geplant zurückgehalten, so dass der knirschend akzeptierte Aufenthalt ein Wiedersehn mit den Gespenstern der Kindheit ermöglichte.

*

Im Vaterhaus noch die Uhren und das alte Holz, die gedrechselten Lampen, ehemalige Ochsenjoche und Spinnräder, die der Vater zu Beleuchtungskörpern umgebaut hatte, drunten in seinem Reich der Drechslerwerkstatt neben der Zentralheizung, wo er auch die Uhren reparierte. Der Vater ist vor zwei Jahren gestorben auf seine stille Art, liegt jetzt auf dem Ostfriedhof unter einem schmiedeisernen Kreuz, von Maler Stecher leicht aufgefrischt. Wenn die Russen dann in St. Gallen einmarschieren, werden sie mit ihren Stiefeln nicht über die Gräber des Ostfriedhofs zu trampeln vergessen, denn sie haben keine Pietät. Das hatten wir in der Schule gelernt beim Lehrer Ziegler zur Zeit des Koreakrieges, im Krontalschulhaus bei den Kastanienbäumen. Die Russen wollten St. Gallen als Einfallstor benutzen, wie schon Hitler. St. Gallen ist ein unübertreffliches Einfallstor, das war ja auch den Hunnen aufgefallen. Der Vater hatte im Hinblick auf seinen Tod schon jahrelang Grabkreuze gesammelt, die nicht benützten hängen jetzt im Keller neben der Waschküche. So hat er vorgesorgt für seine ganze zahlreiche Familie, die jetzt in der Welt draussen zerstreut ist. In St. Gallen geblieben ist keines.

Der Vater war nicht nur ein Grabkreuzsammler, sondern ein

Uhrensammler, in erster Linie. Die Uhren haben ihn überlebt und ticken auf ihre verschiedenen Arten. Die getriebenen Zifferblätter mit ihrem Kupferschimmer, die Bleigewichte, Uhrenschlüssel, die Unruhen in den Uhren, ziselierte Gehäuse, mannigfaltige Töne beim Viertelstundenschlag, mit Samt unterlegte allegorische Figuren, die grünlich getönten Summiswalder, auch zwei seltene Zappeler und eine vom Hofuhrenmacher Ludwigs XIV., Louis Martinot, und die vielen Perpendikel. Es tickte, knackte, tönte aus allen Ecken, es schlich auf vielen Zifferblättern, es ging ringsum, ringsum. Den Vater hatte es schon früh gepackt, so dass er überall im Ausland Uhren suchen musste, aus Wien und vom Flohmarkt in Paris kam er mit barocken Stücken heim. Einmal kam er mit einer Orgeluhr nach Hause, die zwölf verschiedene Volksweisen pfiff, für jede Stunde eine andere. «Jetzt gang i ans Brünnele, trink aber net» war die Einuhrmelodie. Diese Uhr war hörbar bis zur Tramhaltestelle St. Fiden, wo die Leute aufhorchten, wenn es hinausdrang in die Mittagsstille. Eine andere Uhr hat er heimgebracht mit einem ovalen kupfernen Zifferblatt, darauf war ein Lustgarten eingraviert, in der Mitte des Gartens ein Brunnen mit Frauenstatue, die Wasser aus ihren Brüsten spritzte, zwei Sprutz Liebfrauenmilch ins Becken, dem sich höfisch gekleidete Männer näherten, die ihren Frauen unter die Röcke griffen, ca. 1730, aus dem süddeutschen Raum. Wohin sie griffen, habe ich erst in der Pubertät begriffen, vorher war es für mich einfach ein golden schimmerndes Zifferblatt, aber in der Pubertät stand ich oft vor dieser Uhr und spürte meinen Schwengel wachsen. So hat mein Vater die Zeit gesammelt, die ihm sonst viel schneller verrieselt wäre, und hat die Zeit konzentriert in seinem Haus eingeschlossen, die vergangene höfische Weltzeit aus Frankreich und der Donaumonarchie. In dem verwunschenen Haus war alles gerichtet für den Empfang des Kaisers, vergilbte Stiche und Zinnplatten und alte halbblinde Florentinerspiegel und Intarsienschränke und Meissner-Porzellan und die Uhr des Hofuhrenmachers Louis Martinot und Silberbesteck, aber der Kaiser ist nicht gekommen, also füllte der Vater den Rahmen mit den nächstbesten Leuten, die zu haben waren, zu denen er nicht gehörte, zu denen er aber aufschaute, der Vater war nämlich dem Kleinbürgertum zugehörig, christlichsozial gestimmt sein Leben lang, war Revisor bei der Darlehenskasse

System Raiffeisen, beruflich gesehen hätte er Umgang haben müssen mit Prokuristen und Kassierern. Doch der gediegene Rahmen schrie nach einem gediegenen Bild, und darum haben uns die Uhren einen leibhaftigen Bundesrat ins Haus getickt, Holenbein oder Holenstein oder Holbein, ich weiss nicht mehr genau, auch päpstliche Hausprälaten und Gardekapläne und sogar die Witwe Saurer, die Lastwagenerbin aus Schloss Eugensberg. Diese war sehr herablassend. So pendelte der Vater zwischen den Klassen, ein ewiger Perpendikel. Jetzt gang i ans Brünnele, trink aber net. In den Vater war eine Unruhe eingebaut.

Wenn man aus dem Haus nach Norden geht, ist man sofort beim Primarschulhaus. Noch immer die Gerüche aus der Kindheit, die Bodenwichse und der Kiesplatz, nur der Abwart Merz ist nicht mehr da. Und dort hinter der Tür im ersten Stock das Pissoir, schwarz gestrichen, wo der Lehrer Tagwerker, der immer von Müllern und Mühlsteinen und Mühlrädern vorlas, jeden Tag pünktlich um fünf nach zehn brünzelte, es klappert die Mühle am rauschenden Bach klippklapp, man konnte seine Uhr danach richten, wenn man schon eine geschenkt bekommen hatte zur Firmung oder Konfirmation. Wir wurden angehalten, ebenso pünktlich zu brünzeln in der Pause. Nicht alle haben es gelernt, Seppli Allenspach, der immer in löchrigen Strümpfen und mit seiner Schnudernase in die Schule kam vom Hagenbuchquartier herunter und der später in der Nähe des Gaskessels wohnte, hat es nie kapiert, streckte mitten in der Geschichte vom Grafen Eichenfels seinen Arm auf und wollte hinaus, musste sein Wasser zur Strafe dann einige Minuten zurückbehalten. Er ist dann auch in der dritten Klasse sitzengeblieben. Der Lehrer war kein Tyrann, nur sehr ordentlich, er galt als Reform-Lehrer, hatte viele neue pädagogische Ideen, Tatzen haben wir selten bekommen. Bei ihm haben wir auch gelernt, dass man die Tätigkeit des Scheissens nicht Scheissen nennen darf, sondern: ein Geschäft machen, äs Gschäft, auch seichen durften wir nicht mehr, sondern nur noch brünzeln oder brünnele. Sehr jung haben wir gelernt in St. Fiden-St. Gallen, dass ein Geschäft etwas Selbstloses ist, man gibt das Liebste her, das man hat, und verspürt Erleichterung dabei. Oder war damit etwas Schmutziges, aber Naturnotwendiges gemeint? Jedenfalls war Geben und nicht Nehmen gemeint. Rolf Ehrenzeller, der Sohn des Tramkondukteurs, und Seppli Allenspach haben weiterhin geschissen bis weit in die dritte Klasse hinauf, vielleicht machen sie auch heute noch keine Geschäfte, sie hatten Schwierigkeiten mit der neuen Sprache, durften die altvertraute Tätigkeit plötzlich nicht mehr beim Namen nennen. Dem Lehrer Tagwerker bin ich viel später einmal im Trolleybus begegnet und habe ihm seine Krawatte öffentlich straffgezogen, die mir unordentlich gebunden schien. Da wurde er ganz blass in seinem zeitlosen Gesicht, das unverändert in die Welt hinaus glänzt.

Wenn man vom Vaterhaus weg in den Süden geht, kommt man über eine lange Stiege zur Speicherstrasse, die ins Appenzellische führt, hat einen weiten Ausblick über den Bodensee bis ans deutsche Ufer. Zuerst eine Anstrengung auf der langen Stiege, dann der schöne Weitblick. Der Vater nannte das einen lohnenden Spaziergang. Ich war etwa vier Jahre alt, da haben sich die St. Galler in lauen Kriegsnächten dort oben versammelt und nach Friedrichshafen geglotzt, wo ein Feuerwerk abgebrannt wurde bei den Dornier-Flugzeugwerken. Mir schien dort drüben ein besonders lohnender Erstaugust gefeiert zu werden, Geräusche wie von Raketen und Knallfröschen und ein Feuer wie das Bundesfeuer auf dem Freudenberg, manchmal bebte auch die Erde wie beim Vorbeifahren der Speicherbahn, und lustige Feuergarben und Leuchtkugeln standen am süddeutschen Himmel, und über unsern Köpfen war ein dumpfes Rollen, ein Tram fuhr den Himmel entlang. Am nächsten Sonntag predigte der Vikar Hugenmatter in der Kirche von St. Fiden, der sanfte Hugenmatter mit den Haselnussaugen und dem welligen Haar, nahm Bezug auf den Feuerschein, sagte, der hl. Landesvater Bruder Klaus habe die Heimat wieder einmal gnädig behütet, nach der Predigt singen wir das Lied: «O Zier der Heimat Bruder Klaus o Vorbild aller Eidgenossen.» Seit dieser Zeit hat der Vater eine Abneigung gegen die Schwaben gehabt, die er in zwei Aktivdiensten bekämpfte, zuletzt als Brückenwache in Gonten/AI. Der Gefreite Alois M. hat seine militärischen Effekten immer in einwandfreiem Zustand gehalten, die Schwaben sind dann auch wirklich nicht bis nach St. Gallen vorgedrungen, dieser Hitler, der dank dem Frauenstimmrecht an die Macht gekommen ist, wie der Vater immer mit einem triumphierenden Lächeln zur Mutter sagte, wenn die Rede aufs Frauenstimmrecht kam oder auf

Aufenthalt in St. Gallen (670 m ü. M.)

Hitler. Nachdem der Abwehrkampf nach aussen erfolgreich verlaufen war und die Deutschen 15 km vor St. Gallen gestoppt werden konnten, auf der Linie Buchs–St. Margrethen–Rorschach, hat es der Vater sehr empfunden, dass ich ihm lange nach Kriegsende eine Deutsche in die Familie einschleppte, die Byrgit aus Hamburg, die ich vor der Verlobung, die dann nicht zustande kam, einige Tage in St. Gallen akklimatisieren wollte. Aber obwohl Byrgit grosses Interesse für seine Uhren entwickelte, hat der Vater all die Tage kaum ein Wort mit ihr gewechselt. Ich habe damals nicht viel gehabt von der Byrgit und ihren Zitterbrüsten, ihren steifen Wärzchen und flaumig-schwäbischen Schenkeln, wir wurden getrennt untergebracht im ersten und im dritten Stock, der Vater wollte den Lustgarten nur auf Zifferblättern dulden. Es war ein bitterkalter Winter, und wir versuchten auf einen Heustock auszuweichen ins Appenzellische hinauf, verkrochen uns in einen Stall in der Nähe von Trogen, wo damals die Maul-und-Klauen-Seuche herrschte, und alle Ställe mit einem Sägemehlkreis umgeben waren, zum Zeichen, dass man nicht eindringen dürfe wegen Anstekkungsgefahr. Aber wir durchbrachen den Sägemehlkreis, bestiegen den Heustock, schälten uns aus den Kleidern, die Halme stachen ins Fleisch, wegen der Kälte ging es zuerst nicht richtig, als ich endlich in die Byrgit eindringen konnte, tönte ein Hundegebell vor dem Stall, knarrend ging die Tür auf, und ein Appenzeller-Bauer mit seinem Bläss rief: Was treibt ihr dort oben? Die Kleider zusammenraffend, sagte ich: Wir machen ein Picknick, es ist kalt draussen. Der Bauer eskortierte uns auf den Polizeiposten nach Trogen, wo die Personalien überprüft und wir auf die Symptome der Maul-und-Klauen-Seuche aufmerksam gemacht wurden, die wir vielleicht jetzt mit uns herumtrügen. Wer weiss, sagte der Kantonspolizist, denn sie sei auch auf Menschen übertragbar.

St. Gallen und sein Hinterland, Gallen- und Nierenstadt, eine Gegend, wo die Liebe reglementiert war und die Blasen reguliert wurden und die Eingeborenen den wöchentlich einmal stattfindenden Geschlechtsverkehr *mörgele* nannten. Dieser fand im allgemeinen am Sonntagmorgen früh statt. Die Woche über war die Liebe zugunsten der Geschäfte unterdrückt, die Stickereiblüte war mit werktäglichem *mörgele* nicht vereinbar. Die Liebe überall zurückgebunden, sogar im Freudenbergwald sah ich die St. Galler immer nur spazieren. Die Lust hatte sich in Ortsbezeichnungen hineingeflüchtet, und dort bleibt sie auch, Lustmühle, Nest, Freudenberg. Der Freudenberg hat seinen Namen von der Freude, welche die spazierenden St. Galler empfinden, wenn sie auf den gegenüberliegenden Rosenberg blicken, der herrschaftlich überbaut ist durch die Residenzen der reichen Mitbürger, die es durch *ihre* Tüchtigkeit zu einer Villa gebracht haben, während es die meisten St. Galler nur zu einem lohnenden Spaziergang bringen, etwa durch das Tal der Demut zum Wenigerweiher. Sie konnten auch aufblicken zur Handelshochschule, welche den Rosenberg krönend abschliesst, oder den Blick verweilen lassen in der Niederung bei der Strafanstalt St. Jakob, welche den Rosenberg unten säumt. Soweit ich mich zurückerinnern kann, hat man in St. Gallen das Gefängnis nie Gefängnis genannt, sondern immer: Strafanstalt. Nur die Grossmutter, die im ländlichen Thurgau aufgewachsen war und sich nicht gerade genierte, sprach in ihrer unkultivierten Art vom «Chäfig».

Spazieren, bewundern, aufschauen, Erholung für das Volk: spazierend am Sonntag den Reichtum der Reichen betrachten, welchen es werktags geschaffen hatte. Monumente bewundern, über den Klosterplatz, der ins Sonntagnachmittagslicht gebadet war, Sonnenschein am Boden sehen wir und trockenen Staub, nicht jeder kann eine Villa haben, hatten sie in der Schule gelernt, es muss auch Strassenputzer geben, wohin geht sonst der Staub und das Fettpapier, es gibt keine schmutzigen Berufe, und jeder Beruf hat seinen Stolz, lieber ein guter Strassenwischer als ein schlechter Doktor. Sie hatten es nie andersherum gehört: lieber ein guter Doktor als ein schlechter Strassenputzer. Bald aber wird, wie ein Hund, umgehn in der Hitze meine Stimme auf den Gassen. Hat einer gewohnt in der Nähe von St. Gallen, war Hauslehrer in Hauptwil im Landhaus eines sanktgallischen Industriellen, mit einem Strassenputzerlohn, nur zehn Kilometer nördlich im Thurgau, gehörte zur Dienerschaft, kam dem Industriellen billig zu stehen, ass am Katzentisch, hiess Hölderlin Friedrich. Rauscht so um der Türme Kronen/Sanfter Schwalben Geschrei. Wer die Primarschule überlebt hatte, nicht sitzengeblieben und nicht in die Förderklasse oder die siebte Klasse gekommen war, wurde, wenn er nicht ein katholischer St. Galler war, normalerweise im Schatten

Aufenthalt in St. Gallen (670 m ü. M.)

der Klostertürme versorgt, wo die Kath. Sekundarschule liegt, gleich neben der Sparkasse des Kath. Administrationsrates, Mädchen und Buben getrennt, nur in der Schulmesse und für den Lateinunterricht im gleichen Raum. Latein durfte nehmen, wer für einen höheren Bildungsgang vorgesehen war, und das waren zu meiner Zeit wie durch Zufall oft solche, deren Väter auch schon Latein gehabt hatten. Gut so, da konnte der Vater bei den Lateinaufgaben helfen. Latein war ja sehr streng, da konnte man nur die Besten brauchen, es war auch sehr viel Wille verlangt für die fremdartigen Vokabeln, ein gutes Elternhaus zur Unterstützung des Schülerwillens war notwendig. Der Lateinlehrer wurde Präfekt genannt, da waren wir gleich ins alte Rom versetzt. War ein bleicher Kobold, spitz und bleich, hatte es auf der Galle, hatte viel aus den stalinistischen Schauprozessen gelernt, hatte wieder dieses zeitlos pergamentene Lehrergesicht, hatte schon nach der Schlacht von Bibracte den Helvetiern die a-Konjugation eingebläut. Der unvergessliche Präfekt! Nicht dass er ungerecht gewesen wäre, er bewertete streng nach Leistungen, ganz wie Stalin. Beim Zurückgeben der Lateinklausuren hatte er eine Art, seine Teilnahme zu steigern, je weiter die Noten sanken. Je schlechter die Leistung eines Zöglings war, desto genussvoller wurde sie besprochen, gegeisselt, wie ein amputiertes Organ kunstvoll präpariert und herumgezeigt, mit wonnigem Schmatzen ins rechte Licht gestellt. Es waren ungemein scharfsinnige Rezensionen, die uns das zapplige Priesterlein dort bereitete, und bald war der anfängliche Bestand an Lateinschülern auf die Hälfte zusammengeschrumpft. Da ich den Unterschied zwischen Akkusativ und Ablativ immer als pervers empfand und die reinen i-Stämme *sitis turris puppis vis febris Neapolis Tiberis* kaum von den unreinen unterscheiden konnte und überhaupt am römischen Getue wenig Freude empfand, hatte ich bald Anrecht auf die längsten und kunstvollsten Ansprachen des Präfekten, stand fortwährend als oberster akkreditierter Lateintrottel im Mittelpunkt der Aufmerksamkeit. Davon bekam ich eine dicke Haut und hätte mich wohl klaglos mit den Geisselungen abgefunden, *suum cuique*, jedem das Seine, da ich das Latein nicht kapierte, musste ich von niederer Intelligenz sein und hatte die Kasteiungen verdient. Und hätte auch den Lateinunterricht längst quittiert, wäre er nicht in dieser Schule die einzige Möglichkeit gewesen, Cécile E. aus der Nähe zu betrachten, nachdem für alle übrigen Fächer eine strikte Geschlechtertrennung herrschte; in welche Cécile ich mich sehr verliebte. Vielleicht war es nicht nur die Person, sondern auch ihre hervorragenden Leistungen auf dem Lateinsektor, welche die Liebe erzeugten, die unerreichbaren Sechser und Fünf-bis-sechser, zu welchen ich bewundernd aufschauen konnte, denn ihre Leistungen waren monumental. Es war eine ausweglos-tragische Situation. Ging ich weiter ins Latein, so wurde ich regelmässig im Angesicht der still verehrten Cécile E., welcher meine Liebe nicht bekannt war, gedemütigt. Gab ich das Latein auf, so wurde mir der Anblick des sanften Mädchens entzogen. Es war ja damals noch nicht so, dass man sich in der Freizeit treffen, umarmen und lieben durfte, das war in jener Zeit auch den freisinnigen ausgewachsenen St. Gallern kaum gestattet, viel weniger noch den konservativen Halbwüchsigen. Blieb nur die Möglichkeit des stillen Verschmachtens während des Unterrichts, und nach dem Latein konnte man ihr durch den St. Galler Herbstnebel nachschleichen, sah die geliebten Konturen von weitem und ihren Atem in der harten Luft gefrieren. Bald stellte sich heraus, dass sie am Rosenberg wohnte, droben bei den Dichtern, welche die Reichen konfisziert hatten: Lessingstrasse, Hölderlinstrasse, Goethestrasse. Und es kam auch an den Tag, dass ihr Vater Direktor war in derselben Bank, wo mein Vater Prokurist war. Der Abstand zwischen ihrem Vater und meinem war so gross wie die Kluft zwischen meinen Lateinkenntnissen und den ihrigen. Ach, die ferne unerreichbare Cécile dort am Rosenberg, wo Geld, Latein, deutsche Dichter und höhere Töchter den Abhang besetzt halten! Eine ungeheure Gier und Hemmungslosigkeit wären nötig gewesen, um diese Schranke zu überspringen, ein grosser ungezügelter Appetit.

Dass dieser schöne Appetit nicht auflodderte, dafür war der Rektor der Kath. Sekundarschule besorgt, aus ganzer Seele, ganzem Herzen und all seinen Kräften, welche beträchtlich waren. Er hatte immer irgendeine Kampagne gegen die Erotik laufen, ob es nun die Anti-Familienbad-Kampagne war, die Kampagne für eine angemessene Länge der kurzen Hosen, die Kampagne gegen schüchterne Ansätze von Paarbildung auf dem Schulweg, die Kampagne gegen die tödlichen Gefahren des Onanierens. Bei der Anti-Familienbad-Kampagne gelang es ihm, ganz katholisch St. Gallen einzuspannen, vom aufstrebenden christlich-sozialen Politiker namens Fu. bis zu Jungwachtführern und Müttervereinspräsidentinnen. Um die Vermischung der Geschlechter zu verhindern und jeden fehlbaren Zögling sofort im Griff zu haben, hatte dieser Rektor besonders abgehärtete und gegenüber den Verlockungen des Fleisches widerstandsfähige Burschen (oder Porschten, wie man in St. Gallen sagt) in den verschiedenen sanktgallischen Familienbädern postiert, wo sie die Namen der Fehlbaren notieren mussten, welche sodann hinter den gepolsterten Türen des Rektorats einer postbalnearen Massage unterzogen wurden. Es waren dick gepolsterte Türen, aber sie waren nicht undurchlässig genug für die herausdringenden Schreie, wobei es sich in den wenigsten Fällen um Lust-Schreie handelte. Unvergesslicher Rektor, unvergessene Schreie! Ausschweifender, lasziver Rokokobau, im ersten Stock die Stiftsbibliothek mit den alten Manuskripten und der ägyptischen Mumie, der heilige Gallus hat das Christentum aus Irland eingeschleppt, und gleich anschliessend im zweiten Stock das Kabinett des Rektors. Dieser, im Gegensatz zum spitzig-bleichen Präfekten, war ein kolossal wuchtiges Mannsbild mit blauen Porzellanaugen, ein schwitzender Koloss voll unerlöster Männlichkeit, wusste genau, in welchem Glied der Teufel hockte, hat die Höllenpein geschildert, die auf alle Pörschtli wartet, die fahrlässig mit dem Glied spielten. Der heilige Gallus hatte das Christentum seinerzeit gebracht, ohne lange zu fackeln, hatte es den Alemannen aufgehalst, die mit ihren heidnischen Faunen eigentlich gut gefahren waren. Als Medizin gegen die teuflischen Verlockungen empfahl der Rektor kalte Duschen, Abhärtung durch Langlauf und Weitsprung, in besonders hartnäckigen Fällen den Verzehr von Gemüse und, falls unsere Schwänze trotzdem nicht stillhalten wollten und der Saft nach einer gelungenen Abreibung hervorspritzte, einen sofortigen Gang zum Beichtvater, damit er uns die Todsünde nachliesse. Wer nämlich sofort anschliessend an die Todsünde starb ohne beichtväterliche Nachlassung, der fuhr stracks zur Hölle, so stand es in den Beichtspiegeln. Den Genuss von Gemüse hat er übrigens nicht mehr empfohlen, nachdem einst zur schwülen Sommerszeit, als die Mädchenbrüste besonders lustig an der Kath. Sekundarschule vorbeiwippten und es überall nach Fruchtbarkeit roch, ein Zögling mit brünstiger Stimme in den Pausenhof hinunterschrie: Gemüüüse, Gemüüüse!

So war das im Schatten der Klostertürme, im Herzen St. Gallens, dort beim Steinachwasserfall, wo Gallus gestolpert und dann auf die Idee gekommen war, die Gegend mit Christentum zu überziehen. So war das in dieser Schule. *It seems so long ago,* wie Leonard Cohen sagen würde. So weit entfernt und abseits scheint diese Zeit zu liegen, obwohl es erst 18 Jahre her sind, dass man sie nur noch als Archäologe und Paläontologe der eigenen Vergangenheit erfassen kann, so eingeschrumpft und verdorrt wie die Mumie der ägyptischen Königstochter in der Stiftsbibliothek. Und doch steht die Kathedrale noch im alten Glanz, wurde sogar restauriert, wo wir immer zur Schulmesse gingen, wo die vielen geilen Barockengel herumflattern und Maria Magdalena in ihrer Brunst die Hände verwirft und der sinnliche Stuck uns Zöglingen den Kopf verdrehte. Und dann die Kuppel mit der hemmungslosen Durcheinandermischung verzückter Frauen und Männer, besonders schöne Leistung des Barockmalers Joseph Wannenmacher aus Tomerdingen bei Ulm, eine richtige Seelenbadewanne, wenn man sich die Kuppel umgekehrt vorstellte, das schamlose Familienbad mitten im Sakralraum. Manchmal haben wir uns die Kathedrale während langen Hochämtern oder Maiandachten auch als spanische Reithalle vorgestellt, ein vorzüglicher Rahmen für die internationalen St. Galler Pferdesporttage. Erst wenn man die enthemmte Sinnlichkeit dieser Kathedrale kennt, wird man die Leistung des Rektors vollumfänglich würdigen: uns mitten in dieser lüsternen Architektur zur Enthaltsamkeit vergattern, das wäre nicht jedem gelungen. Aber wenn man's richtig bedenkt, lag es eventuell doch in der Natur der Sache. Der Barock stachelte unsere Sinnlichkeit an, und weil die Sinnlichkeit nirgendwo anders herauskonnte, mussten wir sie voyeurhaft am Barock befriedigen. Der Präfekt hätte gesagt: Diese Kunst ist *terminus a quo* und *terminus ad quem.* Der Barock biss sich in den Schwanz, wie man vielleicht sagen könnte. Die Brunst konnte aber nicht nur zu den Augen hinaus, sondern auch über die Stimmbänder entweichen, indem die Zöglinge dem Domchor beitraten. Der Domchor war weiterum berühmt für die Qualität seiner Aufführungen.

Die nächste Anstalt in St. Gallen, in die ich gesteckt wurde, war die Kaserne auf der Kreuzbleiche. Es war noch nicht die Zeit der Dienstverweigerer und auch nicht die Zeit der Aufrührer, die gerne in der Rekrutenschule ausharren, weil man dort schiessen lernt. Die Kaserne war überhaupt nicht mehr barock, sondern im klassizistischen Stil gehalten, wie das Schlachthaus und die Kantonsschule. Der Klassizismus entspricht dem aufblühenden Bundesstaat, so wie der Barock dem absterbenden Ancien régime der sanktgallischen Äbte entspricht. Das Schweizerkreuz auf den Militärwolldecken musste sich immer genau im Zentrum der eisernen Betten befinden. Das sanktgallische Liktorenbündel, die sogenannten *fasces,* war hier nirgends zu erblicken. Neue Manieren wurden eingeführt, eine Steigerung der Sekundarschulmanieren fand statt. Man musste den Vorgesetzten, welche an ihrem feinen Tuch erkennbar waren, seinen Namen über fünfzig Meter weit lauthals entgegenschreien. Sie nannten es grüssen oder melden. Ärschlings musste man sich eine grosse Verkniffenheit und Straffung angewöhnen. Sie nannten es strammstehen. Der Feldweibel prüfte die Strammheit der Arschmuskeln. Sollte ich einst liegenbleiben in der blutüberfüllten Schlacht, sollt ihr mir ein Kreuzlein schneiden auf den dunklen tiefen Schacht. Die Armee dient sowohl der Abwehr von Angriffen von aussen als auch der Aufrechterhaltung von Ruhe und Ordnung nach innen. Die Ordnung des Lehrers Tagwerker wurde in letzter Instanz auf der Kreuzbleiche garantiert, ebenso die Ordnung am Rosenberg. In der dritten Woche war Bajonettexerzieren. Parade vor, Parade rückwärts, Leiche abstreifen hiess der Befehl, dazu wird eine Bewegung mit dem aufgepflanzten Bajonett ausgeführt, indem man zuerst horizontal in den Feindkörper hineinsticht, der vorläufig noch imaginär war, und sodann den Leichnam mit dem linken Fuss abstreift, dabei mit dem rechten Fuss Posten fassend. Nachdenklich geworden, weil uns in der Kath. Sekundarschule die Liebe zum Feind eingeflösst worden war, auch das Hinhalten der linken Wange, wenn der Rektor auf die rechte geschlagen hatte, und weil wir die Feindesliebe so weit getrieben hatten, sogar den Rektor und Präfekten zu lieben, liess ich mich bei Leutnant R. für die Sprechstunde vormerken, die immer nach dem Hauptverlesen stattfand. Kommt nur zu mir, wenn ihr ein Problem habt, hatte er gesagt. Leutnant R. hörte sich mein Problem an: Warum sollten wir einen abstrakten Feind abstechen, wenn wir bisher unsere konkreten Peiniger in der Schule hatten lieben müssen?

Er lächelte kurz und sagte: Sie sind doch Katholik, oder? Also dann. Die schweizerischen Bischöfe haben erklärt, dass die Ableistung des Militärdienstes mit dem christlichen Gewissen vereinbar ist. Ich hoffe, damit auf Ihre Frage geantwortet zu haben.

Seit diesem Gespräch hatte es mir in der Rekrutenschule, obwohl man dort viel Nützliches über den Umgang mit Sprengkörpern lernt, nicht mehr richtig gefallen wollen, und nach insgesamt drei Wochen Aufenthalt in dem langgestreckten klassizistischen Gebäude war der Dienst für mich zu Ende. Ich hatte ein altes Röntgenbild finden können, welches unerträgliche Schmerzen an der Wirbelsäule nachwies, einen alten Scheuermann. Mein Vater schaute bitter auf den dienstuntauglichen Sohn, als ich in Zivil nach Hause kam. Jetzt musst du Militärersatz zahlen, sagte er, und das Militär hätte dir gutgetan.

Als das Wetter aufhellte und die Gespenster im Schneetreiben untergegangen waren und das Motorrad strotzend bereitstand für die Fahrt in eine mildere Stadt, schlenderte ich mit B. noch ein wenig durch die Altstadt, Metzgergasse, Goliathgasse, Augustinergasse. Vieles hat sich geändert seit jenen Zeiten, sagte B., eine gewisse Humanisierung hat auch hier stattgefunden, wollen jetzt abschliessend eins trinken. Wir tranken Rotwein im Restaurant «Alt-St.-Gallen», an der Augustinergasse. Das ist eine freundliche Pinte mit falschem Renaissancetäfer und falschen Butzenscheiben, wodurch der Eindruck des Alten entsteht. Rentner und Arbeiter, auch ausrangierte Huren verkehren hier. Die Wirtsstube mit niedriger Decke und gemütlich, Stumpenrauch, Sangallerschöblig, Bratwörscht, Bierflecken, Stimmen. Und die Sanktgaller Freisinnigen, welche jetzt die Wiedereinführung der Todesstrafe verlangen? Nach einiger Zeit sagte er, zur Serviertochter gewandt: Fräulein, könnten Sie uns einmal den Schrank dort öffnen? Das Fräulein öffnete den Schrank für eine Gebühr von 20 Rappen. Eine Guillotine kam zum Vorschein, kein nachgebautes Modell, sondern eine richtige Guillotine aus dem Anfang des 19. Jahrhunderts, ein fahrbares Stück, das in Süddeutschland auf den Dörfern gedient hatte. Die Serviertochter nannte sie Güllotine. Früher sei sie offen im Restaurant gestanden, sagte das Fräulein, aber weil die Leute sie immer

Aufenthalt in St. Gallen (670 m ü. M.)

betätigen wollten und das Fallbeil heruntertätschen liessen, habe man die Güllotine einschliessen müssen, sie sei ausserordentlich heikel, und man könne sie nicht versichern. Wo normalerweise der Nacken liegt, ist jetzt ein Holzscheit mit einer tiefen Kerbe zu sehen.

Wach auf du schönes Vögelein

Die Krippenfiguren stammten vom Bildhauer Meier, Wilhelm Meier, draussen am Stadtrand im «Hof Tablatt» wohnte der weissbärtige, Kaiser-Wilhelm-bärtige Meier, den wir am Nachheiligtag regelmässig besuchten in seinem Atelier, das an ein altes Bauernhaus angebaut war, wo seine Frau, die etwas Inniges hatte, uns mit Guetsli bewirtete, und kamen dann jeweils immer mit mindestens *einer* neuen Krippenfigur zurückgetrippelt nach St. Fiden, und die Figuren wurden im Laufe der Jahre immer ein bisschen abstrakter, weil Wilhelm Meier sich in dieser Richtung entwickelte, ohne jedoch das Figurative ganz zu vernachlässigen, weil er sonst von der Stadt keine Aufträge mehr gekriegt hätte, aber waren dann immerhin Ochs & Esel, welche der Vater, im Familienkreis *Vati* genannt, zur Zeit des Koreakrieges erwarb, in ihrem Stil doch recht verschieden von Maria & Josef, die er früher im Aktivdienst beim damals vermutlich noch nicht schneebärtigen Meier erstanden hatte; so dass von einer homogenen Krippengesellschaft nicht die Rede sein konnte, sondern erkleckliche Unterschiede bestanden, ganz wie bei den *Gschwüschterti,* die sich deutlich voneinander abhoben und von denen im Laufe der Jahre ein halbes Dutzend zur Welt gekommen waren. Ursi kam nach mir; zu den andern schaute ich auf. Sie hatte blonde Zapfenlocken, und in der ersten Klasse, als ich entdeckte, dass die Väter von mindestens zwei Schulkameraden, nämlich Benteli und Hungerbühler, ihre Familien sonntags im Auto spazierenführten, manchmal bis nach Rimini hinunter, soll ich auf die Frage der Mutter, was mir denn lieber sei, ein kleines Schwesterchen oder ein Auto, für beide reiche der Verdienst des Vaters nicht, geantwortet haben:

Es Auto, Chind hämmer jo scho gnueg; und so die Mutter, welche mit der korrekten Antwort rechnete, betrübt haben.

Weihnachten wurde präpariert durch den Advent, welcher mit dem Dezember begann und sich durch die sogenannten Rorate-Messen und den Verzicht auf Naschwerk auszeichnete. Alle Zeltli, Schleckstengel, jedwedes Zuckerwerk, Schokolade und andere Naschbarkeiten, die man sonst beiläufig verzehrte, wurden im Monat Dezember strikte in einem Porzellanbehältnis aufbewahrt und dem Heiland zuliebe, der bald den Himmel aufreissen würde, bis Weihnachten akkumuliert. Da stand diese Schüssel im Buffet, im Esszimmer, frei zugänglich, und es war eine harte Askese, eine innerweltliche, nicht zu naschen vor Weihnachten, sondern eben sich zu beherrschen und zu verzichten, obwohl die Süssigkeiten sich bedrohlich vermehrten und an Weihnachten manches nicht mehr im frischesten Zustand sein würde, und es war auch nicht so, dass man, wenn die Schlecklust ausnahmsweise mit uns durchging, von der Mutter bestraft worden wäre, nur der *Heiland*, sagte sie, sei dann etwas traurig, und die Blicke aus ihren notorisch blauen Augen wurden ganz durchdringend; und so beruhte alles auf freiwilliger Basis. Diese Tätigkeit des freiwilligen Verzichtens nannte man: *äs Öpferli bringe*. Die Rorate-Messen begannen um sechs Uhr; man sang zuerst TAUET HIMMEL DEN GERECHTEN, WOLKEN REGNET IHN HERAB, es gab Schnee, und der Drogist Egli sang sehr schön, wenn auch etwas gequetscht. HARRT SEIN VOLK IN BANGEN NÄCHTEN, IN DER SÜNDE DUNKLEM GRAB. Da hörte man auch den Büchsenmacher Werner, den Doktor Romer, der uns im Frühling die Warzen mit einem böse zischenden, bläuliche Funken erzeugenden Gerät von den Fingern brannte, den Schlosser Lehner und den Bäcker Lehmann herrlich singen, aber auch den Drogisten Rutishauser aus dem Krontal, welcher ein Konkurrent des Egli war, und ihre Stimmen transzendierten eine halbe Stunde lang ihr Handwerk, und in kultureller Hinsicht war dieser Tagesbeginn mindestens so gelungen wie ein von Radio 24 berieselter, schweigend hingenommener, ingrimmig gehasster Zürcher Morgen, der mir eben jetzt wieder vor dem Fenster dämmert, 8050 Oerlikon.

Es kommt ein Schiff geladen, bis an sein höchsten Bord, trägt Gottes Sohn voll Gnaden, des Vaters ewig Wort.

Der Vater war beim Morgenessen schweigsam, tunkte die Möcken in den Kaffee, schälte einen Gerber-Käse aus dem Silberpapier, Gerber-Schachtelkäse, der so zum Morgenessen gehörte wie die Nachrichten der Schweizerischen Depeschenagentur zum Mittagessen, welches recht pünktlich mit dem Zeitzeichen aus Beromünster begann. Es gab nicht mehr viel Metaphysik tagsüber, das Adventliche blieb auf die frühen Morgenstunden konzentriert. Im Buffet drohten die Süssigkeiten, schlummerte die stetig wachsende Versuchung, täglich wuchernde Anhäufung, das ausufernd

Gut-Böse, das Anziehend-Abstossende. Ein Ausweichen war nur möglich, indem man die Grossmutter, die im obern Stock wohnte, besuchte, ihr Territorium wurde nicht so scharf vom Heiland kontrolliert, sie war eine Art Gegenmacht im Haus, und was man bei ihr lutschte, war in religiöser Hinsicht wie nicht gelutscht. Die kleine Schwester Ursi und ich haben es denn auch sehr bedauert, dass sie zusehends hinfälliger wurde und, weil etwas schwabblig auf den Beinen, ihren harten Thurgauerkopf mit zunehmender Häufigkeit gegen ein Möbel schlug und verletzte. Immer nämlich, wenn es im obern Stock rumpelte, schlichen wir uns mit angehaltenem Atem hinauf, angezogen/abgestossen, und waren gespannt, ob sie wohl ein Loch im Kopf habe, oder gar schon tot sei, oder unverletzt geblieben sei. Viel Blut floss meist nicht.

*

An Weihnachten war es dann schön. Alle glaubten daran in der Familie, und es stimmte. Es stimmte mehr als die profanen Feste, die ich seither erlebt habe, aber es stimmte nur, weil man glaubte, und als ich im Internat Camus zu lesen begann, wurde das Weihnachtsgefühl beschädigt: aber weder Camus noch Sartre, noch Foucault haben mir später ein Fest beschert, und auch keine linke Partei, oder doch nur eines im Kopf. Es stimmte damals vielleicht, weil man klein war und am 24. Punkt zwei Uhr nachmittags der Run auf die gehorteten Schleckwaren begann und eventuell die Märklin-Lokomotive unter dem Christbaum lag, aber vor den Geschenken, bitte sehr, das Weihnachts-Evangelium und die Lieder. Das Evangelium wurde in aller Regel vom ältesten Bruder vorgetragen, und die Botschaft war eigentlich nicht schlecht, auch wenn seine Stimme ein bisschen zitterte. Man hörte sich das stehend an, und es begab sich aber zu jener Zeit, dass diese Worte nicht als aufgesetzt empfunden wurden, trotz der Feiertagsgewänder, und nicht als lebensfremd, und es war nicht kitschig, auch wenn der Vater manchmal nasse Augen bekam vor Ergriffenheit und dann kurz ins Badzimmer verschwand, bevor er auf seiner Querflöte, die er nur einmal im Jahr benutzte, die Melodie von TOCHTER ZION, FREUE DICH, JU-U-U-U-UBLE LAUT, JE-RU-U-U-SALEM so laut und falsch pfiff, dass man ihm, dem stillen, in sich gekehrten Mann, den Jubel glaubte (Händel). Niemand dachte bei «Tochter Zion» an den Zionismus, und Jerusalem war eine Traumstadt. Die Querflöte wurde vom Klavier und von der Geige und der Blockflöte begleitet und von zwei- bis dreistimmigem Gesang, man konnte die Rührung verscheuchen, indem man möglichst kräftig sang, die Mutter stand im Hintergrund und summte leise mit, weil, gesanglich war sie nicht stark, und die Stube, welche der Vater in seiner soignierten Art SALON nannte, mit französischer Aussprache, obwohl sie dafür viel zu klein war, platzte vor Musik aus allen Nähten. LIEB NACHTIGALL WACH AUF war übrigens auch ein beliebtes Weihnachtslied, WACH AUF DU SCHÖNES VÖGELEIN. Über dem Klavier hingen vier alte Stiche, die Geschichte vom verlorenen Sohn erzählend, aus dem 16. Jahrhundert, JOHANN SEBALD BEHAM FECIT, die hatte der kunstsinnige Vater, der wenig Geld, aber guten Geschmack besass, vom sauer Ersparten gekauft, war er doch als Revisor des Verbandes Schweizerischer Darlehenskassen weit im Lande herumgekommen und hatte immer wieder eine Möglichkeit erspäht, sein Haus mit bedeutsamem Zierat, der den Geschmack seiner sechs Kinder bilden sollte, auszustaffieren.

Die Feier tönte nicht kitschig, weil sie den Alltag verlängerte, sozusagen sein Kulminationspunkt war. Die Mutter zum Beispiel hatte die Botschaft von der Gleichheit aller Menschen – Gleichheit *vor Gott*, aber Gleichheit alleweil – wirklich kapiert und praktiziert, und in ihrem Gefolge hatten die sechs Kinder fast keine andere Wahl, als diese auch zu glauben, und von der Gleichheit ausgehend, wurde auch Gerechtigkeit angestrebt. Man hörte zum Beispiel, dass es wichtigere Dinge im Leben gab als Geld. Man wurde von der Mutter, welche ihr Schwiegersohn Kurt «La reine mère» nannte, dahingehend instruiert, dass alle Menschen gleich viel wert seien und oft nur das Spiel des Zufalls den einen zum Reichen, Mächtigen und den andern zum Armen, Verschupften gemacht habe, dass auch in allen so etwas Ewiges lebe, in den Reichen und Arroganten allerdings vielleicht ein bisschen weniger als in den Stillen und Kleinen; und dass man nicht der Autorität, sondern den Argumenten zu folgen habe, weil nämlich jeder, im Zeichen der Gleichheit, über den eigenen Verstand verfüge. Dadurch hat sie mindestens einen ihrer Söhne, welcher auch nach der Kindheit glaubte, es komme im Leben auf die Macht der Argumente, nicht auf die Argumente der Macht an, in permanente Schwierigkeiten gestürzt. Allerdings konnte es auch ein Zeichen von besonderer Auserwähltheit sein, wenn ein Kleiner dank eigener Tüchtigkeit und Strebsamkeit zum Millionär wurde, wie ihr Bruder, der tüchtig akkumulierende, und dieses, obwohl der Vater nur einen kleinen Gemüsehandel betrieben hatte, und auf diesen *self made man*, der im Alter von dreissig Jahren die Matura (Institut Juventus) gemacht und später sich noch den Doktortitel geholt hatte, war sie stolz, und natürlich hätte sie *auch* gerne studiert und einen Titel geholt, das machten dann zwei ihrer Söhne für sie, der eine davon mit knapper Not. So einen Treibsatz bekam man eingebaut in der Familie, einen Stolz nach aussen, natürlich gepaart mit christlicher Demut nach innen – vor der Mutter. Sie war keine künstliche Mutter. Zum Beispiel hatten wir gelernt, dass man sich nicht ducken soll, wenn möglich, dass Lehrer und Pfärrer nicht immer recht haben, weil sie Lehrer und Pfärrer sind, und wenn diese Autoritätsfiguren zu Hause reklamierten wegen angeblicher oder wirklicher Verfehlungen eines ihrer Kinder, so wurde die Reklamation streng auf ihren Wahrheitsgehalt hin abgeklopft und erst dann, je nach Lage der Dinge, Lehrer/Pfarrer *oder* Kind ermahnt. Die Autorität hat bei ihr nie automatisch recht gehabt, nur weil sie Autorität war, und wenn sie zur Überzeugung kam, dass in der Sonntagspredigt irgendein theologischer Gedankengang nicht stimmte, stellte sie den Prediger nach dem Gottesdienst mit aller gebotenen Energie zur Rede, wobei der Fehlbare mit Blicken aus ihren notorisch blauen Augen angebohrt wurde wie der heilige Sebastian von den Pfeilen.

*

Aber im Singen war sie nicht so stark, drum summte sie die Melodien nur mit und schaute mit ein bisschen Abstand auf das gelungene Konzert an Weihnachten, während der Vater, der eher an Autoritäten glaubte und an gewissen Personen hinaufschaute, auf seiner umständlich zusammengesetzten Querflöte pfiff; er hat punkto Autoritäten wenig Einfluss gehabt in der Familie, weil er angenehm still war und sich zurückhielt und eigentlich nur, wenn er für Bundesrat Etter schwärmte, mit dem einen Briefwechsel zu haben ihm eine grosse Ehre war, oder für den päpstlichen Gardekaplan Monsignore Krieg schwärmte, etwas unangenehm auffiel, aber einen Vorwurf gegen den Vater wird man daraus nicht ableiten, er hatte vielleicht keine andere Wahl, denn um der mordsmässigen Autorität der Mutter, welche auch stärkere Männer als ihn umgeworfen hätte, etwas entgegenzusetzen, musste er mindestens einen Bundesrat und einen päpstlichen Gardekaplan in die Waagschale legen. Hatte er nicht denselben Bürgerort wie Bundesrat Etter, nämlich Menzingen/ZG, das früher für sein Kloster bekannt war und heute für seine Bloodhound-Raketen? Das war doch gewiss Grund genug, in einen Briefwechsel mit Bundesrat Etter einzutreten, der in seiner eckigen Schrift ihm mehrere Briefe geschrieben hat, mit vorzüglicher Hochachtung, Ihr Philipp Etter. Die lagen dann noch jahrelang neben dem Pfeifentabak in der linken oberen Schublade des Buffets.

Nach den eher fröhlichen Liedern kamen die Geschenke; das kennt man. Kerzenduft erfüllte natürlich mittlerweile die Stube. Und auf dem Esstisch bibberten die Sülze, welche der Revisor vorher in der Badewanne gekühlt hatte, in ihren schönen blechernen Formen. Dann wurde gespiesen, in den spätern Jahren, als Felix seine Braut nach St. Gallen gebracht hatte, mit französischem Einschlag. Dieser hatte nicht, wie es vermutlich den Träumen des Vaters entsprochen hätte, Susi geheiratet, des renommierten Doktor Romers Tochter, sondern Madeleine aus Paris, die von einem Elektriker abstammte, aber immerhin einem aus Paris. Crevetten sah man zum ersten Mal, Gigot war auch noch wenig bekannt. Es kamen jetzt französische Weihnachtslieder auf, *il est né le divin enfant* und dergleichen. Der zweitälteste Bruder verlor etwa zu dieser Zeit seinen Namen Peter und wurde auf den Namen Hildebrand umgetauft und liess sich die Haare ganz kurz schneiden, weil er ins Kloster eintrat, und eine Schwester, die schönste in der Familie, verlor ihren Namen Vreni und wurde auf Sœur Marie-de-Saint-Jean-l'Évangéliste umgetauft, weil sie den Schleier nahm, und so hatten beide ein Öpferli gebracht, der eine in Fribourg, die andere in der Normandie, das Kloster hiess *La Délivrande;* und ohne die beiden Musikanten, welche die Religion uns weggenommen hatte (Geige und Klavier), war die Weihnachtsmusik nur noch halb so bedeutend, der doch etwas ungeschickt pfeifende Vater fiel jetzt mit seiner mangelhaft trainierten Querflöte viel stärker auf.

Nach dem Essen dann die Christmette; das kennt man. In späteren Jahren zog es die geschrumpfte Familie in den Dom, dort wurde die schönste Musik geboten in der Stadt. Noch später, auf dem ersten Schallplattenapparat, der auch auf Weihnachten gekauft wurde, kurz nach der Ungarnkrise, hörte man ein perfektes Weihnachtsoratorium, das alles in den Schatten stellte, DEUTSCHE GRAMMOPHONGESELLSCHAFT/ARCHIVPRODUKTION. Die Musik wurde raffinierter, aber man machte sie nicht mehr selber, und der Glaube nahm ab, wenigstens meiner. Er konnte Camus nicht widerstehen, dessen heroische Melancholie dem Gymnasiasten sehr gefiel. Im Dom dirigierte Kapellmeister F. mit ausdrucksstarken Händen, und von ihm war in der Familie bekannt, dass er in seiner Jugend für die Mutter eine Neigung gehabt hatte, die er jedoch nie so deutlich artikulierte, dass es der Mutter genügend aufgefallen wäre; erst nach der Heirat erfuhr sie etwas von F.s bis anhin verheimlichten Gefühlen, und so konnte sich der Gymnasiast denn während des Weihnachtsoratoriums vorstellen, wie er doch vermutlich ganz anders herausgekommen wäre mit einem Kapellmeister als Vater, wie gern er den berühmten Namen des F. getragen und so viel weniger Schwierigkeiten beim Einstudieren und Üben des WOHLTEMPERIERTEN KLAVIERS gehabt hätte. Der Vater sass neben ihm in der Kirchenbank, ahnte nichts von den Gedanken des Sohnes, pries nach der Mette die musikalischen Führungskünste von Kapellmeister F., und dann ging man nach Hause, nicht ohne die Spektabilitäten und Honoratioren der Stadt, welche sich auf dem Domplatz breitmachten, zu grüssen, wobei der Vater seinen Hut dann angelegentlichst nach allen Seiten lüftete.

O du weisse Arche am Rand des Gebirges! (1133 m ü. M.)
Eine Erzählung

Die Ankunft möglichst lange hinauszögern. Die Rückkehr nicht so brüsk erleben. Samstags um fünf Uhr, so war vereinbart worden, werde man sich zuerst in der Krone treffen, zum Aperitif, hatte Augustin, der die Einladungen verschickte, uns wissen lassen, und man werde später gemeinschaftlich soupieren im Hotel Soundso und sonntags früh sich zur Klassenfoto versammeln und dann zur Messe gehen, mit Predigt unseres ehemaligen Klassenkameraden Giovanni, anschliessend die Ausgrabungen (innerer Klosterhof, 8. Jahrhundert) in Augenschein nehmen und sodann von den Mönchen, unsern ehemaligen Lehrern, zu Tisch gebeten werden im Gastsaal des Konvents, wonach dann schliesslich zum Ausklang das gemütliche Beisammensein in einem Restaurant erfolge.

Ausgrabungen.

Beisammensein. Es sollte gedacht werden, anlässlich des fünfundzwanzigsten Jahrestages der Matura (Typus A): unseres langjährigen Beisammenseins in der Klosterschule von D.

Gemütlich?

Gemütlich jedenfalls von Domat-Ems die alte rechtsrheinische Strasse hinaufgefahren, über Versam/Valendas. Also nicht die Schnellstrasse über Flims, sondern die Mäanderstrasse, welche sich windet und schlängelt wie tief drunten der Rhein in seinem Canyon und durch alte, fast unzerstörte Dörfchen führt, durch das alte Graubünden nach Ilanz. *Nicht liebt er es in Wickelbanden zu weinen,* hatten wir in der Klosterschule gelernt, und das war auf den jungen Rhein gemünzt, den Brodelnden, Ungestümen. *Ein Rätsel ist reinentsprungenes.* Er war immer kalt gewesen, fast wie Gletschermilch, und schwimmen konnten wir darin nicht. Ein Schwimmbad gab es auch weit und breit keines, mit dem Wasser wurde sparsam umgegangen, 1955, in meinem ersten Internatsjahr. Damals konnten wir jede dritte Woche einmal in den Einzelkabinen im Keller des Zellentrakts duschen, aber natürlich immer mit Badehose, obwohl die Gummivorhänge streng geschlossen waren und Pater Godehard, der Präfekt, wie man die Aufsichtsperson nannte, zwischen den Kabinen, das Brevier in der Hand, patrouillierte, während aus allen Kabinen der Dampf quoll. Pater Godehard war zugleich unser Deutschlehrer, und in dieser Eigenschaft liebte er meine Aufsätze, während er mich in seiner Eigenschaft als Präfekt nicht riechen konnte, denn ich hatte Schwierigkeiten mit der Disziplin. Godehard hat uns viel Hesse vermittelt.

Versam, Valendas, Ilanz. Der Uhren- und Bijouterieladen der Familie V. ist noch an der alten Stelle, das beruhigt. In diesem Haus – sehr hablich! – ist doch Hanspeter aufgewachsen, der etwas Überlegenes, Gediegenes hatte, Sohn aus gutem Hause, angelsächsisch *cool,* und uns nervte mit der Pommes-frites-Pfanne seiner Mutter (sogenannte *Friteuse*). Pommes frites waren damals eine Delikatesse, von der man in D. nur träumen konnte, das Essen war oft trist, aber für 1500 Franken Pensions- und Schulgeld pro Jahr (alles inbegriffen) war wohl kein besseres zu haben, und so träumten wir denn von Pommes frites, und Hanspeter drangsalierte uns mit den Erzählungen von dieser speziellen Pommes-frites-Pfanne, die noch nicht im Schwange war und eine unerhörte Knusprigkeit garantiere, und seine Mutter war eine der seltenen Besitzerinnen des Utensils. Hanspeter hatte ausserdem noch Beethoven in seinem Köcher, die Familie besass einen modernen Plattenspieler und etliche Platten der *Deutschen Grammophongesellschaft,* die er triumphierend herumbot im Internat.

Ob Hanspeter wohl auch kommt heute abend?

Ilanz, Tavanasa, Truns. Die Landschaft noch unverstellt auf dieser Strecke, wenig Überbauungen, aber die Strasse ist breiter und jetzt überall geteert. Daneben die Rhätische Bahn, die uns nach den Ferien jeweils hinauftransportiert hat. Das Würgen im Hals, wenn man an die Rhätische Bahn denkt und an das Ferienende. Die geflochtenen Koffer mit den Lederriemen.

Ob Reto wohl auch kommt?

Bruno kann nicht kommen, das habe ich telefonisch erfahren, er ist Dramaturg an einem grossen ausländischen Theater und hat ausgerechnet heute abend eine Galavorstellung. Um Bruno habe ich heftig geworben im Internat, er war irritierend hübsch und gar nicht dumm und mit Stefan, dem Klassenprimus, befreundet, der in allen Fächern Spitzenresultate erzielte, einen reinen Sechser hatte der als Endnote in der Matura. Stefan bewunderte man, und Bruno ... liebte man ihn? Er hatte eine starke Aura, wirkte zerbrechlich, der kleine Asthmatiker war aus gesundheitlichen Gründen in die Bergluft hinaufgeschickt worden, wo er stracks genas. *An ihrem Duft gesundet, wenn er ihn gläubig trinkt*, hiess es im Marienlied. Brunos Vater besass ein Schlösschen im Thurgau, dort konnte man sich Bruno gut vorstellen. Er hatte etwas Intensives, und ich versuchte ihm mit meinen Bachkenntnissen auf dem Klavier Eindruck zu machen, zwei- und dreistimmige Inventionen, Beethoven war bereits von Hanspeter annektiert.

Wenn Reto kommt ... Reto ist Regierungsrat geworden in Graubünden (CVP), aber war es nicht lange, weil er einen Titel führte, den er nicht erworben hatte (lic. oec.). Warum er nur auf diesen Titel so grossen Wert legte, man konnte doch auch ohne ein guter CVP-Regierungsrat sein. Der «Beobachter» hat die Sache dann aufgedeckt, und mich hat es gejuckt, und glaubte einen Artikel schreiben zu müssen in der kleinen bündnerischen Zeitschrift «Viva», weil Reto nämlich überhaupt nicht ans Demissionieren dachte und die Sache mir ungerecht vorkam, ein *Linker* mit falschem Titel wäre sofort aus dem Amt entfernt worden – hatte man uns nicht in der Klosterschule das Gerechtigkeitsgefühl eingepflanzt? Ungerecht war mir auch vorgekommen, dass die schüchternen Bergbauernsöhne in unserer Klasse, die *Romontschen*, wie die Unterländer sie nannten, nur unter grössten Opfern studieren konnten, Stipendien gab es nicht, der Stolz eines ganzen Dorfes ruhte dann auf ihnen, erdrückte sie aber auch fast, man kratzte das Geld mühsam zusammen und hoffte, dass der Jüngling nach der Matura Priester werden möge und so das in ihn gesteckte Kapital mit himmlischen Zinsen zurückzahle; während z.B. der privilegierte Reto, Begabung hin oder her, einfach schon deshalb ins Internat gesteckt wurde, weil sich das bei wohlhabenden Familien so gehört, rein aus Gewohnheit. Der Artikel in der Zeitschrift «Viva» muss dann etwas scharf geraten sein, obwohl er eigentlich satirisch gemeint war, und soll schliesslich zur Demission des Regierungsrates beigetragen haben, was nun allerdings nicht in der Absicht des Schreibenden gelegen hatte, der sich eher darüber amüsiert hatte, dass dem lustigen Reto die Maskierung einige Jahre lang geglückt war; und wie der Schuster von Köpenick eine militärgläubige Gesellschaft mit der Hauptmannsuniform narrte, hatte unser Reto in der titelgläubigen Provinz eine Zeitlang mit Erfolg seine luftige Dekoration herausgehängt: lic. oec.

Wenn Reto kommt, gibt es vielleicht Handgreiflichkeiten. Das könnte man ihm nicht verargen, wenn er doch glaubt, dass ich an seiner Entthronung mitschuldig bin. Aber es geht ihm nicht schlecht, sein Steuerberatungsbüro soll florieren, die CVP-Genossen sind doppelt so nett mit ihm wie früher, er hat viel leiden müssen, jetzt soll er nicht darben – denkt sich die CVP.

Rabius, Somvix. Bis Somvix steigt die Strasse, dann geht es ebenaus nach D., und Pater Vigil, der Lateinlehrer, hatte uns erklärt, dass *Somvix* abgeleitet sei von *summus vicus,* das höchste Dorf. Wird schon stimmen! Vigil war etwas grobschlächtig, aber nett gewesen, und zu Pius, der unterdessen Staatsanwalt (CVP) im Unterland geworden ist, hat er öfters gesagt: «Pius, du hast keinen Horizont», weil dieser nämlich eher eine prosaische Natur war und an den alten Römern ohne Begeisterung nagte. Pater Vigil zeigte sich sehr von Augustus und Mussolini eingenommen, zwischen denen er eine direkte Verbindungslinie herstellte, und Mussolini habe Ordnung geschaffen in Italien und echte antike Grösse besessen wie schon Kaiser Augustus vor ihm. Die Notengebung war human.

Vigil ruht auf dem Friedhof, aber Pius wird sicher kommen. Vor zwei Jahren hatte ich eine Kollision mit ihm im Tram, wir waren noch befreundet im Internat, sagte ich, wie kannst du Staatsanwalt werden in diesem Staat, bei diesen fürchterlichen Krawallprozessen, und der CVP angehören, das C ist doch eine Blasphemie, keine Partei darf sich christlich nennen, und diese schon gar nicht, das ist eine Titel-Usurpation. Pius hatte nicht viel gesagt, sondern war einfach beim Obergericht aus dem Tram gestiegen.

*

Bald nach Somvix wird es dann heiss, von der alten Holzbrücke an bis nach D. ist jeder Meter besetzt: von Erinnerungen. Bis zur Holzbrücke (Maximum) ging der Spaziergang, den wir in den unteren Klassen täglich nach dem Mittagessen absolvierten, bei jeder Witterung. Der Autoverkehr war so gering damals, dass die kompakte Gruppe von jüngeren Eleven fast ungestört die Strasse in Be-

O du weisse Arche am Rand des Gebirges! (1133 m ü. M.)

schlag nehmen konnte. Auf ein Zeichen des begleitenden Paters wurde an einem bestimmten Punkt rechtsumkehrt gemacht, damit man spätestens um halb zwei Uhr, bewacht von einer spätgotischen Madonna und dem Präfekten, sich wieder im Studiensaal hinter die Bücher klemmen konnte. Also jeden Moment wird man jetzt, an diesem Samstagabend im Herbst 1985, kurz nach fünf Uhr, das Kloster auftauchen sehen hinter dem letzten Rank vor dem Dorf, wie man es früher jeden Tag nach dem Spaziergang auftauchen sah, rechts noch die Plazikirche, lawinengeschädigt, links stand früher ein altes, bröckelndes Hotel inmitten von Lärchen, das ist verschwunden, was haben wir jetzt da, eine Art von überdimensionierten Alphütten erhebt sich, bombastisch-volkstümelnde Architektur, die Gegend wurde dem Tourismus ausgeliefert, früher gab es im Dorf nur wenige bescheidene Hotels, jetzt stehen Kästen in der Gegend, Talsperren, die am obern und untern Rand von D. die Landschaft zerschneiden, die Zürcher haben anscheinend die Schönheiten der *Surselva*, wie man diesen Teil des Oberlandes auf romanisch nennt, entdeckt, und die langgestreckte strenge Klosterfassade, welche so unerbittlich wirkt, fast wie der spanische Königspalast des Escorial, wird durch die Neubauten relativiert, darf nicht mehr allein dominieren. Früher drohte diese unheimlich lange Klosterfront viel herrischer, es gab hier eigentlich nur Landschaft und diesen harten Trakt, das Dorf unterhalb fiel nicht in Betracht. Wenn man vom Lukmanier kam, sah man das weissglänzende Gebäude in der Ferne blinken, und der Dichterpfarrer Hauser aus Sisikon, welcher ein Anhänger von Paul Claudel war und oft im Kloster Ferien machte, hat sich denn auch einen passenden Vers darauf gemacht –

O du weisse Arche am Rand des Gebirges.

Sie hatte allerhand Getier beinhaltet, zu unserer Zeit, und der unumstrittene Noah von damals, Abt Beda, hatte mit sicherer, manchmal harter Hand regiert. Er trug ein goldenes Brustkreuz. Man nannte ihn offiziell den *Gnädigen Herrn*, und als wir in die Arche aufgenommen wurden, war er schon steinalt, an die Achtzig, und verabfolgte uns noch jeden Tag eine Portion Griechisch, und unter uns nannten wir ihn *Bäppeli*, während er auf lateinisch *Abbas* hiess, Genitiv *Abbatis*. Politische Assoziationen hatte man damals bei dem Wort *Abbas* noch nicht. Er regierte, nachdem er im

Jahre 1925 Abt geworden war, bis in die sechziger Jahre hinein, aber immerhin war die Klosterverfassung so demokratisch, dass die Mönche ihn aus ihrer Mitte hatten wählen können, während die Fabrikarbeiter ihren Direktor nicht wählen dürfen; natürlich nur die Priestermönche, denn die Klosterbrüder besassen kein Wahlrecht. Als Altphilologe war er auch im hohen Alter noch brillant, und wer Griechisch gern hatte, brachte es bei ihm bald einmal auf einen grünen Zweig und konnte z. B. Homer mit einigem Genuss im Urtext lesen. Fünf Jahre Griechisch, jeden Tag mindestens eine Stunde. Aber nur knapp die Hälfte unserer Klasse schätzte das Griechische wirklich, für die andern war es eine Last, die hätten lieber Englisch, das nur als Freifach existierte, studiert. Heute ist in D. – der alte Abt wird sich im Grabe umdrehen unter seinem schmiedeeisernen Grabkreuz – das Griechische entthront und Freifach geworden, mit dem Beton kam das Englische in die archaische Landschaft hinauf, und das Latein wird auch nicht mehr sein, was es einmal war, hatte der Gnädige Herr doch immer betont, dass man Latein ohne griechischen Unterbau gar nicht richtig begreifen könne. Wird schon stimmen! Der Abt sprach übrigens, wenn er sich nicht gerade auf griechisch ausdrückte, prinzipiell nur Hochdeutsch, akzeptierte aber immerhin, dass man ihn, ausserhalb der Schule, auf schweizerdeutsch anreden durfte. Einmal im Semester wurde jeder Eleve zu einem Privatissimum in seine äbtische Zelle, die mit einer Doppeltüre abgeschirmt war, gebeten, und man durfte ihm dann eine Stunde lang, immer von fünf bis sechs Uhr, die ganz persönlichen Probleme unterbreiten, er sass bei dieser Gelegenheit auf einem alten Sofa, liess das Brustkreuz durch seine Finger gleiten und hatte für jeden ein gutes Wort, und bevor man entlassen wurde und in den Studententrakt zurückhuschte, sagte er: *Wollen noch den Segen geben.* Dann gab er den Segen. Er trug einen rotschimmernden, funkelnden Abtsring dort, wo die Verheirateten den Ehering tragen, und diesen haben manche, nachdem der Segen gegeben worden war, geküsst. Das war aber nicht obligatorisch. Man hatte den Eindruck, dass er mit Überzeugung, oder fast mit Begeisterung, Unterricht erteilte, das war keine Pflichtübung für ihn, sondern Lebenselement, er hat nichts dabei verdient und bescheiden gelebt, spartanisch, und die Eleven eigentlich gern gehabt, ohne sie zu vereinnahmen, und im Vergleich mit

O du weisse Arche am Rand des Gebirges! (1133 m ü. M.)

den langweiligen tyrannischen Gymnasiallehrern, die ich an der Kantonsschule Chur, als Interims-Kantonsschullehrer, später kennenlernen durfte oder musste, schneidet er überaus glänzend ab.

Einmal haben wir ihm, nachdem in der Chemie das Tränengas durchgenommen worden war, zehn Jahre vor den grossen Tränengasschwaden des Jahres 1968, ein in Tränengas getunktes Lümpchen ins Innere seines Lehrerpults gehängt, und er musste furchtbar husten und tränen und konnte den Geruch überhaupt nicht einordnen, weil für einen Mann seines Alters das Tränengas noch etwas ganz und gar Unbekanntes, Ungerochenes war.

*

Von jenem Tränengas des Jahres 1958 – «weisst du noch» – sprachen wir dann u. a. auch im Restaurant «Krone», als man sich dort nach fünf Uhr zum Aperitif versammelte, *in Begleitung der Ehefrauen oder Lebensgefährtinnen,* wie es auf der von Augustin verschickten Einladung geheissen hatte. Langsam trudelten sie ein, die meisten mit Ehefrauen, einer mit Freundin und zwei *Singles:* Die waren Priester geworden. Gottfried hatte ohnehin im Oberland als Feldprediger zu tun gehabt und konnte den geselligen Anlass gleich mit dem Militärdienst verbinden. Die meisten Körper hatten eine Veränderung durchgemacht, analog zur Landschaft, und waren nicht mehr so attraktiv wie früher, nur Gottfried schien noch schlanker als damals, und Peter war immer noch ein Sprenzel, während einer, nämlich Hanspeter, auch im Gesicht sozusagen aussah wie früher. Keiner hatte sich so sehr verändert, dass er nicht mehr erkennbar gewesen wäre, man musste beim Anblick dieser meist erfolgreichen, gestandenen Männer etwas Haare hinzudenken, die Haarfarbe ein bisschen verändern und manchmal Fett und Muskeln subtrahieren – schon waren die Figuren der fünfziger Jahre wiederhergestellt. Weisst du noch ... Reto, der gestürzte Regierungsrat, fehlte, er wollte sich nicht mit dem Journalisten an denselben Tisch setzen, und Giachen, der sich zum Missionarsberuf entschlossen hatte, dann aber ausgestiegen war nach der Priesterweihe, lebt jetzt in New York, und der sanfte musische Emil konnte auch nicht teilnehmen, er war schon vor langer Zeit mit dem Auto tödlich verunglückt. Emil hatte immer so schön Geige gespielt. Auch Stefan fehlte, das unumstrittene Alphatier von damals, der hochbegabte Klassenprimus, aus ihm war ein renommierter Augenarzt geworden. Beruflich unabkömmlich. Peter, Hirtenbub aus einer vielköpfigen Valser-Familie, hatte es zum ETH-Professor gebracht, Tullio aus dem Puschlav war in das Baugeschäft seines Vaters eingestiegen, Adalgott aus dem Tavetsch Primarlehrer, Punschi Bezirksförster in Ilanz, Kuno Personalchef und eigentlich jeder von den zweiundzwanzig etwas Rechtes geworden. Einen Tierarzt hatte die Klasse auch hervorgebracht und einen Immobilienspezialisten. Fünf oder sechs hatten anfänglich Priester werden wollen, sind auch ins Priesterseminar eingetreten, aber drei davon nicht bis zur Weihe gediehen, und mindestens von einem weiss ich, dass ihn diese Sinnesänderung lange Zeit gequält hat. Die Männer reden an diesem Abend vom Beruf und von der Männergesellschaft damals im Internat, die Ehefrauen reden meist von den Kindern, sie haben anscheinend alle den Beruf ihren Männern und der Familie zuliebe aufgegeben, und eine sagt, man könne im Leben nicht alles haben und natürlich hätten die Männer ohne ihre Frauen nicht Karriere machen und sich dem Beruf vollumfänglich widmen können, sagt sie. Manche von den Frauen haben auch Geld in die Ehe gebracht, andere sind durch Heirat in materieller Hinsicht aufgestiegen. Von Erotik ist kaum ein Hauch zu spüren, und verliebt sehen die Gesponse eigentlich auch nicht aus, aber zufrieden. Wer nicht verheiratet ist, fällt aus dem Rahmen und ist selber schuld. Nicht-Verheiratung, so lässt die oben schon erwähnte Ehefrau durchblicken, könne man sich lediglich in einem *freien Beruf* leisten, und nicht zufällig seien nur Giusep und Niklaus, die beiden Journalisten, und Hanspeter, der in einem selbstverwalteten Betrieb arbeitet, ledig geblieben. Wird schon stimmen!

Freier Beruf, freie Liebe.

*

Wie war es mit der Freiheit damals bestellt?

«Aufstehen um viertel nach fünf. Dieser Summton! In den Schlafsälen dünstet der Jungmännerschweiss. Aufstehen, in die Pantoffeln fahren, hinausschlurfen im Pyjama in den Waschsaal, das Zahnbürstchen aus dem Schränklein nehmen, jeder hat sein eigenes mit einer Nummer, Wasserstrahl, es gibt nur kaltes Wasser, faulig schlägt's den Halberwachten aus dem Waschtrog entgegen,

O du weisse Arche am Rand des Gebirges! (1133 m ü. M.)

der Präfekt geht auf und ab in den Gängen, Brevier lesend, ab und auf, das Zurückfluten der Zöglinge in den Schlafsaal beobachtend, hat Heilandsandalen an den Füssen, und jetzt in die Kleider gefahren, wo sind die Socken, oben im Kasten, nein, da ist die Schokolade vom letzten Liebesgabenpaket der Mutter, der lange Summton setzt aus, jetzt dreimal kurz, das bedeutet Pressieren, hinunter in den Studiensaal, dort wartet schon die Muttergottes spätgotisch und dominiert den Studiensaal, und jetzt Händefalten. Jetzt wird aber sofort gebetet.

Ave Maria gratia plena. Vobiscum, cuicumque, omnia sua secum portans. Das lateinische Gebet, fliessend geht es über in das Studium des Lateinischen, immer sofort nach dem Gebet studieren, *Gallia omnis divisa est in partes tres.* Am Nachmittag wird bei Pater Vigil Lateinkompos sein, Cäsar droht schon und hat wieder einmal Gallien besetzt, *Ora* und dann aber *labora,* in wie viele Teile zerfällt Gallien, die Angst krampft schon die Mägen zusammen. Kalter Schweiss zum voraus, eine Stunde Studium. Und dann im Gänsemarsch hinunter in die kältende, durchkältete Kirche, Marienkirche oder Hauptkirche, mit herausgestreckten Zünglein, falls in der Nacht nicht eine Befleckung oder Selbstschwächung, wie man das Onanieren mit dem katholischen Fachausdruck nannte, eingetreten ist, die Hostie mit dem darin enthaltenen Herrn-Gott empfangen, wenn Selbstschwächung, dann zuerst beichten, am besten bei Pater Pius, der macht einen vernünftigen Tarif und hört auch nicht mehr gut, Nachlass der Sünden für nur drei Ave Maria, ein günstiger Tausch, um 7 Uhr ist die Messe aus. Vorbei an der Krypta, wo die vielen Votivbilder hängen, und schon wieder eine Muttergottes, die Huldigung und Examensangst entgegennimmt, bist die einzige Frau hier weit und breit. Dein im Leben und im Tod, Dein in Unglück, Angst und Not, das nächste Unglück kommt sofort, um viertel nach sieben Morgenessen, dünner Kaffee, schlechte Konfitüre und Butter nur an Feiertagen, aber das Brot ist manchmal frisch und gut.

Sodann:

7.45–8.45 Uhr Studium

8.45–12.00 Uhr Schule

12.00–12.30 Uhr Mittagessen

12.30–13.30 Uhr Spaziergang

13.30–14.00 Uhr Studium
14.00–14.45 Uhr Schule
15.00–15.30 Uhr Nachmittagstee
15.30–16.00 Uhr Studium
16.00–17.00 Uhr Schule
17.00–18.00 Uhr Studium
18.00–18.30 Uhr Nachtessen
18.30–19.30 Uhr Rekreation
19.30–20.30 Uhr Studium
20.30–20.35 Uhr Nachtgebet
20.35–20.50 Uhr Waschen und Zähneputzen
20.50–20.55 Uhr Lichterlöschen
21.00–5.15 Uhr Schlaf

In den Schlafsälen gab es je einen Schlafsaalmeister, welcher für Ruhe und Ordnung zu sorgen hatte. Es schliefen ca. 50 Eleven in einem Saal. An Sonn- und allgemeinen Feiertagen wurde der Tagesablauf insofern modifiziert, als keine Schule stattfand, dafür mehr Kirche. Die Messe war dann länger. Hochamt. Im Monat Mai kam 19.30 Uhr die Komplet dazu, das kirchliche Nachtgebet. Die war lateinisch wie die Vesper, und der gregorianische Choral war schön. Alte Strophen aus dem 9. Jahrhundert wurden gesungen, Beschwörungsformeln, *Procul recedant somnia et noctium phantasmata. Hostemque nostrum comprime ne polluantur corpora.* Weit mögen die Träume und die Trugbilder der Nacht von uns weichen; halt unsern Feind darnieder, damit die Körper nicht befleckt werden. Nach der Komplet ging es in Zweierreihen hinauf in den Schlafsaal, und dort konnte der Feind, welcher zwischen den Beinen der Zöglinge baumelte, manchenorts nicht darniedergehalten werden und ist immer grösser geworden, bis er dann halt explodierte. (Der Feind war ein Teil von uns.)»

So habe ich mir das 1980 notiert, als ich die Biographie des Hitler-Attentäters Maurice Bavaud rekonstruierte, der das Internatsleben 1937 in der Bretagne auskostete und fast haargenau dem gleichen Tagesablauf unterworfen war wie wir in den fünfziger Jahren; katholische Internationale, die sich über Zeit und Raum hinweg immer gleichgeblieben ist während eines Jahrhunderts, bis sich nun im letzten Jahrzehnt die Verhältnisse geändert haben, weil in den Klöstern der Nachwuchs fehlt und Laienlehrer angeheuert, aber auch Schülerinnen aufgenommen werden müssen, damit man Subventionen vom Staat bekommt, und die patriarchalische, exklusive, hermetische Männergesellschaft also ein Ende zu nehmen scheint. Gestorben ist damit auch eine traditionelle katholische Kultur, die sich der profanen Kultur entgegenstemmte, man hat jetzt keinen Gesellschaftsentwurf mehr, der sich vom Freisinn abhebt (wenn auch leider nur im reaktionären Sinn: in den Klosterschulen wurde der Ständestaat propagiert, aber manchmal kam ein sozialer Impuls zum Vorschein, der sich mit den Ungerechtigkeiten einer geldorientierten Gesellschaft nicht abfinden wollte). Man ist jetzt integriert im freisinnigen Staat.

*

Diese katholische Kultur vermittelte in den Klosterschulen eine konservative Ideologie, manchmal auch eine reaktionäre, aber sie hatte klare Konturen, man konnte sich daran profilieren und lieferte den Schülern zugleich die Instrumente, mit denen sie zu bekämpfen war. Es wurde ernsthaft studiert und sehr viel gelesen. Man war nicht abgelenkt, oder nur von jenem Feind zwischen den Beinen.

Weisst du noch ... Pater Odilo aus dem Sensebezirk, der immer sein gepflegtes Hochdeutsch sprach und nur in den Ferien in Düdingen den Dialekt brauchte: Er wolle sich, sagte er, diesen nicht im Kloster durch Kontamination mit andern Dialekten verderben. Pater Odilo gab Französisch auf eine höchst kultivierte Art, sozusagen Ancien-régime-Französisch, weil er nämlich die Revolution bestens hasste und Voltaire schärfstens bekämpfte, aber um ihn richtig bekämpfen zu können, musste er ihn uns zuerst vorstellen, und so hat er denn ausgiebig von Voltaire erzählt, auch lange Passagen aus seinen Werken vorgelesen, und zwar mit *gusto*, obwohl sie ihm doch nicht gefallen durften, und abschliessend hat er jeweils gesagt: *Voltaire il a fait beaucoup de mal, surtout en France.* Und die Mechanik der Grossen Revolution hat er so lange und präzis geschildert, dass sie uns wirklich einzuleuchten begann und man sich Gedanken darüber machte, wie denn nun ein Umsturz in der Klosterschule, und auch sonst, zu bewerkstelligen wäre. Ganz ähnlich Pater Basil, der uns Philosophie erteilte. (Drei Jahre lang wurde Philosophie studiert.) Hegel konnte er auf den Tod nicht leiden, aber die Dialektik hat er uns so lange, zwecks Widerlegung, erklärt, bis sie schmackhaft wurde und wir seiner These eine Antithese entgegenzustellen in der Lage waren, und in der Synthese waren wir sodann recht gut aufgehoben. Es war übrigens nicht so, dass man schlechte Noten kriegte, wenn man in den ideologischen Fächern dem katholisch-konservativen Standpunkt widersprach; schlecht benotet wurden das unlogische Denken, die Argumentationsschwächen, die geistige Faulheit. Pater Iso z. B. war ein konservativer, aber quirliger Geist und exzellenter Historiker, der den Umgang mit Quellen ganz wissenschaftlich erläuterte, ein höchst belesener polyglotter Humanist, das totalitäre Denken verabscheuend, und sein Unterricht hatte nur einen Nachteil: Man fand später die historischen Vorlesungen und Seminare, z. B. an der Universität Zürich, ganz ungeniessbar und geisttötend und hatte an derartigen höheren Lehranstalten keine Freude. Er hat zwar mit ständestaatlichen Ideen und anderm reaktionärem *Nonsens* geliebäugelt, seine *Vorlesungen* zum spanischen Bürgerkrieg waren mehr als dubios, aber man konnte mit ihm streiten und brauchte seinen Standpunkt nicht zu teilen.

Kultur des Streitens: dazu wurde man ermuntert. Gesunde Auseinandersetzungen. Einmal hat es mir allerdings den Atem verschlagen. Das war zehn Jahre nach der Matura, ich wollte den gescheiten Iso wieder sehen und war begleitet von einer anarchistischen Freundin. Ihre Eltern waren aus Franco-Spanien geflohen und konnten nicht zurückkehren, der Vater hatte zwei Polizisten der *Guardia civil* umgebracht, mit gutem Grund. Spaziergang auf der *via lada*, wo die Mönche oft lustwandelten. Als der geschätzte Iso vernimmt, dass Ilusión (der die Eltern in alter Liebe zur anarchistischen Tradition, welche die christlichen Vornamen ablehnt, diesen schönen Namen gegeben haben) aus Spanien gebürtig sei, ruft er voll Begeisterung aus: *Arriba España!* und denkt dabei, dass die so Begrüsste sich freuen müsse, weil sie einen spanischen Urlaut hört; und hatte nicht bedacht, dass dieser Schlachtruf der Franquisten nicht allen gefällt. Vermutlich konnte er sich auch nicht vorstellen, dass sich eine spanische Anarchistin in das Gebirge verirrt, er hatte immer nur mit Spaniern von der andern Sorte gesprochen. Fast hätte es damals Handgreiflichkeiten abgesetzt auf der *via lada*.

O du weisse Arche am Rand des Gebirges! (1133 m ü. M.)

*

Am Samstag abend, nachdem die gegenseitige Beschnupperung der Klassenkameraden ohne weitere Zwischenfälle erfolgt war, schritt man zum Nachtessen im Hotel Soundso. Es lockerte sich jetzt einiges, man kam ins Reden und Erinnern, durfte etwas tiefer schürfen, und nachdem die beiden Patres, welche am Nachtmahl partizipiert hatten, wieder im Kloster verschwunden waren, war es vielleicht an der Zeit, delikate Probleme aufzutischen und ein wenig die Vergangenheit aufzuhellen. Der Wein tat ein übriges. Wie war das bei dir, fragte ich Hanspeter, hast du auch die erotische Ausstrahlung des Bruno so stark empfunden wie ich? Und gab gerne zu, dass mich der zierliche Bursche, der jetzt leider abwesend war, immer fasziniert hatte. Es ging so etwas von ihm aus ... Man hätte ein Holzklotz sein müssen, um das nicht zu spüren. Ausserdem ging von den Frauen, die sich in unserm Gesichtsfeld aufhielten, gar nichts aus, die Muttergottes in der Krypta war aus Gips, jene im Studiensaal aus Holz, die Klosterfrauen, die den Mönchen die Wäsche besorgten und gleich neben dem Kloster wohnten, waren mit ihren Tschadors verhüllt, und die beiden Frauen aus dem Dorf, welche am Morgen jeweils die Betten und Säle wieder in Ordnung brachten – die Studenten mussten in diesem Internat keinerlei körperliche Arbeit verrichten, die Körper waren dem Sport geweiht, militärischer Vorunterricht, Skifahren u.a.m. –, waren von den Präfekten so ausgewählt worden, dass man sie wirklich nicht begehrte. Prinzipiell kamen für diesen Job nur die hässlichsten Frauen aus dem Dorf in Frage. Also hat man sich für männliche Körper zu interessieren begonnen, klar, irgendwohin musste die Sehnsucht sich richten können, aber das war selbstverständlich streng verboten, obwohl man im Griechischen dann doch wieder einiges über die Vorteile der gleichgeschlechtlichen Liebe erfuhr.

Liebeleien?

Eigentlich kaum etwas Direktes, Offenes, aber ständig eine latente Erotik, ein An- und Abschwellen der Gefühle, man hat mehr oder weniger um die Gunst, z.B. in unserer Klasse um Brunos Gunst, gebuhlt. Passiert ist nicht viel, im positivistisch-erfassbaren Sinn sogar fast nichts, und das war eigentlich ein Wunder, bei dem ständigen engen Beisammensein. In den oberen Klassen bewohnte man Vierer- oder Dreierzimmer, da wäre einiges möglich gewesen. Aber man musste schon an den Philosophentagen sich einen Schwips antrinken, bevor man ganz verstohlen sich einmal am Nächsten zu reiben, wenn auch nicht zu vergreifen, wagte. Aber ständig dieses wabernde Gefühl, auch Machtspielchen, wem wendet jetzt z. B. Bruno wieder seine Sympathie zu, wo appliziert er sein nettestes Lächeln. Philosophentage waren übrigens solche, an denen man Ausgang hatte, einen Nachmittag lang, ab 18 Jahren einmal im Monat, aber im Dorf durfte man nicht einkehren, Alkohol war erst in solchen Pinten gestattet, die mindestens 7 Kilometer von D. entfernt waren, so dass man, falls überhaupt eine Beschwipsung stattfand, vom langen Fussmarsch wieder ausgenüchtert im Internat eintraf, und doch ist es mir wenigstens einmal gelungen, die Hemmungen abzubauen und mich auf einem lieben *Gschpänli*, allerdings in voll bekleidetem Zustand, ein bisschen hin- und herzubewegen, verfolgt von der Angst, eine Aufsichtsperson könnte jene Bewegungen entdecken.

Was aber erfährt man jetzt, 25 Jahre *post festum?*

Dass Hanspeter total in Beat verschossen gewesen ist, mit dem mich eine nun wirklich total platonische Freundschaft verband, fand diesen überhaupt nicht anziehend, man konnte lediglich gut mit ihm reden. Hanspeter aber war eifersüchtig und hat mir die Nähe zu Beat, mit dem er gern etwas Reales erlebt hätte, missgönnt und sich deshalb mir gegenüber als Rivale benommen und immer die Vorzüge der Pommes-frites-Pfanne seiner Mutter und andere kulturelle Überlegenheiten seines Milieus, wie etwa die Beethoven-Schallplatten, herausstreichen müssen. Ekelhaft. Anderseits erfährt man jetzt auch, dass Hanspeter das Privileg genoss, mit dem lieben Bruno auf dem Estrich eines alten Hotels, in das sie einzubrechen pflegten, Seite an Seite liegend in Büchern zu schmökern, ohne dass er seinerseits die geringste Versuchung gespürt hätte, mit Bruno etwas anzufangen.

Wir haben übers Kreuz geliebt und nicht davon reden können (dürfen), und heute, wo endlich Klartext gesprochen werden darf, stellt Bruno keinerlei Verlockung mehr für mich dar.

Ist das nicht schade?

250 West 57th Street
Mein Loft in New York

Viele Schweizer, aber auch Deutsche von der bundesrepublikanischen Färbung, die im künstlerischen Sektor *tätig* und manchmal auch erwerbstätig sind, können heute ihr Künstlertum nur noch dann, sagen sie, auf erspriessliche und eventuell erfolgversprechende und zugleich absatzfördernde Art entfalten, wenn sie einen *Loft* in New York besitzen oder doch zeitweise bewohnen dürfen, weil doch dieses N.Y. ihrer Kunst und ihrem ganzen künstlerischen Wesen einen derartigen drive und punch und Stoss von sozusagen elektrischer Art versetze that they really get mesmerized und eine tausendfach gesteigerte Kreativität daraus resultiere und die ununterbrochenste Vibration einsetze und man dieses N.Y. nicht mehr missen möge welches so heavy von Impulsen & Expulsen durchzuckt und durchfetzt und durchschletzt sei und von einer unglaublich geilen Masse der begabtesten Künstler und kreativsten creative piipel aber auch beautiful people mit radical chic bewohnt sei die sich mutually in einen Höchstzustand von Hyperkreativität und schöpferischer Rauschhaftigkeit hinaufspeeden und hinaufpütschen und nicht eher müde werden als bis der letzte New Yorker und Wahl-New Yorker die ihm innewohnende creativity auf dem creatifigsten way realisiert habe so dass jeder ein Latschy und hintermüpfiger backwoodsman und hilly-billy genannt werden müsse der zur Erweiterung seiner sensitivity und artefactory noch nie in Manhattan gelaicht habe; juhui.

Und eben dazu brauche man einen Loft, ehemaligen Fabrikraum oder Werkstätte von der geräumigsten Sorte, wo die Produktion geboren und auf den Boden der Wirklichkeit gestellt werden könne, nachdem sie den Schöpfern und Schöpferinnen entschlüpft ist bzw. entwürgt worden ist; wobei ein spezieller Reiz dieser Lofts darin liege, dass jetzt eine spirituelle Produktion in demselben Raum erfolge, wo vor wenigen Jahren noch eine durchaus materielle oder, wenn man so sagen dürfe, prosaische Produktion die Regel gewesen sei und dergestalt eine Regression von der industriellen Serienfabrikation zur handwerklichen Einzelanfertigung er-

Das eigene Leben

folge; wo jetzt ein Schriftsteller seine Buchstaben ordne, seien früher Wadenbinden (Gamaschen) verfertigt worden, wo jetzt eine Malerin ihre Pinsel in ihre Töpfchen tunke, seien noch bis 1960 Kaffeebohnen *en gros* in riesigen Maschinen geröstet worden, wo jetzt eine Silberschmiedin ihre wildesten, aber zugleich zartesten und meditativsten Schmuckstücklein behämmere, sei vor nicht geraumer Zeit eine Sackfabrik der allergröbsten Art beheimatet gewesen, wo jetzt eine zürcherische Ballettratte ihr Ballettschwänzlein & -röcklein dressiere, seien durch puertoricanische Arbeitskräfte noch vor kurzem ungezählte Kilometer billigster Textilien produziert worden.

– – – (Am Laufmeter) – – –

Kommt mir jetzt eine Stadt in den Sinn, die heisst auch New York. Ich musste dort Geld verdienen. Damals mussten die meisten Leute in New York Geld verdienen. Das war 1961. Fast alle sind damals zum Geldverdienen verurteilt und in senkrecht stehenden Sardinenbüchsen eingepfercht gewesen in New York. Sie lebten wie ich auf eine erbärmliche Art. Fast niemand hatte ein Stipendium. Wenige machten Kunst. Im Sommer war es süttig heiss, im Winter fror man sich den Arsch ab. Manchmal war es auch umgekehrt, das kam von den blöden Temperaturstürzen. Eine gute Stadt für Hunde. Überall Hundescheissdreck. Die Löhne waren schlecht. Der Frass war mies. Der Weg zur Arbeit lang. Eine fucking drecking town war es gewesen. Die Einwohner fanden sie nicht interessant, fast niemand konnte aus dem Elend Kunst schlagen. Ich und viele Hunderttausende von andern Sekretärinnen wurden morgens anderthalb Stunden lang von Brooklyn in einer kaputten subway nach Manhattan gerollt und abends wieder zurückgerollt. Das war monoton, und die Leute stierten wütend aneinander vorbei, weil sie wieder an ihre Dreckarbeit mussten. (Büro.)

In der subway rubschten die Männer ihre Schwänze gegen die Frauen und manchmal gegen die Männer. Die Strassen waren dreckig, wenn man aus der subway kam. Der Wind trieb Dreck in die Augen und Fettpapiere gegen die Kleider der Büroleute, welche verpflichtet waren, in sauberen Kleidern zur Arbeit zu kommen. Fast die ganze Stadt bestand aus Büroleuten, so erinnere ich

250 West 57th Street

mich. Die Nicht-Büro-Teile der Stadt waren besonders wüst, in der Bowery lagen schorfige Alte auf dem Pflaster und starben manchmal dort. Dorothy Day kümmerte sich um die Sterbenden, man nannte sie den Engel der Bowery. Zwischen den Halbtoten schnüffelten die dreckigsten Ratten. Es gab Zusammenrottungen von ungeheurer Brutalität. Für Künstlers interessant, für Büroleute nur bedrohlich. Nach der Schweinebucht-Invasion stachen sich Castro-Gegner und Castro-Anhänger gegenseitig tot. Sie lagen dann unter anderem auch vor dem Building, wo die FEDERATION OF MIGROS COOPERATIVES ihr Büro hatte, 250W 57th Street.

Dort habe ich einige Monate gearbeitet als Sekretärin, d.h. die Arbeit gemacht, welche in den allermeisten Fällen auch in dieser Stadt den Frauen vorbehalten ist. Ich war ein Berufs-Transvestit. Dadurch habe ich die täglichen Demütigungen kennengelernt, welche Männer sonst nicht kennenlernen. Ich war mit einem NON IMMIGRANT VISA nach New York gekommen, wollte dort studieren, kam zu spät für den Semesteranfang und suchte dann Arbeit in Manhattan. Ohne IMMIGRANT VISA konnte man damals aber nicht einmal Tellerwäscher werden oder Strassenputzer, weil man nämlich keine SOCIAL SECURITY CARD kriegte, ohne die man nirgends angestellt wurde. Deshalb suchte ich Schwarzarbeit in einer Firma, welche bereit war, in ihrer Buchhaltung den irregulären Posten zu vertuschen. Und kam schliesslich, nachdem ich vom letzten Geld eine guterhaltene Occasions-Schale gekauft hatte und eine neue Krawatte, im Büro von Herrn Strasser unter, bei welchem ich mich demütigst und sozusagen mit dem Hut in der Hand vorgestellt hatte. Herr Strasser leitete das Einkaufsbüro der Migros in New York, engl. FEDERATION OF MIGROS COOPERATIVES. Ich rühmte meine Schreibmaschinenkenntnisse, meine sehenswerten Lateinkenntnisse, die Matura lag ein paar Monate zurück, rühmte mein gutes Französisch; meine Anpassungsfähigkeit, Englisch hatte ich nur als Freifach gehabt, und machte extra einen bescheidenen Eindruck. Ich hatte Angst, nicht angestellt zu werden.

Strasser musterte mich neugierig, kein Fleck auf meinem weissen Hemdkragen, die Schuhe glänzig. Man darf sagen, dass er mich von Kopf bis Fuss gemustert hat. Herr Trefzer, der Assistent von Herrn Strasser, assistierte bei der Musterung. Ich kam mir vor wie eine Hure im Bordell. Ficken wir die Mamsell, oder ficken wir sie nicht? Und wieviel kostet sie denn? Die warfen so Blicke auf den Neuen! Strasser in Hemdsärmeln, ich in Bürouniform. Er sinnierte, musterte, drehte einen Bleistift zwischen Zeigefinger und Daumen, und Herr Trefzer sinnierte auch. Dann sagte Strasser mit Kummer in der Stimme: «Für 40 Dollar die Woche können wir Sie nehmen, mehr ist leider nicht möglich im Moment, mir händ grad än finanziellä Ängpass.» Herr Trefzer ist unterdessen Chef der Migros Basel geworden, ein rechter Aufschwung, war damals ein junger aufstrebender Migrosangestellter gewesen, den seine Vorgesetzten in der Schweiz ein wenig amerikanische Luft hatten wollen schnuppern lassen. Herr Strasser ist unterdessen pensioniert, eventuell tot. Er war ein Amerika-Fan von der glühendsten Sorte gewesen, Typus erste Generation Auswanderer, man durfte nicht das kleinste Wörtchen gegen Amerika sagen. Trefzer war gemässigter. Strasser war von Duttweiler nach Amerika geschickt worden, um dort die unsterbliche Migros-Idee bekannt zu machen und zu unsterblich niedrigen Preisen für die Migros direkt an Ort und Stelle einzukaufen. Wenn Herr Strasser von Duttweiler oder Amerika sprach, bekam er feuchte Augen und zahlreiche Bläschen vor dem Mund. Ich werde sein *redneck* nie vergessen. Beim Wort CASTRO wurde er grün im Gesicht; so erinnere ich mich.

Nun hatte ich mein New York, das New York der meisten Leute. Büro von dreiviertel vor neun bis siebzehn Uhr mit dreiviertelstündiger Mittagspause. Sekretärinnen-Lehrling. Meine Aufgabe bestand darin, englische und deutsche Briefe zu tippen auf diesem dünnen Luftpostpapier, auf welchem man fast nicht radieren konnte. Die englische Post ging an die amerikanischen Geschäftspartner,

Dear Mr. Thorneycroft, we acknowledge receipt of your letter concerning the shipment of 30 000 cans of frozen Orange juice.

Auch das Wort POULTRY werde ich nie vergessen, Geflügel aus Kentucky (Ky.), ich verdarb mit der gefinkelten Geschäftssprache mein Englisch, bevor ich es noch richtig konnte. Aber die postalischen Abkürzungen für die amerikanischen Bundesstaaten werde ich *auch* nie vergessen, Fla. für FLORIDA, wenn es mir recht ist. Postleitzahlen gab es damals noch nicht. Für GEORGIA schrieb man Ga. und Col. für COLORADO. Mein Blick ging aus dem neunten, oder war es der fünfzehnte Stock des mittelmässigen dreckigen

Wolkenkratzers, in die Büroschluchten hinaus, die Luft war klebrig, und war es überhaupt ein Wolkenkratzer. Von welcher Höhe an wird einer zum Wolkenkratzer ernannt? Mit Sicherheit war es ein Abgaswolkenkratzer. Ich träumte von den Landschaften in Fla., Cal., Ga., Col., hörte das Meer rauschen am Strande von Malibu und ritt den farbigen Kreidefelsen von Colorado entlang, aber immer nur bis Herr Strasser den nächsten Fehler auf dem dünnen Luftpostpapier entdeckte und der Brief unter dem von mir stets zu heftig und wütend gehandhabten Gummi verrumpfelte und dann neu geschrieben werden musste. Manchmal bis zu fünf- oder sechs-mal neu geschrieben. Tipp-Ex gab es damals noch nicht, wenn es mir recht ist. Dann machte Strasser, der manchmal zwei Telefonhörer, welche er mit hochgezogenen Schultern festklemmte, am Kopf hatte, so gierig kaufte er poultry und frozen orange juice und frozen chicken telefonisch irgendwo in Amerika ein, machte Strasser, der mit seiner linken Hand einen Börsenbericht durchblätterte, mit der rechten Hand *seine* Unterschrift unter *meine* Briefe, an denen ich so lange gearbeitet hatte, und ich musste noch die Marken aufkleben. Für die Markenbefeuchtung, es gingen manchmal Dutzende von Briefen täglich hinaus, stand ein Schwämmchen zur Verfügung in einem roten Rezeptakel, aber weil die Luftbefeuchtung ihrerseits im Sommer schlecht war, trocknete das Schwämmchen immer sehr schnell aus, obwohl zu meinen Obliegenheiten auch gehörte, dass ich das Schwämmchen zweimal pro Tag unter den Wasserhahn hielt am Brünnchen im Gang, wo man auch Trinkwasser schnappen konnte; und dann leckte die Sekretärin trockenheitshalber die Marken mit ihrer Zunge, bis die Zunge und die Marken klebrig waren. Am schmackhaftesten waren die 25-Cent-Marken, die mit der Freiheitsstatue auf der andern Seite, wenn ich mich recht erinnere.

Jawohl, Herr Strasser.
Sofort, Herr Strasser.
Natürlich, Herr Strasser, dä Kafi chunnt grad.
Bis morgen, Herr Strasser.
Die Bürotür war aus Milchglas. Ärmelschoner trug ich nicht, immerhin. Die Schreibmaschinen waren nicht elektrisch. Über

Mittag durften Trefzger und ich mit dem immer überfüllten, von schwitzenden, traurigen, hastenden, verquollenen, bleichen, krampfenden Büroleuten knallvoll geladenen Lift in die Tiefe fahren, im Lift war ein Liftboy, und während Strasser weiter im Büro droben sein Leben den gefrozenen Sachen widmete und sich dabei etwas in den Mund schoppte, mit welcher Hand, war mir nicht klar, überquerten wir die 57th Street, kauten im Drugstore ein TUNA FISH SANDWICH oder ein CHICKEN SALAD SANDWICH oder sonst etwas von diesem amerikanischen Essdreck auf wattigem Brot, welcher unterdessen die ganze Welt überkrustet hat. Damals kannte man das Zeugs in der Schweiz noch nicht, ich fand es nicht den Hit. Und dann wieder hinter die Milchglastür, auf welcher mit altertümlichen Lettern FEDERATION OF MIGROS COOPERATIVES geschrieben stand. Das Büro kam mir klein vor, und war nicht an der Decke ein Ventilatorpropeller? Die Gummierung der fehlerhaften Stellen auf dem Papier erfolgte mit Schablonen. Wenn vor der Milchglasscheibe eine weibliche Silhouette vorübertrippelte (stöckelte; die meisten Silhouetten trugen Bleistiftabsätze), trällerte Herr Strasser gern eine Melodie, und Trefzger summte den Refrain

Itsy bitsy teenie weenie
Honolulu strand Bikini.

Dann durfte ich *auch* lachen und mir eine Aufheiterung gestatten und mich gemütsmässig den beiden anschliessen, welche hierarchisch ob mir standen; sobald Strasser trällerte und Trefzger summte. Vormittags musste die eingehende Post sortiert und abgelegt, wie der Fachausdruck lautete, werden, aus der Migros-Zentrale in Zürich kamen immer ein paar auflockernde Geschäftsmännersprüche am Ende der Briefe, welche im übrigen trocken abgefasst waren, aber am Schluss war immer etwas Launiges, und Herr Strasser grüsste ebenso locker zurück nach Züri. Remember the time when the air was clean and sex was dirty. Die Luft war aber damals nur upstate New York ein bisschen clean, hingegen der Sex war überall dirty. Jeden Tag ein frisches weisses Hemd, nachmittags war der Hemdkragen bereits schmuddelig. Kardinal Spellman herrschte in der Stadt, so hörte man, das dicke Buch im Büchergestell meiner Eltern in Sankt Gallen kam mir in den Sinn, worin sein Aufstieg geschildert war, Verfasser Henry Morton Robinson, Titel THE CARDINAL. Auch Cardinal Spellman hatte klein angefangen, aber nicht als Sekretärin. In der St. Patrick's Cathedral war ein wächserner, überlebensgrosser Papst Pius XII. in einer Vitrine ausgestellt, und THE DAUGHTERS OF THE AMERICAN REVOLUTION, ein amerikanischer Frauenverein, sorgten für Sauberkeit im moralischen Sinn, während die Güselmänner streikten und der Dreck wuchs.

Einmal musste ich alle Reden, welche dieser Duttweiler, den Strasser familiär *Dutti* nannte, je in Amerika gehalten hatte, und er hatte viele gehalten, nach geographischen und innerhalb der geographischen wiederum nach chronologischen Gesichtspunkten sortieren, und das war noch die schönste Arbeit; auch alles, was je über Duttweiler geschrieben worden war in amerikanischen Zeitungen. Dabei fühlte ich mich bald einmal in der Lage, mindestens so gute Reden zu halten wie Duttweiler, auch war mein Englisch nach einigen Anfangsschwierigkeiten mindestens so gut wie sein Holzhacker-Englisch, aber Sekretärinnen halten keine Reden, sondern legen sie ab. Dezimalklassifikation.

Schon im zweiten Monat durfte ich, wenn Strasser & Trefzger zufällig beide für kurze Zeit abwesend waren, etliche poultry-and-chicken und manchmal auch Truthahn-Telefonate nach Texas selbständig ausrichten. Ich stellte mir dann vor, was für ein Typ am andern Ende der Telefonleitung sass im wilden Texas unter der knallenden Sonne, wo der Kaktus wächst. Vermutlich auch so ein redneck, dachte ich, aber einer mit Stetson-Hut. Stimmen hatten die in Texas! Wie John Wayne, dachte ich ganz excited und kam wegen der so entstehenden Verzauberung nie zu befriedigenden Geschäftsabschlüssen, sondern lauschte immer nur dem Timbre dieser Stimmen, und was sie sagten, war mir schnurz. Bei allen andern Büroarbeiten habe ich mich aber so sehr bewährt, dass Strasser zufrieden gewesen sei. Als ich dann nach einiger Zeit den Posten quittierte, bekam ich ein Referenzschreiben auf Migros-Federation-Papier, TO WHOM IT MAY CONCERN, dass ich eine tüchtige Bürokraft gewesen sei. Die Empfehlung hat mir dann überall in der Welt weitere Bürotüren geöffnet.

Von den Telefonaten gab es verschiedene Sorten. LONG DISTANCE CALL (z. B.) nach Zürich oder Texas, COLLECT nannte man es, wenn der Empfänger bezahlte, und PERSON TO PERSON, wenn

Strasser mit einem andern Strasser reden sollte; Geschäftsstimmen unter sich.

Abends war man k.o. und wie eingeweicht im Schweiss und wünschte, dass die Unterschriften-Zeremonie möglichst schnell vorbeigehe; aber der Chef unterschrieb nur absolut tadellos geschriebene Briefe, ein unschön gummierter Buchstabe, schon war das Papier zerknüllt. Härr Meiebärg mir sind kain Sauschtall was sölled öiseri Gschäftspartner vo dä Migros tänke wänn si senigi Briäf überchömed, und so kam man kaum vor halb sechs auf die Strasse, zitternd vor Wut. Zu dieser Zeit entleerten sich die Wolkenkratzer durchfallartig wie kranke Mastdärme, und im nahen Central Park begann das Geziefer der Bäume, die Vögel, zu schreien, das heisst, ich hörte sie erst jetzt schreien und konnte mit allen andern New Yorkern an die Pracht des EMPIRE STATE BUILDING hinaufschauen oder an das Time and Life Building, wo die Augen abglitschten. Man war nichts in dieser Stadt, und die hochaufragenden Gebäude schrien mir entgegen: Wir sind prächtig/du bist nichts, nicht einmal eine Maus verglichen mit uns. Ein Dreck bist du ein zappelnder Dreck, und wir sind alles, Yes Ma'am.

Schauet hinan, es kommt nicht auf euch an. Und ihr könnt unbesorgt sterben.

So war das Leben damals in den langen Gehäusen des Eilands Manhattan, für die meisten Leute so und noch gräuer, als die Strassers und Fultons und Spellmans in den Büros herrschten, und es gab fast nur Büros in der Stadt. So erinnere ich mich. (Ich war seither nie mehr dort. Aus den Erzählungen der Zürcher darf ich folgern, dass New York unterdessen eine todaufgestellte Stadt geworden ist, wo keine Büroarbeit mehr gemacht wird von traurigen Sekretärinnen. Nur noch Lofts und Künstler, nur noch Zürcher.)

Damals kam man abends geil wie ein Bock aus dem Büro zu den andern Büromännern in die Strassen und wollte noch etwas erleben auf die Nacht, die Reklamen geilten uns wahnsinnig auf, aber die Frauen auf den Reklamen würde man niemals haben. Itsy bitsy teenie weenie. Einen 40-Dollar-a-week-boy from Switzerland wollten die prächtigen blitzgebissigen, deodorierten girlies mit den wattierten brassieres (abgekürzt bra) nicht haben. Sweden is a very lovely country o yes. Und auch die meisten andern Büromänner kamen mir vereinsamt vor, aber immer geil und traurig wie arme Seelen die Strassen auf und ab zappelnd. Am Times Square billige Huren, aber schon zu teuer, und Trefzger hatte gesagt, dort gibt es Tripper im Fall. In den Kinos lief WENN DIE KRANICHE ZIEHN, der englische Titel war STORY OF A SOLDIER, es ging um einen russischen Soldaten, der sich im Krieg verliebt. Und Kennedy habe persönlich die Verantwortung für das Desaster in der BAY OF PIGS, wo die Exilkubaner landen wollten und nicht konnten, übernommen, sangen die Schlagzeilen der DAILY NEWS. Da waren wir alle ganz beruhigt und hätten auch noch gern einen Teil der Verantwortung übernommen, und ich fuhr über die Brooklyn Bridge zurück nach Brooklyn, dort wohnte ich in der Nähe einer Kaserne namens FORT HAMILTON, so dass die süsse Melodie des amerikanischen Zapfenstreichs in meine Kammer drang, c/o Mamie Wachinger, wenn ich das frische Hemd für den nächsten Bürotag zurechtlegte und das verschwitzte wusch, damit ich am nächsten Tag sauber dastand in meinem Loft, 250 West 57th Street, in Manhattan, vor langer Zeit.

Memoiren eines Chauffeurs

Vom Limmat-Verlag, der es sich hat angelegen sein lassen und wohl angebracht und an der Zeit, um nicht zu sagen: unumgänglich findet, im Leben seiner Autoren einige Klarheit zu schaffen, angefragt, was denn als der entscheidende Einbruch, die weichenstellende Begegnung, der wegweisende Zusammenprall in meinem Leben bezeichnet werden könne, kann ich, einmal abgesehen von der Geburt, die sich übermässig verzögerte, sei es, dass die Mutter ihre Frucht so lange wie möglich einbehalten, sei es, dass diese letztere ihre süsse Abhängigkeit im Dunkeln möglichst lange einem ungeschützten Leben ausserhalb vorziehen wollte, nur sagen:
HERR SCHLATTER.
Wäre ich mit ihm nicht zusammengeprallt, im Alter von dreiundzwanzig Jahren, was damals jung war, dann hätte der Schreibende auf ein anderes Gleis geschoben werden können. Herr Schlatter war nämlich Direktor, und dieser Beruf hatte für mich die Aura des freien Schaltens und Waltens, auch der Ehrfurcht, welche von Bediensteten, also zum Beispiel dem Chauffeur, ihm entgegengebracht wird; und war also ein erstrebenswertes *métier,* wenn man auch nur durch eine Verkettung von ausserordentlich glücklichen Umständen und die Aufbietung zähesten Fleisses hoffen konnte, es einmal zu werden. Direktor, das war der Vater nicht geworden, vielleicht hatte er nicht das Holz dazu, vielleicht wurde er bei der Beförderung zu Unrecht immer übergangen und blieb also Revisor mit grossem Respekt vor Direktoren. Für den Direktor Rentsch, der die Migros Bern unter sich hatte, verwaltete er ein Haus in St. Gallen, dafür durfte die Familie manchmal Ferien machen in der Rosenloui, wo Rentsch einen privaten Bergsee besass mit prächtigem, mächtigem Grundstück und Chalet. So viele Tannen. Im Bergsee gab es Forellen, die waren so zahm wie die Angestellten von Direktor Rentsch, der nur ein Stück Käse an der Angel befestigen musste, und siehe da!, schon kamen die ausgehungerten Tiere in grossen Schwärmen angerauscht und rissen sich um den Köder. Herr Rentsch schlug ihnen anschliessend mit einem Stecken über den Kopf, worauf sie gehorsam ihre Augen verdrehten. Sie japsten dann noch ein wenig mit ihren zahnigen Mündern. Schnell hatte

daraufhin Frau Rentsch die Eingeweide herausgezupft, herausgerupft, herausgeputzt, und leider durften die Tiere, wenn sie einmal gebacken, gesotten oder gebläut auf den Tisch kamen, den so angenehm durch die Hände glitschenden Schleim auf ihrer Oberfläche nicht behalten, der das Erregendste an ihnen gewesen war, zusammen mit den roten Tupfern, die auch verdampften. Bei der Exekution der Forellen pflegte Direktor Rentsch, der aus einer Gemüsegrosshandlung in Zürich hervorgegangen war – sein Vater war mit meinem Grossvater mütterlicherseits bekannt gewesen, einem Gemüsekleinhändler, der *auch nicht* Direktor wurde –, meist mit *shorts* bekleidet zu sein. Einen Kopf hatte er wie Yul Brinner. Die Forellen schätzten seine Sportlichkeit.

Aus dem Bergsee floss ein Bach, aber grad so ungenutzt konnte man ihn nicht laufen lassen, und so speiste er denn in seinem unteren Teil ein privates Elektrizitätswerk, wodurch das Chalet mit Strom versorgt wurde. Das setzte Herrn Rentsch die Krone auf. Er gebot nicht nur über die Natur, konnte ganz ohne Patent so viele Fische totschlagen, wie er wollte, hatte Gratis-Käse aus der Migros Bern zur Verfügung, mit dem er die Fische narrte, nein, er konnte auch noch Wasser in Strom verwandeln, während die einfachen Leute von der allgemeinen Elektrizitätsversorgung abhängig blieben.

Direktor Rentsch.

Warum also nicht Direktor werden.

Der Vater trug in den Ferien im Berner Oberland am Bergsee auch *shorts,* aber die von Herrn Rentsch waren etwas *shorter.*

Auch Herr Hilpertshauser war eine bedeutende Erscheinung, um drei Ecken herum, ganz weit aussen entfernt mit uns verwandt, und Direktor der Waffenfabrik Hispano-Suiza geworden, in Genf. Einmal lud er den Vater und mich zum Essen ein, das Seerestaurant war teuer, es gab zufällig Forellen, und der Vater sagte, nachdem Hilpertshauser gezahlt hatte: Siehst du, so ein gediegenes Essen könnten wir Kleinbürger uns eben nicht leisten.

Das wurmte mich. Ich hätte gern einen Vater gehabt, der sich alles leisten konnte, so etwas hört man als Knirps nicht gern, und vielleicht auch später nicht direkt mit Vergnügen.* Was blieb da

---

* Ein Vater, der sich eine Waffenfabrik leistete, hätte mich damals nicht gestört.

anderes übrig, als selbst eine Direktorenlaufbahn ins Auge zu fassen? Das hatte nun aber auch seine Tücken, denn bald stellte sich heraus, dass es dem Gymnasiasten an mathematischer Begabung und an kommerziellem sowie technischem Interesse gebrach, wodurch einige Direktorensparten ganz selbstverständlich ausser Betracht fielen, Fabrikdirektor, Bankdirektor, Elektrizitätswerk-, Migros-Direktor, und in der Rekrutenschule kam zum Vorschein, dass ein militärisches Talent nur minim vorhanden war, also auch der Posten eines Militärdirektors vernünftigerweise nicht angestrebt zu werden brauchte. Andrerseits waren Theater-, Gefängnis-, Zirkus- oder Fürsorgedirektor nur abgeschwächte Versionen des wirklichen Direktorentums und übten deshalb nicht jene Verlockung aus, welche ohne weiteres eine Inkaufnahme der Strapazen, ohne welche der Gipfel unerklimmbar schien, als gerechtfertigt hätte vor das innere Auge treten lassen. Nichtsdestotrotz blieb die Idee des Direktorentums, oder doch wenigstens jene der Präsidentschaft, schwebend über dem Leben des Studentchens stehen in ihrer unerreichbaren Sternenhaftigkeit, und erst ein kurzes Studium an der Universität Z., wo mir die Bekanntschaft mit Herrn Schlatter vermittelt wurde, liess die Utopie verblassen und mich nach andern Inbildern suchen. Denn was bleibt noch von der Herrlichkeit des Direktorenlebens, wenn schon ein Chauffeur das seelische Gleichgewicht des Direktors derart empfindlich stören kann, dass er seine Contenance verliert, und wenn ein Chauffeur die Instrumente seines Patrons zum eigenen Genuss oder *Niessbrauch*, wie Prof. Mu., der damals regierende Historiker der Universität Z. sagte, zu verwenden sich bemüssigt fühlt? Dabei kann von einer Beschädigung des Instruments, also der Limousine, welche eine Zerrüttung des Nervensystems des Direktors gerechtfertigt hätte, nicht wirklich gesprochen werden, der abends jeweils leicht erhöhte Kilometerstand, von dem zu vermuten war, dass er nicht nur aus beruflich motivierten Fahrten resultierte, wird dieser prächtigen, mächtigen Limousine, die noch kaum richtig eingefahren war, aller Wahrscheinlichkeit nach nur gutgetan haben.

Es war ein FIAT ZWEITAUSENDDREIHUNDERT. Er zog sehr gut. Man konnte hundertsiebzig herauslassen. Die Farbe war Grau metallisé. Später, als ich dank Herrn Schlatter von meiner direktorialen Utopie abgekommen und in das schreibende Milieu hineingeraten war, sagte mir der immer etwas fleischlich lächelnde Nizon, welcher mit seinen weissen Schuhen, dem weissen Sommeranzug und seinem auf dem hinteren Sitz befindlichen weissen Hund eine gute Falle machte in seinem FIAT ZWEITAUSENDDREIHUNDERT: «Fellini fährt auch einen FIAT ZWEITAUSENDDREIHUNDERT», und er habe deshalb einen gekauft. Von Direktor Schlatter, der berufshalber so beansprucht war, dass seine Gesundheit ersichtlichermassen darunter litt, sah sein Kopf doch manchmal aus, als würde er nächstens platzen vor Bluthochdruck, darf ohne weiteres, weil er fürs Kino keine Zeit fand, angenommen werden, dass er seinen Wagen aus prosaischen Gründen gekauft hatte, etwa der wunderbaren Polsterung oder der angenehmen Aufhängung oder des zugleich spurtkräftigen wie zarten Motors wegen, der dem Chauffeur erlaubte, im vierten Gang bis auf etwa fünfzig hinunterzugehen und dann ebenso sanft wie entschieden auf hundertsiebzig zu beschleunigen, was er allerdings in Gegenwart des *patrons* nie zu erreichen sich anmasste. Die Fahrten mit Schlatter beschränkten sich notabene auf die eintönigen paar Kilometer von K. nach Z. hin und zurück, und dort konnte der FIAT ZWEITAUSENDDREIHUNDERT seine immanenten Qualitäten nicht entfalten. Manchmal ging es auch auf die Jagd, das Revier lag in der Nähe von Embrach, auf dem plastiküberzogenen hinteren Sitz wurden die drei Schlatterschen Jagdhunde mitgeführt, und denen tun Geschwindigkeiten über hundert auch nicht gut, sagte Herr Schlatter.

Nun muss an dieser Stelle vielleicht beigefügt werden, dass der Studierende nicht so ohne weiteres an die Universität Z. und über diese zu seiner Interims-Identität als Chauffeur gekommen war, sondern vorerst seine Immatrikulation an der Universität F., die in ihrer katholischen Art seinem Herkommen besser entsprach, stattgefunden hatte und es ihn erst nach Z. verschlug, als in F. durch allerlei Unstatthaftigkeiten gröblicher Art das Pflaster ihm allzu heiss geworden war. Sein unmässiger, knirschender, innerlich krachender, schwefliger, zitternder, zirpender, zischender, schneidender, rasender, galoppierender, ohnmächtiger Ehrgeiz hatte ihn dort zu Fall kommen lassen; wollte er doch zu jener Zeit, wenn die Erinnerung ihn nicht trügt, überall Präsident werden, denn als Student allein, das hatte er bald gemerkt, war man nicht viel wert. Er strebte ein Amt an und dachte damit nicht früh genug beginnen zu können. Ein reiner Student ohne weitere Ämter und Mitgliedschaften war nichts. Präsident jedoch, das war fast so gut wie Direktor. Was stand in F. zur Auswahl an Präsidentschaften? Es gab einen VEREIN DER SCHWEIZER FREUNDE ANGOLAS, dessen Zielsetzung darin bestand, möglichst viele Angolesen aus dem damals noch portugiesischen Angola in die Schweiz zu lotsen, sie dergestalt dem Zugriff des Kommunismus zu entziehen, an der Universität auszubilden und später als weltanschaulich gefestigte Kader wieder in ihre Heimat zu senden. Der Vereinspräsident, ein gewisser Artho, erzählte im Café «Flamingo» mit leiser Stimme von seinen Reisen nach Afrika, wie er dort wieder ein Kontingent von bildungswilligen Jünglingen ausgehoben habe und dabei den Portugiesen fast in die Hände gefallen wäre, erwähnte auch den Namen eines besonders begabten Stipendiaten des Vereins namens Savimbi, der, und jetzt senkte Artho die Stimme zu einem Flüstern, von Kennedy – man stelle sich vor, von Präsident Kennedy! – empfangen worden sei, was tatsächlich der Wahrheit entsprochen zu haben scheint; kurzum, die Mitgliedschaft in diesem Verein, gar als Beisitzer im leitenden Komitee, welche Funktion dem Studierenden von Vereinspräsident Artho hurtig angeboten wurde, versprach denn doch ganz andere Abenteuer als die Seminararbeiten über den Zweiten Schlesischen Krieg oder die Pragmatische Sanktion, die uns Professor R. offerierte, versprach auch ein anderes Prestige! Das merkte man schon deshalb, weil die Seminararbeiten nichts kosteten, der VEREIN DER SCHWEIZER FREUNDE ANGOLAS hingegen ein jährliches Budget von einigen hunderttausend Franken aufwies. Wie gross war nicht die Überraschung und das plötzliche Glück des Schreibenden, als nach kurzer Beisitzerschaft im Komitee des Vereins bei ihm sondiert wurde, ob er nicht willens und geneigt wäre, die Präsidentschaft zu übernehmen. Er zierte sich nicht lange und wurde triumphal gewählt, ohne Gegenstimme: weil niemand anders die unbezahlte, arbeitsreiche Präsidentschaft übernehmen wollte. Die andern Komiteemitglieder, ein junger Anwalt namens HansWe Knopp oder Kopp*, ein grüner Jurist namens Peter Studer, auch der Industriellensohn Ullin Streiff und der einer Gelehrtendynastie entstammende Roland Fleiner,

---

* Der Name war damals noch nicht so geläufig.

rissen sich nicht um den Job, liessen vielmehr dem Springinsfeld und Ehrgeizling grosszügig den Vortritt und lobten seinen jugendlichen Enthusiasmus; echte *gentlemen*, die als Angehörige der besitzenden Stände wussten, wo die wirklich interessanten Druckknöpfe sind und ihr Augenmerk längst auf eine gesunde Karriere gerichtet hatten. Diesem Komitee, zusammengesetzt aus energischen, flotten, aber auch gedankenschweren, intelligenten, ausgeglichenen, strebsamen, ernsthaften, meist aus renommierten Familien stammenden, auch im Militär aufgestiegenen Herren, nicht nur anzugehören, sondern es gar zu präsidieren, muss für den schäumenden Springinsfeld und Blähnüsterich doch sehr bekömmlich gewesen sein und ihm flattiert haben. War das nicht gar wie ein Ritterschlag? Er war der jüngste von den Herren, das machte die Sache doppelt süss. Und *seine* Familie hatte nichts Dynastisches.

Etwa zur selben Zeit war eine weitere Präsidentschaft oder Vorsitzerschaft vakant geworden, die dem Strebling, oder darf ich sagen: Setzling, mehr oder weniger in den Schoss fiel. Ein philosophischer Debattier- und Reflektierclub mit tentakulären Filialen in allen Universitätsstädten, der sich SG, Abkürzung für Schulungsgemeinschaft, nannte und die künftige Elite des Landes – wie man sagte – debattierender- und reflektierenderweise herauskristallisieren sollte, unter Anleitung des Philosophen und Literaten Hans Urs von B., suchte Mitglieder. Man wurde aus vielen Anwärtern herausgefiltert, wer hätte daran gezweifelt, dass nur die Besten hängenblieben, durfte zuerst Exerzitien machen, wurde vom Leiter ins Gespräch genommen und konnte dann provisorisch beitreten, wenn der beim Leiter hinterlassene Eindruck positiv ausgefallen war. Gehörte man einmal zur sogenannten ORTSGRUPPE, wie die Zellen in den Universitätsstädten genannt wurden, so traf man sich, Dozenten und Studenten gemischt, zu geistlichen Übungen und exegetischen Tournieren, Bibel und Kirchenväter wurden gelesen und ausgelegt, Augustinus war erdrückend, Thomas von Aquin konnte vieles erleuchten, und Pater Stalder, *animateur* der Ortsgruppe Fribourg, ein Jesuit, der die Zusammenkünfte im Jesuitenhauptquartier stets von einer bescheidenen Gemüsesuppe und Mineralwasser begleiten liess, muss sicher auch eine Kapazität gewesen sein. Es traf sich nunmehr, dass der Ortsgruppenleiter seine Funktion einer jüngeren Kraft überlassen wollte. Wie gross war nicht die Überraschung und das plötzliche Glück des Schreibenden, als nach kurzer Mitgliedschaft bei ihm sondiert wurde, ob er nicht willens und geneigt wäre, Ortsgruppenleiter zu werden. Er zierte sich nicht lange und wurde triumphal vorgeschlagen, dann vom olympisch nickenden Hans Urs von B. zum Ortsgruppenleiter gemacht – gekürt? – und durfte nun als Jüngster dieses eminente, von Professoren durchsetzte Gremium präsidieren. Sogleich beschloss er, einen andern Wind als den gebräuchlichen wehen zu lassen. Es war in der Tat nicht einzusehen, warum man die exegetischen Tourniere immer nur von einer Gemüsesuppe und Mineralwasser begleiten lassen sollte, ein Fondue samt geistigen Getränken würde doch wohl ebensogut am Platze sein bzw. der Aufnahmebereitschaft dieser akademischen, teilweise verdorrten, aber hochanständigen, mürben Seelen dienlich werden können.

Es fügte sich nun ausserdem, dass der Doppelpräsident zu dieser Zeit eine weitere Funktion hinzugewann, indem nämlich von einem derben Wirt und Kavalleristen namens Aebischer, der in seinem zwischen Schlachthaus und Konservatorium gelegenen Stall drei Pferde stehen hatte, ihm die Pflichten eines Hilfs- und Interimreitlehrers überbunden wurden; wobei jener Aebischer, der zeitweise auch als Rosskamm sein Leben fristete, sich in der Hoffnung wiegte, durch den Einsatz des Studentchens etwelche akademische Kundschaft, die ihn wegen seiner Derbheit und Unverblümtheit mied, auf den Rücken dieser Pferde zu bringen. Das Kalkül ging denn auch auf, und bald sah man des Doppelpräsidenten Freunde und Freundinnen, Professoren und Studenten, die etwas für ihren Körper tun wollten, durch die *Porte de Morat* hinausreiten auf die Felder vor der Stadt, wo den Tieren die Sättel vorerst abgeschnallt wurden und die Reitschüler auf das Fell zu sitzen kamen, damit sie ihren unmittelbaren Kontakt mit der Natur hatten. Dergestalt konnte augenblicklich die Spreu vom Weizen geschieden werden. Wer droben blieb, war begabt, wer immer wieder herunterfiel, schied auf eigenes Verlangen aus, und gar bald hatte sich auf diese Art eine Elite von tüchtigen Reitersleuten herauskristallisiert. Ein Moraltheologe und Professor, der auf dem Boden gschtabig wirkte, entpuppte sich, wenn er einmal FORTUNAT, den knochigen Hannoveraner, zwischen den Schenkeln fühlte, als lernfähiger und elastischer Mann, und entdeckte neue Affinitäten in seiner Natur, die ihn fast schaudern machten, während ein Assistenzprofessor für historische Hilfswissenschaften, als Fussgänger fast trotzig und frech, hilflos auf der überaus zahmen HOLLANDIA seinen Leib beisammenhalten musste und, jeder Einfühlung bar, die Kreatur wie eine Mechanik traktierte, während wiederum zwei scheue angolesische Stipendiaten fast königlich zu Pferde sassen und den richtigen Schenkeldruck ohne weiteres applizierten, wobei jedoch die Einheimischen, anstatt die Lernfähigkeit und Eleganz der morgenländischen Könige auf der Stelle zu bewundern, ihnen, weil sie noch nie schwarzhäutige Reiter gesehen hatten, mit unangenehm aufgesperrten Mäulern nachschauten und allerhand giftige Bemerkungen bezüglich schlecht angelegter Entwicklungshilfegelder fallenliessen. Auch begannen in der Stadt die mannigfaltigsten Gerüchte über den rauhen und herzhaften Reitunterricht, der ja nun nicht sehr konventionell genannt werden konnte, in Umlauf zu kommen, geschürt von unbegabten, nach den ersten Stunden manchmal zu Fuss heimkehrenden Eleven, aber auch genährt von Zwischenfällen wie jenem Huftritt, den die blonde Byrgit aus Hamburg, nach einem unglücklichen Sturz vom sonst ganz und gar zuverlässigen FORTUNAT, abbekam und ihr linker Nasenflügel aufs bedauerlichste geschlitzt wurde. Hätte man nicht annehmen dürfen, dass Fam. Aschenbach, das erste Textilhandelshaus am Platz, zwecks Behebung eines derart gravierenden Schadens im Gesicht der bei ihr den Haushalt besorgenden *fille au pair*, sofort einen Arzt rufen würde? Statt dessen wurde aus Gründen der Sparsamkeit den Heilkräften der Natur vertraut und lediglich eine längerwährende Bettruhe für Byrgit angeordnet. Nachdem der Reitlehrer zuerst in aller Freundschaftlichkeit der wohlhabenden family geraten hatte, einen Arzt beiziehen zu wollen, sein mehrmals wiederholter, zusehends geharnischter vorgebrachter Ratschlag aber fruchtlos geblieben war, erschien er eines Tages, die Reitgerte adrett in den linken Stiefelschaft geklemmt, mit geblähten Nüstern zur Hauptgeschäftszeit im Aschenbachschen Geschäft und richtete die rasch hervorgestossenen Worte VOUS ALLEZ TOUT DE SUITE PRÉVENIR UN MEDECIN OU je conduis VOTRE FILLE AU PAIR MOI-MÊME À L'HÔPITAL, an die mitten in ihrer Kundschaft stehende, langsam erblassende Madame Aschenbach, was augenblicklich seine Wirkung tat, wurde die Blessur doch in der nächsten Stunde schon fachmännisch verarztet und genäht, andrerseits aber auch die, wie man bald sagte, Wildwestmanieren – handelte es sich nicht eher um Robin-Hood-Manieren? – und die ungehobelte, imperative Ausdrucksweise des Reitlehrers weiterum verschrien, vor allem in gewerblichen Kreisen, war Herr Aschenbach doch auf eine tonangebende Art im LIONS CLUB von F. tätig und auch sonst eine influentielle Figur. Nicht ohne stillen Ingrimm musste dieser Geschäftsmann schliesslich zusehen, wie jene blondmähnige, in Haushalt und Laden ebenso tüchtig wie gratis schuftende *fille au pair* nach ihrer Wiederherstellung aus seinen Diensten entlassen zu werden begehrte, nur um alsobald eine Stelle als Halbtags- oder Dritteltags-Sekretärin des VEREINS DER SCHWEIZER FREUNDE ANGOLAS anzutreten; denn, so hatte es sich der Präsident vorgestellt: Was ein rechter Präsident ist, muss eine Sekretärin haben, und erst diese verleiht ihm die präsidentielle Aura. Eine solche konnte er dringend gebrauchen, war er doch gleich alt oder jünger als seine Stipendiaten, bei denen es drunter und drüber ging, man denke etwa an dieses Lehrerehepaar im Luzernischen, welches einen frisch eingetroffenen Angolesen zwecks Beibringung der deutschen Sprache und in durchaus idealistischer Absicht logiert hatte, um dann eines Tages mit allen Anzeichen der Empörung und Kränkung dem Präsidenten zu berichten, das undankbare Subjekt habe sich ein

LENIN-BÄRTCHEN

wachsen lassen und könne unter diesen Umständen nicht länger in ihrem Haushalt geduldet werden.

Nach kurzem Vernehmlassungsverfahren, welches an den Tag brachte, dass der verdatterte Stipendiat noch nie etwas von Lenin gehört, wohl aber dezidierte Vorstellungen von männlicher Eleganz hatte, das Lehrerehepaar aber darauf beharrte, im bescheidensten Bartwuchs eine politische Unbotmässigkeit zu sehen, wurde der inkriminierte Eleve provisorisch in einer evangelischen Heimstätte, welche für ihre strenge Mildtätigkeit berühmt war, untergebracht, was seiner widerborstigen Natur aber auch wieder nicht vollständig behagt zu haben scheint. Bei andern Stipendiaten war mangelnder Fleiss oder mangelnde Dankbarkeit dem Gastland gegenüber – hatte sich dieses nicht sehr entgegenkommend gezeigt, indem es sie dem drohenden Zugriff des internat. Kommunismus entriss? – festzustellen, und andere wiederum beharrten ohne im geringsten an Heirat und deren finanzielle Absicherung denken zu können, auf einem unverblümt zur Schau gestellten Triebleben, wo doch damals sogar die einheimischen Akademiker kaum daran denken durften, während des Studiums in den Ehestand oder in ein geregeltes Konkubinat oder in eine frisch gelebte Liaison einzutreten. Andere Querelen kamen hinzu, die Gelder wurden rar und mussten mit Bittgängen bei der Industrie und ähnlichen Wohltätern beschafft werden, was dem Präsidenten sauer aufstiess und ihm einen zunehmend garstigen Eindruck machte und ihm denn auch bald über den Kopf wuchs, so dass vom Glanze seines Amtes, in dem er sich anfangs gesonnt hatte, kaum etwas, von Verdruss und Ungemach aber ein gerüttelt Mass, jedenfalls mehr, als seinem Wohlbefinden zuträglich war, übrigblieb. Kam noch dazu, dass sich zu jenem Zeitpunkt jene Ausschweifung ereignete, die dem in gewerblichen Kreisen bereits schlecht angeschriebenen Doppelpräsidenten nun obendrein im professoralen Milieu ein Schwefelgerüchlein eintrug. Er hatte sich nämlich, wie bereits angetönt, in seiner Eigenschaft als Ortsgruppenleiter des akademischen Debattier- und Reflektierclubs eine eklatante Neuerung ausgedacht, ganz im Zeichen des Konzils, welches damals seinem Höhepunkt zutrieb, und angesteckt von der alle Rassen, Klassen, Religionen und Milieus umfassenden, liebenden, lächelnden Inbrunst des guten Papstes Johannes römisch 23, kam es ihm höchst unbiblisch vor, die geistlichen Turniere und Bibellesungen im geschlossenen, akademischen, männlichen, weisshäutigen, katholischen Kreis abzuhalten, bei bescheidenster Atzung; und so wurde denn eines Abends im wohlproportionierten, in der Altstadt gelegenen Büro des VEREINS DER SCHWEIZER FREUNDE ANGOLAS die Tafel für ein Gastmahl oder Liebesmahl, auch *agape* genannt, gerüstet. Wie staunten die akademischen, teilweise verdorrten, aber hochanständigen mürben Seelen, wie wunderten sich die durchs Band katholischen und kultivierten Professoren, Assistenten, Studenten, als an jenem Abend nicht nur ein Fondue und geistige Getränke aufgefahren, sondern auch die blondmähnige und protestantische Byrgit, der bäurisch-derbe Aebischer, Kavallerist und Wirt, etliche ebenholzhäutige heidnische Angolesen und ein weissgewandeter Muslim zu Tisch gebeten wurden! Wie sehr blieben ihnen die käsegetränkten Brotstücke im Halse stecken, anstatt in solch ökumenischer Umgebung gleitiger in den Magen zu rutschen! War das jetzt nicht etwa eine Versammlung ganz nach dem Herzen des Religionsstifters Ch.? *Nein,* wenn man dem Mienenspiel des historischen Hilfswissenschaftlers Ladner, *nein,* wenn man dem gequälten Ausdruck von Alfred A. Schmid – war er nicht ein über die Landesgrenzen hinaus bekannter Kunsthistoriker? –, *nein,* wenn man dem versteinerten Antlitz von Jesuit Stalder Glauben schenken konnte; und während die weniger akademischen Gäste fröhlich und immer lauter pokulierten, schnabulierten und diskutierten, dergestalt das Erdreich lockernd, in welchem GOTTES WORT nach dem Gastmahl – die Bibellesung wurde, entgegen alter Gewohnheit, auf den Schluss anberaumt – lebhaft keimen sollte, vertrockneten die Gespräche der akademischen Herren zur Gänze und mutierten ihre Köpfe zu sauren Äpfeln; und vollends gefror die letzte Spur eines verkrampften Lächelns auf ihren Antlitzen, als sie vom derben Aebischer, der sich wohl in seiner Kaschemme wähnte, ohne Federlesen geduzt wurden und die hamburgische Byrgit, deren Mähne ganz den Anschein erweckte, als ob sie damit die Gliedmassen des Religionsstifters Ch. getrocknet hätte, einem Denkmalpfleger schöne Augen machte und recht eigentlich mit ihm zu poussieren versuchte. Solchen Umgang waren sich die Herren nicht gewohnt, parbleu und phüetisnai! Und noch bevor mit der eigentlichen Bibellesung, die als eine heitere, entspannte, aber auch feurige, hochgemute geplant war, begonnen werden konnte, verliessen die angesäuerten Akademiker den Raum: mit allen Anzeichen des Abscheus auf ihren Mienen und heftigem Türenschlagen.

*

Der Leser wird begreifen müssen, dass der Literat und Philosoph Hans Urs von B. nach diesem gut- und christlich gemeinten, aber strub verlaufenen Bankett oder Abendmahl dem Ortsgruppenleiter nahelegte, aber zart, auf seine Präsidentschaft zu verzichten, was dieser denn auch stracks tat. Etwa zur selben Zeit musste er sich zähneknirschend eingestehen, dass seine direktorialen Fähigkeiten nicht ausreichten, den VEREIN DER SCHWEIZER FREUNDE ANGOLAS, abgekürzt VSFA, mit einigem Erfolg zu lenken, und so gab er denn, aus freien Stücken, auch diese Präsidentschaft ab. Nun verblieb ihm nur noch die Oberaufsicht über die Rosse des Aebischer, mit dem er sich jedoch überwarf, als eines Tages die abgeschnittenen Hufe seines Leibpferdes *Sarah* an jener Stelle in der Boxe standen, wo früher das ganze Pferd gestanden hatte, und er vom Rosskam hören musste, das sei ein alter Brauch unter Kavalleristen, wenn ein Ross das Zeitliche segne – der nervöse Rappe war an einer Erkältung, dem sogenannten Kreuzschlag, unversehens eingegangen –, schneide man ihm traditionellerweise die Hufe ab, um sie als Souvenir aufzubewahren, damit man immer an das Ross denken möge; und er lasse sich von einem grünen Studentchen keine Ratschläge geben bezüglich Pferdehaltung und Totenehrung; und dort habe der Zimmermann das Loch gemacht.

Wind und wehe und gschmuech wurde es dem entmachteten Gesellen jetzt um das Herz, und war es nicht etwa an der Zeit, das gloriose Städtchen, wo er die Spuren seiner Niederlagen täglich kreuzte, der Boden heiss wurde oder sich unter seinen Füssen auftat, zu verlassen? Zuviel verstümmelte Sehnsucht beschworen die alten Mauern herauf. Er war jetzt nicht mehr aufgepumpt, die Luft war ihm entwichen, und die solideren Kommilitonen, welche ihm schon immer bedeutet hatten, dass alles noch einmal böse enden werde und er doch besser daran getan hätte, in eine dieser mützentragenden Verbindungen einzutreten und einerseits solide zu studieren, andrerseits ein solider Saufkopf zu werden wie sie selbst, und beizeiten an das berufliche Fortkommen zu denken, hatten recht behalten; so schien es. Und sicher war es nun das Allerbeste und Tunlichste, an einer anderen Alma mater, wo man noch nicht markiert und vorgestempelt war, die Milch zu saugen.

*

In Z. gab es *auch* eine Universität, das war bekannt. Dort war alles viel grösser als in F., wenn auch nicht prächtiger, und viel ernster, gemessener, gewählter, kühler, geschäftsmässiger, gehärteter. Aber es brünstelte auch, diszipliniert. Hier konnte man eigentlich nur studieren. Die Studenten liefen mit ernsthaften, angestrengten, fleissigen Köpfen in die Vorlesungen, hatten meist eine Krawatte um ihre Hälse geschlungen, und auch die wenigen Studentinnen liessen sich anhauchen vom kühlen, ernsten Wind, der aus den Höhen, auf welchen Professor S. sass, zu ihnen hinunterwehte und sie radikal besäuselte. Wie gross hier alles war. Der Wind, den S. machte, wurde im Auditorium maximum entfacht und über Verstärkeranlagen in zwei weitere grosse Säle übertragen. Die Stimmung darf also als eine höchst ernste bezeichnet werden, mit der Germanistik war keinesfalls zu spassen, und es muss wie in einer Kirche gewesen sein, so feierlich und gemessen. Im katholischen F. war es weniger religiös zugegangen, das fiel dem Gesellen recht schnell auf. Der bis über die Landesgrenzen, gar bis ins Land der aufgehenden Sonne und bis zu den Zedern des Libanon, in die Tundra und Prärie renommierte S. wurde umschwärmt, umgiert, umgurrt wie kein zweiter, und in seinem Seminar, wie man das nannte, ging es abgöttisch zu, man hing allgemein an seinen Lippen, als ob Nektar ihnen entflösse, als ob Honig ihnen entquölle, und noch wenn der Meister einen Tadel aussprach, war die gemassregelte Person glücklich, dass die Augen des Abgotts geruht hatten, auf den Buchstaben einer Seminararbeit zu ruhen. Der Vergötterte hätte auch Rutenschläge verabfolgen können oder kleine pfitzende Backenstreiche oder zierliche feine Tritte an das Schienbein seines in Ehrfurcht erstarrten Publikums, man hätte ihn trotzdem oder eventuell *deswegen* verehrt. Wie pflückte man sorgsam die Worte von den Lippen des Entrückten, um sie, als einen unvergänglichen Schatz, im Tiefkühlfach der Erinnerung, im Sarkophag der unterwürfigsten Verehrung, im Gral der pflichtschuldigsten Gottesdienstelei, an der tiefsten Stelle des Mummel-Sees zu versenken und wie im Banktresor einzuschliessen. Während in F. die Religion auf eine, nämlich die theologische, Fakultät beschränkt war, schien sie in Z. auch die sogenannte Phileinsfakultät zu durchwirken, man lag durchaus auf den Knien vor Goethen und seinem Stellvertreter auf Erden, dem steinreichen, durch Heirat in den Besitz einer klassischen Futtermühle gelangten Professor S., der die Wahlverwandtschaften oder den Faust wie eine Monstranz oder ein Ziborium vor sich hertrug, während seine Ministranten-Assistenten das Wandlungsglöckchen schwenkten und das Studentenvolk sich mit dem Weihrauchduft der bedingungslosen Verehrung selbst umnebelte. Die Köpfe rauchten vor Inbrunst, und Kritik war ein Sakrileg, und wer zur Anbetung nicht bereit war und etwa eine unzeitgemässe Bemerkung im sogenannten Seminar meinte riskieren zu müssen, wurde schwupps exkommuniziert. Unserem Gesellen, der einige Jahre im benediktinischen Internat von D. eingeweckt gewesen war, wo er die Religion in der ursprünglichen Form hatte kennenlernen dürfen und müssen, wollte diese Vergötzung von Menschenwerk, diese Sakralisierung des Profanen, die Mausoleums-Literatur, diese After-Religion, dieser literarische After-Shave, wollten diese Goethe- und Schiller-Reliquienschreine partout nicht behagen, und da er diesen in seinem Innern keinen Altar zu errichten gewillt war, verzichtete er, nach je *einem* Besuch in des Hohenpriesters Vorlesung und Seminar, auf dessen weitere Darbietungen und -stellungen. Es war nämlich nicht leicht, wenn man vormals um den höchst anziehenden Hans Urs von B. gravitiert hatte, sich auf die Schrumpfwelt des S. einzulassen. Während Hans Urs von B. leichthin auf dem westöstlichen Diwan, anstatt ihn nur zu beschreiben, Platz genommen hatte und auf diesem Möbelstück mit den reizendsten Geistern des Orients und Okzidents verkehrte, winkte der Klassizist S. von der Höhe des Mausoleums, worin er die beiden Weimarer im Balsam seiner Vorleserei gefangenhielt, den germanistischen Marschkolonnen huldvoll zu. Während der grosse Pneumatiker sozusagen die Orgel schlug und in Zungen redete, traktierte der andere sein Harmonium und buchstabierte den Weltgeist krampfhaft zurück ins Deutsche. Beim ersten liess man sich das Schwimmen in Seen und Flüssen schmecken, manchmal wurde man auch ins Meer gebeten und von der Strömung mitgerissen, beim zweiten trainierte man im Schwimmbad. Item, der eine war katholisch, der andere zwinglianisch gestimmt, und so konnte denn der eine das Seelenfünklein überall irrlichtern sehen, manchmal auch im wildesten Morast, während der andere seine zwei drei, Grabesflammen nur von Heldendenkmälern blaken liess. Kurzum, die Freiheit fand man beim gebundenen, religiösen Hans Urs von B., der gerne auch mit Gottlosen seinen Umgang pflog, wenn sie nur nicht geistlos waren, und man fand sie nicht beim agnostischen S., der seine Jünger ohne Kniefall vor den klassischen Idolen nicht leben zu lassen gesonnen war. Und so ging denn der Student lieber ins Kino. Auch die Vorlesungen in Geschichte und die dazugehörenden Vorlesemänner trafen seinen Geschmack nicht ganz. Es regierte damals der gediegene, einer alten, gediegenen Familie entstiegene, seine Zuhörer gediegen langweilende Mu., der, ein ehrwürdiges Zirkuspferd, immer dieselben Runden drehte um seinen Zwingli und seinen Bismarck, welchen er eine kuriose, auch wieder fast religiös zu nennende, Verehrung entgegenbranden liess. Sein Kopf, der gerechterweise hätte im Landesmuseum aufbewahrt werden müssen, dort, wo die alten Patrizierfamilien aus den Wappenscheiben drohen, darf sicher als ein *fin-de-série*-Kopf bezeichnet werden, ohne dass der Beschreibende sich irgendwelcher Übertreibung schuldig zu machen glaubt. Anders, aber um keinen Deut schöner, war es mit Professor Silberling bestellt, der eher von unten kam und sich vom Gymnasiallehrer zur Universität hinaufgearbeitet, hinaufgewuchtet, emporgeschwungen hatte und dort die moderne Geschichte feilbot oder bewirtschaftete. Was dem S. sein Goethe, dem Mu. sein Bismarck, das war dem Silberling sein Churchill, nämlich ein unabdingbarer, jeder Kritik enthobener Verehrungsgegenstand, eine das ganze Kirchenjahr fernhinleuchtende Hostie, die übrigens damals noch lebte, ein auf den Wolken sitzender Pantokrator, kein Engländer hätte sich vor Churchill so tief in den Staub werfen mögen wie Silberling, und Lady Churchill hat ihren *husband* nicht so unentwegt geliebt wie dieser eifernde Dozent. Etwas weniger liebte er seine Studenten, die angstgepressten, welche er, mit mumienhaft versteinertem Gesicht und leiser Stimme, ins Bockshorn zu jagen und abzukanzeln oder zu triezen pflegte und in seinen weiterum gefürchteten Seminarien der allgemeinen Verachtung zum Frasse hinwarf, wenn irgendeine Fussnote in einer Semesterarbeit nicht ganz dem entsprach, was der eminente Haarspalter als wissenschaftliches Erfordernis betrachtete, oder jemand gar die Stirne hatte, Silberlings politisch-historische Ansichten, die, wie die Ansichten sozusagen aller Dozenten, von der NEUEN ZÜRCHER ZEITUNG, für die man als Professor hin und wieder zu schreiben hatte, inspiriert waren, nicht zu teilen. Innerlich schlotternd ging man in seine Übungen, lasst alle Hoffnung fahren, die ihr dort hineingeht, und lass dir das Sterbesakrament geben, wenn du heute mit deiner Arbeit an der Reihe bist, musst Spiessrutenlaufen, Blutschweissundtränenschwitzen.

Nie wäre einer oder eine aufgestanden und hätte Silberling seine sieben Wahrheiten ins Gesicht gesagt, und die Hinrichtungen, welche dieser *Megerli Mucki*, dieses ausgemergelte Phantom, mit seiner Zunge vornahm, gingen ungestört über die Bühne, und das Lob, welches er ebenso willkürlich ausstreute wie den beissenden, ätzenden, vitriolösen Tadel, schien die gebeugten Köpfe tatsächlich zu freuen, und die Wolga-Schlepper zogen klaglos das Schiff stromaufwärts, auf den Rücken die blutigen Striemen seiner Peitschungen, mit ihren Lippen nach einem Zückerchen gierend, auf dem Schiff der Peitschenmann und in den Kutteln die stumme Wut der Unterdrückten. So herrschte er, und er konnte auch reizend sein, das soll hier nicht in Abrede gestellt werden, einmal im Jahr wurden die Seminarteilnehmer zu ihm nach Hause gebeten, wo man auf alte, würdige Stühle zu sitzen kam und vertrocknete, alte, würdige Käseküchlein essen und einen unglaublichen Krätzer schlürfen durfte, wohl einen HERRLIBERGER von der gleichen Sorte, die dem fernhinleuchtenden Churchill seiner Zeit angeboten worden war, als er die Schweiz bereiste, aber im Gegensatz zu Churchill, der tatsächlich das erste Schlücklein des säuerlichen HERRLIBERGERS ins Glas zurückgespuckt und laut nach Champagner gerufen haben soll, haben wir ihn brav getrunken und obendrein noch gelobt, und die Künste der käseküchleinbackenden Hausfrau grad auch noch. Aber hätte man denn kritisieren sollen, wo doch, bei Wohlverhalten, dank der exzellenten Verbindungen Silberlings zur NEUEN ZÜRCHER ZEITUNG, nach erfolgtem Studienabschluss eventuell eine Anstellung in dem weltanschaulich gefestigten Blatt winkte, unter Umständen gar ein Auslandkorrespondentenposten?

So herrschte er, und niemand und nichts hat die Macht dieses Klappergestells beschnitten. Er war allmächtig wie der Tod, dem er auch äusserlich glich.

*

Jener Morgen im Juni, in den frühen sechziger Jahren – als am Anschlagbrett der Universität Z. eine Notiz befestigt war, Direktor sucht krankheitshalber Studenten als Teilzeitchauffeur, Kost und Logis sowie bescheidenes Entgelt zugesichert, keine Beeinträchtigung der Studien zu befürchten –, brachte dann den Studenten, der sich die Studien, denen er nur nachlässig oblag, längst durch die Professoren S., Mu. und Si. hatte beeinträchtigen lassen müssen, in Kontakt mit dem eingangs erwähnten

HERRN SCHLATTER.

In seinem besten Gewand, den Hals eingeschnürt von einer getupften Krawatte, die Schuhe glänzig, stellte sich der Chauffeur-Aspirant in der kleinen, aber behaglichen Villa in K., einem rechtseitig des Zürichsees gelegenen Dorf, mit aller gebotenen Bescheidenheit vor, stellte auch seine Fahrkünste ins rechte Licht und betonte, wie sehr er, als ein aus doch eher bescheidenen Verhältnissen herrührender Student – Stipendien waren damals noch nicht gebräuchlich – die Stelle erstrebe und auf dieselbe angewiesen sei. Herr Schlatter, der, nachdem ihn vor kurzem ein *Schlegli* oder Infarkt darniedergestreckt hatte, jetzt auf dem Weg zur Genesung sich zu befinden behauptete und seine Tätigkeit als Direktor eines bedeutenden, hervorragenden, berühmten Warenhauses wieder aufzunehmen gedachte, aus medizinischen Gründen aber auf das Chauffieren seiner Limousine einstweilen zu verzichten gezwungen war, musterte den Kandidaten von Kopf bis Fuss, erkundigte sich nach dem Fortschritt seiner Studien, schilderte die auf den Chauffeur zukommenden Obliegenheiten und betonte wiederholt, er könne es keinesfalls verantworten, dass die Studien unter der Chauffeur-Tätigkeit litten, und müsse alles vorgekehrt werden, damit sie sich ungestört fortsetzten und erspriesslich entwickelten. Nachdem der Kandidat dieses steif und fest, aber auch hoch und heilig versprochen hatte, wurde ihm der Zuschlag gegeben und ein Zimmer oberhalb der Garage angewiesen, von wo er die Vögel des Villenhügels pfeifen hören und den See in der Tiefe glitzern sehen konnte. (Blau.) Am Morgen wurde er von den Knöcheln der Hausfrau, die an seine Zimmertüre pochten, geweckt und sah Schlattern bereits sein Frühstücksei köpfen, und war nicht der rotgesichtige Direktor bereits zu allerhand Spässchen und Schnurpfeiffereien aufgelegt? Er rühmte seine Jagdkameraden, erwähnte den Aktivdienst und die Freundschaft oder Kameradschaft, welche ihn mit Oberstkorpkommandant Züblin, der auf dem benachbarten Grundstück sass, verbinde, und erkundigte sich beiläufig nach dem militärischen Grad seines Chauffeurs, der nicht ohne Verlegenheit gestehen musste, dass er DIENSTUNTAUG-

LICH sei, aufgrund einer Wirbelverschiebung (morbus Scheuermann), wozu Schlatter herzlich kondolierte mit ungefähr diesen Worten: Es müsse nicht einfach sein für einen jungen gesunden Porschten und Akademiker, sich aus der militärischen Gemeinschaft ausgestossen zu wissen. Gar sehr müsse ihn dies wurmen! Aber eine eigentliche Schande sei es auch wieder nicht, die eigenwillige Natur und nicht böser Wille sei daran schuld und könne durch, im Laufschritt erworbene, akademische Lorbeeren dieses Manko in etwa wettgemacht werden.

Der Chauffeur nickte. Als er herzhaft und so ungeniert, dass es ein bisschen spritzte, in einen Apfel biss, sagte die Hausfrau, welche ihren Apfel mit dem Messer in viele kleine Schnitze zerlegte, sie möchte auch noch einmal gerne im Leben so ungeniert die Zähne in den Apfel schlagen, jedoch, der Zustand ihrer stark plombierten Kauwerkzeuge verwehre ihr das seit langem, und Hans, hast du deine Medikamente schon genommen? Er braucht nämlich einen Blutverdünner. Hans schluckte die farbigen Pastillen und verabschiedete sich mit einem Küssli von der Hausfrau, die er kurioserweise *Schätzli* nannte, und stieg in die Garage hinunter, wo der grau metallisierte FIAT ZWEITAUSENDDREIHUNDERT weit ausladend strotzte. Schlatter konnte die eminente Limousine, die einen fast ungebrauchten, mithin höchst gepflegten, Eindruck machte, nicht genug rühmen und erläuterte, indem er den Chauffeur sich an das Steuer setzen hiess, Gangschaltung, Richtungsanzeiger, Zweiklanghupe, Rückspiegel, Aussenspiegel, Lichthupe, Lichtschalter, Defroster, Handbremse, Fussbremse, Pneubeschichtung, Kupplung, Zigarettenanzünder, Aschenbecherbeleuchtung, Fensterkurbel, Sitzverstellung, Fussmatte, Ventilation, Benzin- und Öldruckanzeige, Heizung, Beschleunigungsvermögen, Batterie, Vorderradaufhängung, Wassertemperaturanzeige und dergleichen mehr und erläuterte das nicht ohne Stolz, und dann wurde majestätisch-langsam aus der etwas vertieft gelegenen Garage nach Z. geglitten, unter dem strengen, aber gerechten Blick des Prinzipals, der mit fachmännischem Kommentar die Hantierungen des Bediensteten begleitete und die Richtung wies bis zum Warenhaus, «und jetzt», sagte er, «können Sie hier bei der Firma noch schnell gratis tanken und dann schnurstracks hinauf zur Universität fahren, wo Sie den Wagen parkieren wollen und dann wie gewohnt Ihren Studien obliegen werden, und abends, wenn Ihr und mein Tagwerk beendet ist, darf ich auf Ihr und meines Wagens pünktliches Erscheinen zählen». So wurde es denn auch gehalten, und am Abend glitt man durch die strengen blitzblanken, von toten Seelen erfüllten Dörfer wieder zurück, und zur Belohnung gab es für den Chauffeur, der seine Sache, wie Schlatter sagte, *rächt* gemacht hatte, ein Schälchen Birchermüesli und für die drei schlappohrigen Jagdhunde, welche von der Hausfrau, die kinderlos geblieben war, Uteli-Urscheli-Bambeli gerufen wurden, Hundefutter. Am Samstag ersuchte man den Bediensteten, den Jagdherrn und die Hunde, welche auf dem plastiküberzogenen Rücksitz weidlich hechelten, ins Jagdrevier zu fahren, Embrach im Zürcher Unterland, wo in einer blockhausartigen Jagdhütte die Kumpanei der Jäger begossen und der Bedienstete im Automobil die Oberaufsicht über Uteli-Urscheli-Bambeli zu halten eingeladen wurde. Nun war es an diesem Samstag ungewöhnlich tüppig, die Hunde und den Chauffeur konnte man wohl nicht im Wagen auf die Dauer vergitzeln lassen, und so wurden die Fenster denn aus Tierliebe, aber vielleicht auch aus maliziösem Kalkül, einen Spaltbreit geöffnet, gerade so weit, dass zuerst Uteli, dann Urscheli und schliesslich auch Bambeli sich hindurchzwängen konnten und in den Tann entwetzten, wo sie das nächstbeste Reh verbellten, obwohl doch gewiss keine Jagdzeit war, und ihre Hundestimmen den bereits mit etwas JÄGERMEISTER gefüllten Schlatter, der in den Wald guckte, als ob ihn das zweite *Schlegli* jetzt gleich treffen würde, aus der Hütte trieben – worauf der Meister ein Pfeifchen an seine schon fast gebläuten Lippen setzte und einen ungemein hohen, nur für die Hundeohren vernehmbaren Ton, den sogenannten Hundetrillerpfeifenton, erzeugte, wodurch die alerten und wohl gewitzten Tiere augenblicks heranstoben. Für den Chauffeur fiel ein unendlich trauriger, in seiner Trauer vernichtender Blick aus des Meisters Augen ab, ein Augenstrahl, der, scharf wie ein Laser, ihn durchbohren und die Kutteln zu putzen wollen schien und seine ganze elende Unzuverlässigkeit beleuchtete. Wenn jetzt der Jagdaufseher im Revier gewesen wäre, grochste Schlatter, hätte der die wildernden Hunde wohl doch erschiessen müssen, und wissen Sie eigentlich, wieviel die wert sind? Herr Schlatter ich weiss, ein Vermögen, respondierte der Bedienstete und dachte: Wenn nur der Wildhüter den verwöhnten Schnappern eins auf den Pelz hätte brennen wollen.

*

Und dachte an die stolzen Zeiten in F., wo ihm keiner hätte so kommen müssen, und dachte an den Vater, der sich manchmal geduckt hatte, und wie er sich von ihm abheben wollte und die Fliehkraft bewirkt hatte, dass Schlatter jetzt sozusagen mein Herr Rentsch geworden war, und erinnerte sich des Überschwangs, in dem er vor kurzem noch gelebt hatte, und wenn ein Reiter des Wegs geritten kam, sah er sich an seiner Stelle reiten, und die leuchtenden Präsidentschaften blitzten auf in seiner Erinnerung, und die verschwenderische Draperie seines Lebens in F., und morgen würde man sich dem Silberling wieder unterziehen müssen, wie heute dem Schlatter, beziehungsweise ihm nach dem Munde reden müssen, und alles ringsherum versank in den Nebelschwaden der Melancholie und im Mahlstrom der stillen Unterdrückung, und höhnisch tönte jetzt gerade noch ein Kuckuck: *kuckuck, kuckuck.*

*

Die Farbe war Grau metallisé. Er zog sehr gut, aber in Anwesenheit des Direktors konnte man die Qualitäten der Limousine, die Reserven des Sechszylinders nur erahnen, nicht erproben. Kaum war der rote, exquisite Geschwindigkeitsanzeiger, welcher, wie könnte man das vergessen, nicht wie ein Uhrzeiger rundherum ging, sondern eine gerade Linie bildete und vorne in einem Keil auslief, über die achtziger Marke geschnellt, räusperte sich, obwohl es damals zwischen den Dörfern keine Geschwindigkeitsbeschränkung gab, Herr Schlatter, und sein Räuspern bremste den Wagen, will sagen, die Töne aus seinem Hals hemmten sofort des Chauffeurs Gasfuss. Schlatter war am End ein früher Grüner, ein Grüner-avant-la-lettre. Auch auf den Fahrten ins Jagdrevier durfte nicht gesaust werden, den Hunden tun Geschwindigkeiten über hundert nicht gut, pflegte Schlatter anzumerken; und ihm vielleicht auch nicht, der Blutdruck konnte unvermutet in die Höhe schnellen. Aber dem Chauffeur? Sollte er nie den Kitzel spüren, den ebenso zarten wie spurtkräftigen Motor nie auswinden und gelegentlich hundertsiebzig herauslassen dürfen, und immer nur trübsinnig über die Chaussee schleichen müssen und die Kräfte der Karosse drosseln? So konnte man die eminente Limousine nicht vernütigen, die vielen ungeduldig scharrenden, unter der Motorhaube schmollenden PS schrien nach Befreiung. Sicher konnte diesem prächtigen, nervösen Automobil, das noch kaum richtig eingefahren und zugeritten war, eine zügige, manchmal rasante Fahrweise nur erspriesslich werden, und war in der «Automobil-Revue» nicht just ein Fall von sträflicher Unterbewirtschaftung oder Unterforderung eines Specimens eben dieser Marke geschildert worden, dahingehend resümiert, dass ein allzu zaghaft gehandhabter Vollblütler, der niemals die Sporen oder den energischen Gasfuss in den Weichen spürte, zu einem lahmen Ackergaul degenerieren müsste? Und sollten denn die Kolben nicht einmal tüchtig durchgeputzt und der Vergaser gestählt, die Zylinder trainiert und das ganze Vehikel nach Massgabe seiner Möglichkeiten angestrengt werden? Item, mit den Wägen verhalte es sich nicht anders als mit den Pferden, dachte sich der feinsinnige, auf die Optimierung der Karosse seines Prinzipals bedachte Chauffeur, und sein wackerer Rappe, von dem leider nur die Hufe übriggeblieben waren, hatte auch erst unter dem richtigenorts applizierten Schenkeldruck und einem kecken Peitschenzwick sein Bestes gegeben.

Nun mag der Leser sich unschwer ausmalen, dass im höheren und richtig verstandenen Interesse der grau metallisierten Limousine Massnahmen eingeleitet werden mussten. In erster Linie schien es absurd, das Automobil vor der Universität, deren Inneres ohnehin keine Erspriesslichkeiten offerierte, im ruhenden Zustande zu belassen, und waren dergestalt zwei Fliegen auf einen Schlag getroffen –: Man konnte dem Gesumse der Vorlesemänner entrinnen und, indem zuerst zaghaft, dann bald etwas kecker, bis in den Zoo und den Dolder hinauf, Stadtrundfahrten unternommen wurden, etwas für die Fahrtüchtigkeit des Wagens tun. Vom Zoo war es übrigens nicht weit bis nach Gockhausen, der duftig umgrünten Siedlung, und von dort schletzte man im Nu nach Dübendorf, und nur ein Katzensprung, will sagen Panthersprung, denn bald zeigte sich das italienische Temperament des Wagens von der angenehmsten Seite, war es dann noch bis ins Zürcher Oberland, von wo man im Hui nach Rapperswil fegte, die Kolben waren jetzt schon tüchtig durchgeputzt, und eine Beschleunigung erfolgte bereits bei zartestem Fussdruck, und gewiss lud manch liebes Gasthaus zum Verweilen ein. Es war nicht leicht, jeweils am Feierabend, nach sausenden Fahrten, nach Spritzfährtchen, Rennübungen, Sausundbrauserallyes, Lustfahrten und Launefahrten, Blustfahrten, Erquickungs- und Mutfahrten, jeweils am Feierabend den Direktor abzuholen, mir nichts, dir nichts die Schleichfahrt von Z. nach K. anzutreten, als ob der Gasfuss nie etwas anderes getan hätte, als lahm das Pedal anzutippen, und muss fast prickelnd gewesen sein, sich von Schlatter, der immer akurat erfahren wollte, welche Vorlesungen sein Chauffeur tagsüber denn wieder in die Scheune gefahren oder eingeheimst hatte, ausfragen zu lassen, und ihm mit Erfolg einen blauen Dunst vorgemacht zu haben, darf als eine Leistung und strapaziöse intellektuelle Turnübung, die mindestens soviel Grips und jedenfalls mehr Witz verlangte als eine Seminarübung, bezeichnet werden.

So war das in der zweiten Woche nach Antritt der Chauffeurtätigkeit, der übrigens ohne Livree und Mützchen nachgegangen wurde. Den Lahmsieder und Langsamfahrer und die Schnecke mimen abends und morgens und tagsüber mit Freunden ins Blaue fegen zischen wetzen blochen. Ja Herr Schlatter, Bambeli mag nicht recht essen in letzter Zeit, ob es eine Magenkolik hat, nein Herr Schlatter, ein Dissertationsthema habe ich noch nicht gefasst, aber S. hat sich lobend geäussert über die Erkenntnisse, die ich in meiner Arbeit über die «Italienische Reise» gewonnen habe, und Silberling war heute wieder brillant, hat Churchills Meriten als erster Lord der Admiralität voll ausgeleuchtet und auch seine bedeutende Rolle als Streikbrecher. – Haben Sie ein Glück, dass Sie an der besten Universität Europas studieren dürfen, sagte Schlatter, der es im Geschäft auch nicht immer leicht hatte.

Die griesgrämigen, sauertöpfischen, lakonischen Strecken mit dem Direktor und dazwischen die festlichen, ergiebigen, köstlichen, im Hui und im Nu abgeflitzten Landstrassen, in Gesellschaft der heitersten, feinsinnigsten, bescheidenen, vom Automobilismus, den man sich aus eigenen Mitteln damals nicht leisten konnte, ungemein angetanen und beschwingten Freunde, denen ohne Wimperzucken die Karosse zum Niessbrauch angeboten oder fast aufgehalst und aufgedrängt wurde; Menschenstimmen auf dem plastiküberzogenen Rücksitz statt der japsenden Hundetöne,

Menschenaugen anstelle der Jagdhund- und Jägeraugen, und erquickliche Konversation ohne Befehle, auch die Federung endlich ausgelastet und also eine vortrefflich zu nennende Bodenhaltung, und eine Beschleunigung ganz im Sinn der Konstrukteure des Modells. Ein Sommergefühl, wie Churchill es wohl haben mochte bei der Fahrt von Downing Street nach dem Landsitz von Chequers, und ein Reifensummen, welches das Gesumse der Vorlesungen mehr als nur ersetzte, und wir fuhren sicher auch an der klassischen Futtermühle des Dozenten S., der sich unterdessen scharwenzeln und beschmachten liess in der Lehranstalt, vorbei, und nickten aufgeräumt zur Industrie hinüber, und schluckten einen gespritzten Weissen am Fluss, der sich wohlig durch die Heimat schlängelte oder mäanderte oder wand, wie wir selbst, mitten in der Woche, in sonntäglichster Laune, und herrgöttelten wie Bismarck in Biarritz.

✳

Traun, hatten wir doch ein Automobil zu unserer Verfügung, was damals noch etwas gewesen sein muss, ein Freiheitsversprechen und Entschlüpfungsinstrument, eine windschlüpfige Sehnsüchtelei, ein Fluchtversprechen und Horizontaufbrecher, eine gutgefederte Entrinnungsmöglichkeit, Zapfenzieher für den Geist in der Flasche, Gefängniszerstörer und Landstörzer, eine glänzige Leuchtspur und spurtende Münchhausenkugel, ein Landschaftsöffner und Herzbeschleuniger, wer will das heute noch begreifen, im Lack der Karosse spiegelten sich Wanderlust und Reisefieber und ein wenig Frechheit, kecke Begierde vielleicht, ein Gefühl wurde geweckt in dem Habe- und Taugenichts und Tunichtgut von Chauffeur, wie ein türkischer Fremdarbeiter, der heute vom Lande kommt und sich zum ersten Mal in der Fremde einen Wagen ersteht, es heute spüren mag, aber unser Gefühl war sicher feuriger, denn wir hatten nichts bezahlt, und alles ging auf Kosten des guten Schlatter. So eine seelische Beschleunigung!

✳

Traun fürwahr, der Leser würde die Stirn runzeln, wenn Schlatter nicht insgeheim Lunte gerochen hätte. Ging nicht sein Blick zusehends misstrauischer zum Armaturenbrett, den Kilometerstand zu kontrollieren? Zum Abends jeweils erklecklich, jedenfalls mehr als die Fahrt vom Warenhaus zur Universität es bedingt hätte, erhöhten Kilometerstand? Hat nicht sein Laserauge, sein Direktorenblick den Bediensteten längst geröntgt? Der Luftibus wähnt sich eventuell noch unbeobachtet und denkt sich weitere Seifenblasen aus in seinem Flausenkopf und meint noch in der dritten Woche, er könne das Automobil niessbrauchen, ohne es sauer verdient zu haben, aber, von der Stirne heiss/dampfen muss der Schweiss. Der Prinzipal ist ihm doch sicher allgemach auf die Schliche gekommen, und keiner geht gerne auf den Leim, nicht die Spottdrosseln und Kuckucke, Rohrdommeln, Pirole, Wiedehopfe, Buntspechte im Jagdrevier, und der Jagdherr doch sicher auch nicht? Man konnte jetzt über die Magendarmkoliken von Bambeli und den Durchfall von Uteli reden, so lieb man wollte, Schlatter respondierte nur noch schwach, seine Einsilbigkeit schrumpfte zur Nullsilbigkeit, und ohne sichtbaren Anlass hatte sein Ton, wenn dieser überhaupt noch die Stille zerschnitt, etwas Schnarrendes, Rauhes, Beissendes, Kanzelndes. Und es wird jetzt nicht mehr lange gehen, bis der Direktor, ohne Verdanken der geleisteten Dienste, ohne Inbetrachtziehen der durch sachgemässe Behandlung verbesserten Spurtfähigkeit seiner Limousine, den Chauffeur zum Teufel jagen wird, oder ins Pfefferland. Nur noch ein paar Tage wird es jetzt gehen. Es wäre nicht natürlich, wenn es länger als noch ein paar Tage gehen würde.

*

Wie stand der Bedienstete an jenem Montagmorgen, in der von bösen Vögeln bezwitscherten Villenlandschaft, mit Sack und Pack und dem Köfferchen in der Hand und einem Tritt am Schienbein, was im übertragenen Sinn verstanden werden sollte, da, stand verdattert, oder auch belämmert, erschüttert vor der Tür, die ihm gewiesen worden war, sah Schlattern im Taxi nach Z. abfahren, die bläulichen Lippen formten, zum Taxifenster hinaus, den Satz der Verabschiedung
 ichfarenümemitine
und der Weg zum Bahnhof war lang, aus den Villen stachen hundert Laserblicke, Schlatterblicke, die er auf sich zog, vorwurfsvoll schlatterte es aus den Villen, und er lief durch einen Wald von

Spiessen und Hundestimmen den Berg hinunter, wobei es ihn ein wenig bedrückte, dass der Prinzipal so sehr von seinem Knecht abhängig gewesen war und jede Contenance verloren hatte, will sagen, fast dem Schlagfluss erlegen wäre, weil der Chauffeur gestern abend spät die Limousine verstohlen aus der Garage hatte gleiten lassen, um noch ein wenig mit seinen Freunden durch die helle Sommernacht zu gondeln, und dergestalt das Fass zum Überlaufen gebracht worden war, und morgens um halb sieben hatte der Knöchel von Frau Schlatter so hart an seine Türe gepocht wie nie.

Die Enttäuschung des Fichierten
über seine Fiche

Kürzlich, in Paris, beim Stöbern in alten Papieren und Aufräumen bzw. Klassieren vergilbter Briefschaften aus den sechziger und siebziger Jahren und im Bestreben, die chaotische pariserische Vergangenheit etwas übersichtlicher zu gliedern und vornehmlich die Spuren meines Aufenthalts in der *Cité universitaire* archivalisch korrekt zu ordnen, also nachträglich etwas Licht in die damals doch recht verwirrlichen Zustände zu bringen und aber auch das Aroma jener entschwundenen, vom Efeu der lügnerischen Sehnsucht überwucherten Epoche nochmals zu kosten, habe ich, nach einigen Bedenken, die Hilfe der schweizerischen Polizeiorgane in Anspruch genommen, ohne freilich zu veranschlagen, welche Erschütterungen dabei in Kauf zu nehmen sein würden, ist mir doch in der Folge nichts weniger als mein Glauben an die Zuverlässigkeit der Polizei, also des Staates, abhanden gekommen.

Das Polizeigedächtnis, so meine Hoffnung, würde mir, im schlechtesten Falle, vergessene oder abgedrängte Biographiepartikel auftischen und einen zuverlässigen Leitfaden abgeben, eventuell aber sogar das Leben in seiner ganzen Saftigkeit aufbewahren, wie es jenem ostdeutschen Schriftsteller Erich L. passiert ist, der polizeilich so gut betreut worden war, dass die Abschrift der Tonbandprotokolle, welche dank der in seiner Wohnung eingebauten Wanzen erstellt werden konnte, gut und gerne zwanzig Bände füllt. Dabei sind nicht nur die privatim geführten Gespräche, sondern auch sämtliche Alltagsgeräusche wie Husten, Niesen, Ächzen, tropfender Wasserhahn, Rülpsen, Schreibmaschinengeklapper, Liebesgeflüster, Fluchen, Liebesgestöhn usw. erfasst worden.

Grün ist des Lebens goldner Baum (DDR).

Wie ungemein mager erscheint dagegen die Ausbeute der schweizerischen Bundespolizei, die immerhin einen Zeitraum von anderthalb Jahren, 1967 bis August 1968, umfasst, was die Pariser Notate betrifft, und welch dürftiges Instrumentarium! Man zahlt Steuern, finanziert damit den Polizeigedächtnisapparat, will sich gewissenhaft kontrollieren lassen, wiegt sich im Glauben, dergestalt auf eine Psychoanalyse und ein Tagebuch verzichten zu können – und wird dann so bedient:

(0)981. 3.12.71 a. AZ-Basel, Nr. 283: Artikel des M. betitelt «Die Zustände in der Fondation Suisse in Paris. Nachrichten aus einem renovierten Augiasstall.» Es soll sich um einen Racheakt des M. handeln, der als Progressiver u. Revoluzzer im Schweizerhaus in Paris untragbar wurde u. des Hauses verwiesen wurde. Meldung erfolgte durch ▬▬▬▬▬▬

So wenig über diese reichhaltige Periode und so falsch. Das ist bitter. Dabei wäre ich gern gewesen, was man mir da unterstellt, ein REVOLUZZER (wie Cohn-Bendit) und ein PROGRESSIVER (wie Niklaus Scherr, der damals im Schweizerhaus wohnte). Bin aber nur ein Demokrat gewesen, und ein Föderalist, und habe dieses später bereuen müssen. Damit hatte es folgende Bewandtnis:

Im Mai 1968 wurde ich in meiner Eigenschaft als «président du comité des residents» des Schweizerhauses der Cité universitaire vom tunesischen Kollegen F. in einer dringlichen Angelegenheit aufgesucht. Die Cité universitaire ist eine akademische Stadt am Boulevard Jourdan, wo ca. 30 Nationen ihre Studentenhäuser gebaut haben. In jedem Haus gab es einen Direktor, welcher von der jeweiligen Regierung abhängig war, und auch ein «comité des résidents», das ein paar kulturelle Aktivitäten organisieren durfte: so auch in der von Le Corbusier gebauten «Fondation Suisse». Die luxuriös residierenden und gut bezahlten Direktoren wurden von den Studenten als überflüssig empfunden, besonders im Mai, und so anerbot sich denn der tunesische Kollege F., den unsrigen aus dem Fenster zu stürzen (4. Stock, sog. *défenestration*), mit Hilfe von ein paar zuverlässigen Genossen. Solche Gedanken waren im aufgekratzten Mai 1968, weil die Polizei anderweitig zu tun hatte, nicht gerade selten. Mit diesem Vorschlag aber konnte ich mich partout nicht anfreunden und gab F. zu bedenken, dass wir, ganz im Sinne eines gesunden föderalistischen Prinzips, im eigenen Haus darüber abzustimmen und gegebenenfalls mit eigenen Kräften die Aktion durchzuführen gedächten (Nichteinmischungsprinzip), und versprach dem F., seine Anregung flugs unserem Comité des résidents zu unterbreiten. Gut eidgenössisch; nichts davon in meiner Fiche.

Die Enttäuschung des Fichierten über seine Fiche

Mit dieser Hinhaltetaktik wurde, so darf ich ohne falsche Bescheidenheit behaupten, unserm Direktor B. das Leben gerettet.

Und wie dankte der mir das? Erhielt ich ein Lebensrettungsabzeichen? Eine Entschädigung in Bargeld? Einladung zum Essen im «Tour d'Argent», «Procope» oder «Grand Véfour»?

Nein: sondern im August einen Brief von B., ich hätte mein Zimmer innerhalb von sechs Tagen zu räumen, weil meine Versuche, eine parallele Macht im Haus zu etablieren, nicht mehr hingnommen werden könnten. (Frauen durften damals in der «Fondation Suisse» nur wohnen, wenn sie mit einem Studenten verheiratet waren. Das wollte unser Comité mit seiner parallelen Macht ändern.)

Aber da war noch etwas gewesen. Kein Wort davon in der Fiche!

Im Rahmen des Kulturprogramms hatten wir nicht nur Fondue-Abende, Kammermusik, Kameradschaftsabende, Tanzvergnügungen, Diavorträge über das Lötschental u. dgl. mehr bieten wollen, sondern auch den Chefredaktor der kommunistischen «Humanité» zu einem Vortrag geladen. *La Fondation Suisse a l'honneur de vous inviter à une conférence-débat avec Monsieur René Andrieu,* stand auf den gepflegten Einladungskärtchen, und das muss Anno 1967 als Novität gewirkt haben, worauf der schweizerische Botschafter in Paris, ein gewisser Dupont, im diplomatischen Milieu Dupont-Caca genannt, weil seine Familie mit dem Verkauf von Klosettschüsseln reich geworden war, sauertöpfisch reagiert haben soll; und auch die andern Gäste, der ganz angesehene Politologe Maurice Duverger, Aimé Césaire aus La Martinique, immerhin Abgeordneter in der französischen Nationalversammlung, Dichter der sogenannten «négritude», und der aufgeklärte Dominikaner Paul Blanquart, eben aus Kuba zurück, müssen von den Autoritäten als nicht im Einklang mit einem gut schweizerischen Kulturprogramm stehend empfunden worden sein; worauf ich, um einen Ausgleich zu schaffen und den höchst alarmierten Direktor B. zu beruhigen, einen gewissen Rolf R. Bigler, damals Chefredakteur der «Weltwoche», einladen wollte, der mich aber wissen liess, für solch unbedeutende Anlässe könne er seine Person nicht zur Verfügung stellen, sei er es doch gewohnt, vor mindestens 500 Zuhörern zu sprechen.

Das eigene Leben

Und schon ist man ein Revoluzzer: weil Rolf R. Bigler zu faul war.

Auch meine Verdienste um die Erhaltung der schweizerischen Botschaft in Paris, rue de Grenelle, ein höchst ehrwürdiges Gebäude aus dem Barock von unschätzbarem kulturhistorischem Wert, ehemals Palais Besenval, sind in meiner Fiche unerwähnt geblieben. Dabei hätte eine gewissenhafte Polizei doch wissen müssen, dass nach dem Bührle-Prozess ein Anschlag geplant gewesen war. Meinen Freund B., Schriftsteller und Vertrauter des Verlegers Pauvert, hatte der Freispruch des Dieter Bührle, welcher illegal Waffen ausgeführt hatte, derartig in Rage gebracht, dass er ein Fanal setzen und die schweizerische Botschaft, nach einem von langer Hand vorbereiteten Plan – sie war damals noch nicht festungsmässig gesichert wie heute –, plastifizieren, d.h. mit Plastiksprengstoff beschädigen, wenn nicht gar radibutz in die Luft sprengen wollte. Nur damit könne man, so meinte er, die Aufmerksamkeit der französischen Öffentlichkeit nutzbringend auf diese unerhörte Begebenheit lenken. Ich verbrachte einige Stunden damit, dem wild entschlossenen, etwas unbarmherzig wirkenden schweizerischen Patrioten, der sich übrigens bereits in den Besitz des leicht aufzutreibenden Sprengstoffs gesetzt hatte, mit dem Hinweis auf unschuldige Botschaftspersonen, die dabei zu Schaden hätten kommen können, sowie auf die Unersetzlichkeit des historischen Gebäudes und auf etwaige juristische Folgen für seine Person, diesen lange gehegten Plan auszureden; denn, so glaube ich argumentiert zu haben – ein Ficheneintrag wäre auch hier sehr nützlich, ich erinnere mich nicht mehr an alle Mäander unserer Gespräche –, dass ein Schriftsteller eher mit der Kraft seiner Buchstaben und weniger mit kommunem Sprengstoff hantieren sollte. Oder, wie Minister Furgler mir einmal sagte: *Sie met dä gwaaltige Chraft Ehres Woortes.*

Ein diesbezüglicher Eintrag dürfte wohl zur Folge gehabt haben, dass ich von der schweizerischen Denkmalpflege, welche auch die historischen Bauten des Politischen Dept. im Ausland betreut, eine Vergütung für die präventive Massnahme in Empfang hätte nehmen können, und wäre für diesen Zustupf, bei meinen damalig angespannten finanziellen Verhältnissen, froh gewesen. Statt dessen wird behauptet, ich sei ein PROGRESSIVER gewesen. Dieses

Die Enttäuschung des Fichierten über seine Fiche

Etikett trifft wohl eher auf Le Corbusier, in dessen Haus ich wohnte, zu, der überall die alten Gebäude, u. a. das ganze Niederdorf in Zürich und das historische Marais-Quartier in Paris, abreissen und durch seine Wohnmaschinen ersetzen wollte, während ich erhaltend, also konservativ wirkte. Werde diesbezüglich wohl eine Feststellungsklage und Rektifizierung beantragen müssen.

Nichts über die Aufschwünge des Mai 1968, die Abstürze des Gemüts und der Politik nach der zusammengebrochenen Revolte, nichts über meine frühen Beiträge zur Ökologie, hatten wir doch die Nützlichkeit der Autos für den Barrikadenbau, ihre leichte Brennbarkeit entdeckt, was die Stadt Paris in ein Velo-Eldorado und Fussgängerschlaraffenland verwandelte, wer kann sich heute noch die menschliche Bewegungsfreiheit von Mai/Juni 1968 vergegenwärtigen? Nichts über die spontanen Gespräche zwischen wildfremden Menschen. Und nichts über die Liebe in meinen Akten, über *le temps des cerises,* die allgemeine Brunst und Zärtlichkeit. Hätten denn die Gedächtnisbeamten nicht wenigstens Peter Weiss lesen und sich entsprechend vorbereiten können – «*Keine Revolution / ohne allgemeine Kopulation*»?

Da war die Polizei des Ancien régime effizienter gewesen, hatte doch z. B. am 25. Oktober 1767 ein Sitten- oder Liebesinspektor dem *Lieutenant de Police* gemeldet:

Ich weiss nicht, ob Sie informiert sind über das Abenteuer des Sieur de Poinsinet mit der Demoiselle de Brieulle, Opernsängerin; aber falls Sie nichts darüber wüssten, werde ich es Ihnen berichten (…) Diese Prinzessin hat ihre Gunst jenem kleinen Affen gewährt, und eines Abends, als er stockbesoffen bei ihr eintraf, hat er sie gebumst: Und da die Demoiselle keine Kinder haben wollte, hatte sie vorsichtshalber ein Schwämmlein eingeführt, das sie an einem Bändchen befestigte. Poinsinet, dessen Stossbewegungen durch den Schwips und seine Liebeskraft besonders energisch ausfielen, stopfte das Schwämmlein und das ganze Bändchen so weit hinein, dass der Finger nicht mehr ausreichte, um es herauszuziehen, und nach fruchtlosen Versuchen kam Demoiselle de Brieulle auf die Idee, ihre Brennschere zu gebrauchen. Die war aber auch noch zu kurz. Glücklicherweise hat dann der einfallsreiche Poinsinet eine

Pinzette zu Hilfe genommen, womit er einen Zipfel des Bändchens erwischte und das Schwämmlein herausfischte.

So wurde in vorrevolutionären Zeiten protokolliert, und zu solcher Perfektion haben es später nicht mal die Staatssicherheitsorgane der Deutschen Demokratischen Republik bei der Überwachung des Schriftstellers Erich L. gebracht, geschweige denn 1968 die französische *préfecture de police* oder ihre schweizerische Kollegialbehörde, die damals mit dringlicheren Anliegen beschäftigt waren. Daraus darf ihr beileibe kein Vorwurf gemacht werden.

Aber irgendein Hinweis auf die Liebe, ihre Impulse und Verwicklungen, ihre Anstösse und Katastrophen hätte doch wohl in einer anständigen Fiche enthalten sein müssen. Nicht nur die Statuen im Jardin de Luxembourg waren nackt: überall in den Pärken ungeniert die florierende Liebe, die reizende Körperlichkeit der Revolte, das Umarmen ohne Besitzergreifen, die Umschlingungen unter den Tischen des historischen Seminars der Sorbonne (Prof. Duroselle, Histoire diplomatique du 19e siècle), das gewissenhafte Ausprobieren von Wilhelm Reichs Orgasmustheorien, Probieren geht über Studieren, das Aphrodisiakum der riesigen, lustigen, lustvollen «Manifs», also der Manifestationen von allerlei Übermut und Wut, nicht zu vergleichen mit den bierernsten «Demos» der deutschen Achtundsechziger, die Vermischung der Arbeiter mit den Studenten, das Aufbrechen aller unterdrückten Wünsche, die allgemeine Frenesie, die knospenden brandneuen Sprüche an den Wänden, das prickelnde Implodieren der Macht, die erotische Würze der Umzüge – da wäre viel zu notieren gewesen im Notizbuch eines gewissenhaften Schnüfflers, was dann eine Chronik der Turbulenzen abgegeben hätte; denn die Turbulenten lebten, sie notierten nicht. Oder erst später, und da war die Realität bereits überwuchert vom trügerischen Efeu der Sehnsucht. Protokolle hätte man erstellen müssen, und das können die kalt-distanzierten Polizistenhirne am besten.

Warum ist nie ein gutes Buch über den Mai '68 entstanden? Weil uns die Schnüffler, vielleicht ihrerseits von diesem *obscur objet du désir,* von der Gier auf ein anderes Leben, verlockt, im Stich gelassen haben und nicht mehr observieren konnten. Demgegenüber gibt es gute Quellen über das erotische Leben im 18. Jahrhundert, siehe oben die Abenteuer des Sieur de Poinsinet.

Dann die Ernüchterung, das Schmelzen der Wachsflügel, Banalisierung. Es gab wieder Privilegierte und Fussvolk, Anführer und Angeführte, man nahm das lachhafte Fernsehen wieder ernst, das Benzin erschien wieder, die Autos, über die Regierungsverlautbarungen wurde nicht mehr gelacht. *La mort dans l'âme, quoi!* Und der träumerische Slogan *sous les pavés y a la plage / unter den Pflastersteinen kommt der Strandsand hervor*, womit natürlich gemeint war, dass die Stadt ein wohnlicher Ort sein konnte, wenn man die Pflastersteine ihrer eigentlichen Bestimmung, nämlich dem Barrikadenbau, zuführte und/oder der Polizei, hat im Juli eine andere Bedeutung gewonnen, als man in «France Soir» lesen musste, dass der Basisdemokrat Cohn-Bendit, welcher bisher nie Privilegien beansprucht hatte, sich an einem Strand, aber des Mittelmeers, mit der Schauspielerin Marie-France Pisier niedergelassen hatte, bums. (Schönes Foto.) Dagegen hätte man nichts einzuwenden gehabt, wenn sich alle am Mittelmeer basisdemokratisch mit Marie-France Pisier hätten im Strandsand sonnen können. Aber viele harrten aus im nunmehr entgeisterten Paris und glaubten an die Verbrüderung mit den Arbeitern und an die Wiederkunft der Ereignisse und merkten etwas spät, dass sie auch, vielleicht schon im Mai, Angeführte gewesen waren. – Neid.

Einsamer Sommer, Trostlosigkeit. Und wieder ohne Eintrag. Faule Polizei, keine Notate betr. Täuschung und Enttäuschung. – Merde! Alles selber erinnern.

Der Absturz wäre vermeidbar gewesen, wenn der Schreibende auf den Père Largement gehört hätte; aber dann wäre auch kein Aufschwung erfolgt. Damit hatte es folgende Bewandtnis:

Mitten im aufrührerischen Quartier, umnebelt von Tränengas, an der Rue du Montparnasse, liegt ein Kloster mit angeschlossenem Mädchenpensionat, das seinerzeit von meiner leiblichen Schwester, ursprünglich Vreni genannt, welche sich nach ihrer Einkleidung den Namen *Sœur Marie-de-Saint-Jean-l'Évangéliste* zugelegt hatte, geleitet wurde; ein Ort, welcher von der Polizei respektiert wurde, fast ein Kirchenasyl, während die wilden Knüppelhorden ihre Gegner gewöhnlich bis in die Treppenhäuser und Cafés verfolgten. Dort hinein konnte man sich nicht nur flüchten und der Schwester, einer in ihrem langen, weissen Habit fast überirdisch wirkenden Erscheinung, in die blauen Augen schauen, sondern man wurde auch zu Tisch gebeten. Im etwas düster wirkenden, von Devotionalien bestückten Esszimmer sass dann bereits der Père Largement, so hiess er wirklich, mit umgebundener Serviette am einen Ende des unheimlich langen Tisches, während ich ans andere Ende plaziert wurde und ihm die Ereignisse zu erklären versuchte, er beklagte sich über den alles durchdringenden Fliedergeruch, der in Wirklichkeit ein Tränengasgeruch war. Der würdige geistliche Herr mit einem Profil fast wie Roland Barthes, als Beichtvater des Hauses schon seit 1945 tätig und als solcher an jede Art von Erschütterungen gewöhnt, war wenig beeindruckt von dem mir ungewohnten Aufruhr und dachte, als Professor für das Sumerische, in grösseren Zusammenhängen *(longue durée)* und konnte nicht verstehen, dass man sich von dem Spruch SOYONS RÉALISTES / DEMANDONS L'IMPOSSIBLE begeistern liess: Lasst uns realistisch sein, verlangen wir das Unmögliche. «*Der Himmel war bei den Sumerern ausschliesslich den Göttern vorbehalten*», sagte er, während draussen die Tränengasfliederpetarden knallten und das ziemlich himmlische Gefühl des allgemeinen Aufruhrs über die Boulevards waberte. Dingier = der Gott. Der Krieg = mé. Erin = die Soldaten. Dumn = das Kind. Quigal = die Erde. Sumerisch ist keine leichte Sprache. Als dann das Unmögliche, nämlich die temporäre Auflösung der Macht, Ende Mai ein paar Tage lang zur Realität wurde und de Gaulle verlorenging, weil er kurz ins Ausland verzichtete, und die Macht auf der Strasse lag oder zu liegen schien, zerlegte der Père Largement etwas verstört das ledrige Beefsteak, welches die stumm ins Esszimmer huschende Nonne servierte, und nippte unmutig am algerischen Krätzer, den eine zweite, ebenso stumme Nonne aufgetragen hatte.

Diese zeitweilige leichte Verstörung des unerschütterbaren Gelehrten, 36, rue du Montparnasse, Paris VIe, möchte ich, zuhanden meiner Fiche, jetzt noch nachgetragen haben.

Diese bestürzende, gewaltsame, abrupte Lust

Aufgesessen!

Es geht jetzt zunächst durch den Stadtverkehr, über die breiter gewordene Brücke, über das Juwel der zürcherischen Brückenerweiterungskunst. Der Himmel nicht grade blau, nein, aber keine Regenwolken. Eher grau, aber kein Wasser zu befürchten. *Es schlug mein Herz, geschwind zu Pferde.* Es ist schon vorgekommen, dass man ursprünglich über das Emmental zurück nach Zürich blochen wollte, dann aber über Trubschachen grässliche Ballungen am Himmel wahrnahm, links abbog und den Weg über Willisau nahm und noch unter dem Gewitter hindurchschlüpfen konnte. Heute geht es nach Süden. Weit voraus im Süden ist der Himmel blau geschlitzt, und darauf wird jetzt zugehalten, aber zuerst noch durchaus im Tempo des gemütlichen Velofahrers. Im Sihlwald würde es der Sihlherr Salomon Gessner nicht gerne sehen, wenn man ihm seinen Forst, durch allzu heftige Abgasentwicklung, zuschanden ritte. Gessner ist zu dieser frühen Morgenstunde noch mit dem Pudern seiner Perücke beschäftigt, summt aber doch schon ein Liedchen vor sich hin –

Nach Süden nun sich lenken die Vöglein allzumal. Viel Wandrer lustig schwenken die Hüt' im Morgenstrahl.

Die Sturzhelme sitzen gäbig auf den Köpfchen. Was hat denn die Obrigkeit befohlen im Sihlwald? Achtzig Maximum, an vielen Stellen sogar sechzig. Das ist nicht gerade rücksichtsvoll und individuell gedacht, eine Vespa mit achtzig ist, wenn doch ein bisschen Wind aufkommt, kein sicheres Gefährt mehr, während ein schwerer Tausender-Vierzylinder, dank tiefem Schwerpunkt, auch mit hundertachtzig noch ganz sicher auf der Strasse liegt. Mehr Freiheit, weniger Staat. Einen kenne ich, diesen in Zürich lebenden Deutschen, der fährt die gleiche Marke wie ich, welche für den Gebrauch in der Schweiz nur im gedrosselten Zustand geliefert wird, bei sechstausendfünfhundert Umdrehungen setzt die Zündung aus, man kommt also höchstens auf hundertneunzig im Fünften.

Nun hat sich dieser Nimmersatt und Schletzerich den Geschwindigkeitsbeschränker ausbauen lassen – in Deutschland darf man unbeschränkt fahren! – und kann jetzt bis auf 220 beschleunigen, mit Verschalung sogar noch 5 km/h mehr. Gerd, dir piepst es wohl.

Das Motorrad – Töff kann man diese leise summenden, manchmal brausenden, aber sicher nicht knatternden, elektronisierten Maschinen nicht mehr nennen, der lautmalerische Ausdruck kommt aus einer andern Zeit –, das Motorrad tuckert oder töfft nicht durch den Sihlwald, es *summt*. Es ist ein manisch-depressives Gefährt. Bei gutem Wetter, jedenfalls solange noch kein Wasser im Spiel ist, versetzt es den Fahrer in Stimmungen, die ihm ein sanftes Abheben vom Asphalt suggerieren. Sobald es regnet oder auch nur tröpflet – die Sicht wird schlecht, Scheibenwischer gibt es am Helm nicht, die Pneus drohen in den Kurven auszuschlipfen –, ist Schluss mit dem Richardlöwenherzgefühl, man wird so vorsichtig wie ein Bundesrat bei einem Interview.

An diesem Samstag ging es also eben in den Süden. Auf dem Rücksitz hatte L. Platz genommen, die gebürtige Italienerin, welche in die Lombardei hinunterpreschen wollte, an den Flughafen von Mailand. Da ist die Autobahn. Der Fahrtwind massiert uns jetzt recht angenehm. *Gotthard*, rast eine Anzeigetafel beschleunigt auf uns zu, also nicht links abschwenken zur Papierfabrik *Perlen* (wie letzte Woche), wohin mich das Motorrad dreimal am frühen Morgen pünktlich brachte, also geradeaus – und was will der Ami-Schlitten hinter uns, warum schliesst der so eng auf und blinkt so penetrant? Meint der wirklich, uns überholen zu müssen mit seinem Luxuschlapf? Das wäre ja gelacht. Also ein wenig die Sporen geben, aber immer im Rahmen. Auf der Axenstrasse überholt er dann doch, ausgerechnet an gefährlicher Stelle, die Beifahrerin wedelt mit dem Arm zum Fenster heraus.

Auf der Autobahn ist Ihnen der Pass aus dem hinten aufgeschnallten Sack geflattert und noch einige Gegenstände mehr, etwa sieben Kilometer vor dem Tunnel.

Und wirklich, L.s Flugbillett, Pass, Necessaire, Fahrausweis sind nicht mehr im Reisesack, eine erste Trübung des Reiseglücks zeichnet sich ab. Wenden, neun Kilometer zurückfahren, nochmals wenden, auf dem Pannenstreifen Schritt fahren, mit blinkender Warnblinkleuchte, nach drei Kilometern in der Strassenmitte, unter der Leitplanke, ein blaues Papier: der Fahrausweis. Später rechts unter dem Gebüsch etwas Gelbes: was vom Flugticket übriggeblieben ist (mit Pneu-Abdruck). Später das Necessaire (ohne Haarbürste), nach sechs Kilometern, auf einer Autobahnbrücke von weitem sichtbar ein roter Punkt: der Pass. Der entscheidende Punkt. Der gute rote Schweizer Pass, den zu erhalten es die gebürtige Italienerin L. so viele Anstrengungen gekostet hat. Aufgeschlagen wie ein kleines Zelt, auf die Seite geschleudert von einem x-beliebigen Pneu, liegt er da, knapp vor dem Abgrund. Noch ein Luftzug, und er wäre über die Brücke geflattert.

«Blick»-Titel: *Frisch eingebürgerte Italien-Schweizerin verhühnert auf dem Weg nach Italien ihren Schweizer Pass.*

Jetzt ist wohl eine kleine Verschnaufpause, eine Glückspause gestattet in Brunnen (zweier Fendant). Abgesessen. Vorfreude auf die zweite Passfahrt. Wir wollen über den Gotthard, die Fahrt durchs Loch ist mörderisch für Motorradfahrer wegen der Abgase.

Nach Süden nun sich lenken, aber energisch. Die Axenstrasse. Schön sich in die Kurven hineinwiegen, schmiegen, fast ein bisschen tanzen, von der Linkskurve die Maschine in die Rechtskurve umlegen. Dann schletzt es aufwärts, der Berg aspiriert und saugt, es geht gleitig. Das Loch vermeiden. Soll vorgekommen sein, dass ein Motorradfahrer, im Tunnel, von den Abgasen halb betäubt, bewusstlos in einen entgegenkommenden Lastwagen donnerte und auf der Stelle sein Leben aushauchte. Den alten Säumerweg, Söldnerweg, Kriegerweg über den Berg nehmen. Jetzt Schöllenen. In die Kurven ganz behutsam, wirklich mit zwanzig oder weniger (Haarnadelkurven). Nach dem fünften Linksrank, die Maschine ist wieder am Sich-Aufrichten, ich darf jetzt ein wenig beschleunigen bzw. den Gasgriff drehen – *knirsch*.

Der Film ist gerissen, die Welt steht still.

*

Der menschliche Ellenbogen hat eine gute Konsistenz, ohne ihn kommen einige nicht aufwärts und überhaupt nicht durchs Leben. Aber Asphalt ist noch härter. Das merkt man, wenn der Ellenbogen unvermittelt gegen Asphalt schlägt. Das gibt dann ein Loch in die Pneujacke, und dort blutet es jetzt heraus. Aber weh tut es nicht, man hat glücklicherweise einen Schock, der überlagert die Schmerzen. Die Natur ist gütig, und L. hat einen Heulschock, sie muss weinen. Aber nur die Haut ist manchenorts ein wenig geschürft, und später werden sich bläuliche, dann gelbliche Stellen auf den Knöcheln zeigen. Der Fahrer hat einen Lachschock, er muss unaufhörlich lachen. Es ist aber nicht zum Lachen; dieser kleine, auf der vom Pneubetrieb geschwärzten Strasse leider unsichtbare *Ölfleck*, der vermaledeite. Die Maschine hat anscheinend nichts abbekommen, ein Eisenbügel schützt den Motorblock. Sie ist uns unten hinaus schräg zwischen den Beinen entwetzt, und wir haben uns nicht festgeklammert, wir haben uns gehenlassen, darum sind wir noch ziemlich ganz. Es wäre aber besser, wenn beide die gleiche Art von Schock hätten. Der eine lacht, obwohl er nicht will, die andere weint, das gibt eine schlimme Diskrepanz. Und jetzt fährt man am besten – schön langsam! – weiter zur nächsten Apotheke oder Drogerie, in Andermatt, wo man sich ein wenig verarzten lassen wird. Da wird aber die sensible Apothekerin, als der Fahrer seine Jacke auszieht, sofort ganz bleich, sie sagt, der Knochen des Ellenbogens schaue hässlich zu der Haut heraus, und wann er die letzte Starrkrampfspritze bekommen habe? In Andermatt gibt es an diesem Samstagnachmittag keinen Arzt, auch nicht im Militärhospital, und der nächstliegende, in Göschenen, hat seinen Telefonbeantworter eingeschaltet: *Grüezi! Hier ist die Praxis von Toktor Schöllkopf Ich bin gegenwärtig auf Hausbesuch Bei dringenden Fällen können Sie mich über die Rettungsflugwacht erreichen.* Die Rettungsflugwacht ... Mit ihr ist der Schriftsteller F. kürzlich aus Spanien zurückgeflogen worden, aber wegen eines löchrigen Ellenbogens lohnt sich das nicht, und ich gehöre nicht in dieselbe Berühmtheitskategorie, und die Maschine würden sie kaum an Bord nehmen. Also wenden und in Göschenen eruieren, ob Doktor Schöllkopf vom Hausbesuch zurück sei. Wie ein Velofahrer die Schöllenen hinunter, so beschaulich. Teufelsbrücke ... Am Teufelsfleck (Esso) vorbei. An der Praxistür von Dr. Schöllkopf klebt ein Zettel: *Bin beim Heuen in der Abfrut.* Abfrut, Abfrut, das tönt so heimatlich, so stellen sich Albert Anker und Christoph Blocher die Samstagnachmittage eines urnerischen Landarztes vor, und dann dämmert es dem angeschlagenen Fahrer: Vermutlich hat Schöllkopf einen Piepser bei sich, auch beim

Heuen, und er ist, per *long distance piepser-call*, via Rettungsflugwachttelefonnummer zu erreichen. Man telefoniere also am Bahnhof Göschenen, wo L. den Zug nach Mailand nimmt, der Rettungsflugwacht, welche Schöllkopf anpiepst, der sofort die Heugabel fallen lässt, der Rettungsflugwacht telefoniert, die ihm die Telefonnummer in Göschenen gibt, und in einer Viertelstunde ist Dr. Schöllkopf schon an der Arbeit, d.h. spannt einen Bogen in seine Schreibmaschine ein. Name?
– Meienberg.
Wie er den Vornamen geschrieben hat, schaut er auf und sagt:
– Dann sind Sie der berühmte, berüchtigte?
Daran lässt sich nichts ändern, und ich liege auf dem Schragen und werde gespritzt und geshootet und strecke den berüchtigten Ellenbogen dem Arzt so hin. Er näht. *Inestäche, umeschlah, dureziä und abelah.* Es habe den Schmierbeutel verjagt am linken Ellenbogen, sagt er, und da könne er nur provisorisch nähen, die Einlieferung ins Spital von Altdorf sei unumgänglich. Nur eine *kleine* Operation, und ob der Patient noch fahren könne?
Alleweil.

*

Noch dreissig Kilometer bis nach Altdorf, das geht ganz gut, aber so richtig blochen mag man jetzt eigentlich doch nicht mehr. Es will nicht mehr so libidinös werden. Eine Schleichfahrt mit hundert. In Altdorf sind sie bereits avisiert. Der Aufnahmearzt spannt einen Bogen in seine Schreibmaschine, Name und Vorname? ... «Dann haben Sie aber einen berühmten Namensvetter, der Bücher schreibt», sagt er, «diese bekannten Computerbücher.» Nein, den kenne ich nicht. Krankenkasse? Telefonnummer? Der Aufnahmearzt ist weiss, die Operationsschwester grün. Das soll wohl beruhigend wirken. «Sie chönned sich jetzt abziä aber d Underhösli dörffed mer abhalte», sagt sie mit dem Ausdruck des prophylaktischen Verzeihens. Hat man nicht in der Kindheit die Mutter sagen hören, die Unterwäsche des Kindes müsse immer in einem Zustand sein, dass bei einer unvermuteten Spitaleinlieferung es sich nicht zu schämen brauche und keine gschemige Situation entstehe?
Man ist jetzt wieder in der Kindheit. Und man darf auch in ein Nachthemd schlüpfen, wie lange ist das her, die Ärmel nach vorn,

das ist vielleicht eine Zwangsjacke, und hinten klafft es. Gleich werden sie vorne die Ärmel zusammenbinden. So kommt man aus der brausenden Freiheit des Motorrads in die Spitalgefangenschaft, im Nu. Aber zuerst wird man auf den Schragen gebeten, obwohl man noch laufen könnte, und in den Operationssaal gwägelet und muss dort auf einen andern Schragen hinüberrobben, und eine Schwester sagt zur andern: «Häsch au richtig brämset?» Scheint so, der Schragen steht bockstill. Jetzt beugt sich dann bald ein fein modellierter Kopf, man sieht in die Nasenlöcher hinein, auch der Rachen präsentiert sich interessant, über den Patienten und sagt: «Ich heisse Fernandez, komme aus Mexiko und bin Ihr Narkosearzt.» Dass er von so weit hergekommen ist, um den Angeschlagenen zu narkotisieren, ehrt mich. Er sticht mir jetzt eins in den Hals und erläutert den Stich, man wolle nämlich den Nerv, welcher den Arm *innerviert*, mit dieser sogenannten Plexusnarkose abtöten; aber nur vorübergehend. Zu diesem Zweck müsse er aber zuerst ein bisschen suchen und pröbln. Das leuchtet ein. «Sobald ich den richtigen Nerv erwischt habe, werden Sie am Ellenbogen wie einen elektrischen Schlag spüren», sagt Doktor Eisenbart. Der programmierte Zuck kommt aber nicht, oder am falschen Ort. Das rechte Bein schlägt jetzt plötzlich aus. Mithin werden die Beine angeschnallt, damit sie nicht mehr zucken können. Jetzt wären wir längst über dem Gotthard, und die Haut würde vielleicht selbst wieder zusammenwachsen über dem Ellenbogenknochen, in der milden Luft des Südens. Nachdem der Hals schon tüchtig geschwollen, vielleicht könnte man auch einen Bienenschwarm engagieren zum Stechen, der linke Ellenbogen aber immer noch nicht entnervt ist, sagt der mexikanische Arzt: «Sie haben einen zu kurzen Hals.»

Der Patient denkt sich: *Mein Name sei Korthals,* und ist zerknirscht, weil sein Hals nicht jene Länge aufweist – die Nervenenden liegen zu dicht beieinander –, welche ein unproblematisches Stechen und Treffen der Nervenenden und mithin eine moderne Plexusnarkose erlaubt, und bedauert, dass die Hebamme ihm bei der Geburt den Hals nicht genügend in die Länge gezogen hat. Fernandez entschliesst sich jetzt zu einer klassischen Teilnarkose. Der Arm wird mit Gummischlingen eingewickelt, das gibt ein Lazarusgefühl, wir sind in einem Lazarett, und der Oberarm bei der

Achsel eingeschnürt, und dann erfolgt ein Stich. Auf der rechten Hand wird eine Kanüle angebracht – «Nur für den Fall, dass Sie während der Operation kollabieren», sagt der mexikanische Arzt, dann könne man dort Nährflüssigkeit einführen. Ich möchte aber gar nicht kollabieren! Nun wird der lädierte Arm, wenn ich mich richtig erinnere, nochmals geshootet. Die Schmerzen am kurzen Hals sind stark, aber vorteilhaft. Sie rücken den schmerzenden Ellenbogen in den Hintergrund.

Unterdessen kann man in die Operationslampe hineinschauen statt in die lombardische Sonne. Die Kunstsonne fängt langsam sich zu drehen an, der Patient/Delinquent wird ein bisschen groggy, die Landschaft dreht sich wie vorher in der Schöllenen. Es wird ihm kotzenbrodlig, gleich wird er speien müssen. Das lässt er aber sein, mit Rücksicht auf das nett gebügelte Nachthemd, sonst binden sie ihm zur Strafe noch die Ärmel vorne zusammen, wie das bei den Zwangsjacken zu geschehen pflegt. Der linke Arm rückt in immer weitere Fernen, er ist schon ganz immateriell geworden, ein reiner Geist, und wird jetzt mit grünen Tüchern abgedeckt. Den Leib in sein Schlafkämmerlein, gar sanft ohn' ein'ge Qual und Pein. Klingelt nicht ein Besteck verheissungsvoll?

Aber sicher.

Nun beugt sich, fast liebevoll, ein Antlitz von der gebräunten Art, ein Gesicht wie aus einem Ärzteroman, eine zuversichtliche, einlullende, Vertrauen einflössende, beruhigende, entspannende Visage über den Patienten, und richtig!, ist es der sportliche, in den Fünfzigern stehende Chefarzt, im grünen Kleid, bestimmt ein Surfer, und stellt sich vor als Dr. Müller. Der erklärt nun, er müsse eine BURSEKTOMIE vornehmen bzw. muss er mir die *bursa* wegzesieren. So nennt man den Schleimbeutel, der sich an den Ellenbögen befindet und dazu dient, den Knochen – weil dort keine Muskeln sind! – nicht direkt auf der jeweiligen Unterlage scheuern zu lassen. Den Schleimbeutel nehmen sie mir weg im Moment, wo ich erfahre, dass ich einen habe. Das ist ungerecht, aber wem sind alle Details des Körpers bekannt? Dr. Müller sagt, er sei früher Assistent von Dr. Schweitzer gewesen in Lambarene. Also auch er: Hat sich von weit her an das Bett des Angeschlagenen bemüht.

Temno, temneis, temnei. Ich schneide, du schneidest. Fünf Jahre lang Griechisch gelernt, nicht weit von hier hinter den Urner Bergen in einer Schule mit Matura Typus A, und jetzt geht es einfach nicht mehr weiter mit der Konjugation, hört abrupt auf wie die Reise in der Schöllenen. Und während Dr. Müller, der begabte Feldscher und Wundarzt, mir etwas wegnimmt, wurmt mich die Vorstellung, dass ich die erste Person Plural von *temnein* nicht mehr weiss. Wir schneiden. Vielleicht *temnomen?* Wir schneiden den Beutel. Wir Ärzte schneiden den Beutel. Wir Beutelschneider. Also –

Habe ich überhaupt eine Unfallversicherung? An die Krankenkasse kann ich mich erinnern: christlichsozial. Wer einer christlichsozialen Familie entstammt, ist christlichsozial versichert. Aber habe ich die Prämien auch richtig christlichsozial bezahlt und mein Gebetlein immer aufgesagt? Das wird dir eine Lehre sein. Haben wir dir nicht immer gut zugeredet und eingebleut, wie gefährlich diese schnellen Maschinen sind? Wer nicht hören will. Gestern noch auf stolzen Rossen, heute schon beim lieben Gott.

Jetzt kommt einlullender Singsang auf, die Operationslampe dreht sich schneller, der Raum füllt sich langsam mit speerschwingenden Negern in Baströcklein, ich liege im Urwald auf einem behelfsmässigen Tisch, der gütige Schnauz des Urwalddoktors Dr. Albert Schweitzer beugt sich über mich. Man weiss, dass der begabte Elsässer auf eine Karriere als Organist verzichtet hat, um sich ganz den armen Wilden zu widmen in den traurigen Tropen, durch den Singsang hindurch hört man deutlich die Toccata & Fuge in d-Moll wabern. Die hat Dr. Schweitzer, als er noch im Elsass wohnte, immer meisterhaft gespielt, es gibt eine Schallplattenaufnahme davon:

Auf der Orgel der protestantischen Kirche von Günsbach bedient Sie Dr. Albert Schweitzer. Das war ein Film, den hat der Delinquent als Bub gesehen im Kino *Apollo* in St. Fiden, und weil er jetzt wieder so wehrlos ist wie ein Kind, kommt ihm der Film in den Sinn, und auch weil Dr. Müller bei Dr. Schweitzer assistierte in Lambarene. *Il est minuit Docteur Schweitzer!* hiess der Film, und wenn die Erinnerung nicht trügt, ging es um einen kranken Negerhäuptling, den die Wilden dem Urwalddoktor zur dringenden Operation gebracht hatten, notfallmässig. Höflich wurde dem Doktor bedeutet, dass man ihn, wenn die Operation bis Mitternacht nicht reüssiere, umbringen werde, aber nicht mit dem Operationsbesteck, und die Speere waren schon bereit. Als der Mond dann um Mitternacht zwischen den Wolken hervorschaute, war der schwierige Eingriff gelungen. Dr. Schweitzer schien äusserst zufrieden zu sein mit seiner Arbeit, und einer von den Negern sagte lächelnd: *Il est minuit Docteur Schweitzer.* Er hatte bestimmt in der Missionsschule Franz gelernt und beherrschte alle Konjugationen.

Jetzt noch gipsen. Der Gipser oder Stukkateur hatte einen knorrigen Urnerkopf. Der wirkte aus der Untersicht besonders heimatlich. Wie von Danioth gezeichnet. Schnell war der Arm bewegungslos gemacht, der Ellenbogen ruhiggestellt. Gipsen ist auch eine Kunst. Jetzt den Leib noch eine halbe Stunde lang ruhig lagern, damit all die eingespritzten Gifte sich entfalten können. Zur Strafe darf der Bub nicht mit dem Motorrad heimfahren, er muss auf den Zug. Wäre auch nicht tunlich. Der Regen hätte den Gips bis Zürich aufgeweicht, und der Himmel ist an keiner Stelle blau geschlitzt. Aber Dr. Müller anerbietet sich, den Angeschlagenen bis nach Flüelen zu bringen, an die Bahnstation. Er fährt auch einen BMW, jedoch von der vierrädrigen Art. Wacker und viel hat Dr. Müller schneiden müssen, bis er sich so etwas kaufen konnte, der grosse Temnologe, der wirklich das Surfen, wie bereits vermutet, liebt. Es gibt jetzt neue Surfbretter, sagt er, seine Kinder benützen diese, man muss sie vor dem Besteigen unters Wasser drücken und nenne sie darum *Sinkerli*.

Der souveräne Körper –
ein veräusserliches Menschenrecht

Als einzelner Mensch kann man ohne Eigentumswohnung leben, ohne Einfamilienhaus, vorübergehend auch mit wenig Geld; man kann unter psychischem Stress ganz passabel leben, Besitztümer sind manchmal störend, wenn man unabhängig bleiben will, ein bisschen Luxus hin und wieder ist ja nett, sofern man schmerzlos auf ihn verzichten kann, wenn es neue Umstände erfordern – aber die Bewegungsfreiheit des eigenen Körpers möchte man nicht aufgeben. Darauf hat der demokratische Körper einen Anspruch. Der Körper ist das letzte Territorium, auf das man sich zurückziehen kann, wenn ringsum alle anderen Sicherheiten verduften (Salär, Liebe, Prestige, Freundschaften). Solange man über ihn verfügen und bestimmen darf, wohin er geht oder nicht geht.

Meiner ging am 11. September 1992 vom Bahnhof Oerlikon in Richtung Eisfeldstrasse, ca. 15 Minuten nach Mitternacht, und zwar gemütlich schlendernd, weil er sich stark und gross vorkam, der angstfreie Organismus. Ein Meter neunzig, dem in Zürich-Oerlikon noch nie etwas passiert war, auch im übrigen Zürich nicht. Nur die Augen taten ihm weh wie immer beim Anblick der unbeschreiblichen Hässlichkeit des Quartiers. Er ging automatisch den gewohnten Weg, ohne jeden Argwohn, aber auch ohne jedes Sicherheitsbewusstsein, weil er die Unsicherheit gar nie kennengelernt hatte. Von der Gefährdung der Frauen hatte nur sein Hirn Kenntnis genommen, welches natürlich schon seit langem sich pflichtgemäss empört hatte über deren eingeschränkte Bewegungsfreiheit in der Nacht.

Und als schweizerischer Körper war er nicht betroffen von den Messerstechereien und Schlägereien der Jugoslawen im Quartier, auch der Mord im nahen Restaurant «Posthof», Türke erschiesst Türke im Herbst 1991, hatte ihn nicht vom Besuch des Lokals abgehalten. Extraterritoriale Streitigkeiten, dachte es im Kopf des Körpers des Schweizers. Der Amokschütze von Seebach, welcher eines Tages Ende 1990 vor seiner Tür gestanden hatte – «Grüezi, ich bin im Fall der Amokschütze von Seebach» –, war auch keine

Der souveräne Körper – ein veräusserliches Menschenrecht

akute Gefahr gewesen. Dieser hatte nur erklären wollen, wie er mit seiner Uzi-Maschinenpistole durch die Decke in den oberen Stock geschossen hatte, worauf er dann von der Polizei unerklärlicherweise abgeschleppt worden sei. Habe dem Alki & Giftler ein gutes Andenken bewahrt.

Um ca. 20 Minuten nach Mitternacht schwenkte der Körper rechtwinklig von der Schaffhauserstrasse, die jetzt tramfrei und fast autofrei war, in die menschenleere, etwas dunkle, aber keineswegs beängstigende Eisfeldstrasse. Die Ohren registrieren ein paar Sekunden später, kurz vor der vertrauten Haustüre, ein Spurtgeräusch von hinten, die linke Schulter nimmt einen leichten Klaps wahr, da will wohl einer jovial und überraschend seinen Freund begrüssen, nach einer Vierteldrehung des Kopfes sehen die Augen zwei junge, mittelgrosse Typen mit dunklem Teint, vermutlich Nordafrikaner, aber nur einen winzigen Augenblick werden diese gesehen.

Dann schmettert eine Faust ans Kinn, eine an die Schläfe, gschpässige Freunde, ein Tritt in den Rücken, der Hinterkopf knallt hart auf den Asphalt, es dröhnt im Kopf, von links hagelt es Fusstritte an die rechte Schläfe und an die Kinnlade, von rechts kommen Tritte zuerst an den Hals und dann einer sehr präzise ins Auge, noch einer und noch einer, die beiden Ausländer behandeln den Kopf als Fussball, die haben wohl ganz eigenartige Sportarten zu Hause – aber so spöttisch habe ich damals nicht gedacht, das kann ich mir erst jetzt, drei Wochen nach dem Vorfall, leisten. Damals dachte ich:
– «die schlagen mich tot»,
– «jetzt verrecke ich»,
– «ich kratze ab»,
– «die verdammten Sauhünde»,
– «das Auge läuft jetzt dann aus»,
– «was habe ich euch zuleide getan»,
– «warum hilft mir keiner»,
– «habe ich nicht immer für die armseligen Araber geschrieben»,
– «Mörder, ich möchte euch erschiessen»,
– «wenn ich nur eine Pistole hätte». Und auch
– «die verfluchten Ausländer».
Die Realzeit des Überfalls war sehr kurz, vielleicht drei, höch-

stens vier Minuten. Die psychische Zeit war eine Ewigkeit. Da lag ich, vor Sekunden noch ein grosser, kräftiger, aufrecht gehender Kerl, nun plötzlich wie ein Säugling, wie ein Haufen Dreck, wie ein Abfall, heulend und wimmernd, vollkommen wehrlos, schutzlos, mit hin und her pendelndem Kopf, mit dröhnendem Hirn, schreiend, winselnd, immer neue Fusstritte empfangend, immer wieder lauthals au au au schreiend, blutend, um Zähne und Hoden fürchtend, in Erwartung eines Messerstichs, vor Schmerz fast schon den Gnadenstoss oder Gnadenschuss erhoffend, halb gelähmt durch den barbarischen Fusstritt an eine empfindliche Stelle des Rückgrats, berstend vor Wut und ungestilltem Rachebedürfnis, völlig preisgegeben und ausgeliefert, hingeschmettert auf den Asphalt der Heimat, kraftlos trotz meinen Kräften.

Dann riss der Film, ich tauchte weg. Es war ein Stummfilm gewesen, kein einziges Wort war gefallen während der Verprügelung. Kein Befehl: *Her mit dem Geld,* keine Beschimpfung, wortloses Dreschen und Schlagen. PROFIKILLER, dachte ich vor dem Wegtauchen, DRECKSEKEL, PROFIKILLER, SAUHÜNDE. Konnte aber nur au au au au oder au-a schreien.

Ich bin der körperlichen Gewalt in ihrer staatlich bewilligten Form schon öfters begegnet, sie war für mich bisher der Inbegriff des Horrors («Gewaltmonopol des Staates» nannte sich das früher). Polizeiprügeleien 1968 in Paris, Tränengas in geschlossenen Räumen: auch nicht lustig. Noch in den siebziger Jahren in Paris aufs gegenüberliegende Trottoir ausgewichen, wenn ich eine Gruppe der Bereitschaftspolizei CRS heranschlendern sah.

Tierische Angst 1980 in einem Hinterhof, Kreis vier in Zürich, in den uns eine wilde Horde von knüppelnden Schrotern (mit Gummischrot) getrieben hatte. Mein Freund Michel H., der seither auf einem Auge nichts mehr sieht, staatliche Behandlung mit Hartgummi. Immer wieder, auch damals, Angst um die eigenen Augen. Aber man konnte die Angst seinerzeit mit andern teilen, sie verteilte sich, wurde ein bisschen verdünnt. Man konnte Trotz und Stolz entwickeln und sich während Monaten auf einen Zustand einstellen, die Hit-and-run-Technik der Polizei war berechenbar (oft). Leiden mit Vernunft und Grund (manchmal). Politik.

Am 11. September 1992 war ich total isoliert und abgespalten.

Der souveräne Körper – ein veräusserliches Menschenrecht

Die Staatsmacht war nicht mal in Form einer prügelnden Meute vorhanden, sie kam erst eine halbe Stunde später, zwei gelangweilte, harmlose Quartierpolizisten, welche vom Wirt des Restaurants «Rössli», in das ich mich geschleppt hatte, herbeitelefoniert worden waren. Dabei hätte ich jetzt einen schnellen Greiftrupp, Stil 1980/81, gebraucht, der den beiden Lumpen, denen ich von Herzen eine Tracht Prügel wünschte, nachgesetzt wäre.

Auch in Berg-Karabach, mitten im Bürgerkrieg, im April 1992, aus den Hügeln oberhalb von Stepanakert bellten Maschinengewehre, ganze Häuser wurden von GRAD-Raketen weggefegt, jeden Tag Tote und Verletzte, habe ich mich nicht so schutzlos/ohnmächtig gefühlt wie jetzt in Zürich nach dem 11. September. Es war grauenhaft in den Spitälern von Stepanakert, schwerverletzte Kinder sind ein unerträglicher Anblick. Aber die Leute halfen einander, man konnte sich auf einen permanenten Zustand einstellen, Vorsichtsmassnahmen treffen. Gruppengefühl. Der Krieg betraf alle, man kam sich nicht vereinzelt vor. Beide Parteien waren bewaffnet.

Im Blitzkrieg, der mich unvermittelt, unvermutet am 11. 9. 92 niedergestreckt hatte, gab es keine Rot-Kreuz-Vertreter, keinen Waffenstillstand, keine Genfer Konvention, keine Soldaten von der eigenen Partei, die sofort zurückgeschlagen hätten. Da gibt's nur die totale Brutalität auf der einen und die totale Wehrlosigkeit auf der andern Seite, ob es nun mich trifft oder den windelweich geprügelten Ronald F. oder die halb zerschmetterte Maja K. oder die 72jährige Frau, die in einem Gebüsch an der Limmat halbtot eine Nacht liegengelassen wurde, oder die paar Dutzend andern Opfer (1992). Und es gibt die selbstzerstörerische Ohnmacht und das wilde Verlangen nach Selbstjustiz, weil die Staatsmacht – Gewaltmonopol? – keinen Schutz mehr garantiert. Denen möchte man es zeigen, Aug' um Aug', ob Schweizer Brutalo wie im Fall von Roland F. oder Bosnier wie bei Maja K., wenigstens eingesperrt möchte man sie sehen. Aber am liebsten möchte man ihnen entkommen.

Keine Todesangst haben müssen. Und nicht den Wänden entlang schleichen und bei jedem Schritt, den man nach Anbruch der Dunkelheit hinter sich hört, zusammenzucken müssen oder auch tagsüber, wenn man ein paar kräftige Eisenleger kommen sieht, vor

Das eigene Leben

Schreck erstarren müssen: Maja K. wurde von Eisenlegern zusammengeschlagen wie Markus P., der ihr verbal helfen wollte, weil die Polizei erst nach einer Stunde erschien.

Feindesland Zürich. Rechtsfreier Raum an der Limmat, aber auch in Oerlikon.

Polizeiliche Einvernahme im Restaurant «Rössli», eine halbe Stunde nach dem Überfall. *Wänn sinzi gebore?* Bürgerort bitte? Menzingen/Zug, formuliere ich mit blutigen Lippen. Der linke Kiefer ist ein bisschen verschoben. Also Menziken sagen Sie, Bürgerort Menziken. Nein, nicht Menziken/AG, sondern Menzingen/ZG. Der Bürgerort ist jetzt ganz wichtig. *Isch öppis broche?* Nein, das rechte Auge ist vermutlich noch nicht gebrochen, nur ganz zugeschwollen, ob ich mit ihm noch etwas sehe, weiss ich vorläufig nicht. *Tuets weh?* Eigentlich schon, die Wirtin vom «Rössli» drückt mir einen Eisbeutel auf den Kopf. Dieser ist farbig.

Das nächste Mal wird die Polizei dann fragen: *Wänn sinzi gschtorbe?*

Dem ortskundigen Oerliker Quartierpolizisten mache ich ein Croquis, mein Weg vom Bahnhof bis zur Eisfeldstrasse. Er braucht nur ein paar Minuten, um den Vorgang zu begreifen. Sein junger Kollege hat ein Funkgerät, er fordert damit aber keine Streifenwagen an, welche sofort nach den Tätern fahnden könnten, ich habe einigermassen ihr Signalement geliefert, die Richtung angeben können, in die sie weggespurtet sind, nachdem ich aus der Ohnmacht erwachte, statt dessen fragt er: Meienberg, Meienberg, ja sinzi *dä* Meiebärg? Der bin ich, tatsächlich, aber nur noch ein bisschen.

Etwa dreiviertel Stunden nach dem Vorfall kommt die Sanität, zwei nette Weisskittel, greifen mir unter die Arme, dem bedingt Bewegungsfähigen, der Kopf surrt und schwirrt, die Hände blutig, rechter Ellbogen aufgerissen, rechter Fuss verstaucht. Abfahrt Richtung Uni-Spital, gemütliches Tempo, wenn sich mein damals halbwegs funktionierendes linkes Auge richtig erinnert, ohne Sirene und Blaulicht. *Äs isch dänn im Fall nöd gratis* sagt der betreuende Sanitäter, *was hänzi für ä Chrankekasse?* Nach dem nächsten Überfall werde ich mit dem Töff ins Spital fahren, das kommt billiger. *Die beide Täter wird mä nöd verwütsche, wil die linke Aawält diä so guet verteidiget,* sagt der Sanitäter. *Was hänzi für än Bürgerort?*

Immer noch Menzingen.

Dann endlich das effiziente Spital. Sofort mehrere Augenuntersuchungen, das rechte ist nicht ausgelaufen, vermutlich keine bleibende Schädigung, die Augenmuskeln bewegen den Augapfel zufriedenstellend. Am nächsten Morgen wird der Oberarzt die Möglichkeit einer Netzhautablösung und eine partielle Pupillenlähmung feststellen. Schädelbruch ist laut Röntgenbild keiner vorhanden.

Wunderbar!

Das medizinische Hilfspersonal, fast alles Ausländer, Tamilen, Jugoslawen, Nordafrikaner, wenn ich richtig gesehen habe, ist nett und effizient. Viele deutsche Krankenschwestern. Auf dem mobilen Schragen wird der Patient durch lange Gänge geschoben, er ist jetzt mit dem hinten offenen Spitalnachthemd bekleidet. Bei der medizinischen Nachkontrolle Mitte nächster Woche werde ich erfahren, dass keine Netzhautablösung eingetreten ist.

Wunderbar!

Antibiotika, Abschwellungsmittel, Augentropfen. Die partielle Pupillenlähmung wird vermutlich bleiben; leicht vermindertes Sehvermögen auf dem rechten Auge, objektiv medizinisch gesehen. Subjektiv scheint mir die Sehverminderung ganz erheblich. Ich darf zehn Tage nicht mehr lesen (schmerzhafter Entzug), fernsehen ist gestattet, also erhebliche Beeinträchtigung der Hirntätigkeit. Schweizer TV und ARD statt Apollinaire und Glauser.

Die Nacht im Notfallsaal, am Tropf. Hilflosigkeit und Abhängigkeit, kein Schlaf. Immer wieder der Stummfilm von der Eisfeldstrasse. Eine Art von Schüttelfrost, heftiges Zittern, vermutlich der verspätet eingetretene Schock. Du bist nichts, du bist Abfall, du bist wehrlos, du bist ein Dreck auf dem Trottoir, du bringst dich jetzt am besten um, du schämst dich in den Boden hinein, obwohl es ja nichts zu schämen gibt, objektiv gesehen, du bist entwürdigt, vielleicht verschafft dir die Schwester eine Selbstmordpille, sie bringt aber nur die Brunzflasche.

Wie wird man sich morgen im Feindesland bewegen?

Die krankhafte Suche nach einer rationalen Begründung. Befriedigend wäre, wenn ich denken könnte, dass die Verprügelung wegen eines Artikels erfolgt wäre, mit dem ich jemanden – ein Opfer? – derart erbittert hatte, dass er Profikiller angeheuert hat, die mich zufällig nicht umgebracht haben. Könnte ja sein, wäre ja schön. Dann müsste ich in Zukunft anders schreiben. Ich habe etwas getan, ich werde dafür bestraft. Das befriedigt den Verstand. Da ich seit Jahren schriftliche und mündliche Morddrohungen erhalte ...

Als Kind bezog man nur Prügel, wenn man etwas verbrochen hatte. Eine Schuld wurde abgegolten: strenge, aber gerechte Autoritäten bestraften den Körper. Die Schuld wurde einem zuerst vor Augen geführt, die Notwendigkeit der Strafe erläutert, dann erst kamen die genau dosierten Schläge des Teppichklopfers der Mutter. Nun sind an diesem 11. September 1992 *zuerst* die Schläge gekommen, also sucht man – in diesem kindlichen Zustand der Wehrlosigkeit – verzweifelt nach der dazugehörigen Schuld. Perverser Umkehrschluss.

Oder ein normaler Raubüberfall? Aber die haben nicht mal die Brieftasche behändigt, nur die drei Fünfzigernoten mitgenommen, die aus der Gesässtasche aufs Trottoir gefallen sind. Und ich sehe nicht aus, als ob ich eine Rolex oder etwas von Cartier tragen würde, es gibt auch in Oerlikon jede Menge von besser gekleideten, schwächlicheren Opfern.

Spass an der Gewalt? Der schweizerische Lehrling in Pfäffikon, welcher kürzlich, in voller Rambo-Montur, seinen Lehrmeister umlegte, und die drei schweizerischen Burschen, welche ganz lässig die Blumenverkäuferin Andrea erdrosselten, ohne ersichtlichen Grund, beiläufig, hatten kein ersichtliches Motiv, diesen Opfern den Garaus zu machen.

Immer wieder der Stummfilm im Kopf. Wenn ich mit ihnen reden, ihre Biographie erforschen könnte, eventuell seien es marokkanische Verbrechertouristen auf Schweizer-Tour gewesen, sagt später Hofacher, Dirigent der Stadtpolizei, ein Grund müsste sich finden lassen, ich habe einiges über das jämmerliche Leben der nordafrikanischen Auswanderer geschrieben, den Rassismus, welcher sie aggressiv macht, ihre unerträgliche Armut.

Ich möchte sie gern kennen. Ich möchte ihnen auch gerne ein

paar herunterhauen. Die können mir, trotz Armut und Rassismus. Aug' um Aug'.

Der entsprechende Film für Frauen. Wehrlos auf dem Trottoir liegen, verprügelt, und dann vergewaltigt werden. Das übersteigt, trotz meiner frischen Erfahrungen, die Einbildungskraft. Es wird mir übel bei dem Gedanken, noch übler. Ich möchte jetzt ganz lange schlafen, damit ich möglichst lange nicht erfahre, ob ich auf dem rechten Auge noch sehen kann. Ich möchte gar nichts mehr sehen von dieser Dreckswelt. Aber der Schlaf kommt nicht, nur immer wieder der Film, welcher an der gleichen Stelle reisst. Ich möchte unsichtbar werden. Ich möchte das nie mehr erleben. Ich muss mich zum Schläger ausbilden lassen oder einen Hund kaufen, einen scharfen Wolfshund, auf den Mann dressiert.

Bei dem Gedanken wird mir wieder übel. Dem Kynologischen Verein beitreten! Combat-Schiessen! Einen Schlagring, Pistole oder Totschläger oder eine Stahlrute, Tränengasspray kaufen: Was darf es denn sein, eine Beretta oder Smith and Wesson? In Zürich mich bewegen wie Clint Eastwood, immer schlagbereit, sichern, nach allen Seiten witternd. Eine Vorstellung von unüberbietbarer Ekelhaftigkeit. Mein Naturell, das zur physischen Friedfertigkeit neigt, radikal verändern.

Wenn ich aber keine Vorkehrungen treffe, werde ich in Zukunft angsterfüllt herumschleichen in dieser Stadt. Den Nordafrikanern zum Beispiel aus dem Weg gehen, den Blick senken, Unterführungen meiden. Ich wäre lieber von Strebel oder einem anderen einheimischen Rechtsextremisten niedergeschlagen worden als von zwei Nordafrikanern. Aber leider werden gut 50 Prozent der Raubüberfälle von Ausländern getätigt, das Faktum kann meine linke Weltanschauung nicht aus der Welt schaffen.

Ich fürchte, dass mein rechtes lädiertes Auge die Welt in Zukunft anders anschauen wird. Gestern, in einem Restaurant, wo ich den Blick früher neugierig und frei herumschweifen liess, habe ich weggeblickt, als ich registrierte, dass zwei Jugoslawen, kräftige und ziemlich wüst aussehende Typen, mich aufmerksam, wie ich vor dem 11. September gefunden hätte, musterten. Jetzt war ich überzeugt, dass sie mich aggressiv fixierten.

Ich verglich ihren Körperbau mit meinem. Als mögliche Waffe kam ein schwerer Aschenbecher in Frage.

Man ist in meinem Milieu nicht so erzogen worden, dass man einem Aggressor, einem Abmurkser, die Faust direkt ins Gesicht schlagen könnte. Da müsste man sich die Hemmungen abtrainieren. Jahrelange Arbeit.

Wenn ich das nächste Mal von hinten einen freundlichen Klaps auf die linke Schulter bekomme, wortlos, das ist durchaus gebräuchlich in Freundeskreisen – werde ich dann sofort zu einem Schwinger ausholen und das Gesicht einer Freundin verbeulen?

Augen, liebe Fensterlein. Die wird mir niemand mehr verletzen. Das verspreche ich mir. Nie mehr entwürdigt am Boden liegen, den Kopf als Fussball behandeln lassen. Sofort den Feind in die Eier treten.

Aber ich weiss, dass ich das nicht kann.

So ein Überfall hat auch seine positiven Seiten. Man entdeckt Freunde, wo man sie nicht vermutet hätte, und registriert Gleichgültigkeiten, wo man ein wenig Empathie oder Sympathie, oder jawohl, vielleicht auch Mitleid, wenn nicht Beileid, erwartet hätte, oder wenigstens eine Anfrage: Wie geht es dir? Zwei Tage nach dem Ereignis wurde ich von einem Ehepaar zum Nachtessen eingeladen, dem ich mich weltanschaulich gar nicht verbunden fühle, in ein sehr vornehmes Quartier, dem ich noch weniger verbunden bin.

Aber anscheinend haben sich die beiden das Unglück vorstellen können. Das ist nicht unangenehm für den Verunglückten, und jedesmal, wenn er das Malheur erzählen kann, wird ein bisschen von diesem saumässigen Todesgefühl abgewälzt. Viel Post von Unbekannten, aber gar nichts von jenen Bekannten, mit denen ich seit Jahren eng zusammenarbeite. Denen missfällt es wohl, dass ich nicht von den idealen Tätern, nämlich schweizerischen Rechtsextremen, verdroschen worden bin, sondern von Nordafrikanern. Das missfällt mir ja auch, aber es lässt sich nicht ändern. Hätte ich es verschweigen sollen?

Aber vielleicht haben sich diese – ehemaligen? – Freunde und Freundinnen nicht gemeldet, weil sie sich die Todesangst nicht vorstellen können. Einem linken Freund, der mich energisch bat, die gesamtgesellschaftlichen Zusammenhänge nicht aus den Augen zu verlieren und mein klitzekleines Elend mit der riesengrossen

Misere der Dritten Welt zu vergleichen und etwas für die Entwicklung des Trikonts zu tun, damit dort in Zukunft keine Gewalt, unter der ich jetzt auch ein bisschen gelitten habe, produziert werde, habe ich geantwortet: dass ich gerne wieder mit ihm diskutiere, sobald er verprügelt worden sei, und wir dann selbander die globalen Randbedingungen der Gewalt erforschen könnten. – Wenn Dich Dein Auge ärgert, dann reiss es aus, habe ich irgendwo gelesen (Klassiker).

Im Quartier herumerzählen, was passiert ist. *Das isch jo furchtbar! Sonen Fätze wiä Sie, i däm Fall cha das allne passiäre.* Ich erfahre eine Woche nach dem Ereignis, als ich mich zum ersten Mal wieder auf dem negativ besetzten Territorium bewege, dass zahlreiche Nachbarn meine Schreie gehört haben. Es öffnete sich aber kein Fenster. Vielleicht sahen sie am TV einen Film über die Mafia in New York, und die Hilfeschreie des Opfers übertönten die Schmerzensschreie von der Strasse. Das tut uns jetzt aber leid! Diese bestialische Gewalttätigkeit! Dieses Asylantenpack! (Unwahrscheinlich, dass die Täter Asylanten waren, eher schon unregistrierte Kriminaltouristen.) So sprachen die Nachbarn, von denen manche den gewalttätigen Golfkrieg begrüsst und die kriegsgeile Berichterstattung von Radio 24 genossen und sich darüber gefreut hatten, dass Herr Spälti, Generaldirektor der «Winterthur»-Versicherung, den mörderischen General Schwarzkopf – «Ich erwarte von meinen Offizieren, dass sie Killer-Instinkt haben», schreibt er in seinen Memoiren – nach Winterthur eingeladen und ihm dort eine Armbrust mit Zielfernrohr geschenkt hatte.

Ich aber wünsche mir weiterhin viel Glück beim Spazieren in Zürich. Kein Ort, nirgends. Zürich hat unterdessen alle Nachteile einer wirklichen Weltstadt zu bieten, den Killer-Instinkt, die urbane Hässlichkeit, alle Möglichkeiten der Verkrüppelung, jede Art von Überfällen. Aber die Vorteile einer Weltstadt offeriert es nicht: die Anonymität, ästhetische Ausschweifungen, schöpferische Frechheit, grosszügige Entwürfe, brodelndes Leben, Lebensgefühl.

Der Waffenhändler R. in W. hat einen schönen Laden voll Waffen und Bücher über Waffen. Er empfiehlt eine tschechische Browning zu Fr. 365.–, sieben Schuss, halbautomatisch, eine prima Beretta für Fr. 950.–, Kalaschnikows und Uzi-Maschinenpistolen, die kann man ohne Waffenschein kaufen und auch ohne Tragschein mit sich führen, ausser in den der Stadt Zürich benachbarten Wildschutzgebieten (Wäldern), wo das den Tieren zuliebe verboten ist.

Wer ohne Erwerbsschein eine Pistole haben möchte, kann die über einen Katalog aus Deutschland kommen lassen. Nicht lange fackeln, sagt er, mit der Browning direkt in den Bauch des Gegners schiessen, ich würde vorschlagen, aus drei Metern Entfernung, Probieren geht über Studieren. Falls Sie einen Schlagring wollen, habe ich hier eine feine Kollektion, der Griff muss gut im Handballen aufliegen, damit können Sie einen Schädel bequem zertrümmern.

Eine Stahlrute über den Grind ist auch nicht schlecht, und der Totschläger, mit Bleikern, hat wieder andere Vorteile. Wir brauchen keine Theorien, wir brauchen Praxis. An Büchern kann er empfehlen: QUICK OR DEAD oder DEAD ALIVE oder THE ANARCHIST HANDBOOK oder IMPROVISED WEAPONS IN AMERICAN PRISONS. Der Waffenhändler kann alle sachdienlichen Hinweise geben, ein Mann von altem Schrot und Korn.